Olaf-Axel Burow

Grundlagen der Gestaltpädagogik

Olaf-Axel Burow

Grundlagen der Gestaltpädagogik

verlag modernes lernen - Dortmund

Der vorliegende Text ist eine überarbeitete Fassung der vom FB 22 der TU-Berlin angenommenen Dissertation „Der Beitrag der Gestaltpädagogik zur sozialen Kompetenz des Lehrers“.

verlag modernes lernen Borgmann KG — D - 4600 Dortmund 1

Gesamtherstellung (11.88) Löer Druck GmbH, D - 4600 Dortmund 1

Bestell-Nr. 1207 ISBN 3-8080-0162-3

Inhalt

Seite

Vorwort

„Gestaltpädagogik“ hat sich insbesondere seit dem Erscheinen des gleichnamigen Bandes von PETZOLD & BROWN (1977) zu einem eigenständigen pädagogisch-psychologischen Konzept entwickelt, das vor allem im Bereich der Lehreraus- und -fortbildung und darüberhinaus in anderen pädagogischen Feldern, auf ein wachsendes Interesse stößt. Studenten/innen, vor allem aber berufserfahrene Kollegen/innen erhoffen sich Hinweise für Möglichkeiten „ganzheitlichen“, integrativen Lernens und Lehrens. Weiterhin werden Anregungen dafür erwartet, wie routinisierte Verhaltensweisen, sowie strukturelle Verkrustungen von Institutionen überwunden werden können. Mit der vorliegenden Arbeit möchte ich dieser Entwicklung Rechnung tragen, indem ich theoretische und praktische Grundlagen der Gestaltpädagogik herausarbeite und Perspektiven der Weiterentwicklung skizziere.

Diese Untersuchung ist erst möglich geworden durch die Unterstützung von Kollegen/innen an der Hochschule, der Schule, sowie von Teilnehmern an Fortbildungsveranstaltungen und Seminaren. Wenn ich im Folgenden auch nicht alle Personen nennen kann, so bin ich ihnen doch zu Dank verpflichtet und weiß um ihren Anteil.

In diesem Zusammenhang möchte ich besonders Hartmut W. FRECH und Susanne ZEUNER danken, die mir den Zugang zur Gestaltpädagogik eröffnet haben und durch ihre Seminare wichtige Aspekte aufgezeigt haben. Helmut QUITMANN und Martin-P. RUBEAU danke ich für die intensiven Erfahrungen gemeinsamer, konstruktiver Zusammenarbeit und ihre kritischen Hinweise. Claudio HOFMANN und Marina NEUMANN-SCHÖNWETTER standen mir beratend zur Seite und unterstützten durch ihre ermunternde und kritische Offenheit den Fortgang der Untersuchung. Erika GODBERSEN hat mit ihrer Klarheit dazu beigetragen, Umwege zu vermeiden. Christa RUDOLFF war unersetzlich bei der Erstellung von Manuskripten.

Darüberhinaus sind viele meiner Vorstellungen und Überlegungen beeinflußt durch die Veranstaltungen des Gestaltzentrums Berlin und des Fritz-Perls-Instituts. Nicht vergessen werden darf auch meine *Gestaltfortbildungsgruppe,* die mir über drei Jahre ein anregender und aufmunternder Begleiter war.

Schließlich möchte ich meiner Lebensgefährtin Brigitte DELIUS danken, die durch ihr fachliches und persönliches Interesse, durch viele Hinweise und kritische Anmerkungen, entscheidend zum Gelingen dieser Untersuchung beigetragen hat.

Berlin, im September 1987 **Olaf-Axel Burow**

Persönliches Interesse und Forschungsprozeß

Im Jahr 1976 bin ich vermittelt über Hartmut FRECH und Susanne ZEUNER erstmalig auf den Begriff „Gestaltpädagogik" gestoßen. Als Student machte ich in ihren Seminaren vielfältige Erfahrungen mit Methoden und Konzepten, die aus der Gestalttherapie stammten und ich begann, die Kraft intersubjektiver Begegnung bewußt wahrzunehmen. Diese Erlebnisse und Anregungen sollten im weiteren Verlauf mein Denken, Fühlen und Handeln wesentlich beeinflussen.

In dieser Frühphase erweiterten Sammelbände von PETZOLD & BROWN[1] und BROWN & PETZOLD[2] meinen Blick um die Beachtung vielfältiger praktischer und theoretischer Aspekte. Ich war auf der Suche nach einem Weg, politisches und pädagogisches Engagement mit einer befriedigenden persönlichen Entwicklung verbinden zu können. So ließ ich mich — unter großer Skepsis — auf vielfältige Workshoperfahrungen ein, die mich bald begeisterten, bald befremdeten und begann, mich intensiver mit der Literatur auseinanderzusetzen. Immer mehr beschäftigte mich die Frage, was denn nun unter „Gestaltpädagogik" zu verstehen sei. Zusammen mit meinem Kollegen Karlheinz SCHERPP erarbeitete ich einen Überblick,[3] in dem wir die Entwicklung der Gestaltpädagogik aus der Gestalttherapie aufzuzeigen suchten und Konsequenzen für einen veränderten Unterricht skizzierten.

Es folgten einige Jahre der Unterrichtstätigkeit an Grund- und Gesamtschule, die ermutigende Umsetzungsversuche, aber auch die Einsicht in institutionell bedingte Grenzen brachten. Weitere Anregungen gab die 1983 erschienene vierte Buchveröffentlichung zur Gestaltpädagogik im deutschsprachigen Raum,[4] in der verschiedene Autoren einen Einblick in vielfältige Versuche der Weiterentwicklung und Umsetzung der Gestaltpädagogik, bzw. verwandter Konzepte gaben. In dieser Veröffentlichung wurde zugleich aber auch deutlich, daß die Konturen der Gestaltpädagogik bislang recht undeutlich blieben.

In der Folge geriet die systematische Auseinandersetzung mit der Gestaltpädagogik unter dem Praxisdruck des Schulalltags vorübergehend in den Hintergrund, wenngleich ich meine Kenntnisse und Erfahrungen durch Diskussionen, Workshops, Lektüre und nicht zuletzt praktische Experimente vertiefte.

Da ich 1984 eine Stelle als wissenschaftlicher Mitarbeiter an der HdK Berlin erhielt, konnte ich diese vielfältigen Erfahrungen intensiver aufarbei-

---

[1] PETZOLD, H. & BROWN, G. I. (Hrsg.) (1977). Gestaltpädagogik. München: Pfeiffer.

[2] BROWN, G. I. & PETZOLD, H. (Hrsg.) (1978). Gefühl und Aktion. Frankfurt: Flach-KG.

[3] BUROW/O. A. & SCHERPP, K. (1981). Lernziel: Menschlichkeit. Gestaltpädagogik — eine Chance für Schule und Erziehung. München: Kösel.

[4] PRENGEL, A. (Hrsg.) (1983). Gestaltpädagogik. Therapie, Politik und Selbsterkenntnis in der Schule. Weinheim: Beltz.

ten und im Rahmen von Lehrerfortbildungen einbringen bzw. überprüfen. Um herauszufinden, was gestaltpädagogische Fortbildungen bewirken und welche Methoden sich als geeignet erweisen, begann ich ein Forschungsprojekt, in dem es unter Verwendung Humanistischer Forschungsmethoden darum geht, eine vierjährige Gestaltfortbildung zu untersuchen. Parallel dazu versuchte ich zusammen mit Helmut QUITMANN und Martin-P. RUBEAU, die Praxis gestaltpädagogischen Unterrichts genauer zu beschreiben und auf konkrete Unterrichtsfächer und Unterrichtssituationen bezogene Praxisbeispiele zu entwickeln.[5]

In der Zwischenzeit, seit der ersten Veröffentlichung von PETZOLD & BROWN, hatten sich eine Reihe von Gestaltinstituten gegründet, die mehrjährige gestaltpädagogische Weiterbildungen berufsbegleitend anboten. In Broschüren und einzelnen Berichten wurde als Kern solcher Weiterbildungen die Förderung der *„Sozialen Kompetenz“* des Lehrers genannt. Als ich nun Anfang 1984 daran ging, diese Untersuchung zu konzipieren, blieb ich an diesem zunächst für mich diffusen Begriff hängen und versuchte ihn zu klären. Ich mußte feststellen, daß „Soziale Kompetenz“ ein modisches Schlagwort war, über das mir kaum jemand, der es benutzte, präzise Auskunft geben konnte. Dies war um so überraschender, als ja die Förderung der Sozialen Kompetenz des Lehrers als ein zentrales Charakteristikum gestaltpädagogischer Lehrerfortbildung benannt wurde.[6] Es war also naheliegend, zunächst mit der Untersuchung dieses Begriffes zu beginnen. Auf dem Weg der Zuspitzung meines Themas verfolgte ich drei Stränge:

— Klärung des Begriffes der Sozialen Kompetenz
— Sichtung und Zusammenschau der Literatur zur Gestaltpädagogik
— Durchführung einer Begleituntersuchung zu einer vierjährigen gestaltpädagogischen Weiterbildung mit Methoden der teilnehmenden Beobachtung, Gruppendiskussionen und Tiefeninterviews.

Im Verlaufe dieser umfangreichen Arbeit mußte ich feststellen, daß ich mittlerweile an zwei Arbeiten gleichzeitig schrieb, nämlich einer Aufarbeitung der Literatur und einer empirischen Untersuchung. Vom Umfang und vom Arbeitsaufwand ließ sich beides nicht miteinander verbinden, so daß ich mich für eine Trennung beider Aspekte entschied. In dieser Arbeit geht es also zunächst darum, auf der Grundlage der vorhandenen Literatur die Frage zu beantworten, was Gestaltpädagogik zur Sozialen Kompetenz des Lehrers beitragen kann.

Angesichts des wenig entwickelten Standes gestaltpädagogischer Theoriebildung trägt die Untersuchung in weiten Teilen den Charakter einer *kritischen Bestandsaufnahme* und eines *Entwurfs.* Mir ging es vor allem auch

---

[5] BUROW, O. A., QUITMANN, H. & RUBEAU, M.-P. (1987). Gestaltpädagogik in der Praxis. Unterrichtsbeispiele und spielerische Übungen für den Schulalltag. Salzburg: Otto-Müller.
[6] Vgl. z.B. Broschüre des Gestaltzentrum Berlin (GZB). Berlin (o.J.)

darum, die theoretischen Grundlagen und Bezüge der Gestaltpädagogik zu sichten, um Ansatzpunkte für die Entwicklung praxisrelevanter und theoretisch begründeter Konzepte gestaltpädagogischer Kompetenzförderung zu finden.

Dieses Interesse speist sich nicht zuletzt aus meinen positiven Erfahrungen mit gestaltpädagogischen Fortbildungen, aber auch aus meiner wachsenden Unzufriedenheit mit etablierten Formen der Lehrerbildung, in denen häufig — nach meinem Eindruck — die konkrete Person des Lehrers mit ihren subjektiven Erfahrungen und Empfindungen zu wenig berücksichtigt wurde. In diesem Sinne geht es mir darum nachzuweisen, daß gestaltpädagogische Konzepte einen wesentlichen Beitrag zu einer integrativen, d.h. die Person des Lehrers umfassend in ihrem konkreten So-sein berücksichtigenden, Kompetenzförderung leisten können.

Aufbau der Untersuchung und Fragestellungen

Gegenstand der Untersuchung ist eine Bestandsaufnahme der Gestaltpädagogik, wie sie sich seit Mitte der siebziger Jahre im deutschsprachigen Raum herausgebildet hat, mit dem Ziel praxisrelevante Konzepte zur Förderung der Sozialen Kompetenz des Lehrers herauszuarbeiten.

Mein **erstes Anliegen (Teil A)** ist die Klärung des Begriffs der Sozialen Kompetenz des Lehrers. Ausgehend von einer Untersuchung des Begriffs auf der Grundlage sozialwissenschaftlicher Literatur, beschreibe ich dann seine Verwendung in der Pädagogik. Ich gehe dabei besonders auf die Auffassung des *Bildungsrates* (1970) ein, weil er meines Erachtens in nach wie vor zukunftsweisender Art die Tätigkeitsbereiche des Lehrers, über die rein fachliche Seite hinaus, um den Aspekt der Sozialen Kompetenz erweitert hat. Der Wandel des Bildungsbegriffs, der sich auch in dieser erweiterten Definition des Kompetenzprofils widerspiegelt, führte im Zusammenhang mit gesellschaftlichen Umwälzungsprozessen, sowie der Übernahme von Erkenntnissen der Sozialwissenschaften und nicht zuletzt der Bildung von Gesamtschulen zur sprunghaften Entwicklung von Konzepten Sozialen Lernens. Bemerkenswerterweise wurde hier der Blick vor allem auf die Erweiterung der Sozialen Kompetenz der Schüler gelenkt, während die zumeist implizit vorausgesetzte Soziale Kompetenz des Lehrers kaum thematisiert wurde.

Wie ich in meiner kritischen Nachzeichnung der Debatte um das Soziale Lernen im Rahmen eines ausführlichen Exkurses herausarbeitete, lag ein Schwerpunkt dieser pädagogischen Richtung auf der Ableitung sozialer Lernziele aus theoretischen Herkünften, die obschon gut begründet, zuwenig mit den realen Bedingungen schulischen Lernens und den persönlichen Voraussetzungen von Lehrenden und Lernenden verbunden waren.

Indem ich die problematischen Aspekte dieses Konzeptes herausarbeitete, erhalte ich eine Grundlage für die Entwicklung von Kriterien zur Beurteilung der Anforderungen, die an ein weiterentwickeltes Konzept, wie es die Gestaltpädagogik zu sein beansprucht, zu stellen sind. Auf diese Weise begründe ich *Kriterien,* die meines Erachtens erfüllt sein müssen, wenn Gestaltpädagogik einen tragfähigen Beitrag zur Förderung der Sozialen Kompetenz des Lehrers leisten soll. Als erste Konsequenz meiner Untersuchung fordere ich im Einzelnen die Erfüllung der Kriterien *Praxisrelevanz,* Bereitstellung einer *Lehrertrainingskonzeption,* Bereitstellung eines *Unterrichtskonzepts* und eines Ansatzes zur *Organisationsentwicklung.* Ich vertrete dabei die These, daß Lehrertraining, Unterrichtskonzept und Organisationsentwicklung miteinander verbunden werden müssen, um innovative Prozesse zu ermöglichen. Darüberhinaus müssen die Kriterien *Emanzipation, Integration* und *Originalität* erfüllt sein.

Im **Teil B** untersuche ich nun vor dem Hintergrund dieser Kriterien, die zugleich mein Erkenntnisinteresse beschreiben, die theoretischen Grundlagen gestaltpädagogischer Kompetenzförderung. Anhand der Darstellung des gestalttherapeutischen Kontaktmodells, sowie des Konzepts von Kontakt und Begegnung arbeite ich die Konturen eines gestalttherapeutischen Kompetenzförderungsmodells heraus, das die Grundlage für entsprechende Übertragungen auf die Gestaltpädagogik bildet.

Da sich die Entwicklung der Gestaltpädagogik aber nicht allein aus der Gestalttherapie ableiten läßt, gehe ich zunächst auf Einflüsse anderer pädagogischer Strömungen ein, um dann die Konsequenzen dieser Einflüsse zu beschreiben.

Als *Kern der Gestaltpädagogik* beschreibe ich im Anschluß die *Auffassung von Lehren und Lernen als Kontaktprozeß* und entwickle *handlungsleitende Prinzipien.* Ich versuche hier, als mein **zweites Anliegen** zu belegen, daß Gestaltpädagogik über ein theoretisch fundiertes, praxisrelevantes Konzept der Förderung Sozialer Kompetenzen verfügt.

Vor dem Hintergrund der oben aufgeführten Kriterien untersuche in in **Teil C** die Frage, welche Ansätze der Umsetzung gestaltpädagogischer Auffassungen sich in der Praxis, bezogen auf die Bereiche Lehrertraining, Unterrichtskonzept und Organisationsentwicklung finden lassen. Dabei begründe ich den jeweiligen Bereich, beschreibe den Entwicklungsstand und die vorhandenen Ansätze, skizziere Möglichkeiten der Verbindung mit verwandten Konzepten und zeige in den Schlußfolgerungen Lücken, aber vor allem auch Perspektiven der Weiterentwicklung auf.

Dabei geht es mir als mein **drittes Anliegen** darum nachzuweisen, daß Gestaltpädagogik zu diesen drei Bereichen, bei jeweils unterschiedlichem Entwicklungsstand, praxisrelevante Konzepte zur Erweiterung der Sozialen Kompetenz des Lehrers und zur Innovation der Institution Schule bereitstellt, bzw. Grundlagen für entsprechende Weiterentwicklungen bietet. Im letzten Kapitel fasse ich dann meine Untersuchungsergebnisse zusammen.

Teil A
Zur Sozialen Kompetenz des Lehrers

1. Zum Begriff der Sozialen Kompetenz[1]

In ihrer Untersuchung zur historischen Perspektive der Entstehung von Kompetenzmodellen charakterisiert WINE (vgl. WINE 1981) das Konzept der Sozialen Kompetenz als eine ziemlich späte Entwicklung verschiedener Disziplinen der helfenden Berufe.

Während das Konzept der Sozialen Kompetenz sich auf positives und effektives Funktionieren konzentriere, hätten in der Vergangenheit dagegen überwiegend Konzeptionen vorgeherrscht, die in erster Linie auf pathologische Erscheinungen fokussierten. Diese von ihr als „defect models" (dies. S. 4) bezeichneten Modelle hätten als ideologische Konzepte in weiten Bereichen der Definition und Diskrimination abweichenden Verhaltens gedient. Mit dem Ende des Zweiten Weltkriegs seien im Zusammenhang mit vielfältigen sozialen Umorientierungsprozessen[2] die defect models einer zunehmenden Kritik ausgesetzt worden, und es habe verstärkt Tendenzen zur Entwicklung von Konzepten mit einer „positiven" Blickrichtung gegeben. Nicht zuletzt im Zusammenhang mit dem Entstehen der Humanistischen Psychologie (vgl. QUITMANN 1985) entfernt sich Psychologie vom medizinischen Modell und sieht sich in Teilen zunehmend als soziale Bewegung, die weniger daran interessiert ist, Patienten zu etikettieren und zu behandeln, als eher einen persönlichen Wachstumsprozeß einzuleiten, der letztlich auf die Veränderung der Person im Zusammenhang mit ihrer sozialen Umwelt abzielt.

So tritt die Person in ihrem sozialen Zusammenhang in den Mittelpunkt der Betrachtungen und die Förderung ihrer Sozialen Kompetenz wird ein zentrales Ziel. Dabei erweisen sich Modelle Sozialer Kompetenz laut BLOOM (vgl. BLOOM 1977) als besonders geeignet, beide Aspekte zusammenzuführen:

> *Of all the concepts that have been introduced to link individual problems to characteristics of the social system, the most compelling have been the concepts of competence and competence building. (Zitiert nach WINE 1977)*

Eine Durchsicht der „Psychological Abstracts" der letzten 50 Jahre, wie sie GARMEZY/MASTEN/NORDSTROM/FERRARESE (1980) geleistet haben, ergibt denn auch ein konstantes Anwachsen des Interesses am Bereich der Sozialen Kompetenz. Hintergrund dieser Entwicklung ist u.a., wie ARGYLE (1972, S. 383) ausführt, die Hoffnung auf der Grundlage entwickelter Forschungsergebnisse, Interaktion „effektiver" und „angenehmer" zu gestalten.

---

[1] Dieses Kapitel fußt auf meiner detaillierten Untersuchung „Möglichkeiten und Grenzen des Trainings Sozialer Kompetenzen", die in „Gruppendynamik" 3/87 erschienen ist.

[2] WINE meint hier auch eine grundsätzliche Kritik an den Sozialwissenschaften, die sich nicht der Vereinnahmung für destruktive Ziele entzogen hätten. Von daher bedürfe es einer engagierten Sozialwissenschaft, die die Förderung des Menschen als Ziel sehe.

Die verschiedenen Berichte zum Stand angelsächsischer Forschung zu diesem Bereich[3] zeigen aber, daß wir noch weit von der Erreichung eines solchen Ziels entfernt sind.

Die Schwierigkeiten beginnen schon bei der Definition des Begriffs. MEICHENBAUM et. al. skizzieren die Situation in einer ausdruckskräftigen Metapher:

> *One would readily compare attempts to define social competence to the proverbial tale about the blind men who study the elephant, each only having one piece of the elephant's anatomy in hand, but none stepping back to grasp a perspective of the entire pachyderm. (MEICHENBAUM/BUTLER/GRUSON 1981, S. 37)*

Bei der Vielfalt der verschiedenen Ansätze und Auffassungen wird unter Sozialer Kompetenz in der Regel **„das erfolgreiche Realisieren von Zielen und Plänen in sozialen Interaktionssituationen"** (GREIF 1983, S. 312) verstanden.

In unserem Zusammenhang besteht nun das Problem zu bestimmen, was als „erfolgreich" angesehen werden soll. In der englischsprachigen Literatur gibt es eine Reihe von Versuchen der Präzisierung. WINE führt folgende Definitionen auf:

> *. . . possesion of intraindividual traits and dispositions (DOLL 1953; SMITH 1966) or as primarily a property of motivation (WHITE 1959), or in terms of a simple listing of accomplishments (ZIGLER & PHILLIPS 1961); other focus on specific overt behavioral coping skills (HAMBURG & ADAMS 1967), yet others on cognitive capacities (GOLDFRIED & D'ZURILLA 1969). (WINE 1981, S. 24)*

Diese Auflistung von Definitionen, die sich erweitern ließe, macht deutlich, daß Soziale Kompetenz als ein „Profil spezifischer Fähigkeiten" (ARGYLE 1972, S. 323), die zu ihrer Bewährung spezieller sozialer Situationen bedürfen, betrachtet werden muß. Die Untersuchungen zur Sozialen Kompetenz haben deutlich gemacht, daß die Annahme einer universellen Fähigkeit zur Lösung sozialer Anforderungen und Probleme wissenschaftlich nicht belegbar ist. (GREIF a.a.O.)

Für unseren Zusammenhang bedeutet diese Einsicht, daß die Sozialkompetenz des Lehrers nicht als allgemein meßbarer Faktor begriffen werden kann, sondern einer Konzeption bedarf, die von einem personenspezifischen und situationsabhängigen Profil Sozialer Kompetenzen ausgeht.

Die Beantwortung der Frage, was bezogen auf die Lehrertätigkeit sozial kompetentes Handeln heißt, läßt sich auf zwei Wegen erreichen:

Zum einen, indem man theoretisch begründete Zielkataloge aufstellt, die ein solches Handeln beschreiben. Zum anderen, indem man das Handeln von Lehrern in sozialen Situationen untersucht und Indikatoren für Soziale Kompetenz empirisch entwickelt.

---

[3] Vgl. die Berichte von SARASON; SHURE; WRUBEL/BRENNER/LAZARUS/MEICHENBAUM/BUTLER/GRUSON, in: WINE/SMYE 1981

Beide Vorgehensweisen weisen schwer zu lösende Probleme auf. Die Ableitung von Kriterien für sozial kompetentes Handeln aus theoretischen Grundlagen führt zwangsläufig zur Abstraktion von den konkreten Personen und Handlungssituationen und steht damit in Gefahr, von den tatsächlichen Bedingungen entfernt zu sein.

Der andere Weg, die Untersuchung sozialer Situationen, wirft eine Reihe von weitgehend ungelösten forschungsmethodischen Problemen auf.[4] So muß man sich schon bei der Untersuchung einfacher sozialer Situationen, an denen nur zwei Personen beteiligt sind, auf einen äußerst kleinen Ausschnitt beschränken, weil die Vielzahl der die Situation beeinflussenden Faktoren nicht annähernd erfaßbar und in Beziehung zueinanderzusetzen ist. Der pragmatische Weg der Reduktion des komplexen Interaktionsgeschehens auf wenige Faktoren führt aber zu einer Einschränkung des Wahrnehmungsfeldes und beeinträchtigt die Verallgemeinerungsfähigkeit der Aussagen.

Unabhängig von den gewählten Vorgehensweisen variiert aber auch — je nach wissenschaftlichem bzw. politischem Standort des Autors — die Bewertung dessen, was als erfolgreiches Handeln zu verstehen ist.

Im Rahmen dieser Arbeit werde ich vor dem Hintergrund dieser Überlegungen sowie auf der Grundlage der Untersuchung der Verwendung des Begriffs in wichtigen Bereichen der Pädagogik, Kriterien für eine Eingrenzung des Begriffs entwickeln. Einen ersten Zugang bildet hierbei die Untersuchung der Verwendung des Kompetenzbegriffs in der Pädagogik.

[4] Vgl. DÖRING 1980, S. 69—124; SIGNER 1977, S. 194 ff.; MUTZECK/PALLASCH 1983; eine zusammenfassende Darstellung der Probleme habe ich 1986 erarbeitet.

2. Die Verwendung des Kompetenzbegriffs in der Pädagogik

Im Gefolge der Verwissenschaftlichung der Pädagogik und der damit verbundenen Erweiterung des terminologischen Inventars wird mit Beginn der siebziger Jahre der Kompetenzbegriff mit unterschiedlichen Bedeutungsgehalten versehen verwendet (vgl. BILDUNGSRAT 1970; PRIOR 1976; GUDJONS 1978; DIETRICH 1983).[1]

In einer ausführlichen Analyse der Begriffsvielfalt unterscheidet BAYER drei Ebenen:

„— die unsystematische Verwendung auf der Ebene des Alltagswissens
— die handlungsbezogene Verwendung im Aktualisieren einer Fähigkeit in einer bestimmten Situation
— die wissenschaftliche Verwendung im Sinne tiefenstruktureller Regelsysteme" (BAYER 1978, S. 100 ff.)

Da mir diese Unterscheidungen diskutierenswerte Ansatzpunkte zu sein scheinen, will ich sie einer kritischen Analyse unterziehen.

Auf der **Ebene des Alltagswissens** umfaßt der Begriff laut BAYER sowohl die individuelle als auch die institutionelle Dimension und ist durch „berechtigt, sachverständig, gut unterrichtet" als auch durch „zuständig, maßgebend, befugt" (BAYER, a.a.O.) charakterisiert. In einer Analyse der Verwendung des Begriffs im Deutschen und im Englischen kommt er zu dem Schluß, daß der englische Begriff „competence, competency" eher die individuelle Seite betone. Mit Verweis auf BRUNHORST spricht er sich daher für die ausschließliche Verwendung des Terminus „Kompetenz" im Sinne der individuellen Dimension aus.

Beispiele für diese Kategorie seien die Begriffe „Fachkompetenz", „pädagogische Kompetenz", „gesellschaftlich-politische Kompetenz", die der Deutsche Bildungsrat 1970 verwendet hat. Sie seien der Kategorie des Alltagswissens zuzuordnen, „... da diese Bezeichnungen von subjektiven Fähigkeiten in nicht näher strukturierten und auf ihre Entstehungsbedingungen hin analysierten situativen Zusammenhängen gebraucht werden." (BAYER 1978, S. 102)

Das definitorische Ausschließen der institutionellen Dimension halte ich, im Gegensatz zu BAYER für problematisch. Einerseits steht dem, wie er selber feststellt, der Sprachgebrauch entgegen. So finden wir z.B. im dtv-Lexikon unter den Stichworten „Kompetenz-Kompetenz" und „Kompetenz-Konflikt" ausdrücklich den institutionellen Aspekt betont (dtv-Lexikon, Mün-

---

[1] Bezogen auf die Qualifikation des Lehrers spricht der Bildungsrat von „Fachkompetenz", „pädagogische Kompetenz" etc., PRIOR: „Sozialkompetenz", GUDJONS: „interaktionelle Kompetenz", DIETRICH: „kritische K/operative K/interpretative K/pädagogische K

chen 1972, Bd. 10, S. 231). Andererseits erscheint es im pädagogischen Bereich durchaus als sinnvoll von der Kompetenz eines Kollegiums, einer Institution u.ä. zu sprechen und diese von der individuellen Kompetenz zu unterscheiden. Diese Unterscheidung ist auch deshalb notwendig, weil individuelle und institutionelle Kompetenz in einem Spannungsverhältnis stehen und sich gegenseitig beeinflussen (vgl. ZINNECKER 1975; BECK 1974; BERNFELD 1973; WELLENDORF 1979). Im Rahmen dieser Arbeit sollen daher beide Aspekte des Kompetenzbegriffs beleuchtet werden.

Wenn wir Kompetenz als Verhältnisbegriff betrachten, werden weitere Aspekte deutlich. In bezug auf eine Institution kann Kompetenz auf „Dürfen" akzentuiert sein, während der Schwerpunkt in Situationen auf „Können" liegen kann. Im Idealfall würden beide Kompetenzarten zusammenfallen: Nur wer nachgewiesen hat, daß er über das für eine spezifische Tätigkeit notwendige Können verfügt, darf diese Tätigkeit auch ausüben. Da aber in der Realität der Institutionen Machtgesichtspunkte eine wichtigere Rolle spielen, ist das „Können" oft von untergeordneter Rolle. Die entscheidende Frage ist hier, wer unter welchen Gesichtspunkten die Kompetenz definiert bzw. beurteilt.

Aber auch, wenn man Kompetenz unter „objektiven" d.h. der kompetenzerfordernden Situation angemessenen Kriterien zu messen versuchen würde, wäre das Problem noch nicht gelöst: Aufgrund der Vielfalt von Faktoren, die Situationen und handelnde Personen beeinflussen, ist die Messung von Kompetenzen ein schwieriges und bisher wenig entwickeltes Geschäft. Die pädagogische Alltagsarbeit des Lehrers ist aber ein so hochkomplexes Geschehen vielfältiger sozialer Interaktionen, daß immer nur einzelne Aspekte operationalisiert werden können. Vor diesem Hintergrund sind BAYERs Ausführungen zur Möglichkeit der Operationalisierung individueller Kompetenzen, bezogen auf strukturierte Handlungszusammenhänge, kritisch zu sehen.

Seiner Einschätzung nach ist die Verwendung des Begriffs im Sinne der **Fähigkeit in einem strukturierten Handlungszusammenhang ad hoc lebensgeschichtlich erworbene Fähigkeiten zu aktualisieren** eher wissenschaftlicher Theoriebildung zugänglich, da „jedes handelnde Subjekt . . . zur Bewältigung einer Mangelsituation seine bereits erworbene, ihm einsichtige Kompetenz soweit wie möglich formal operationalisieren und als konkret zu beschreibende Fähigkeit realisieren . . ." könne (BAYER 1978, S. 102).

Kompetenz in diesem Sinne erweist sich im Verhalten in Situationen, die einen Handlungsbedarf hervorrufen. Sowohl die Analyse des beobachtbaren Verhaltens als auch die Selbstreflexion ergeben Aufschluß über die zugrunde liegende Kompetenz.

Während die ersten zwei Verwendungsweisen des Begriffs der Kompetenz in der Pädagogik als weitgehend akzeptiert erscheinen (PRIOR 1976;

DIETRICH 1983), erweist sich die dritte Verwendungsweise als problematischer.

Die Inflation des Begriffs „Kompetenz“ dürfte nämlich insbesondere auf den inzwischen wieder abgeflauten Linguistikboom der frühen siebziger Jahre zurückgehen.

CHOMSKYs „idealisierte“ (KATZ n. LEWANDOWSKI 1973) Unterscheidung von Kompetenz als einem abstrakten Regelsystem, das dem Verhalten zugrunde liege und der Realisierung dieser Kompetenz in einer konkreten Situation, die er als „Perfomanz“ bezeichnet, bezieht sich auf den Teilbereich der Sprache. ENGELKAMP spricht gar von einer Beschränkung auf den „Systemaspekt der Sprache“ (ENGELKAMP 1974). Dieser zunächst sehr spezialisierte und eingegrenzte Begriff von Kompetenz wird nun auf Soziologie und Pädagogik übertragen (LEWANDOWSKY, Stichwort „Kompetenz“).

Dabei ist zu beachten, daß schon im begrenzten Bereich der Sprachwissenschaft die Konstruktion eines endlichen Regelsystems, das der Kompetenz eines idealen Sprechers/Hörers entspräche, eine unlösbare Aufgabe zu sein scheint (vgl. MAAS 1973, S. 263 ff.). Zudem führt nach Ansicht von Kritikern (z.B. JÄGER „Kommunikative Kompetenz“; MAAS 1973) die mathematisch-logische Abstraktion CHOMSKYs zu einer Reduktion und Formalisierung des Gegenstandsbereichs.

Insofern scheint es mir problematisch zu sein, wenn BAYER für die Lehrerbildung eine am „Kompetenz-Performanz-Paradigma orientierte Qualifikationsforschung“ fordert, „. . . um pädagogische Handlungskompetenzen als generelle Regelsysteme zu definieren.“ (BAYER, S. 105) Abgesehen von dem unrealistischen Anspruch gegenüber der Pädagogik scheint mir hier einer abstrakten und formalisierten Wissenschaft das Wort geredet zu werden, die das Gegenteil dessen ist, was die Praxis erfordert (vgl. HENTIG 1981; FELLSCHES 1981).

In der Pädagogik wird der Kompetenzbegriff nach meinen Nachforschungen überwiegend im Sinne der ersten zwei Kategorien verwendet. Mit Kompetenz meinen die verschiedenen Autoren zumeist den Sachverstand des einzelnen Lehrers bezogen auf verschiedene Bereiche, die durch hinzugesetzte Adjektive charakterisiert werden.

Beispiele dafür waren „innovative Kompetenz“ (SIGNER 1977), „interaktionelle Kompetenz“ (GUDJONS 1978), „kritische Kompetenz“ (DIETRICH 1983), „sprachliche Kompetenz“ (DÖRING 1980).

Die Spezifizierung der gemeinten Fähigkeiten, auf die sich der Kompetenzbegriff bezieht, kann auch durch Komposita erfolgen: „Handlungskompetenz“ (DIETRICH 1983), „Sachkompetenz“ (DANNER 1983), „Fachkompetenz“ (BILDUNGSRAT 1970) etc.

Der Inhalt der jeweiligen Kompetenzen wird zumeist entweder durch abstrakte Qualifikationsanforderungen umschrieben (BILDUNGSRAT 1970) oder durch beschriebene Verhaltensanforderungen — unterstützt durch

Beobachtungs- und Analysekriterien — gefüllt (A. C. WAGNER 1976; DÖRING; DIETRICH 1983).

Da der Begriff der sozialen Kompetenz des Lehrers überwiegend recht diffus verwendet wird, möchte ich seine Verwendung an zwei wesentlichen Konzeptionen exemplarisch darstellen. Zum einen scheinen mir hierzu die Vorstellungen des Bildungsrats von besonderer Bedeutung, weil er schon sehr früh (1970) auf die Bedeutung der Sozialen Kompetenz für den Lehrer hingewiesen und auch heute noch zukunftsweisende Positionen entwickelt hat. Zum anderen will ich die Debatte um das Soziale Lernen nachzeichnen, weil sie indirekt die Problematik der Sozialen Kompetenz des Lehrers beleuchtet: Im Konzept des Sozialen Lernens ging es in erster Linie darum, den Schülern soziale Kompetenzen zu *vermitteln,* wobei die Fähigkeit zur Vermittlung derselben von den Lehrern stillschweigend vorausgesetzt wurde.

Da wir in dieser Hinsicht inzwischen deutlich skeptischer geworden sind und zudem das Konzept des Sozialen Lernens, nachdem es die pädagogische Diskussion zentral beherrscht hatte, sehr schnell in der Versenkung verschwand, kann hier ein Stück pädagogischer Geschichte nachgezeichnet werden, aus der wir Anhaltspunkte für die Beurteilung gegenwärtiger Konzeptionen von sozialer Kompetenz gewinnen können.

2.1. Der Begriff der Sozialkompetenz des Lehrers aus der Sicht des Bildungsrats

Als Konsequenz der Aufarbeitung von Forschungsergebnissen der Sozialwissenschaften wurde zu Beginn der 70er Jahre die einseitige fachorientierte Lehrerausbildung kritisiert und der zunehmende Einbezug sozialwissenschaftlicher Ausbildungsteile gefordert. Der BILDUNGSRAT stellte in seinem „Strukturplan für das Bildungswesen“[2] gleichgewichtig neben den Erwerb der „Sachkompetenz“ des Lehrers den Erwerb der „Sozialkompetenz“ (a.a.o., S. 37). Als wesentliche Bestandteile einer solchen Sozialkompetenz benannte er

- Erwerb pädagogischer und psychologischer Fachkenntnisse
- Parallel zur verstärkten Wissenschaftsorientierung des Unterrichts eine stärkere „Pädagogisierung“
- Vermittlung von demokratischen Umgangsformen und Entwicklung eines tendenziell dialogischen Verhältnisses Lehrer-Schüler
- Fähigkeit zur Vermittlung von Kenntnissen, die das Lernen des Lernens thematisieren
- Fähigkeit zur Förderung von Selbständigkeit und Eigenverantwortung
- Fähigkeit, die Interessen der Schüler zu berücksichtigen.

---

[2] DEUTSCHER BILDUNGSRAT für Strukturplan für das Bildungswesen Stuttgart 1970 (2)

In der Skizzierung zentraler Elemente des Berufsbildes des Lehrers, die der BILDUNGSRAT vornahm (a.a.O., S. 217 f.), wird die Bedeutung der Sozialkompetenz deutlich: Die Vermittlung von Sachwissen ist immer nur ein Teilaspekt komplexer Interaktionsvorgänge in der Beziehung zwischen Lehrer und Schüler. Dies wird deutlich, wenn wir die Aufgaben des Lehrers, die der BILDUNGSRAT benennt (Lehren, Erziehen, Beurteilen, Beraten, Innovieren), näher betrachten.

Lehren

Die Tätigkeiten des Lehrers lassen sich nach dem Verständnis des BILDUNGSRATS nicht auf die Vermittlung von fachlichen Kenntnissen und Fertigkeiten reduzieren. Die Vermittlung von Sachwissen muß vielmehr einhergehen mit der Beachtung der Struktur von Erkenntnisprozessen der Schüler, mit der Thematisierung der Methoden der Wissensgewinnung und -sicherung sowie der Entwicklung der Fähigkeit, diese Einsichten auf andere Problemsituationen übertragen zu können. Der Lernprozeß muß weiterhin so organisiert sein, daß „Problembewußtsein, problemlösendes Denken und Kreativität“ (a.a.O., S. 217) entwickelt werden können. Die Eigentätigkeit und Selbständigkeit der Schüler muß der Lehrer durch die Fähigkeit zu situations- bzw. sachadäquatem Wechsel der Sozial- und Aktionsformen fördern können.

Erziehen

Die hohen Ansprüche, die der BILDUNGSRAT an die Sozialkompetenz des Lehrers stellt, werden in den Anforderungen an den Bereich des Erziehens deutlich.

So soll der Lehrer dem Schüler Hilfe zu „persönlicher Entfaltung und Selbstbestimmung“ (a.a.O., S. 218) geben und ihn zu „freiem und verantwortlichem Handeln“ hinleiten. Der Lehrer soll in Zusammenarbeit mit seinen Kollegen das Schulleben und das Schullernen so organisieren, daß sie der Verwirklichung dieser Ziele dienen. Weiterhin soll er in der Lage sein, auf die „persönlichen Lernbedürfnisse“ des Schülers einzugehen und sie mit gesellschaftlichen Anforderungen zu vermitteln.

Die Lehrtätigkeit des Lehrers erschöpft sich nach den Vorstellungen des BILDUNGSRATs nicht in einer unpersönlichen, von der Person des Lehrers abgehobenen, technokratischen Wissensvermittlung. Vielmehr wird seine „Fähigkeit und Bereitschaft zum persönlichen Kontakt“ (a.a.O., S. 218) als zentraler Angelpunkt für seine Wirksamkeit gesehen. Weiter noch: Der BILDUNGSRAT sieht klar, daß die angestrebten Idealvorstellungen nur zu verwirklichen sind, wenn der Lehrer auch in seiner Person die Ziele lebt, die er vermitteln will bzw. soll. Und er zieht daraus die Konsequenzen: „Dazu bedarf der Lehrer eines entsprechenden Freiheitsraums in der Gestaltung seiner Tätigkeit.“ (a.a.O., S. 218)

Beurteilen

Nach Auffassung des BILDUNGSRATs muß sich der Lehrer über die Problematik angemessener Beurteilungsverfahren im klaren sein. Die bloße Stigmatisierung mit ihren schädlichen Folgen soll durch eine Entwicklung von Meßinstrumenten verhindert werden, die eher der „Erfassung von Entwicklungs- und Entfaltungsmöglichkeiten" (a.a.O., S. 219) der Schüler dienen. Das Verständnis des Lehrers soll sich hier eindeutig stärker an Modellen der Förderung von sozialen Kompetenzen orientieren.

Beraten

Einen zentralen Stellenwert in der Tätigkeit des Lehrers nimmt für den BILDUNGSRAT seine Beraterfunktion ein: Der Lehrer wird als Berater für Schüler und Eltern gesehen. Diese Beraterfunktion erfordert den Erwerb entsprechender sozialer Kompetenzen.

Innovieren

Der Lehrer wird hier vom BILDUNGSRAT als „erster und wichtigster Träger fortschreitender Schul- und Bildungsreform" (a.a.O., S. 220) gesehen. Diese Innovationsaufgabe bezieht sich auf die Entwicklung persönlicher Kompetenzen, die ständige Weiterentwicklung des Unterrichts auf fachlicher und sozialer Ebene, die Vermittlung fortgeschrittener pädagogischer Konzeptionen und die Erneuerung der Institution.

Aus den Ausführungen des BILDUNGSRATs wird deutlich, daß die strikte Trennung in Sach- und Sozialkompetenz im Alltag des Lehrers nicht aufrecht zu erhalten ist. Beide sind vielfältig ineinander verwoben und bedingen sich gegenseitig: Ein sachkompetenter Lehrer wird ohne entsprechende Sozialkompetenz sein Wissen nicht vermitteln können, während ein Lehrer, der über tragfähige soziale Kompetenz verfügt, im Fach aber unzureichende Kenntnisse hat, auf Schwierigkeiten stoßen wird. Vor dem Hintergrund dieses Zusammenhangs möchte ich nun übersichtartig die Elemente darstellen, die für den BILDUNGSRAT die Sozialkompetenz eines Lehrers umreißen.

Elemente Sozialer Kompetenz des Lehrers nach Auffassung des BILDUNGSRATs

Lehren	Erziehen	Beurteilen	Beraten	Innovieren
Fähigkeit zur Förderung von:	Fähigkeit zur Förderung von:	Fähigkeit zur Entwicklung und Anwendung von:	Fähigkeit zur	Fähigkeit zur
— Lernen des Lernens — Eigentätigkeit der Schüler — problemlösendem Denken — Kreativität — Eigenständigkeit — Selbständigkeit	— persönlicher Entfaltung — freiem, verantwortlichem Handeln — Erkenntnis persönlicher Lernbedürfnisse — Wertklärungsprozessen — persönlichem Kontakt — Leben nach demokratischen Werten — Reflexion angestrebter Ziele im Verhältnis zu tatsächlichem Verhalten	— angemessenen Formen der Beurteilung — unterstützenden Formen von Diagnosen — Konzepten zur Ausbildung von Entfaltungsmöglichkeiten	— Beratung von Schülern und Eltern — Bereitstellung von Argumenten für bewußte Entscheidungen — Hilfestellung bei Problemerkenntnis und -lösung	— persönlichen Weiterentwicklung — Weiterentwicklung von Unterrichtskonzeptionen — Weiterentwicklung der Organisation der Institution Schule — gesellschaftspolitischen Stellungnahme

Grundlegende Voraussetzungen der Sozialen Kompetenz des Lehrers

— Kenntnis der wesentlichen Ergebnisse der Sozialwissenschaften Unterricht und Erziehung betreffend
— Verankerung der Elemente Sozialer Kompetenz in der eigenen Person (Haltung und Verhalten)

2.2. Exkurs

Der Begriff der Sozialen Kompetenz auf dem Hintergrund der Debatte um das „Soziale Lernen".

Die Verwendung des Begriffs der Sozialen Kompetenz im pädagogischen Bereich ist eng verbunden mit der Debatte um das Soziale Lernen. Dieses umstrittene und inzwischen in allen Ehren zu Grabe getragene Konzept stand zur Zeit der Bildungseuphorie der siebziger Jahre im Mittelpunkt der Diskussion. Die Nachzeichnung einiger zentraler Konzepte Sozialen Lernens und des Verlaufs der Debatte scheint mir geeignet zu sein, einen Problemaufriß für die derzeitige Verwendung des Begriffs der Sozialen Kompetenz zu leisten, zumal einige grundlegende Probleme, wie etwa die mangelnde Berücksichtigung institutioneller Bedingungen, erneut auftauchen.

2.2.1. Die Entstehung von Konzepten Sozialen Lernens

Die Verwendung des schillernden Begriffs des Sozialen Lernens hat seinen Ursprung u.a. in der Konzipierung und Realisierung von Gesamtschulen in der Bundesrepublik. Wolfgang KEIM (Hrsg.)[3] benennt in seiner Bilanz der Praxis der Gesamtschule Soziales Lernen als zentralen Ansatzpunkt der Gesamtschulreform neben Differenzierung und Curriculum. Im Gegensatz zu letzteren zwei Punkten sei aber das Soziale Lernen der „am wenigsten präzisierte und realisierte" (KEIM 1976, S. 289) Ansatz.

Entsprechend dieser Feststellung finden wir bei den entsprechenden Protagonisten des Sozialen Lernens unterschiedliche Vorstellungen und Konzeptionen.[4]

Im Zuge der Reformphase Ende der sechziger bis Anfang der siebziger Jahre trat die Gesamtschule mit dem Versprechen der Chancengleichheit und der Aufhebung schichtenspezifischer Barrieren an. Schule wurde zumindestens von Teilen der engagierten Pädagogen als Ansatzpunkt gesehen, Lernprozesse zu initiieren, mit deren Hilfe langfristig eine „evolutionäre Gesellschaftsveränderung" (KEIM 1976, S. 289) bewirkt werden sollte.

Liest man KEIMs Ausführungen zum Sozialen Lernen mit dem Abstand von zehn Jahren und der Kenntnis der heutigen Praxis an Gesamtschulen, so stellt man fest, welche ungeheuren Hoffnungen und Ansprüche mit diesem Begriff verbunden waren und wie wenig sich diese auf die heutige Schulwirklichkeit ausgewirkt haben.[5]

---

[3] Wolfgang KEIM (Hrsg.) Gesamtschule — Bilanz ihrer Praxis, Hamburg 1976[2]

[4] Vgl. in KEIM 1976: Soziales Lernen zwischen „angstfreier Erziehung" und „politischer Sozialisation" / Brigitte KATH: Erfahrungen an der Walter-Gropius Schule / Horst HÜSKE: Soziales Lernen als Psychohygiene / Harm PRIOR (Hrsg.): Soziales Lernen, Düsseldorf 1976/BECKER 1971, S. 115/ROLFF u.a.; CLAUSSEN 1974; ROLFF 1984, S. 87 ff.)

[5] Vgl. Erfahrungsbericht über den Alltag an einer Gesamtschule / BUROW 1983

Die Beiträge, die er zur Darstellung des Ansatzes zusammengestellt hatte, verstanden sich „. . . als Versuch, die großen Perspektiven der antiautoritären und antikapitalistischen Bewegung in kleine Schritte zu zerlegen und zu operationalisieren." (KEIM 1976, S. 289)

Soziales Lernen war also der Oberbegriff für Konzepte überwiegend auf der Linken angesiedelter Pädagogen, die schulische Lernprozesse zur Einleitung bewußtseins- und gesellschaftsverändernder Praxis initiieren wollten. Während bei R. und A. TAUSCH[6] „sozial" eine formale Kategorie gewesen sei, die lediglich von der subjektiven Veränderung einzelner Individuen ausging, sei „sozial" in der Gesamtschuldiskussion von Anfang an eine inhaltliche Kategorie gewesen. So sei die Integration verschiedener sozialer Schichten gefordert worden, der Abbau von Kulturbarrieren, das Verschmelzen verschiedener sozialer Gruppen.

Während TAUSCH dabei in erster Linie auf den erzieherischen Einfluß der Lehrerperson setzte, erhofften sich laut KEIM (1976, S. 297) die Gesamtschulgründer dieser Wirkung von ihrer neuen Schule.

Allein die Tatsache der gleichberechtigten gemeinsamen Teilnahme verschiedener sozialer Schichten am Unterricht sollte bestehende Barrieren abbauen und die Konkurrenzorientierung der Mittelschichtkinder zugunsten einer Solidaritätshaltung verändern. Soziales Lernen wurde hier mit sozialer Integration gleichgesetzt. Herbert STUBENRAUCH[7] hat schon sehr früh seine Zweifel an diesen optimistischen Vorstellungen geäußert und auch Wolfgang KEIM benennt einige der Punkte, die für das zumindest teilweise Scheitern der Konzeptionen Sozialen Lernens verantwortlich sind:

— Die Gesamtschule ist eine Mittelschichtinstitution und fordert von Unterschichtkindern eine Anpassung an Mittelschichtnormen bei gleichzeitiger Aufrechterhaltung bestehender Besitz- und Herrschaftsstrukturen
— Soziales Lernen im Sinne der sozialen Integration abstrahiert sowohl vom allgemeinen Lebenszusammenhang der Betroffenen als auch vom individuellen.
— Weiterhin wird der institutionelle Zusammenhang ausgeblendet.

Auch die antiautoritäre Variante Sozialen Lernens, die im Gefolge der NEILL-Rezeption (A. S. NEILL, Summerhill, Hamburg 1969) Verbreitung fand und in der Weinheimer Gesamtschule weitgehend realisiert wurde, bis die Schulbürokratie die Fortführung des Versuchs durch drastische Auflagen stoppte, wird von KEIM verworfen, weil mit ihr zwar Angstabbau auf der Schülerseite erreichbar sei, aber die angsterzeugenden Ursachen nicht ins Bewußtsein der Schüler gelangten. Soziales Lernen bleibe so „gesellschaftlich folgenlos". (KEIM 1976, S. 301)

---

[6] R. und A. TAUSCH: Erziehungspsychologie 1971[6], Göttingen

[7] Vgl. H. STUBENRAUCH: Die Gesamtschule im Widerspruch des Systems, München 1972, S. 80 ff.

Der Ansatz, der Soziales Lernen mit politischem Lernen gleichsetze und seinen Ausgangspunkt in einer politökonomischen Analyse des allgemeinen Lebenszusammenhangs der Schüler nehme, vernachlässige dagegen den „subjektiven Faktor".[8]

Auf der Grundlage dieser Kritik formuliert KEIM nun „Grundrisse eines psycho-politischen Ansatzes" Sozialen Lernens. Dieser zielt zugleich auf den Abbau individueller Angst und die Veränderung gesellschaftlicher Verhältnisse ab.

Soziales Lernen sollte eine doppelte Funktion erhalten:

> *Die Menschen schon unter den bestehenden Bedingungen soweit wie möglich angstfrei zu machen, ohne sie an dieses System anzupassen, und d.h., demokratische und humane Verkehrsformen einzuüben, und zugleich zum Widerstand gegen die bestehenden Verhaltens- und Umgangsformen bzw. die sie bedingenden Ursachen anzuleiten. Die in der Schule eingeübten demokratischen und humanen Verhaltensweisen würden dabei die Funktion einer von den Schülern selbst erfahrenen und deshalb* ***konkreten Utopie*** *erhalten, die über die Schule hinaus als Stachel gegen die inhumanen Herrschaftsverhältnisse weiterwirken müßten. (KEIM 1976, S. 305)*

Die Herrschaft innerhalb der Institution Schule sollte so weit als möglich abgebaut werden, um den Schülern Erfahrung von „Herrschaftsfreiheit" zu ermöglichen. KEIM empfahl weiter die Einbeziehung von psychoanalytischen Verfahren zur Neurosenprophylaxe und zur Herstellung von Möglichkeiten möglichst unverzerrter, rationaler Kommunikation. Hier spielt HABERMAS' Ansatz des herrschaftsfreien Diskurses, obwohl nicht ausdrücklich erwähnt, hinein.[9] In einer kritischen Analyse der Realisierungsmöglichkeiten eines solchen Ansatzes Sozialen Lernens sieht KEIM allerdings, wenn auch nicht in der Schärfe der weiteren Entwicklung, erhebliche Grenzen.

Die hier skizzierten Vorstellungen KEIMs sind heute nur nachvollziehbar unter Berücksichtigung der tatsächlichen Verhältnisse an Gesamtschulen zu Beginn der siebziger Jahre.

So wird aus den Praxisberichten (Vgl. KATH, HUISKE in KEIM (Hrsg.) 1976) deutlich, daß in der Anfangsphase noch relativ demokratische Verhältnisse herrschten. Leitungsfunktionen wurden noch auf Zeit gewählt, es gab Formen tatsächlicher kollegialer Schulleitung, der Rahmen der Erprobung von Unterrichtsansätzen war noch weit gesteckt, die Schulbürokratie vorübergehend in der Defensive. Dies sollte sich aber Mitte der siebziger Jahre im Gefolge der Konsolidierung der Gesamtschule und des Drucks insbesondere CDU-regierter Länder ändern, die unter der Forderung nach

---

[8] Vgl. HORN, K.: Gruppendynamik und der subjektive Faktor, Frankfurt 1972

[9] Vgl. HABERMAS, J.: Erkenntnis und Interesse, Frankfurt 1973, S. 262 ff.

Vergleichbarkeit der Schulabschlüsse die z.T. engagierten Reformen wieder zurückstutzten und den Gesamtschulen ein enges Vorschriftenkorsett auferlegten, das die Reform gerade dort beendete, wo sie eigentlich erst hätte beginnen müssen: Bei der Erprobung neuer Lehr- und Lernformen, bei der grundlegenden Veränderung des hierarchischen Systems Schule.[10]

Solche Überlegungen kommen bei KEIM noch nicht in den Blick und die ungenügende Realisation des Konzepts Sozialen Lernens wird bei ihm vor allem auf

„— fehlende Konzeptionen und Modelle für, ja unklare, diffuse, vielfach widersprüchliche Vorstellungen von Sozialem Lernen;
— Vorplanung der bisherigen Gesamtschulversuche unter unterrichtsorganisatorischen (Differenzierungs-) und curricularen Aspekten;
— Arbeitsüberlastung und unzureichende, vielfach fehlende Vorbereitung der an Gesamtschulen tätigen Lehrer für gezielte soziale Lernprozesse;
— schließlich mangelndes Interesse einer — zumindest auch — unter polit-ökonomischem Aspekt organisierten Schulreform an möglicherweise systemsprengenden Verhaltensweisen nachrückender Generationen." (KEIM 1976, S. 291)

Bei der Lektüre der Praxisberichte wie auch der theoretischen Ausführungen fällt auf, daß sich die beteiligten Pädagogen offenbar in einer Planungseuphorie befanden, die die vorhergehende Phase der ideologiekritischen Auseinandersetzung mit der Schule in Vergessenheit geraten ließ.[11]

Gelegentlich wird allerdings auch ein leises Unbehagen bei der Formulierung umfassendster Zielkataloge für das Soziale Lernen deutlich: So zum Beispiel, wenn KEIM in einer Reflexion der tatsächlichen Praxis anmerkt:

Dabei zeigt es sich, daß die Strategien zur Veränderung gesellschaftlichen Bewußtseins im allgemeinen viel zu hoch ansetzen, insofern sie ihre Adressaten, die noch unmündigen und mit falschen Bewußtseinsstrukturen behafteten Schüler, nicht erreichen können.

Wir rekapitulieren: Soziales Lernen sollte entsprechend den von KEIM skizzierten und kritisierten Konzepten sozialintegrative, angstfreie und antikapitalistische Erziehung sein. Doch auch KEIMs Konsequenz, die Formulierung seines psycho-politischen Ansatzes ist nicht frei von einer — mit Abstand von 10 Jahren betrachtet — gewissen Überschätzung der Möglichkeiten: Die Schule soll Ort der sozialen Veränderung sein und ein Bewußtsein gegen die inhumanen Herrschaftsverhältnisse ausbilden.

---

[10] Vgl. H. v. HENTIG: Die Dialektik der Reform, in: Aufwachsen in Vernunft, Stuttgart 1981, S. 11—34

[11] Vgl. NYSSEN: Schule im Kapitalismus, Köln 1969 / BERNFELD: Sysiphos oder die Grenzen der Erziehung, Frankfurt 1973 / HEYDORN, H. J.: Zum Widerspruch im Bildungsprozeß, in: Das Argument, Heft 80/73 / FÜRSTENAU: Zur Psychoanalyse der Schule als Institution, in: Das Argument 1974[7].

Erstaunlich an den beschriebenen Ansätzen ist die fehlende Analyse der Funktion der Schule und der Möglichkeit zu verändernder Praxis. Die vorübergehende Zurückhaltung der Schulbürokratie in der Anfangsphase der Gesamtschulen und das günstige politische Klima verleiteten offenbar einen Teil der Pädagogen, die mit dem „Machen" der Reform befaßt waren, zur Selbstüberschätzung. Dagegen sahen ideologiekritisch orientierte Pädagogen wie STUBENRAUCH von Anfang an den zwiespältigen Verlauf der Reform. Andererseits muß aber positiv vermerkt werden, daß gerade diese Fehleinschätzung der Möglichkeiten viele Kollegen zu unbefangenen Experimenten ermuntert haben, die einem eine Ahnung davon geben konnten, wie Schule anders sein könnte.[12]

Die nachfolgende und noch jetzt anwirkende Phase der Resignation mag eine Wirkung der Enttäuschung dieser überhöhten Hoffnungen gewesen sein. (Vgl. V. HENTIG a.a.O.)

Insgesamt fällt bei der Betrachtung dieser frühen Phase des Nachdenkens und Experimentierens über bzw. mit Sozialem Lernen die mangelnde Berücksichtigung gesamtgesellschaftlicher Rahmenbedingungen, die Vernachlässigung des institutionellen Charakters der Schule und die mangelnde Reflexion der Rolle des Lehrers auf. Dieser wird überwiegend als Bewußtseinsvermittler gesehen, ohne zu berücksichtigen, welche Form Soziales Lernen ihm selbst in der Institution Schule widerfährt und welche psycho-sozialen Qualifikationen er zur Umsetzung eines solchen Ansatzes benötigt. Soziales Lernen war so ein mit vielen Hoffnungen besetztes Konzept der Linken, das mangels entsprechendem Einfluß in anderen Bereichen, die Schule zum zentralen Ort gesellschaftlicher Veränderung machen sollte.

2.2.2. Das Konzept Sozialen Lernens nach Prior et al:[13] Der Lehrer als omnipotenter Sozialtechnologe

Harm PRIOR hat als Herausgeber des gleichnamigen Handbuches den Versuch unternommen, den „diffusen" und „nichtssagenden" (KEIM 1976) Begriff des Sozialen Lernens einer näheren Bestimmung zu unterziehen. Seine differenzierten und umfangreichen Ausführungen sind für unseren Zusammenhang deshalb von Interesse, weil wir hier ein Stück jüngster pädagogischer Geschichte nachzeichnen können und aus der Analyse des Scheiterns dieses Ansatzes, wichtige Kriterien entwickeln können, die sich für eine Beurteilung der Gestaltpädagogik als von besonderer Bedeutung erweisen werden.

---

[12] Vgl. KEIMs Bericht über die Gesamtschule Weinheim usw.

[13] Diese Kapitel stellt eine stark gekürzte Zusammenfassung eines ausführlichen Exkurses im Rahmen meiner Dissertation dar, der bei Bedarf beim Autor angefordert werden kann.

PRIOR definiert Soziales Lernen als

... intentional betriebenes und nach Lernorten, Zielen und Vorgehensweisen zu differenzierendendes Lernarrangement, das das quasi-naturwüchsige Soziale Lernen im Sinne einer der Emanzipation verpflichteten Pädagogik ablösen will. (PRIOR et. al. S. 9)

Die Notwendigkeit der Entwicklung eines Konzeptes Sozialen Lernens begründet PRIOR durch eine sozialwissenschaftliche und eine pädagogische Argumentationslinie. Aus sozialwissenschaftlicher Sicht sieht er eine Begründung für das Soziale Lernen in der Entwicklung der modernen Gesellschaft, die zur Kontingenz, zur Auflösung aller fraglos geltenden Normen führe. Hieraus ergäben sich Anforderungen an „... das affektive und normative Vermögen, mit dem Zusammenbruch der Motive des Handelns fertig zu werden". (ders. S. 14) Soziales Lernen wird hier als Voraussetzung gesehen, den auf der Veränderung der gesellschaftlichen Produktion beruhenden und sich immer schneller vollziehenden Wertewandel in geeigneter Weise zu verarbeiten. Die fortgeschrittenen Sozialwissenschaften böten ein Instrumentarium, das bei der Lösung dieses Problems wichtige Hilfen zum Aufbau eines selbstverantworteten Normensystems geben könne. Auf diese Weise kann nach PRIOR das naturwüchsige Soziale Lernen durch ein bewußt gesteuertes, auf wissenschaftlicher Erkenntnis beruhendes Soziales Lernen abgelöst werden.

Die pädagogische Argumentationslinie zur Begründung dieser neuen Form des Sozialen Lernens gründet PRIOR auf SCHLEIERMACHERs kategorischen Imperativ der Erziehung, der einerseits pädagogische Autonomie fordert und andererseits auf die Abschaffung gesellschaftlicher Ungleichheit abzielt. Da sich im Erzieher-Zögling-Verhältnis ein wesentlicher Teil der Identität bildet, muß nach PRIOR dieses Verhältnis bewußt so gestaltet werden, daß Ungleichheit abgebaut wird und die Forderung nach gleichberechtigter Teilhabe am Kommunikationsprozeß erfüllt wird.

Vermittels eines sozialwissenschaftlich fundierten Konzept Sozialen Lernens, das Prior im Weiteren präzisiert, soll diese Aufgabe gelöst werden. Er unterscheidet dabei vier Funktionsbereiche Sozialen Lernens, für die er auf dem Hintergrund ausführlicher Analysen und Begründungen differenzierte Lernzielkataloge entwirft:

— Funktionsbereich 1: Soziales Lernen als elementare Sozialerziehung
— Funktionsbereich 2: Soziales Lernen als gruppendynamisch-interaktionistische Funktion
— Funktionsbereich 3: Soziales Lernen als sozialpädagogische und kompensatorische Funktion
— Funktionsbereich 4: Soziales Lernen als emanzipative und politische Funktion

Bei einer ausführlichen Analyse der Vorschläge PRIORs bleibt ein bemerkenswerter Widerspruch bestehen. Zum einen kritisiert er in einer historischen Analyse den auf die Förderung von Ungleichheit abzielenden Charakter der öffentlichen Schule, zum anderen erhebt er die Institution Schule zum Ort der tiefgreifenden gesellschaftlichen Veränderung, die in seinem Konzept Sozialen Lernens gefordert ist. Unklar bleibt, warum gerade die hierarchisch durchstrukturierte Institution Schule und die Lehrer als weisungsgebundene Beamte, den Motor für diese umfassende Innovation bilden können. Neben der mangelnden Berücksichtigung gesellschaftlicher und institutioneller Einflußfaktoren sowie mangelnden praxisrelevanten Vorstellungen, wie diese zu berücksichtigen seien, wird vor allem die Bedeutung der subjektiven Voraussetzungen auf Seiten der Pädagogen übersehen.

Denn da PRIOR et. al. Soziales Lernen im Sinne einer „bewußt betriebenen Sozialerziehung" verstehen, muß der mit der Realisierung dieses umfangreichen und mit ungeheuren Ansprüchen überfrachteten Konzepts befaßte Pädagoge, eine entsprechende Qualifikation besitzen. Soll er doch den Anspruch einer professionell betriebenen, dem neuesten Stand der Sozialwissenschaften gerecht werdenden Pädagogik einlösen.

Hier wird deutlich: Das, was in den Empfehlungen des Bildungsrates gefordert wird, nämlich die Ausbildung einer hinreichenden Sozialkompetenz des Lehrers, wird bei PRIOR et al. — trotz der bei allem wissenschaftlichen Anspruch noch recht vage umrissenen Praxiskonzepte — stillschweigend vorausgesetzt. Lediglich OELKERS bezweifelt bezogen auf den Funktionsbereich 2 die ausreichende Qualifikation der Lehrer.

Eine zentrale Ursache des weitgehenden Scheiterns des Sozialen Lernens besteht meines Erachtens n.a. darin, daß die Autoren in ihrem theoriezentrierten Erkenntnisinteresse die realen Alltagsverhältnisse der beteiligten Personen aus den Augen verlieren. Da sie in ihrer Darstellung den Schwerpunkt auf ein lernzielorientiertes, nur scheinbar schülerbezogenes Konzept Sozialen Lernens legen, gerät die Person des Lehrers zwangsläufig aus dem Blickfeld der Überlegungen. Dies wird deutlich, wenn man sich fragt, welcher Begriff der Sozialen Kompetenz des Lehrers dem Sozialen Lernen nach PRIOR et. al. implizit zugrundeliegt. Ich habe mich also gefragt, welche Qualifikationen müßte — idealtypisch gesehen — ein Lehrer besitzen, der die hohen Ansprüche, jedenfalls hypothetisch einlösen könnte.

Angelehnt an PRIORs Schematisierung habe ich deshalb versucht, die implizit vorausgesetzten Qualifikationen den einzelnen Funktionsbereichen zuzuordnen und tabellarisch darzustellen. Soziale Kompetenz wird hierbei entsprechend der Verwendung des Begriffs beim Bildungsrat in Absetzung von der Fachkompetenz als die notwendige Qualifikation des Lehrers zur Umsetzung von Konzepten Sozialen Lernens verstanden.

Elementare Sozialer Kompetenz, die sich aus den Konzepten Sozialen Lernens von PRIOR u.a. erschließen lassen

Bereich 1	Bereich 2	Bereich 3	Bereich 4
Funktionsbereich 1 Soziales Lernen als elementare Sozialerziehung	*Funktionsbereich 2* Soziales Lernen als gruppendynamisch-interaktionistische Funktion	*Funktionsbereich 3* Soziales Lernen als sozialpädagogische und kompensatorische Funktion	*Funktionsbereich 4* Soziales Lernen als emanzipative und politische Funktion
F. *Identität* zu entwickeln und zu bewahren (Rollendistanz, Empathie, Kongruenz, Ambiguitätstoleranz, Identitätsdarstellung	F zum *bewußten Umgang mit sich selbst und Gruppen.* (Reflektion und Steuerung von Gruppenprozessen, K der eigenen Verhaltensmuster)	K *psychologischer* und *soziologischer Theorien zur Genese sozialer Devianz* (umfassende Kenntnisse)	F zu *aktivem politischen Handeln* (Engagement in relevanten gesellschaftlichen Gruppen, offenes Austragen von Konflikten in der Schule etc.)
F zur *Toleranz* Ambiguitätstoleranz, Frustrationstoleranz, Akzeptanz)	F. zu *Kongruenz, Empathie, Akzeptanz* (Therapieausbildung bzw. Trainerausbildung)	K eines breiten *Instrumentariums angemessener Interventionsmöglichkeiten* und F, diese anwenden zu können. (Therapieausbildung)	F zu *differenziertem politischen Bewußtsein* und K *grundlegender pilotdidaktischer Ansätze* (Fähigkeit zur Umsetzung derselben)
F zur *Kooperation* (Fähigkeit, selbst kooperativ zu arbeiten, wie auch andere zu kooperativer Arbeit anzuleiten)	F zur *kritischen Reflektion* kommunikativer bzw. interaktiver Prozesse. (gesellschaftlicher, individueller Anteil, Institution)	F zu *sozialer Phantasie* und *Frustrationstoleranz.* (K institutionell erzeugter Devianz und F zur Entwicklung von Gegenstrategien)	F zu *Integrität* und *Kongruenz* (Lehrer als Modell, Verkörperung der angestrebten Ziele in Haltung und Verhalten)
K der *wissenschaftlichen Ergebnisse* zum Funktionsbereich 1. (K der Konzepte und Methoden und Fähigkeit zur Umsetzung im Unterricht			
F zur *Kritik* (Kritische Einstellung, Kritikfähigkeit, Kritikbereitschaft)	F zu *Autonomie* und *Solidarität*	*F zu Autonomie* und *Solidarität* (Widerstand gegen gesellschaftliche bzw. institutionell erzeugte Etikettierungsprozesse)	F zur *Ausstrahlung politischer Zuversicht* (Motto: „Es kann etwas verändert werden!", kontra politische Apathie)
F zur *Solidarität* (Fähigkeit zur solidarischen Aktion, Erkennen von Konkurrenzverhalten bei sich und anderen	F zu *sozialer Kreativität* (Bereitschaft und F zur Entwicklung und Durchsetzung von Innovationen in der Gruppe und der Institution	F zu *Kritikfähigkeit*	K der *psychosozialen Ursachen politischen Verhaltens*
F zur *Sensibilität* (Empathie für sich und andere, Entwicklung sozialer Phantasie und Akzeptanz)	K *psychologischer* und *soziologischer Interpretations- bzw. Interventionsmodelle* (Fähigkeit, diese auf die Praxis zu übertragen)	K der *Möglichkeiten* und *Grenzen sozialpädagogischer Interventionsstrategien*	F und *Bereitschaft* zur *Iniation* konkreter, *politisch eingreifender Handlungen*
F zu perfekter Sprache und *Kommunikation* (Gefühle und Meinungen ausdrücken können, Wirkung der Sprache auf andere reflektieren, direkte Kommunikat.)			

F = Fähigkeit K = Kenntnis

Schon meine überblicksartige Zusammenfassung, die keinen Vollständigkeitsanspruch erhebt, zeigt die Komplexität und Vielschichtigkeit der Anforderungen an die Qualifikation des Lehrers, die mehr oder minder unausgesprochen den Konzepten Sozialen Lernens zugrunde liegen. Diese noch recht grobe Übersicht ließe sich relativ leicht in eine umfangreiche Matrix der Qualifikationsanforderungen, aufgeschlüsselt in Grob- und Feinlernziele, verwandeln. Ähnliche Unternehmungen, wenn auch meist für begrenztere Teilausschnitte, finden wir z.B. bei GUDJONS (Praxis der Interaktionserziehung, Bad Heilbrunn 1978, S. 38) oder bei DÖRING (Lehrerverhalten, Weinheim 1980).

Im Sinne eines idealtypischen Problemaufrisses können solche Darstellungen einen orientierenden, überblicksartigen Charakter haben, für den konkreten Praxiszusammenhang erweisen sie sich jedoch oft als zu wenig geeignet und dies aus mehreren Gründen.

Zum einen handelt es sich dabei um aus dem konkreten Handlungszusammenhang gerissene, dem Bedürfnis des Wissenschaftlers nach Systematisierung und Vollständigkeit angepaßte idealtypische Konstrukte, zum anderen begrenzt gerade diese idealtypische Vollständigkeit die konkrete Praktikabilität. Mit anderen Worten: Der an praktischen Resultaten Interessierte wird auswählen müssen, Schwerpunkte setzen, sich beschränken und damit das Risiko verkürzter Vorgehensweisen eingehen müssen.

Konfrontiert man nun die Qualifikationsanforderungen, die PRIOR et. al. implizit voraussetzen, mit den Realitäten derzeit herrschender Lehraus- und Fortbildung sowie mit den gesellschaftlichen und institutionellen Rahmenbedingungen, die Schule und die in ihr Agierenden prägen, so fallen einem mehrere Problemkreise auf.

Dem Ideal der analytisch fundierten Vollständigkeit folgend wird das Bild eines omnipotenten Spezialisten für Soziales Lernen entworfen: Der sozial kompetente Lehrer wird damit zum perfekten Sozialtechniker stilisiert, der mit Hilfe der Einsichten der fortgeschrittenen Wissenschaften sich selbst und andere idealiter zu tendenziell optimaler Selbstverwirklichung und Interessenvertretung befähigen kann.

Positiv gesehen kann man PRIORs Begriff von sozialer Kompetenz als Utopie begreifen, die zur Kritik herrschender Verhältnisse herausfordert, denn wenig ist von all den Ansprüchen verwirklicht. Kritisch betrachtet könnte man ihn aber als unrealistisch und ideologisch auffassen. Unrealistisch auf dem Hintergrund von Theorien zum Handlungsfeld Schule,[14] unrealistisch in Kenntnis von COMBEs Untersuchungen zur Rolle des Lehrers und seines Bewußtseins (COMBE 1972, 1979, 1983), unrealistisch auch aus der Kenntnis des konkreten Schulalltags und der Schwierigkeiten der

[14] Vgl. FEND: Theorie der Schule, München 1980; BERNFELD 1971; BECK 1974; HEYDORN 1973; GOODMAN 1975 u.a.; HURRELMANN 1975

Kollegen mit der Verarbeitung der verschiedenen Anforderungen (Vgl. KUHLMANN 1975, BUROW 1983).

Ideologisch insofern, als der hier gebrauchte Begriff von sozialer Kompetenz den Einfluß des Lehrers und seine Qualifikation auf Prozesse Sozialen Lernens zumindest in Teilen überschätzt, insofern als weiterbestehende naturwüchsig ablaufende Lernprozesse in ihrem Einfluß nicht ausreichend thematisiert werden.

Soziales Lernen in PRIORs Sinne versteht sich ausdrücklich auch als kompensatorische Erziehung, die die Folgen sozialer Ungleichheit im Rahmen einer nach wie vor auf Selektion basierenden mittelschichtgeprägten Institution, kompensieren soll. Diese schon zu Beginn der siebziger Jahre kritisierte Konzeption (Vgl. STUBENRAUCH 1972, Kursbuch 24, 1971 u.a.) wird angesichts der real abnehmenden Chancen auf soziale Selbstverwirklichung für breite Kreise der Schülerschaft[15] vollends zur Ideologie: Die Schule selbst ist ein Teil des Emanzipation und Chancengleichheit verhindernden Systems und der Lehrer zumindest tendenziell, ob willentlich oder nicht (Heimlicher Lehrplan) Agent desselben. Dies müßte stärker in der Reflektion wiederkehren, um die Möglichkeiten von Selbstveränderung als Voraussetzung für verändernde Praxis zu bestimmen.

Der Begriff der Sozialen Kompetenz, verstanden als Kenntnis des Lehrers von Konzepten Sozialen Lernens und der Fähigkeit zur Umsetzung solcher Ansätze, erweist sich somit als problematisches Konstrukt, dessen ideologischer Gehalt einer genaueren Untersuchung bedarf.

2.2.3. Der Stand der Diskussion zum Sozialen Lernen

Die Diskussion um das Soziale Lernen wurde etwa bis Mitte der siebziger Jahre auf breiter Ebene von Pädagogen, Psychologen, Soziologen und Politikwissenschaftlern geführt und bewegte sich — wie die vorangehenden Ausführungen gezeigt haben — in der Spannweite von Konzepten zur sozialen Integration bis hin zu Entwürfen mit gesellschaftsveränderndem Anspruch.

So schnell sie aufgekommen war, so schnell verschwand diese vorwiegend akademisch geführte Diskussion wieder. Mit dem Ende der zaghaften Reformbemühungen der frühen siebziger Jahre und der Rücknahme bzw. Beschneidung innovativer Ansätze innerhalb der öffentlichen Schule, kam auch der Begriff des Sozialen Lernens aus der pädagogischen Mode.

Von einigen Ausnahmen abgesehen[16] sucht man in der derzeitigen Schulrealität vergeblich nach praktischen Auswirkungen der Debatte und

---

[15] Vgl. NEGT: Versuch der Charakterisierung der heutigen Strukturkrise, in: Westermanns Pädagogische Beiträge 5/84

[16] Z.B. Gesamtschule Köln Hohlweide. AFFEHLDT, Udo: „Vom Einzelkämpfer zum Team“, b:e 6/82, S. 53—57, Laborschule Bielefeld: Lehrergruppe Laborschule Bielefeld Hamburg 1977, Glockseeschule Hannover: Glockseeschule, Berlin 1981

stellt stattdessen verstört einen offenbar zunehmenden Vormarsch „naturwüchsigen“ Sozialen Lernens fest (Vgl. BUROW 1983, V. HENTIG 1982, WINKEL 1984).

So hoch die damaligen Ansprüche und Erwartungen gesetzt wurden, so ernüchtert wird nun die Schulrealität gesehen. Martin FROMM und Wolfgang KEIM, die die einstigen Protagonisten Sozialen Lernens in einem Reader versammelt haben, stellen eine tiefe „Skepsis“ der Autoren gegenüber ihren damaligen Positionen fest. Die pädagogische Euphorie der frühen siebziger Jahre, der Glaube an die Allmacht wissenschaftlich fundierter Konzeptionen, scheint einer Desillusionierung gewichen sein, die wieder mehr Bescheidenheit und Offenheit für experimentelle Erfahrungen in den Vordergrund rückt.

PREUSS-LAUSITZ sieht in seinem „Beitrag zur Grablegung des ‚Sozialen Lernens‘ auf dem Friedhof der pädagogischen Erfindungswut“ (FROMM/KEIM 1) die Erziehungswissenschaftler auf der „Höhe des konsumptiven Kapitalismus, der vom Neuen lebt“. In immer kürzeren Zeiträumen würden pädagogische Modethemen erfunden, die je weniger bedeutsam sie für die Praxis seien, desto intensiver von der Fachwelt diskutiert würden. Neben Profilierungszwängen aufstrebender Wissenschaftler spiegelten diese Moden auch „Wandlungen der realen Widersprüche unserer Gesellschaft wieder“ (ders. 2).

So seien die Konzepte von „Chancengleichheit“ und „kompensatorischer Erziehung“ Antworten auf die unübersehbar gewordenen sozialen Ungleichheiten gewesen. Mit dem Scheitern dieser Bemühungen und der Einsicht in die mangelnde Einflußmöglichkeit auf gesamtgesellschaftliche Veränderungsprozesse, setze man nun die Hoffnung auf die Veränderung der Subjekte. Dieser Absage an globale Zielvorstellungen und unrealistische Veränderungskataloge gewinnt er etwas Positives ab:

> *Darin steckt auch sehr viel Hoffnung und neue Perspektive: Sie schützt davor, Energien auf Abstraktionen zu verwenden, die wenig mit der Wirklichkeit zu tun haben (ders. 2)*

Die Diskussion um das Soziale Lernen solle seiner Meinung nach abgeschlossen und „mit allen Ehren beerdigt werden“, denn sie sei aufgrund der fehlenden Bindungen der Theorien an die Wirklichkeit eine „absurde Scheindebatte“ (ders. 2). Auf der Grundlage einer Analyse der konkreten Lebenswert von Jugendlichen fordert er die Entwicklung einer „ganzheitlichen“ Lerntheorie, die die Aufsplitterung des Lernprozesses in kognitive und soziale Lernprozesse überwindet und stattdessen „von der untrennbaren Verknüpftheit kognitiver, emotionaler und sozialer Komponenten in einem Gesamtlernprozeß ausgeht“ (ders. 3).

Wichtig bei solchen Lernprozessen sei das bewußte Reflektieren von subjektiven **Handlungsmotiven.** Der Entwicklung umfangreicher Richtzielkataloge, wie wir sie in den Konzepten Sozialen Lernens gefunden haben, setzt er die Konzentration des Lehrers auf das Herausfinden der subjektiven Motive von Kindern an Lerngegenständen entgegen.

Auch die Verwendung Sozialen Lernens als kritischen Kampfbegriff gegen die „Übermächtigkeit kognitiven Lernens in der Schule" lehnt er als ungeeignet ab, weil der Gegensatz falsch aufgebaut sei: Es gehe nicht um weniger Erkenntnisarbeit und mehr Kommunikation und mehr Emotionalität, sondern um die Berücksichtigung der Motive der Kinder, deren Ausschließung in der öffentlichen Schule einen scheinbaren Gegensatz von kognitivem und Sozialem Lernen hervorbringe.

In der Auffassung von PREUSS-LAUSITZ ist Soziales Lernen Bestandteil jedes Lernprozesses und seine künstliche Isolierung und separierte Behandlung im schulischen Rahmen ein „Irrweg".

Diese Einschätzung PREUSS-LAUSITZ', die ich im wesentlichen teile, wird auch durch Erfahrungen und Ergebnisse der Forschung aus anderen Bereichen gestützt:

KOHLBERGs intensive Forschungen zur moralischen Entwicklung, die gestützt auf umfangreiche empirische Befunde zur differenzierten Formulierung eines umfassenden Konzepts bewußter Moralerziehung geführt haben, erweisen sich nach der selbstkritischen Einschätzung KOHLBERGs selbst als wenig effektiv. Die praktischen Erfahrungen mit seiner Cluster School, die das Modell einer gerechten Gemeinschaft direkt für Schüler erlebbar machen sollte, zeigen in ihrem Scheitern, daß wir noch weit davon entfernt sind, bewußte Sozialerziehung effektiv im institutionellen Rahmen der Schule betreiben zu können. Entscheidender Faktor für wirkliche Veränderungen ist der Ernstcharakter der Situation, die Erfahrung tatsächlich folgenreichen eingreifenden Handelns[17] sowie das Ernstnehmen der Motive und Interessen der Schüler anstelle der curricular festgelegten Eintrichterung von lernzielorientierten Inhalten.

Die aus diesen Einsichten folgende Ernüchterung kann zu einer selbstkritischen und weniger arroganten Herangehensweise an das Problem führen, indem wir uns frei machen von den engen Grenzen sozialtechnologischer Unterrichtswissenschaft und offener für real ablaufende Lernprozesse, deren Teil wir sind, werden. Bei der Entwicklung solcher subjektbezogener Lernkonzepte muß aber gleichzeitig vor dem Umfallen in einen prinzipienlosen Subjektivismus bzw. Relativismus gewarnt werden, der nun die Erkenntnisse, die aus vermeintlichen Irrwegen pädagogischer Forschung gewonnen werden können, unbesehen für wertlos erachtet. Im Gegenteil: Die Nachzeichnung der Diskussion um das Soziale Lernen scheint mir eine gute Möglichkeit zur Entwicklung kritischer Distanz gegenüber pädagogi-

---

[17] FELLSCHES, Josef: Erziehung und eingreifendes Handeln, Münster 1981

schen Moden zu bieten und einen Problemaufriß — im Sinne der Kenntnis typischer Entwicklungslinien — für neuere Konzeptionen zu bieten. Insofern scheint mir Franz WELLENDORFs Analyse der Funktion Sozialen Lernens für die Institution kritische Rückschau und Ausblick zugleich zu sein. In seinen Überlegungen zur institutionellen Dynamik (FROMM/KEIM, S. 99 ff.) bezeichnet er Soziales Lernen ironisch als

> *das pädagogische Pferd, auf dem wir in eine bessere schulische Zukunft zu reiten hoffen — ein wenig auch das Trojanische Pferd, in dessen Bauch der listenreiche pädagogische Odysseus in die Schule eindringen will, um sie zu erobern (ders. 99).*

Entscheidende Fragen sind für ihn die institutionelle Bedeutung von Erscheinungen wie der, daß Außenseiter der Institution, die Wissenschaftler, am intensivsten vom Sozialen Lernen reden, entsprechende Lernziele usw. verfassen, dies aber nur auf die Institution Schule beziehen. Zugleich stellt er eine vielfältige Unbestimmtheit und Diffusität der „Worthülse" (ULICH 1976, S. 160) Soziales Lernen fest, die mit einer „Art schwärmerischer Stimmung" (WELLENDORF 103) einhergehe. Er fragt sich im Lichte dieser Erscheinungen:

> *Welchen institutionellen Sinn hat das Konzept gerade in seiner Diffusität und Unbestimmtheit, die trotz zahlloser Klärungsversuche unüberwindbar zu sein scheinen? (ders. 106)*

In seinem Versuch einer institutionellen Analyse stellt er fest, daß Soziales Lernen insbesondere legitimatorische Funktion habe: Die Probleme bei der Vermittlung von Fachwissen und der Herstellung einer entsprechenden Unterrichtsatmosphäre, die den Ruf mancher Gesamtschule haben sinken lassen, werden verleugnet und vermeintliche Erfolge Sozialen Lernens als das eigentlich wichtige Ziel der Unterrichtsarbeit herausgestellt. Die Diffusität des Konzepts leiste dabei gute Dienste, da die kritisierten Zustände wie Disziplinlosigkeit und mangelnde Leistungsbereitschaft, als Anzeichen für die erfolgreiche Realisierung Sozialen Lernens genommen würden.

Soziales Lernen sei so ein ideologisches Konzept „der praktischen Lösung des Konflikts, der zwischen der offiziellen Ideologie der Gesamtschule und ihrer Realität besteht." (ders. 110)

Weiterhin diene es der Abwehrstrategie engagierter Kollegen, die mit hohen Idealen angetreten, die desillusionierende Realität kaum ertragen könnten. Die Abwehr von Leistungsansprüchen zugunsten vage definierter sozialer Lernziele mache ihnen den Alltag erträglicher. Zum anderen vermittele Soziales Lernen aber auch den Eindruck, sämtliche Lernprozesse könnten institutionell geregelt und kontrolliert werden.

Die Folge sei, daß soziale Auseinandersetzungen als pädagogische Probleme behandelt würden. Und gerade diese Art der Bewältigung sozialer Konflikte trage nicht zu ihrer Bewältigung bei, „weswegen u.a. der Effekt des sozial Gelernten auf andere Situationen so gering ist" (ders. 114).

Auf der Grundlage von Beobachtungen in einer Gesamtschule kommt WELLENDORF zu dem Schluß, daß die Lehrer selbst zur Lösung ihrer sozialen Konflikte weitgehend unfähig seien, diese Fähigkeit aber bei den Schülern fördern wollten. Die Schüler hätten somit Stellvertreterfunktion für die unausgelebten Wünsche und Vorstellungen der Pädagogen:

> *Die Leiden der Betroffenen und die Einschränkung ihrer Erlebnis-, Arbeits- und Beziehungsmöglichkeiten wird nicht mehr als* ***eigenes*** *thematisiert. Die Lehrer der von mir erwähnten Gesamtschule können kaum artikulieren, daß sie unter der Gleichgültigkeit und Aggressivität der Schüler (und unter anderen Konflikten) leiden und ihrerseits Zorn und Resignation empfinden. Die Thematisierung dieser Erlebnisse geschieht auf Konferenzen, wenn überhaupt, meist mit einer Wendung auf den anderen: die* ***Schüler*** *sollten lernen, sich mit sich und den Lehrern auseinanderzusetzen. Das institutionell vermittelte Unbehagen der Lehrer erscheint als Unbehagen aus den anderen, die* ***noch nicht*** *den erwünschten Zustand* ***sozialer Kompetenz*** *(Hervorhebung BUROW) erreicht haben." (WELLENDORF 112).*

Die institutionelle Problematik, ihr Anteil am Scheitern von Lernprozessen wird auf diese Weise verleugnet und in die Schüler projiziert.

Der Begriff Soziales Lernen habe die Funktion, die institutionell sinnvolle Illusion, Lernchancen und soziale Erfahrungen könnten durch Erziehung „gemacht" werden, zu reproduzieren, während sie realiter durch die institutionelle Dynamik bestimmt würden. In seiner abschließenden Beurteilung Sozialen Lernens und der Überlegung von Interventionsmöglichkeiten schlußfolgert er daher konsequent:

> *Wenn die Lehrer in der Schule ihren Schülern eine Chance geben wollen, aus sozialen Beziehungen zu lernen, so tun sie gut daran, die Diskussion über das „Soziale Lernen" zurückzustellen und sich selbst und den eigenen institutionellen Konflikten zuzuwenden. (ders. 118)*

Die Selbsterforschung des Lehrers allein sei aber eine individualistische Wende. Vielmehr gelte es eine Selbsterforschung der institutionellen Struktur und Dynamik einer Schule durch deren Mitglieder zu initiieren.

Die Einsichten WELLENDORFs scheinen mir wichtige Aspekte des schulischen Alltags zu beleuchten, die ich aus meinen eigenen Erfahrungen als Gesamtschullehrer bestätigen kann. Seine Interpretation trifft wesentliche Punkte, den institutionellen Rahmen betreffend, unterschätzt aber meines Erachtens die Bedeutung der Selbsterforschung des einzelnen Lehrers. Beides, Erforschung der Institution und Selbsterforschung, müssen in einem engen Zusammenhang erfolgen, um praxisrelevante Auswirkungen zu zeitigen. Dieser Gesichtspunkt wird bei der weiteren Bestimmung des Begriffs der Sozialen Kompetenz eine wichtige Rolle zu spielen haben.

2.2.4. Schlußfolgerungen

Die Nachzeichnung von Aspekten der Konzepte Sozialen Lernens hat uns im Sinne eines Problemaufrisses einige Anhaltspunkte zur kritischen Reflexion des Begriffs der Sozialen Kompetenz geliefert.

So wurde bei den referierten Autoren Soziale Kompetenz im Sinne des Sachverstands des Lehrers bezogen auf Soziales Lernen verwendet. Soziale Kompetenz bestünde demnach in den Kenntnissen und Fähigkeiten des Lehrers zur Analyse bzw. Umsetzung sozialer Lernprozesse.

Die Veränderung der kritisierten bürokratischen, undemokratischen, teilweise lernhemmenden Strukturen der öffentlichen Schule, wird hier überwiegend als Aufgabe eines mit entsprechender sozialer Kompetenz ausgestatteten Lehrers gesehen. Die Kraft und die Fähigkeit für diese ungeheure Aufgabe bezieht er den Autoren zufolge, aus den Erkenntnissen der fortgeschrittenen Sozialwissenschaften. Pointiert ausgedrückt steht dahinter die These „Wissen ist Macht" (August BEBEL).

Doch diesem optimistischen Zukunftsbild stehen wir inzwischen skeptisch gegenüber: Wissenschaft, die bisher erfolgreich dabei war, sich zur neuen Kirche (FEYERABEND, 1976, 1979) aufzuschwingen, ist in Verruf geraten. Zu offensichtlich sind die Diskrepanzen zwischen idealen Konzepten und realen Wirkungen. Wissenschaft wird zunehmend realistischer als eine wichtige Methode der Erkenntnisgewinnung gesehen, der spezifische Grenzen innewohnen.

Sie ist immer auch selbst Teil sozialer Verfremdungs- und Verzerrungsprozesse und ihre Wahrheiten sind in Beziehung zu mehreren Erkenntnisebenen zu setzen. Wissenschaftliche Wahrheit ist somit immer relativ und ihre Bedeutung muß in kritischen Diskursen[18] jeweils neu erschlossen werden.

Relativ ist sie insofern, als wir oft nur einen Ausschnitt aus dem Gesamtzusammenhang komplexer Wirkungszusammenhänge beleuchten und darüber — infolge unserer mangelnden Kenntnisse oder unter dem Druck einseitiger Interessen — den Gesamtzusammenhang aus den Augen verlieren.

In der Entwicklung der Naturwissenschaften sind die Folgen solcher verfehlter Absolutierungsprozesse begrenzter wissenschaftlicher Erkenntnisse schneller erkennbar, weil ihre Folgen für uns alle zunehmend deutlich spürbar werden.[19] Für den Begriff der Sozialen Kompetenz und das Soziale Lernen folgt aus diesen hier nur bruchstückhaft angedeuteten Überlegungen, daß sie in der bisherigen Diskussion nur in einzelnen Aspekten von Lernprozessen beleuchtet wurden.

---

[18] Vgl. HABERMAS 1973, Erkenntnis und Interesse

[19] Vgl. Frederic VESTER: Neuland des Denkens, Stuttgart 1980

Da Soziales Lernen ein ständig ablaufender, naturwüchsiger Prozeß ist, stellt sich die Frage, ob die Institutionalisierung eines solchen Lernprozesses überhaupt machbar und wünschbar ist. Genügt es dazu, einen aus den konkreten Handlungszusammenhang isolierten Katalog von wünschbaren Verhaltensweisen und Lernzielen zusammenzustellen und „bewußte" Verfahren zur Erreichung dieser Ziele aufzustellen? Was bedeutet es, wenn Lehrer, die ihr eigenes Soziales Lernen bisher offenbar nur wenig thematisiert haben, ebensolches als bewußten Lernprozeß ihren Schülern vermitteln wollen? Welchen gesellschaftlichen Sinn macht es, wenn in einer Institution, die zunehmend rigider den Selektionsdruck an ihre Klienten weitergibt, beamtete Pädagogen Emanzipation unter Zuhilfenahme von Konzepten Sozialen Lernens anstreben, ohne an der Struktur der Institution etwas zu verändern? Dient also die Rede vom Sozialen Lernen und der Sozialen Kompetenz nur dazu, den tatsächlich „asozialen" Charakter der Institution zu verschleiern und einen sozialen Anschein im Angesicht brutaler Machtkämpfe um gesellschaftliche Positionen zu wahren?

Bedeutet der Begriff der Sozialen Kompetenz eine ideologische Verklärung des Lehrers, indem er einerseits als omnipotenter Sozialtechnologe phantasiert wird, andererseits damit aber auch individuell verantwortlich zu machen ist für scheiternde Lernprozesse?

Soziales Lernen als bewußt betriebene Sozialerfahrung erweist sich so als Bumerang: Die Schule und insbesondere die Lehrer sind Schuld an den Defiziten der Schüler.

Diese und ähnliche Fragen, die sich aus der Diskussion um das Soziale Lernen ergeben haben, werden von besonderer Wichtigkeit bei der Beurteilung neuerer Konzepte sein.

Der Schwerpunkt des Interesses der pädagogischen Diskussion hat sich von der Entwicklung umfassender Globalkonzepte weg, auf praxisnähere Ansätze verlagert, in denen versucht wird, die genaue Wahrnehmung der in der Lernsituation ablaufenden Prozesse in den Mittelpunkt der Betrachtung zu stellen. Die Entwicklung der Gestaltpädagogik ist ein Beispiel für diese Tendenz.

3. Kriterien für die Beurteilung des Beitrags der Gestaltpädagogik zur Sozialen Kompetenz des Lehrers

Auf der Grundlage meiner Darstellung der Entwicklung und Verwendung des Kompetenzbegriffs möchte ich nun Kriterien entwickeln, die einen kritischen Maßstab bei der Beurteilung des Beitrags der Gestaltpädagogik zur Sozialen Kompetenz des Lehrers bilden sollen.

Die Vertreter der Gestaltpädagogik beanspruchen, einen neuartigen Ansatz entwickelt zu haben[1], der eine Weiterentwicklung über bereits bestehende Konzepte hinaus darstellt und in besonderer Weise zur Förderung der Sozialen Kompetenz des Lehrers geeignet ist.[2] Diese Auffassung, die ich weitgehend teile und die ich in meiner folgenden Untersuchung belegen möchte,[3] ist meines Erachtens nur haltbar, wenn nachweisbar ist, daß die Konzepte der Gestaltpädagogik Raum geben für die Berücksichtigung der Erkenntnisse aus der psychologischen und pädagogischen Diskussion, wie ich sie oben skizziert habe. Es geht mir also darum, nachzuweisen, daß gestaltpädagogische Konzepte eine praxisrelevante Möglichkeit der Förderung Sozialer Kompetenzen beschreiben bzw. in dieser Hinsicht entwicklungsfähig sind. Angesichts des relativ frühen Entwicklungsstands der Gestaltpädagogik wird diese Untersuchung zugleich den Charakter eines Entwurfs tragen, in dem meine Auffassungen aufgrund theoretischer und praktischer Auseinandersetzung mit Fragen der Kompetenzförderung einfließen.

Maßstab für die Beurteilung des Beitrags der Gestaltpädagogik zur Sozialen Kompetenz des Lehrers bilden dabei folgende Kriterien, die ich im einzelnen erläutern möchte:

— Praxisrelevanz
— Trainingskonzeption
— Unterrichtskonzept
— Konzept zur Organisationsentwicklung
— Emanzipation
— Integration
— Originalität

---

[1] Jedenfalls einen Ansatz, der spezifische Akzente setzt, die in dieser Weise in anderen Konzeptionen nicht zu finden sind. Vgl. u.a. PETZOLD 1977; BUROW/SCHERPP 1981; WEBER/GADOW 1982; PRENGEL 1983; ZEUNER 1983; HOFMANN 1984; MEISSNER u.a. 1985; BUROW/QUITMANN/RUBEAU 1987

[2] Dieser Anspruch zeigt sich auch darin, daß die Praxis der Gestaltpädagogik zu einem großen Teil im Angebot von mehrjährigen Lehrertrainings besteht: vgl. Fortbildungsprogramm des GZB, IGG, FPI u.a.

[3] Wobei meine grundlegende Überzeugung ist, daß Gestaltpädagogik spezifische Akzente setzt, die der Fundierung durch andere pädagogische Konzepte bedürfen.

Praxisrelevanz

Ein Prüfstein pädagogischer Konzeptionen ist u.a. ihre Umsetzbarkeit in der gegenwärtigen schulischen Alltagsrealität. Nicht daß die Vertreter des „Sozialen Lernens" viele, sehr wünschenswerte Erziehungsziele dezidiert begründet haben, stellte ja den Kernpunkt meiner Kritik dar, sondern vielmehr der schlichte Umstand, daß die Bedingungen und Wege einer Umsetzung dieser Ziele weitgehend vernachlässigt wurden, und damit der Bezug zur realen Situation verlorenging. So kann das Konzept Sozialen Lernens zu einer Kritik gegenwärtiger Schulrealität zwar taugen, aber kaum angeben, wie diese Realität auf praktikable Weise zu verändern sei. Die Aufstellung von der Emanzipation verpflichteten Zielen berücksichtigt zu wenig den aktuellen Stand der Personen, die diese Ziele umsetzen sollen.

Praxisrelevanz zeigt sich also u.a. darin, inwiefern ein praktikabler und überprüfbarer sowie vermittelbarer Weg zur Förderung Sozialer Kompetenzen vorhanden ist, und in welcher Weise die Komplexität der Faktoren, die die Vermittlung Sozialer Kompetenzen beeinflussen, berücksichtigt ist.

Die Forderung nach Praxisrelevanz bedeutet nicht die Orientierung auf den engen Rahmen möglicher Praxis unter den gegenwärtigen gesellschaftlichen Bedingungen, sondern läßt den Rahmen für die Skizzierung einer notwendigen Utopie offen. Zwischen der utopischen Vorstellung einer Gesellschaft von sozial kompetenten Personen und der Hier-und-Jetzt-Situation müssen aber Verbindungsglieder bestehen, die ein zu konkreten, meßbaren Ergebnissen führendes Eingreifen im Sinne der Utopie ermöglichen.

Trainingskonzeption

Wenn die Förderung des „persönlichen Wachstums" der Person im Mittelpunkt gestaltpädagogischer Bemühungen steht, dann müssen sowohl aus theoretischen Ansätzen wie auch praktischen Konzepten fundierte Begründungen und plausible Wege zur Erreichung eines solchen Ziels erkennbar sein. Die Frage lautet also, ob es eine solche entwickelte Trainingskonzeption gibt und wie plausibel deren Begründungszusammenhang im Hinblick auf die Förderung Sozialer Kompetenzen des Lehrers ist. Konkret bedeutet dies zu fragen, wie die Einzelbereiche Lehren, Erziehen, Beurteilen, Beraten und Innovieren als berufsbezogene Kompetenzen mit der Entwicklung der Person, die davon nicht zu trennen ist, verbunden wird. Die Integration dieser beiden Aspekte ist ein Kriterium dafür, ob gestaltpädagogische Trainingskonzeptionen ihren eigenen Ansprüchen genügen. Darüber hinaus ist zu untersuchen, ob der Begriff von Sozialer Kompetenz, den die Theorie von Gestaltpädagogik und Gestalttherapie nahelegt, auch in den Trainingskonzeptionen seine Verwirklichung findet.

Unterrichtskonzept

Die Soziale Kompetenz des Lehrers soll im Rahmen der Gestaltpädagogik nicht nur als Selbstzweck, sondern auch zur Qualifizierung seiner unterrichtlichen Praxis entfaltet werden. Von daher ist hier aus theoretischer Perspektive zu fragen, welchen Beitrag Gestaltpädagogik zur Förderung unterrichtlicher Kompetenzen des Lehrers leisten kann. Gibt es ein entwickeltes Unterrichtskonzept, und wie kann es dem Lehrer vermittelt werden? Inwiefern trägt ein solches Konzept dazu bei, den Zielen der Gestaltpädagogik nach dialogischem Lernen, integrativen Lernprozessen, die der Förderung der Person dienen,[4] u.ä. gerecht zu werden?

Konzept zur Organisationsentwicklung

Die Förderung und Entwicklung Sozialer Kompetenzen findet ihre Grenzen in institutionellen und gesellschaftlichen Bedingungen. Gerade die mangelnde Berücksichtigung dieser Bedingungen habe ich ja den Konzepten Sozialen Lernens vorgeworfen und sehe sie als eine Ursache ihres weitgehenden Scheiterns an. Gestaltpädagogik beruft sich — jedenfalls in weiten Teilen (Vgl. PRENGEL 1983) — auf die gesellschaftskritischen Positionen Paul GOODMANs. Von daher stellt sich die Frage, inwieweit im Rahmen der Gestaltpädagogik ein Konzept der Organisationsentwicklung vorhanden ist, das Wege zu einer Weiterentwicklung der Institution Schule aufzeigen kann. Darüber hinaus ist zu fragen, inwieweit der „Heimliche Lehrplan" der Institution Schule, gestaltpädagogischen Unterrichtens und gestaltpädagogischer Fortbildung Bestandteil kritischer Reflektion im Rahmen der Kompetenzförderung ist. Es geht also um die Frage nach „Organisationskompetenz" als notwendiger Bestandteil Sozialer Kompetenz.

Emanzipation

Gestaltpädagogik als Teil der Bewegung der Humanistischen Psychologie versteht sich nicht allein als pädagogisches Konzept, sondern als ein Ansatz hin auf dem Weg zu einer umfassenden Lebensumorientierung, deren Kern Theodore ROSZAK (Vgl. ROSZAK 1986) in seinem „Manifest der Person" mit dem Eintreten für die Rechte der Person umrissen hat. Personenzentrierung bedeutet in diesem Konzept die Befreiung des Individuums aus „selbstverschuldeter Unmündigkeit" (KANT), die Überwindung von Wahrnehmungsverzerrungen, um weitgehend selbstbestimmte Wahlentscheidungen zu ermöglichen,[5] die Entwicklung eines tendenziell „herrschaftsfreien Diskurses" (HABERMAS), indem erkenntnisleitende Interessen bewußt erfahren werden[6] und die Stärkung der Autonomie (Vgl. SENNETT 1985) der Person. In meiner Konzeption stellt der Grad, in dem emanzipatives Verhalten verwirklicht wird, ein Kriterium für Soziale Kompetenz dar. Es stellt sich die Frage, inwieweit Gestaltpädagogik zu diesem Bereich einen Beitrag leistet.

---

[4] Vgl. PETZOLD/BROWN 1977; BROWN/PETZOLD 1978; BUROW/SCHERPP 1981; PRENGEL 1983

[5] Zur Bedeutung des Existentialismus in der Humanistischen Psychologie, vgl. QUITMANN 1985

[6] Vgl. HABERMAS, J.: Erkenntnis und Interesse. Frankfurt 1973

Integration

Es ist der Anspruch von Konzepten der Humanistischen Psychologie im allgemeinen (Vgl. QUITMANN 1985) und der Gestaltpädagogik im besonderen, einen Beitrag zur Integration scheinbar sich widersprechender Aspekte der Persönlichkeit zu leisten. Sozial kompetentes Verhalten erweist sich demnach auch darin, inwieweit jemand in der Lage ist, die Vielfalt seiner persönlichen Empfindungen und Bestrebungen in seinem Selbst zu integrieren. Integration zielt auf die Aufhebung von Entfremdungserscheinungen ab, die als Form der Desintegration gefaßt werden. (Vgl. PETZOLD 1984) Die Frage ist also, was Gestaltpädagogik zu einer solchen Integration beitragen kann.

Darüber hinaus verstehe ich den Begriff der Integration aber auch in dem umfassenderen Sinne eines Konzepts „vernetzten Denkens, Fühlens und Handelns". (Vgl. VESTER 1980) Die Fähigkeit zu integrativem Verhalten als Teilbereich Sozialer Kompetenz erweist sich demnach auch darin, inwieweit die Person in der Lage ist, Denken, Fühlen und Handeln entsprechend den persönlichen Bedürfnissen und den Anforderungen der sozialen Situation zu integrieren. Die Frage lautet also, ob Gestaltpädagogik einen Beitrag zu einer solchen Integration leisten kann, oder einer Desintegration unter veränderten Vorzeichen Vorschub leistet. (Was z.B. OSTERKAMP 1984 der Gestaltpädagogik vorwirft.)

Originalität

Gestaltpädagogik steht mit ihren grundlegenden Konzepten in der Tradition der Reformpädagogik und viele der Forderungen, die etwa GOODMAN in seinen Büchern[7] und Aufsätzen zur Veränderung der Institution Schule skizziert hat, erscheinen nicht gerade neu. Sie reihen sich ein in die lange Reihe von Ideen, die engagierte Schulreformer seit Beginn des 20. Jahrhunderts besonders nachdrücklich zum Ausdruck gebracht und teilweise auch in der Praxis von Alternativschulen (Vgl. RAMSEGGER 1975; SCHEIBE 1978[6]) verwirklicht haben. Von daher stellt sich die Frage, was der spezifische Gehalt der Gestaltpädagogik zur Förderung der Sozialen Kompetenz des Lehrers ist. Handelt es sich hier um einen eigenständigen Ansatz, der neue Gesichtspunkte in die Debatte einführt, oder steht „Gestaltpädagogik" für eine Verbreitung alter Erkenntnisse und Verfahren unter zeitgemäßem Namen?

Die sieben Kriterien sollen den Hintergrund zur Beurteilung des Beitrags der Gestaltpädagogik zur Sozialen Kompetenz des Lehrers bilden. Wenn sie aus Gründen des Versuchs einer systematischen Darstellung der Gestaltpädagogik in der Gliederung auch nicht explizit erscheinen, begleiten sie dennoch den Fortgang meiner Untersuchung und werden im Schlußkapitel gesondert erörtert werden.

---

[7] Vgl. GOODMAN 1975, BLANCKERTZ 1986, BUROW/SCHERPP 1981, FATZER 1983

Teil B
Zur Theorie gestaltpädagogischer Kompetenzförderung

4. Der Entwicklungsstand der Gestaltpädagogik

Gestaltpädagogik ist ein relativ neuer Ansatz, dessen theoretische und praktische Fundierung noch in den Anfängen steht. Unsere kritische Bemerkung zum Stand der Entwicklung der Gestaltpädagogik aus dem Jahre 1981 hat wenig an ihrer Berechtigung verloren:

> *Die Begrifflichkeit der Gestaltpädagogik ist oft sehr unklar. Wir müssen uns dabei vor Augen halten, daß Gestaltpädagogik einen Ansatz darstellt, die Vorstellungen und Prinzipien der Gestalttherapie für die Pädagogik zu nutzen. Während die Gestalttherapie schon auf eine längere Praxis zurückblicken kann, steckt die Gestaltpädagogik erst in den allerersten Kinderschuhen. (BUROW/SCHERPP 1981, S. 120)*

In der Zwischenzeit hat aber ein gewisser Prozeß der Etablierung gestaltpädagogischer Fortbildungsangebote etwa im Rahmen der Gewerkschaft[1] oder verschiedener Institute in der gesamten Bundesrepublik (FPI Mainz, GZB Berlin, Vieregge München) eingesetzt, der mit einem langsamen Anwachsen entsprechender Veröffentlichungen einhergeht.[2]

Durch die Teilnahme an gestaltpädagogischen Fortbildungsangeboten, persönliche Gespräche, Sichtung der vorliegenden Literatur u.ä., sind für mich die Konturen der Gestaltpädagogik, die ich im folgenden skizziere, deutlicher geworden.

Zunächst gehe ich auf den Begriff „Gestaltpädagogik" ein, um dann einen Überblick über die vorhandenen Ansätze zu geben.

4.1. Zum Begriff „Gestaltpädagogik"

Der Begriff „Gestaltpädagogik" geht auf PETZOLD[3] zurück, der 1977 einen Sammelband mit verschiedenen Aufsätzen zur Humanistischen Pädagogik unter dem Titel „Gestaltpädagogik" (PETZOLD/BROWN 1977) herausgab. In der Einführung zu diesem Band führt er folgendes aus:

> *Unter dem Begriff „Gestaltpädagogik" kann eine Reihe von Ansätzen zusammengefaßt werden, die auf dem Hintergrund der Humanistischen Psychologie, des Existentialismus und Experimentalismus entstanden sind und in wesentlichen Konzepten ihrer Theorie und Praxis auf der Gestalttherapie von F. S. PERLS und Paul GOODMAN aufbauen (a.a.O., S. 7).*

Diese Definition PETZOLDs spiegelt sich auch in der inzwischen zur Gestaltpädagogik veröffentlichten Literatur[4] wider. In weitgehender inhaltli-

---

[1] Die GEW Berlin führt zusammen mit dem Gestaltzentrum und der TU eine Lehrerfortbildung seit 1983 durch.

[2] WEBER/GADOW 82; BUROW 82; BÜRMANN 83; PRENGEL 83; FATZER 83; BUROW 83; ZEUNER 83; HOFMANN 84; BUROW 84; DUTILLY 84; PETZOLD 84; QUITMANN 86; BUROW/QUITMANN/RUBEAU 87

[3] PETZOLD, H.: Die Gestalttherapie von Fritz PERLS, Lore PERLS und Paul GOODMAN, in: Integrative Therapie, 1/2, 84, S. 60

[4] Vgl. PETZOLD/BROWN 1977; BROWN/PETZOLD 1978; BUROW/SCHERPP 1981; PRENGEL 1983; BÜRMANN 1983

cher Übereinstimmung werden von den verschiedenen Autoren der Gestaltpädagogik jene Konzepte zugerechnet, die sich in unterschiedlichen Ausprägungsmöglichkeiten, auf die grundlegenden Gedanken der Gestalttherapie, wie sie von PERLS und GOODMAN entwickelt worden sind, stützen.

Darüber hinaus rechnet aber PETZOLD selbst den relativ eigenständigen Ansatz der TZI, den COHN (1984) entwickelt hat, zur Gestaltpädagogik, obwohl COHN sich nur am Rande auf die Gestalttherapie bezieht. Weiterhin fallen bei einer solchen Definition sehr verwandte Konzepte, wie z.B. ROGERS Modell signifikanten Lernens (1974/1984), heraus.

Die gemeinsame Basis solcher Konzepte in Humanistischer Psychologie, Existentialismus und einem Praxisbegriff, der das Experimentieren, Ausprobieren und die Intuition in den Mittelpunkt stellt, legt als Oberbegriff die Wahl des Begriffs der „Humanistischen Pädagogik" nahe, eine Position die FRECH[5] in einem Grundsatzpapier zur Humanistischen Erziehung vertritt. Durch die Ersetzung des Namens „Gestaltpädagogik" durch „Humanistische Pädagogik" lasse sich eine breitere Fundierung des Ansatzes ermöglichen. Angesichts der vielen Gemeinsamkeiten und gegenseitigen Ergänzungsmöglichkeiten der verschiedenen Ansätze Humanistischer Pädagogik, halte ich diese Position für angemessen. Im Rahmen der Bildung von auf dem Psychomarkt konkurrierenden Gestaltinstituten, hat aber inzwischen der Name „Gestaltpädagogik" ein deutliches Profil erhalten: Gestalttherapeuten oder Lehrer mit entsprechender gestaltpädagogischer Zusatzausbildung bieten Fortbildungsangebote an, die auf Konzepten der Gestalttherapie beruhen, wobei jedoch andere Konzepte der Humanistischen Psychologie, wie etwa das Psychodrama nicht ausgeschlossen werden. „Gestaltpädagogisch" werden diese Ausbildungsgänge deswegen genannt, weil sich die Trainer überwiegend als Gestalttherapeuten verstehen und der Schwerpunkt der Fortbildung auf Konzepten der Gestalttherapie beruht.

4.2. Ansätze der Gestaltpädagogik

Wenn wir die Frage nach dem Beitrag der Gestaltpädagogik zur Sozialen Kompetenz des Lehrers beantworten wollen, stehen wir vor der Schwierigkeit, die der Gestaltpädagogik zuzurechnenden Konzepte zu bestimmen.

Da der Begriff „Gestaltpädagogik" — wie wir gesehen haben — etwas unscharf ist und keine Entsprechung in der amerikanischen Pädagogik hat, ist er als ein Versuch der deutschsprachigen Gestaltszene anzusehen, ihrem über die Therapie hinausgehenden pädagogischen Wirken einen

---

[5] FRECH, H.: Was ist Humanistische Erziehung? Seminarpapier TU Berlin o.J.

Namen zu geben und sich von anderen Richtungen Humanistischer Pädagogik[6] abzusetzen.

Dies ist in mehrfacher Hinsicht problematisch, da sich in der konkreten Praxis Humanistischer Pädagogen eine vom biographischen Hintergrund der jeweiligen Vertreter beeinflußte, mehr oder minder stark ausgeprägte Synthese verschiedener Humanistischer Konzepte abzeichnet (Vgl. PRENGEL 1983), in der z. B. das Psychodrama (Vgl. LEUTZ 1974; BUBENHEIMER 1981), die Konzepte ROGERS (Vgl. ROGERS 1974/1984), Anregungen der Bioenergetik LOWENS (Vgl. LOWEN 1979) usw. eine wichtige Rolle spielen.

Die Grenzen zwischen den verschiedenen Ansätzen sind oft fließend[7] und entspringen häufig den Bedürfnissen der Wissenschaftler nach Systematisierung, der historischen Entwicklung zumeist an herausragende Personen gebundener Konzepte, die spezielle Akzentuierungen setzen sowie den Profilierungszwängen konkurrierender Fortbildungsangebote auf dem Psychomarkt.

Im Bewußtsein der vielfältigen Beeinflussungen und Überschneidungen der verschiedenen auf der Humanistischen Psychologie (Vgl. BÜHLER/ALLEN 1974; QUITMANN 1985) basierenden Konzepte, kann man Gestaltpädagogik bzw. gestaltpädagogische Ansätze durch ihre Schwerpunktsetzung auf die grundlegenden Konzepte der Gestalttherapie identifizieren. Die Teilnahme an einer Gestalttherapie, die Ausbildung in Methoden der Gestalttherapie bzw. Gestaltpädagogik, bilden die Grundlage für die Entwicklung entsprechender Konzepte. So meint BÜRMANN, der am FPI gestaltpädagogische Fortbildungen durchführt, daß der

> *. . . konstitutive Bezug zu eigenen gestalttherapeutischen (positiven) Lebenserfahrungen . . . das wichtigste Kriterium . . . für das Bekenntnis zu dieser reformpädagogischen Richtung . . . (BÜRMANN 1983, S. 30)*

ist.

Wenn wir uns nun fragen, auf welche Richtungen diese Orientierung an der Gestalttherapie zutrifft, dann stoßen wir auf PETZOLDs (1977, S. 11 f.) grundlegende Unterscheidung dreier Richtungen der Gestaltpädagogik:

- Confluent Education
  Eine schulpädagogisch orientierte Richtung von G. I. BROWN und Mitarbeitern[8]
- Integrative Agogik
  Ein Ansatz des Fritz-Perls-Instituts, der in der außerschulischen Erwachsenenbildung und in der Altenarbeit seine Anwendung findet (PETZOLD 1977)

---

[6] Unter „Humanistischer Pädagogik“ verstehe ich die verschiedenen Ansätze, die versuchen, Konzepte der Humanistischen Psychologie für die Pädagogik nutzbar zu machen; vgl. FATZER 1983 (b)

[7] REISER 1983 zeigt z.B. Unterschiede und Gemeinsamkeiten von TZI und Gestaltpädagogik auf

[8] PETZOLD/BROWN 1977; BROWN/PETZOLD 1978; BROWN 1971/1976

— Themenzentrierte Interaktion
Eine von COHN und Mitarbeitern entwickelte Methode, Lernsituationen in Gruppen lebendig und fruchtbar zu gestalten (COHN 1975, 1984, insbes. S. 352 ff.)

Im Gegensatz zu dieser Unterscheidung PETZOLDs, in der TZI der Gestaltpädagogik zugerechnet wird, sieht REISER (Vgl. REISER 1983) als ein Vertreter der TZI, diese als ein relativ eigenständiges Konzept, das er von „der" Gestaltpädagogik deutlich abgrenzt. Ich möchte mich dieser Position REISERs anschließen, da seine These von den Ausführungen COHNs (vgl. 1984) gestützt wird.

Die enge Verbindung der Gestaltpädagogik zu anderen Ansätzen Humanistischer Pädagogik wird deutlich, wenn wir den philosophischen und psychologischen Hintergrund einer genaueren Prüfung unterziehen, wie es QUITMANN (vgl. 1985) in differenzierter Weise getan hat. Zur Verdeutlichung der Einordnung der Gestaltpädagogik haben wir (aus: BUROW/QUITMANN/RUBEAU 1987, S. 12) uns auf folgende Darstellung verständigt:

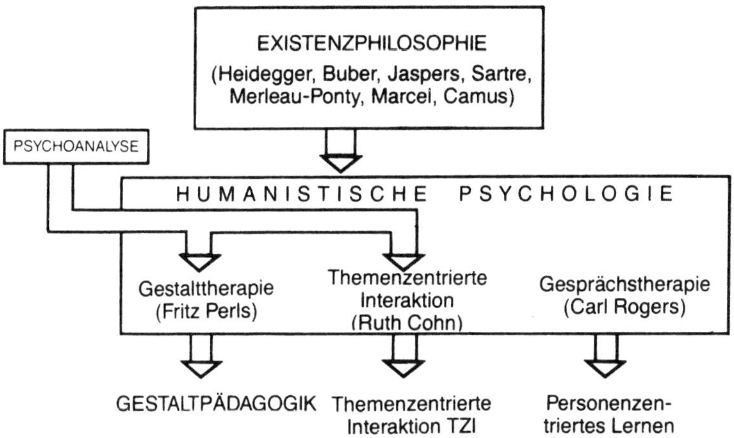

Aus unserer Darstellung soll deutlich werden, daß Existentialismus sowie Humanistische Psychologie und Psychoanalyse einen wesentlichen Einfluß auf die Entwicklung von Gestaltpädagogik und TZI genommen haben. Auf der anderen Seite stehen aber die Gedanken, die ROGERS (vgl. 1974/1984) und im deutschsprachigen Raum besonders TAUSCH & TAUSCH (vgl. 1979[9]; 1983) zum Personenzentrierten Lernen entwickelt haben, in enger Verbindung zur Gestaltpädagogik, so daß diese drei Konzepte im Zusammenhang gesehen werden müssen. Sie stellen besondere Akzentuierungen gemeinsamer Grundpositionen dar, die sich in der Gestaltpädagogik durch die besondere Beachtung des Kontaktprozesses zeigen, in der TZI durch die besondere Betonung des Themas und im personenzentrierten Lernen durch die Hervorhebung der Personenzentrierung. In der Entwicklung der Gestaltpädagogik können wir zum gegenwärtigen Zeitpunkt zwei Schwerpunkte erkennen. Zum einen handelt es sich um den Bereich Lehrertraining, zum anderen um den Bereich Unterrichtskonzepte. Über beide Bereiche gibt es im deutschsprachigen Raum bisher nur vereinzelte Berichte.[9] Im Bereich der Lehrerfortbildung sind 2- bis 4jährige Ausbildungen entwickelt worden, die in verschiedenen Städten der Bundesrepublik durchgeführt werden, und zum Ziel haben, die Soziale Kompetenz des Lehrers zu erhöhen sowie mit den Konzepten der Gestaltpädagogik vertraut zu machen. Diese Ausbildungen basieren auf experimentalistischen Ansätzen und besitzen bisher keine evaluierte Basis. Der Bereich der Unterrichtskonzepte zeigt in einzelnen Berichten erste, eigenständige Konturen, orientiert sich aber noch häufig an den Konzepten, die im Rahmen der Confluent Education entwickelt und in den Schulen erprobt worden sind. Bei diesen Ansätzen handelt es sich insbesondere um

— Humanistische Lehrerausbildung von Arthur COMBS[10]
— Self-Science-Ansatz und die Psychologische Erziehung von Gerald WEINSTEIN und Al ALSCHULER[11]
— Affective Education Programm von Normen NEWBERG[12]

Diese Ansätze zeichnen sich durch eine starke Praxisbezogenheit aus und sind teilweise direkt auf den Schulunterricht und die Lehrerausbildung ausgerichtet.

Im Rahmen der allmählichen Konstituierung einer „Gestaltpädagogik" im deutschsprachigen Raum werden Anregungen aus diesen Ansätzen übernommen.

Darüber hinaus kommen zunehmend die gesellschafts- und schulkritischen Schriften GOODMANs (Übersicht bei BLANCKERTZ 1983) in den Blick der Gestaltpädagogik, angeregt auch durch die Tatsache, daß GOODMAN als einer der führenden theoretischen Köpfe der Gestalttherapie gilt (vgl. PETZOLD 1984).

Bei der Beziehung des Beitrags der Gestaltpädagogik zur Sozialen Kompetenz des Lehrers können wir uns neben den hier aufgeführten, genauer konturierten Ansätzen, auf eine Reihe mehr oder minder systematischer Praxisberichte stützen.[13] Daneben existiert eine Vielzahl „grauer Literatur", unveröffentlichte Erfahrungsberichte, Seminarpapiere usw.[14]

---

[9] Z.B. PETZOLD/BROWN 1977; BROWN/PETZOLD 1978; BUROW/SCHERPP/PETZOLD 1981; KRANZ 1982; WEBER/GADOW 1982; BUROW 1982; ZEUNER 1983; PRENGEL 1983;

[10] COMBS, A.: The Professional Education of Teachers (1974)

[11] WEINSTEIN 1970, 1971; ALSCHULER et al. 1977

[12] ein Programm „Emotionales und soziales Lernen in der Schule" liegt in einer Übersetzung vor, München 1976 NEWBERG/BORTON

[13] WEBER/GADOW 82; HEPKE 83; FITTKAU 83; ZEUNER 83; Zusammenstellung verschiedener Berichte, in: PRENGEL 83, Integrative Therapie Heft 2/85

[14] Z.B.: KRANZ 82; FRECH, TUB o.J.; Broschüren der verschiedenen Gestaltinstitute mit ihren Fortbildungsplänen, z.B. vom GZB, IGG, FPI

Angesichts dieser Materiallage wird es eine Aufgabe meiner Untersuchung sein, die Bereiche der Gestaltpädagogik genauer zu konturieren und zu systematisieren, um eine Diskussionsgrundlage zu schaffen, nicht im Sinne einer an wissenschaftlichen Erfordernissen orientierten Einengung des Gegenstands, sondern als systematisierter Überblick, der einen Zugang zu den vielfältigen Entwicklungsmöglichkeiten der Gestaltpädagogik eröffnet.

5. Zum theoretischen Hintergrund gestaltpädagogischer Kompetenzförderung

Gestaltpädagogik als ein offener, in der Entwicklung befindlicher Ansatz verfügt bisher über keinen festgelegten, explizit definierten theoretischen Rahmen, der in Form eines allgemeinen Konsens' existiert. Obwohl es eine Reihe von Versuchen der philosophischen (vgl. PETZOLD 1984; QUITMANN 1985; BESEMS 1977), politischen (vgl. PRENGEL 1983; FATZER 1983) und psychologischen (vgl. PETZOLD 1984; BUROW/SCHERPP 1981; BÜRMANN 1983) Fundierung gibt, stehen diese verschiedenen Zugänge einstweilen relativ unverbunden nebeneinander. Dieser Umstand dürfte vor allem darin begründet sein, daß die Entwicklung der Gestaltpädagogik erst in den Anfängen steht, daß die Mehrzahl der in der Praxis stehenden Gestaltpädagogen zum gegenwärtigen Zeitpunkt an Fragen der Theorie wenig Interesse hat und daß schließlich ein programmatischer Aspekt der Gestaltpädagogik in der Konzentration auf die direkte Erfahrung und die Kritik etablierter Wissenschaft besteht. Von daher ist ein gewisser Eklektizismus sogar erwünscht (vgl. HOFMANN 1981, S. 140 ff).

Vor diesem Hintergrund wird — so hoffe ich — verständlich, warum hier kein umfassender Versuch einer theoretischen Fundierung unternommen werden kann. Vielmehr geht es mir im folgenden darum, in überblicksartiger Weise, zentrale Konzepte der Gestalttherapie, die eine wesentliche Grundlage der Gestaltpädagogik bilden, in Hinblick auf ihre Bedeutung für die Förderung Sozialer Kompetenzen darzustellen.

Ich konzentriere mich dabei auf das Kontaktmodell der Gestalttherapie sowie ihren Interaktionsansatz, der durch die Begriffe „Kontakt" und „Begegnung" beschrieben wird. Beide Konzepte sind meines Erachtens von elementarer Bedeutung für die Gestaltpädagogik und beeinflussen ihre Theorie und Praxis nachhaltig (vgl. BUROW/QUITMANN/RUBEAU 1987). Die Art dieser Beeinflussung zeige ich als Konsequenzen des theoretischen Hintergrunds auf. Die Fundierung durch Konzepte der Gestalttherapie allein reicht aber nicht zur Begründung einer „Gestaltpädagogik" aus.[1] Darüber hinaus sind Einflüsse pädagogischer Strömungen von Bedeutung, die ich deshalb kurz skizziere.[2]

Die Konsequenzen der theoretischen Konzepte beschreibe ich dann in der Auffassung von Lernen und Lehren als Kontaktprozeß. Um diese Auf-

---

[1] Es würde den Rahmen dieser Arbeit sprengen, die philosophischen Hintergründe detaillierter zu beleuchten. Darum habe ich mich bemüht, sie in den Text miteinfließen zu lassen und nicht gesondert zu erörtern; vgl. dazu insbesondere BLANCKERTZ 1983; QUITMANN 1985; MAY 1986

[2] Kurz deswegen, weil dies Thema einer gesonderten Untersuchung zu unterziehen wäre. Dieser Aspekt muß aber behandelt werden, da er in der Diskussion bisher zu wenig berücksichtigt wird, und GP verkürzt aus der Gestalttherapie abgeleitet wird.

fassung in ihrer Praxisrelevanz zu verdeutlichen, präzisiere ich sie in Form von handlungsleitenden Prinzipien. Zur Verdeutlichung der Konturen der Gestaltpädagogik in Absetzung zur Gestalttherapie gehe ich dann auf die Abgrenzung von Therapie und Pädagogik ein. Den Abschluß dieses Kapitels bildet eine kritische Würdigung des Beitrags der GP zur Sozialen Kompetenz des Lehrers in theoretischer Perspektive.

5.1. Gestalttherapie als theoretische und praktische Grundlage der Gestaltpädagogik

Grundlage gestaltpädagogischer Konzepte ist die von Paul GOODMAN, Fritz und Laura PERLS u.a. entwickelte Gestalttherapie.

Theorie[3] und Praxis[4] der Gestalttherapie sind insbesondere im englischsprachigen, zunehmend aber auch im deutschsprachigen Raum gut dokumentiert und vielfach dargestellt. Ich verweise in den Anmerkungen auf die entsprechende Literatur und möchte mich hier darauf beschränken, auf das Kontaktmodell und das Interaktionskonzept einzugehen.

5.1.1. Persönlichkeitsentwicklung als Kontaktprozeß

Gestalttherapie sieht als ein entscheidendes Merkmal der Persönlichkeitsentwicklung die Herausbildung von Mustern der Kontaktaufnahme bzw. Kontaktunterbrechung an. PERLS/HEFFERLINE und GOODMAN (PERLS/HEFFERLINE/GOODMAN 1979, I + II), darüber hinaus aber auch andere Vertreter der Gestalttherapie (z.B. Laura PERLS, POLSTER & POLSTER), haben ein differenziertes Instrumentarium zur begrifflichen Analyse und zum bewußten Umgang mit den verschiedenen Formen menschlichen

[3] Grundlegender Text der Gestalttherapie ist das Buch von PERLS/HEFFERLINE/GOODMAN: Gestalt Therapy, Excitement and Growth in the Human Personality, New York 1951, das in einer zweibändigen Ausgabe in Deutsch (Stuttgart 1979) vorliegt.
Insbesondere der 2. Teil, der eine Darstellung der Theorie der Gestalttherapie enthält, ist im wesentlichen von Paul GOODMAN geschrieben worden, der von PERLS dazu gegen ein entsprechendes Honorar beauftragt wurde. Wie sich aus einer Analyse dieses Theorieteils herleiten läßt, ist die Theorie der Gestalttherapie wesentlich durch GOODMANs Vorstellungen (vgl. dazu BLANCKERTZ 1983) beeinflußt.
PETZOLD (1984, in: Integrative Therapie 1/2) hat eine umfassende Darstellung von Theorie und Praxis der Gestalttherapie vorgelegt, die auch eine umfangreiche Bibliographie enthält.
Den historischen und philosophischen Hintergrund der Gestalttherapie hat GORTON (in: Integrative Therapie 2/3 1983, S. 84—97) vorgelegt.
Eine umfassende Darstellung der philosophischen Grundlagen der Gestalttherapie ist bei QUITMANN 1985 zu finden.
Praxisnahe und zusammenfassende Darstellungen sind bei BUROW/SCHERPP 1981 und HEPKE 1983, S. 89 ff. zu finden: ebenso bei FAGAN/SHEPERD 1970.
Eine umfassende Darstellung, die Theorie und Praxis verbindet, findet sich bei POLSTER/POLSTER 1977.

[4] Z.B.: PERLS 1976: Gestalttherapie in Aktion, PERLS 1977[2], Grundlagen der Gestalttherapie, OAKLANDER 1981, Gestalttherapie mit Kindern, RONALL/FEDER, Gestaltgruppen, NARANJO 1973: Techniken der Gestalttherapie, RAHM 1983: Gestaltberatung; ZINKER 1984: Gestalttherapie als kreativer Prozeß

Kontaktverhaltens entwickelt. Ziel der Therapie ist es u.a., die unverzerrte Wahrnehmung der Hier- und Jetzt-Situation zu fördern sowie die Fähigkeit zu spontanem, ungehindertem Selbstausdruck zu unterstützen, um die Voraussetzungen für die Möglichkeit weitgehend bewußter, verantwortlicher Entscheidungen zu schaffen (vgl. QUITMANN 1985, S. 64 ff) und damit den individuellen Freiheitsspielraum des Menschen (ders., S. 78 ff) zu erweitern.

PERLS/HEFFERLINE/GOODMAN (im folgenden „P/H/G") (a.a.O., Bd. II, S. 20) gehen davon aus, daß wir alle aufgrund der Auswirkungen des modernen Zivilisationsprozesses und der spezifischen Verfaßtheit unseres Gesellschaftssystems sowie durch stärker individuell bestimmte biographische Faktoren in unseren Fähigkeiten zum Selbstausdruck, zur spontanen Befriedigung unserer Bedürfnisse und zur Ausnutzung unseres individuellen Freiheitsspielraums erheblich eingeschränkt sind. Laut PERLS (vgl. PERLS 1976 (a), S. 13 f) nutzen wir nur einen Bruchteil unseres persönlichen Potentials aus, ein Grund, warum in der Gestalttherapie die scharfe Scheidung in „normal" und „krank", wie wir sie im medizinischen Modell (vgl. BUROW 1986) finden, abgelehnt wird. Demnach unterscheiden wir uns nur in dem Grad und dem spezifischen Charakter unserer persönlichen Beschränkungen. P/H/G meinen nun mit der Gestalttherapie ein theoretisch fundiertes und praktisch erprobtes Konzept zur gezielten Überwindung dieser Beschränkungen entwickelt zu haben. Im Unterschied zum medizinischen Modell vertreten sie eher ein Konzept der Entwicklung Sozialer Kompetenzen, ein Vorgang, der im Rahmen der Humanistischen Psychologie auch häufig als „persönliches Wachstum" bezeichnet wird. Dieses Bild der „wachsenden" Persönlichkeit umschreibt in metaphorischer Weise die positive Blickrichtung der Gestalttherapie, die darauf abzielt, ungenutzte Entwicklungsmöglichkeiten und Potentiale bewußt zu machen und zu fördern. Gestalttherapie geht davon aus, daß der Mensch nur in der Einheit von Leib/Seele und Geist begriffen werden kann. Die Entwicklung der Person in dieser Einheit vollzieht sich im Kontaktprozeß. „Kontakt", verstanden als „. . .‚in Berührung sein mit' Objekten — als Grundbegriff sowohl für die sinnliche Wahrnehmung als auch für das motorische Verhalten" (P/H/G 1979, II, S. 9) findet an der **Kontaktgrenze** statt, der „Grenze von Organismus und Umwelt" (a.a.O.).

Kontakt realisiert sich im Wechselspiel von Organismus und Umwelt, dem „Organismus/Umwelt-Feld" (a.a.O., S. 10). Jede Erfahrung stellt letztlich Kontakt dar, so daß die Wahrnehmung des Feldes oder eine entsprechende Bewegungsreaktion innerhalb des Feldes die Grundlage für die Entwicklung der Person ist.

Kontakt ist nach der Definition von GOODMAN seinem Wesen nach die „. . . kreative gegenseitige Anpassung von Organismus und Umwelt" (a.a.O., S. 12). Diese Anpassung erfolgt dadurch, daß der Organismus das Neue auswählt und assimiliert, also in sein Selbst integriert.

Die Aufmerksamkeitsrichtung des Organismus wird durch seine Hierarchie der Bedürfnisse (vgl. MASLOW 1979, S. 62 ff) und die Einflüsse des Feldes gesteuert, wobei bestimmte Muster (wie z.B. in den Gestaltgesetzen beschrieben) (vgl. BUROW/SCHERPP 1981, S. 19 f) die Wahrnehmung beeinflussen können. Derjenige Ausschnitt der Situation, der in der Wahrnehmung im Vordergrund ist, wird „Figur" genannt, während die übrigen Phänomene den „Grund" bilden. Störungen des Kontaktprozesses zeigen sich in einer mangelnden Fähigkeit, klare Figuren oder wie man auch häufig sagt „Gestalten" bilden zu können.

Ist die Figur trübe, wirr, ohne Anmut und Kraft (eine ‚schwache' Gestalt), dann können wir sicher sein, daß Kontaktmangel besteht, daß irgendetwas in der Umwelt blockiert wird, daß vitale organische Bedürfnisse nicht ausgedrückt werden; der Mensch ist nicht ‚ganz da', d.h. sein Feld kann nicht als Ganzes seine Notwendigkeiten und seine Hilfsquellen für die Vollendung der Figur zur Verfügung stellen (P/H/G 1979 II, S. 14).

Die Ursachen dieses Kontaktmangels können sowohl im Individuum als auch im Feld liegen. Dort, wo die Kontaktstörung Ausdruck spezieller individueller Hemmungen ist, versucht Gestalttherapie, durch die Bereitstellung sensibler Methoden der genauen Wahrnehmung des Kontaktprozesses auf den Ebenen Leib/Seele/Geist im Organismus/Umwelt-Feld den Kontakt wiederherzustellen. Gestalttherapie zielt insofern auf die Vollendung von Kontaktprozessen, auf die Ermöglichung „starker Gestalten" ab, denn die Bildung einer solchen Gestalt stellt einen Beitrag zur Förderung der Kontaktfähigkeit und damit dem Wachstum der Person dar. In der Therapie werden unerledigte Situationen unabgeschlossene Kontaktprozesse, die zu Hemmungen bzw. zur Blockierung der Selbstentfaltung des Individuums führen, aufgespürt, um sie der Wahrnehmung zugänglich zu machen und im Hier-und-Jetzt zu einer geschlossenen Gestalt zu gelangen.

Der Prozeß der Gestaltbildung wird nach PERLS durch das Homöosthase Prinzip gesteuert, dem Prinzip der organismischen Selbstregulation,[5] demzufolge der Organismus einer impliziten Hierarchie der Werte (vgl. P/H/G 1979 II, S. 60 ff) folgt, nach der er die Prioritäten seiner Bedürfnisbefriedigung festlegt.

Diese Selbstregulierung des Organismus kann durch verschiedene Störungen an der Kontaktgrenze beeinträchtigt sein, die sich aus Erfahrungen und Lernprozessen aufgrund von schädigenden Umwelteinflüssen entwickelt haben. Störungen der Selbstregulation führen zu Kontaktunterbrechungen und der Anhäufung ungeschlossener Gestalten. Diese unerledigten Geschäfte führen in ihrer Anhäufung zu neurotischen Verhaltensweisen und binden Energien, die für die Lösung neu auftauchender Probleme

---

[5] Vgl. ausführliche Darstellungen bei: PERLS 1979, S. 39 ff.; QUITMANN 1985, S. 88 ff; P/H/G, a.a.O. II, S. 60 ff.

nötig wären. Sie unterbrechen damit den organischen Fluß der Selbstregulierung, und es entwickelt sich eine Form der „neurotischen Selbstregulierung" (a.a.O., S. 58), die die Person mehr oder minder in ihrer Fähigkeit zur spontanen, kreativen Anpassung behindert.

P/H/G (vgl. P/H/G 1979 II, S. 244) unterscheiden dabei fünf wesentliche neurotische Störungstypen des unterbrochenen Kontaktprozesses, die u.a. aus der Auseinandersetzung mit der Psychoanalyse gewonnen worden sind und einen zentralen Kern des gestalttherapeutischen Konzepts beschreiben:

— Konfluenz[6]
— Introjektion[7]
— Projektion[8]
— Retroflektion[9]
— Egotismus[10]

Sie sind zugleich auch Elemente jedes „gesunden" Kontaktprozesses. Da der Charakter dieser neurotischen Mechanismen in einer Vielzahl von Veröffentlichungen[11] behandelt worden ist, möchte ich hier auf meine Anmerkungen verweisen. Für unseren Zusammenhang ist wichtig, festzuhalten, daß die Methoden und Konzepte der Gestalttherapie **und** Gestaltpädagogik vor allem darauf abzielen, sowohl die durch diese Störungstypen beschriebenen Muster eigener Kontaktunterbrechung bewußt zu machen als auch die ihnen zugrundeliegenden Lernmuster für die Entfaltung der Potentiale der Person zu nutzen. Es geht also um eine bewußte Wahrnehmung des Kontaktprozesses, den P/H/G in vier Phasen unterteilen.

---

[6] Unter Konfluenz wird der Zustand der Kontaktlosigkeit verstanden, indem das Individuum keine Grenze zwischen sich und der Umwelt ausmachen kann (vgl. P/H/G 1979, II, S. 244)

[7] Unter Introjektion wird die nicht assimilierte Übernahme von Einstellungen, Gefühlen, Werten usw. verstanden (vgl. S. 246, P/H/G II 1979)

[8] Während die Introjektion die Tendenz ist, das Selbst für das verantwortlich zu machen, was in Wirklichkeit Sache der Umwelt ist, besteht die Projektion dagegen in der Tendenz, die Umwelt für das verantwortlich zu machen, was im Selbst begründet liegt (vgl. PERLS 1976, S. 53)

[9] Das Wesen der Retroflektion besteht darin, daß sich das Individuum selbst das antut, was es gern anderen antun möchte (vgl. PERLS 1976, S. 58 f (a))

[10] Das Wesen des Egotismus als neurotischem Mechanismus besteht darin, daß der Kontaktprozeß in der letzten Phase nicht vollendet wird. Er äußert sich in einem Aufgeben des Kontaktvollzugs zugunsten eines Sich-selbst-Vergewisserns, einer kontaktunterbrechenden Introspektion (vgl. P/H/G II, S. 250).
In anderen Veröffentlichungen wird auch von „Deflektion" gesprochen (z.B. POLSTER/POLSTER 1977, S. 93)

[11] Quellentexte: P/H/G 1979, II, S. 250 ff., PERLS 1978, S. 133 ff. PERLS 1976, S. 43 ff. (a)
QUITMANN (1985) hat eine gute Zusammenfassung vorgelegt, in der der Doppelcharakter dieser Mechanismen dargestellt wird (S. 96 ff.)
Bei POLSTER/POLSTER 1977 findet sich auf dem Hintergrund konkreter therapeutischer Arbeit eine praxisnahe, umfassende Darstellung.
Vgl. auch PETZOLD 1984; BUROW/SCHERPP, S. 80 ff. (Zusammenfassende Darstellung)

5.1.2. Die vier Phasen des Kontaktprozesses[12]

Gestalttherapie ist eine Konzentrationstherapie[13], eine Therapie also, deren Wesen in der Konzentration auf den im Hier-und-Jetzt ablaufenden Kontaktprozeß und seinen Besonderheiten besteht.

P/H/G unterscheiden dabei vier Phasen des Kontaktprozesses:

— Vorkontakt
— Kontaktanbahnung/Kontaktnahme
— Kontaktvollzug
— Nachkontakt

Sie verweisen darauf, daß der Kontaktprozeß ein „einheitliches Ganzes" (a.a.O., S. 193) sei und gliedern ihn zur besseren Übersichtlichkeit in die oben aufgeführten Phasen.

Vorkontakt

Der Kontaktzyklus wird entweder durch ein inneres Bedürfnis (Prinzip der Selbstregulierung) oder einen Umweltreiz eingeleitet.

Mangel- oder Überschußzustände, als unerledigte Situationen, drängen nach Ausgleich.

„Der Körper ist Grund, das Verlangen oder der Umweltreiz ist Figur" (ebenda).

Kontaktanbahnung/Kontaktnahme

P/H/G unterscheiden hier zwei Teilphasen:

a) Die durch ein inneres Bedürfnis oder einen Umweltreiz verursachte Erregung wird (Hinter-)Grund und ein Objekt oder eine Gruppe von Möglichkeiten tritt in den Vordergrund, wird Figur. Die Wahrnehmung des Objekts zurück. Gegenüber der Situation, die auf Abschluß drängt, entsteht ein Gefühl, das u.a. als „Mittel des Erkennens" (a.a.O., S. 199) dient. Das Selbst, verstanden als „Kontaktgrenze in Tätigkeit" (a.a.O., S. 17) hat die Funktion, den Entscheidungskonflikt zu durchleben[14], während dem Ich die Funktion der Entscheidung zukommt.

---

[12] In diesem Kapitel stütze ich mich in erster Linie auf die Ausführungen von P/H/G 1979, II, Kap. 12. In weitgehender Übereinstimmung, aber mit unterschiedlicher Schwerpunktsetzung haben BÜRMANN 1983 (S. 113 ff) und QUITMANN 1985 (89 ff.) dieses Konzept dargestellt, wobei BÜRMANN mehr auf die pädagogischen Implikationen abhebt.

[13] Vgl. PERLS frühe Veröffentlichung „Das Ich, der Hunger und die Aggression." (erstmals 1946 veröffentlicht München 1978, in der er programmatisch die Methode der Konzentration der freien Assoziation entgegenstellt. In dieser frühen Phase spricht er noch von Konzentrationstherapie.)

[14] Auf die Rolle des Wechsels von Durchleben von Gefühlen und Reflektion in Konfliktsituationen fokussiert GENDLIN 1981, der daraus eine Selbsthilfemethode, das sogenannte „Focusing" entwickelte. Im gestalttherapeutischen Prozeß finden wir analoge Vorgehensweisen, mit dem Unterschied, daß der Rolle des Therapeuten ein größerer Stellenwert beigemessen wird. In gewisser Weise ist Focusing eine Erweiterung der nicht-direktiven Gesprächstherapie (ROGERS 1972) erweitert um die körperliche Dimension.

b) Die zweite Teilphase ist durch das „Auswählen" und

> *Verwerfen von Möglichkeiten, Aggression als Herangehen und Überwinden von Hindernissen, absichtliches Sich-orientieren und Zugreifen" (a.a.O., S. 193).*

gekennzeichnet.

Wie Quitmann (1984, S. 91 f) ausführt, hat der Mensch in dieser Situation zwei Möglichkeiten:

Er verbleibt innerhalb seiner gewohnten Verhaltensweisen und Erfahrungen, wobei er Gefahr läuft, dies mit einer Anhäufung „unerledigter Geschäfte" zu bezahlen, oder er riskiert eine neue Erfahrung, ein neues Verhalten, unter der Gefahr von Unsicherheit, aber verbunden mit der Chance persönlichen Fortschritts.

Kontaktvollzug

Der Moment des Kontaktvollzugs ist durch ein selbstvergessenes Gefühl des Aufgehens im Gegenstand, bzw. im „Du" gekennzeichnet:

> *Das „Ich" verschwindet ganz in einer Haltung der Aufmerksamkeit. Wir sagen dann, wir seien „ganz Ohr" (oder Auge), z.B. beim Anhören schöner Musik, und jedes mögliche „Es" wird einfach zu einem Interesse am „Du" (a.a.O., S. 209).*

Es kommt zu einer völligen Übereinstimmung von Organismus und Umwelt, zu einer Einheit von Wahrnehmungs-, Bewegungs- und Gefühlsfunktionen.

Im Kontaktvollzug wird das entsprechende Bedürfnis vollständig befriedigt. Mit Beendigung des spontanen und kurzzeitigen Kontaktvollzugs verblaßt die Figur und die weitere Assimilation erfolgt ohne Gewahrsein (a.a.O., S. 211). Als Beispiel führen P/H/G u.a. den Vorgang des Essens an, der durch „Zerstörung" und „Einverleibung" (a.a.O. S. 211) gekennzeichnet sei. Zunächst stehen die verschiedenen Sinneswahrnehmungen (z.B. Geschmack) im Vordergrund. Sobald die Nahrung aber hinuntergeschluckt ist, richtet sich der Kontakt auf andere Bereiche.

Ein wesentliches Merkmal gelungener, vollständiger Kontaktprozesse ist das Gefühl, eine Sache zu Ende geführt, abgeschlossen zu haben und die Fähigkeit, sich einem anderen Interesse vollständig widmen zu können, ohne daß ein unerledigter Rest uns in einem neuen Kontaktzyklus am vollen Kontakt hindert.

Nachkontakt

Unter Nachkontakt verstehen P/H/G die Wirkungen des abgelaufenen Kontaktprozesses auf den Organismus:

> *Die Nachwirkung des Kontakts (ausgenommen Vernichtung) ist Wachstum. Dieser Prozeß bleibt außerhalb des Gewahrseins, und seine Einzelheiten sind Gegenstand der Physiologie — soweit sie überhaupt bekannt*

sind. Je nachdem, welche Art von neuen Dingen vorgenommen und umgewandelt werden, hat das Wachstum verschiedene Namen: Größenwachstum, Wiederherstellung, Zeugung, Verjüngung, Assimilation, Lernen, Erinnerung, Gewohnheit, Nachahmung, Identifizierung. Dies alles ist Ergebnis schöpferischer Anpassung. Ihr gemeinsamer Zug ist eine gewisse Vereinheitlichung, ein Identisch-gemacht-Sein in der Organismus/ Umwelt-Interaktion; und dies ist die Leistung des Selbst (a.a.O., S. 212).

Die Wirkungen des Kontaktprozesses, verstanden als Nachkontakt, zeigen sich u.a. auch in der echten Integration von Erfahrungen und Lernprozessen in das Selbst. Die Voraussetzung für eine solche Integration ist ein weitgehend von neurotischen Brechungen befreiter Kontaktprozeß, der die Gewähr dafür bietet, daß aufgenommene Erfahrungen nicht bloße Introjekte sind.

An dieser Stelle wird deutlich, daß P/H/G in ihrer Skizzierung eines gelungenen Kontaktprozesses von einer Idealsituation ausgehen. Die vollständige Bedürfnisbefriedigung hat nämlich eine ideale Umwelt zur Voraussetzung, die aber in der Regel nicht gegeben ist. Ein Umstand, auf den GOODMAN (vgl. GOODMAN 1975, 1977, 1979 (P/H/G) II) immer wieder verweist. Bezogen auf den Kontaktprozeß bedeutet diese Relativierung, daß die direkten oder indirekten Umwelteinflüsse, die ihn beeinträchtigen, berücksichtigt werden müssen. Diese Einflüsse, sei es in Form von einfachen Störungen, wie z.B. Straßenlärm oder in Form komplexerer Phänomene, wie z.B. gelernte Verhaltensmuster, etwa in Form eines Kodex von Verhaltensnormen, können den vollen Kontaktvollzug auf vielfältige Weise behindern.

Insofern muß der Kontaktprozeß immer vor dem Hintergrund der jeweiligen Interaktionssituation und der diese Situation beeinflussenden äußeren und innerpsychischen Faktoren (z.B. gesellschaftliche Machtstrukturen **und** im Verlaufe der Sozialisation verinnerlichte Machtstrukturen) gesehen werden.

Ein „gelungener" Kontaktprozeß wird so nicht allein zu einer Funktion der sozialkompetenten Person, wie es hier in der Skizzierung des idealen Kontaktprozesses zunächst erscheint, sondern zum Ausdruck einer spezifischen Wechselwirkung zwischen der Sozialen Kompetenz der Person und den Umfeldbedingungen, die den Kontaktprozeß stärker begünstigen oder beeinträchtigen. Die eigentliche Leistung einer „erfolgreichen" Gestalttherapie bestünde m.E. darin, beide Aspekte so herauszuarbeiten, daß der eigene Verhaltensspielraum innerhalb dieser Bedingungen erkannt und ausgefüllt werden kann.

5.1.3. Kontakt und Begegnung

Die spezifische Gestaltung des Kontaktprozesses findet ihren Ausdruck in der Art und Weise, wie das „Ich" einem Menschen oder einer Sache begegnet. Gestalttherapie und Gestaltpädagogik greifen auf Vorstellungen und Konzepte des Existentialismus (vgl. PETZOLD 1984; QUITMANN 1985) zurück, um den Begriff der „Begegnung" genauer zu fassen.

So unterscheidet BUBER (BUBER 1974, S. 55) zwischen „Ich-Du-Beziehungen" und „Ich-Es-Verhältnissen". Während das Ich-Es-Verhältnis dadurch gekennzeichnet ist, daß ich eine Person nur in Teilaspekten wahrnehme (etwa unter dem Gesichtspunkt, was sie mir nutzen kann), zeichnet sich eine Ich-Du-Beziehung durch eine tendenziell ganzheitliche Wahrnehmung meines Gegenübers und die Verwirklichung von Gegenseitigkeit in der Begegnung aus. In diesem Fall realisiere ich mit meinem Gegenüber (Mensch oder Ding) einen **Dialog,** indem ich in meiner „Einheit" der anderen „Einheit" begegne (vgl. BUROW/QUITMANN/RUBEAU 1987, S. 18). Dieses Konzept der dialogischen Begegnung auf den Ebenen Leib/Seele/Geist versucht Gestaltpädagogik durch die besondere Berücksichtigung der Beziehung zwischen den am Lernprozeß beteiligten Personen, wie auch der Beziehung zwischen Personen und Sachen, zu realisieren. Die bewußte Wahrnehmung und Steuerung von ganzheitlichen, die Bedürfnisse der Person berücksichtigenden Begegnungsformen wird zu einem zentralen Ziel gestaltpädagogischen Lernens und Lehrens.

BESEMS (vgl. BESEMS 1977) unterscheidet auf MARCEL zurückgreifend drei Arten der Beziehung:

— *die sachlich-funktionale Beziehung*
  Er versteht darunter eine Beziehung, in der der Mensch nur unter dem Gesichtspunkt seiner ökonomischen Verwertbarkeit und Nützlichkeit gesehen wird. Diese Art der Beziehung charakterisiert er als eine gegenwärtig vorherrschende.

— *die Objektbeziehung*
  Hierunter versteht er eine Beziehung, in der der persönliche Aspekt soweit in den Hintergrund gedrängt ist, daß der andere nur noch in seiner Funktionalität betrachtet wird und so in mehr oder minder ausgeprägtem Maße als Objekt betrachtet und behandelt wird.

— *die intersubjektive Beziehung*
  Diese Beziehung entspricht in etwa dem, was BUBER mit „Ich-Du-Beziehung" beschrieben hat. Es handelt sich um eine „horizontale" (vgl. BESEMS 1977, S. 55) Beziehung, die durch ein Einander-Begegnen als Mitsubjekt gekennzeichnet ist. Eine solche Beziehung bezeichnet MARCEL als „Intersubjektivität".

Gestaltpädagogik, verstanden als „intersubjektiver Unterricht", zielt auf die Realisierung solcher intersubjektiver Beziehung ab. Die Entwicklung und Entdeckung intersubjektiver Beziehungen ist erst aufgrund „radikaler Selbstanalyse" (a.a.O., S. 56) möglich, da unsere üblichen Beziehungsformen aufgrund von gesellschaftlichen Einflüssen und individuellen Lerngeschichten überwiegend den Charakter von sachlich-funktionalen Beziehungen, bzw. Objektbeziehungen tragen. Die Überwindung dieser entfremdeten Beziehungsformen erfordert die Fähigkeit, das Subjekt als Existierendes, als Seiendes akzeptieren zu können und von dessen Funktion zunächst einmal abzusehen. BESEMS hebt auf MARCEL zurückgreifend drei Aspekte, die Intersubjektivität kennzeichnen, besonders hervor (a.a.O., S. 56 ff):

— *das Engagement*
  Hierunter wird das Dazugehören, das Beteiligtsein verstanden. Um Intersubjektivität realisieren zu können, muß man das Interesse und den Wunsch verspüren, sich in die Gedanken- und Gefühlswelt der anderen Person zu versetzen, auch wenn dazu erhebliche Mühen und Anstrengungen nötig sind.
— *die zweite Person*
  Intersubjektivität beruht auf Gegenseitigkeit. Sie verwirklicht sich darin, daß wir einander als Subjekte begegnen und in einen horizontalen Dialog treten, der von gegenseitigem Verständnis und Akzeptanz getragen ist.
— *die Begegnung*
  In der Begegnung zeigt sich die Art und Weise unseres Umgangs mit uns selbst und anderen. Indem wir lernen, uns für den anderen zu öffnen, werden wir uns selbst gegenüber freier. Wir müssen „uns selbst als unseren eigenen Besitzer“ (a.a.O., S. 57) nicht mehr verteidigen, sondern können statt des „Habens“, das „Sein“ (vgl. FROMM 1979), die Existenz in den Mittelpunkt rücken.

Intersubjektivität als Spezialfall einer Ich-Du-Beziehung (die ja in der Buberschen Terminologie auch die Beziehung zu Dingen einschließt), erscheint hier ausschließlich als ein Prozeß, der sich zwischen zwei Individuen abspielt, die sich in einem quasi gesellschaftsfreien Raum begegnen.

BESEMS verweist aber nachdrücklich — mit GOODMAN argumentierend (a.a.O., S. 59) — auf gesellschaftliche Bedingungen, die der Verwirklichung von Subjektbeziehungen entgegenstehen. Insofern stellt die Postulierung intersubjektiver Beziehungen eine Utopie dar, derer wir uns nur in dem Maße annähern können, in dem es uns auch gelingt, die Umweltbedingungen so zu gestalten, daß sie existentielle Begegnungen ermöglichen.

Die Methoden und Konzepte der Gestalttherapie können dazu beitragen, daß wir die Art und Weise unserer Begegnung mit uns selbst, mit anderen und mit unserer Umwelt bewußter erfahren, um Möglichkeiten und Begrenzungen zu erkennen. Ein gestaltpädagogisches Begegnungskonzept, wie es BESEMS vertritt, zielt über diesen Bewußtwerdungsprozeß hinaus, auf die konkrete Erfahrung von Formen des „Mit-Teilens, Mit-Fühlens, Mit-Leidens, Mit-Gebens, Mit-Wachsens“ (EPPLER 1981, S. 131) als wesentliche Bestandteile einer neuen „Mit-Menschlichkeit“ ab, deren Entwicklung Erhard EPPLER (ders.) als eine wesentliche Voraussetzung für die Überwindung unserer gegenwärtigen gesellschaftlichen Krise sieht.

In diesem Zusammenhang ist es von besonderer Bedeutung, daß sich dieses Begegnungskonzept nicht nur auf die Beziehung von Personen bezieht, sondern den Anspruch erhebt, auf eine veränderte Beziehung zu unserer belebten und unbelebten Umwelt hinzuwirken. Das Konzept der dialogischen Begegnung zielt ebenso auf einen dialogischen, „akzeptierenden“, „demütigen“ Umgang mit der Natur ab. Indem die Achtung vor der Existenz, dem Sein einen zentralen Wert beschreibt, stellt die Entwicklung veränderter Umgangsformen mit sich selbst, mit anderen und mit unserer Umwelt einen einheitlichen Vorgang dar, der im Rahmen gestaltpädagogischer Veranstaltungen in situationsadäquaten Akzentuierungen entsprechende Berücksichtigung finden muß.

5.1.4. Zur Förderung sozialer Kompetenzen im Rahmen der Gestalttherapie

Gestalttherapie stellt in der Theorie (Vgl. P/H/G 1979) ein ganzheitliches Modell der Entwicklung und Förderung Sozialer Kompetenz dar. Ich möchte den gestalttherapeutischen Begriff von Sozialer Kompetenz und das sich daraus ableitende Modell der Förderung Sozialer Kompetenzen anhand der Theorie des Kontaktprozesses entwickeln.

5.1.4.1. Das Gestalttherapeutische Kompetenzmodell

Auf der Grundlage eines positiven Menschenbildes[15] geht die Gestalttherapie davon aus, daß der Mensch in einem lebenslangen persönlichen Wachstumsprozeß zu einer Erweiterung seiner sozialen Kompetenzen in der Lage ist, wenn entsprechende Umweltbedingungen gegeben sind. Unter den gegenwärtigen gesellschaftlichen Bedingungen realisieren wir nach Auffassung von PERLS nur einen Bruchteil der Kapazitäten, die uns zur Entwicklung sozialer Kompetenzen zur Verfügung stehen. Gestalttherapie beansprucht, einen Beitrag dazu zu leisten, diese Diskrepanz — zumindest in Ansätzen — zu verringern.

Zentrales Kriterium für ein solches „persönliches Wachstum“ ist die Fähigkeit zu einem bewußten Kontaktprozeß, in dem Umweltforderungen und Bedürfnisse des Organismus in einem selbstregulativen, spontanen Austauschprozeß stehen. Ich habe versucht, diesen Zusammenhang in einem Modell[16] darzustellen. Er läßt sich folgendermaßen zusammenfassen:

Der Kontaktprozeß realisiert sich im Wechselspiel von Organismus und Umwelt an der Kontaktgrenze. Die Kontaktgrenze in Tätigkeit (vgl. P/H/G 1979, II, S. 17), die das „Selbst“ darstellt, ist durch eine Vielzahl von Faktoren geprägt. Aufgrund der organismischen Selbstregulation, die einer

---

[15] Vgl. QUITMANN 1985; PETZOLD 1984; BUROW/SCHERPP 1981, S. 61—77

[16] Dieses Modell ist wie jedes Modell eine vereinfachende Abstraktion und lediglich für einen orientierenden Überblick geeignet.

Hierarchie der Bedürfnisse folgt[17] *sowie durch Umweltreize beeinflußt wird, erfolgt der Kontaktprozeß. Die Art und Weise, wie das Individuum in diesem Kontaktprozeß auswählt und Entscheidungen trifft, wird durch die Umweltbedingungen und seine spezifische Lebensgeschichte geprägt.*[18]
Dieser Kontaktvorgang, der nur unter idealen Umweltbedingungen und der Voraussetzung einer voll entfalteten Persönlichkeit spontan und ungehemmt vollzogen wird, ist in der Regel durch vielfältige Störungen (z.B. neurotische Mechanismen) in Teilen beeinträchtigt. Aufgrund dieser Störungen, die zumindest in der Theorie[19] *sowohl in der individuellen Biographie des Individuums als auch in den jeweiligen Umweltbedingungen verankert gesehen werden, kann der Kontakt in manchen Bereichen nur unvollständig erfolgen. Ein Resultat besteht darin, daß die Wahrnehmung des Feldes in verzerrter Form stattfindet. Sie ist in weiten Bereichen durch „blinde Flecken" gekennzeichnet. Die Arbeit von Therapeut und Klient besteht nun in einer Aufarbeitung dieser, den vollen Kontakt behindernden Mechanismen und Muster. Durch die damit verbundene bewußte Erfahrung von eigenem Kontaktverhalten und Mustern der Wahrnehmungsverzerrung entsteht insofern ein Wachstumsprozeß, als die Verfügungsgewalt über die eigenen Wahrnehmungsstrukturen erweitert wird.*

Das Mittel der Gestalttherapie zur Förderung Sozialer Kompetenz besteht in erster Linie in der Einleitung eines Selbstreflektionsprozesses, der im Unterschied zu anderen therapeutischen Konzepten (z.B. ROGERS 1972), gezielt die Ebenen Leib/Seele/Geist und Denken/Fühlen/Handeln (vgl. BUROW/SCHERPP 1981, S. 64) im Hier-und-Jetzt berücksichtigt. Die integrative Erfahrung der komplexen Aspekte meiner gegenwärtigen Existenz, meines konkreten „Seins" soll einer Steigerung meiner „awareness" dienen, der Bewußtheit dessen, was „in mir, mit mir und um mich herum"[20] vorgeht. Da dieser Selbstreflektionsprozeß unabdingbare Voraussetzung für eine bewußte Förderung persönlichen Wachstums ist und dieser Wachstumsprozeß — jedenfalls im Modell — tendenziell unabschließbar ist, wird seine Entwicklung zu einer lebenslangen Aufgabe. Diese Aufgabe kann von jedem Menschen selbst in die Hand genommen werden. Gestalttherapie als therapeutisches Setting soll lediglich helfen, den Wachstumsprozeß zu beschleunigen und bei Blockaden oder schwerwiegenden Störungen Unterstützung zu geben. Im Rahmen des Kompetenzmodells der Gestalttherapie wird der Klient nicht als zu behandelndes Objekt eines medizinischen Experten gesehen[21] — was der Forderung nach Intersubjektivität wider-

[17] Vgl. MASLOW 1979: „Eine Theorie der menschlichen Motivation", S. 62—87
[18] Solche Einflußfaktoren hat DÖRING 1980 unter dem Terminus „Lehrer-,Person'-Faktoren" aufgelistet.
[19] GOODMAN 1979 weist immer wieder auf den engen Zusammenhang beider Aspekte hin.
[20] COHN 1984, QUITMANN 1985 weisen auf die Schwierigkeit hin, „awareness" ins Deutsche zu übertragen. Ich folge hier STEVENS' (1977) Umschreibung.
[21] Nach BUBER kann der Therapeut sein Ziel nur erreichen, wenn er davon abläßt, sein Gegenüber als zu betrachtendes und zu untersuchendes Objekt zu sehen und eine echte Begegnung herstellt; vgl. BUBER 1973, S. 122 ff.

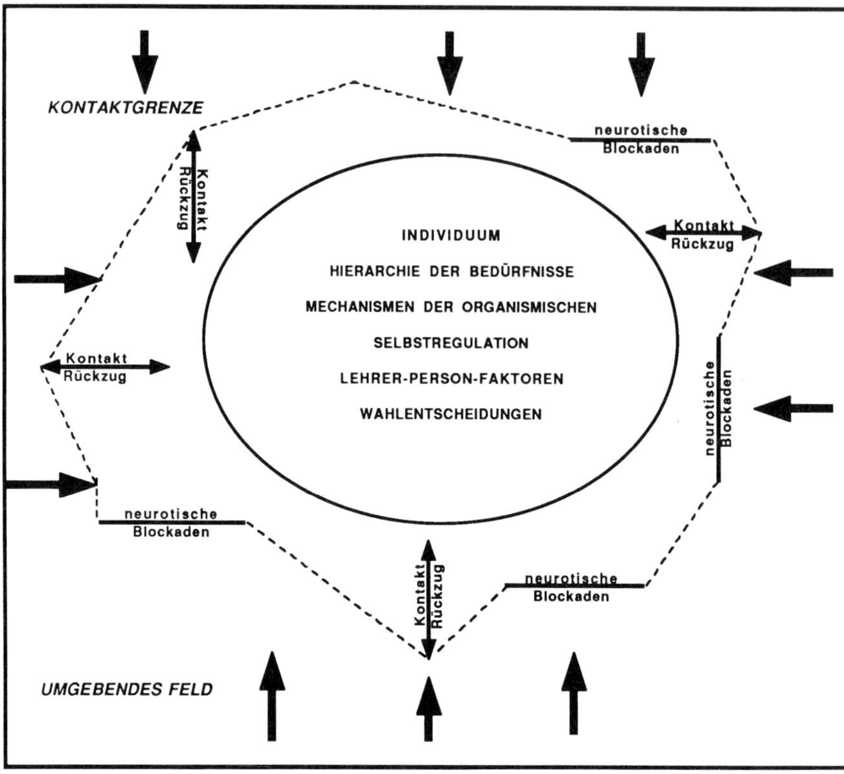

Das gestalttherapeutische Modell der Kompetenzförderung

sprechen würde —, sondern als aktiver Partner eines Entwicklungsprozesses, der ihn zu seinem eigenen Experten machen soll. GOODMAN betont diesen Aspekt, indem er sagt,

> *... der Behandlungskontrakt ist nicht der, möglichst viele Komplexe aufzulösen oder gewisse Reflexe freizusetzen, sondern vielmehr in der Fertigkeit des Selbstgewahrseins einen Entwicklungsstand zu erreichen, wo der Patient ohne Hilfe weitermachen kann — denn hier gilt, wie überall sonst in der Medizin: Natura sanat non medicus, nur das eigene Selbst kann sich in seinem Umfeld selbst heilen. (P/H/G 1979, II, S. 32).*

Das Modell gestalttherapeutischer Kompetenzförderung versteht sich also — im modischen Jargon ausgedrückt — als „Hilfe zur Selbsthilfe". Es erhebt über den engen Bereich medizinischer Indikation hinaus den Anspruch als universell verwendbares Modell der Kompetenzentwicklung zu gelten. Die neurotischen Störungen an der Kontaktgrenze sind unter den gegenwärtigen gesellschaftlichen Bedingungen in unterschiedlichen individuellen Ausprägungen Bestandteil jedes Menschen. Insofern stellt die Gestalttherapie ein „selbsterzieherisches" Modell dar, dessen Reichweite sich über das enge Feld der Therapie hinaus auf „normale" Interaktionssituationen erstreckt.

5.1.4.2. Kompetenzentwicklung und Interaktion

Wenn wir Gestalttherapie unter dem eingeschränkten Aspekt eines methodischen Arrangements zur bewußten Durchdringung und gezielten Beeinflussung ungenutzter oder gestörter Bereiche der Kompetenzentwicklung des Individuums betrachten, dann müssen wir uns vor Augen halten, daß es sich hier um einen kleinen Ausschnitt aus dem großen Bereich überwiegend naturwüchsig ablaufender Prozesse der Kompetenzentwicklung handelt. Denn die Entwicklung Sozialer Kompetenzen ist Teil des „normalen" Lebensprozesses und ergibt sich aus ihrer natürlichen Funktion im Austausch von Personen mit ihrer Umwelt. Dabei handelt es sich überwiegend um lebensnotwendige Anpassungsvorgänge.

Gestalttherapie als therapeutisches Arrangement bezieht ihre Rechtfertigung aus dem Versprechen, einen Beitrag sowohl zu einer verbesserten Anpassungsleistung, „creative adjustment" (vgl. P/H/G 1979) als auch einer Verfügbarmachung dieser Prozesse zu leisten.

Im Rahmen der „klassischen" Gestalttherapie[22] ist der Ort einer solchen bewußten Weiterentwicklung Sozialer Kompetenzen die therapeutische Beziehung zwischen Klient und Therapeut. Dabei wird von der impliziten Hypothese ausgegangen, daß der Therapeut aufgrund seiner Ausbildung und seiner Erfahrungen sowohl durch das Einbringen seiner Person als Modell als auch durch spezifische gestalttherapeutische Interventionen zur Bildung von Sozialen Kompetenzen beitragen kann. In der Weiterentwicklung der Gestalttherapie ist die aktive Rolle der Gruppe und ihrer Mitglieder weiter in den Vordergrund getreten, so daß auch Gruppenmitglieder Funktionen des Therapeuten übernehmen können.

Der Gruppenprozeß selbst wird zu einer Folie, auf der der reflexive Diskurs über Formen des Kontaktverhaltens, bzw. der Kontaktunterbrechung als tendenziell kollektiver Entwicklung geführt werden kann. Die Gruppe selbst — als Ausschnitt der sozialen Wirklichkeit — wird zum Experimentierfeld für die Erweiterung der Bewußtheit und dem Erproben neuer Verhaltensweisen. Dieser Schonraum ist deswegen notwendig, da insbeson-

---

[22] Darunter verstehe ich PERLS' Vorgehen, das durch eine extreme Leiterzentrierung gekennzeichnet war, vgl. PERLS 1976.

dere bei tiefergehenden Störungen der Kontaktfunktionen die Erweiterung der Kontaktgrenze einen komplizierten, mit Widerständen behafteten Prozeß darstellt.

Da sich der Kontaktprozeß in der Interaktion von Organismus und Umwelt realisiert, muß es ein besonderes Anliegen der Gestalttherapie sein, die Fähigkeit zur Unterscheidung zwischen persönlichen Anteilen am eigenen Kontaktverhalten und „objektiven" (d.h. außerhalb der Beeinflussungsmöglichkeiten der Person liegenden) Anteilen zu fördern.

In der Praxis konzentrieren sich Gestalttherapeuten in erster Linie auf die Bearbeitung des individuell zu verantwortenden und zu beeinflussenden Anteils von Verhalten,[23] während Strategien, die den Zusammenhang individueller Störungen mit gesellschaftlichen Einflußfaktoren verbinden noch die Ausnahme sind.[24] Im Mittelpunkt der Betrachtungen steht einstweilen die Analyse des im Hier-und-Jetzt beobachtbaren Kontaktverhaltens sowie die Repräsentationen der eigenen Biographie, wie sie sich in Form von Gefühlen, Körperhaltungen, Normen u.ä. im Hier-und-Jetzt des Erlebens der Person manifestieren. Insofern entsteht eine Tendenz, die Entwicklung sozialer Kompetenzen vorrangig als individuell zu leistende Aufgabe der Person zu sehen und kollektive Lernprozesse zu vernachlässigen. Dieser Umstand spiegelt sich auch in zunächst hilfreichen Begriffen wie „persönliches Wachstum" oder „persönlich bedeutsames Lernen" wider, die das Konzept der zugrundeliegenden Personenzentrierung benennen sollen, zugleich aber auf eine gewisse Verengung der Sichtweise gestalttherapeutischer Vorgehensweisen aufmerksam machen.

Interaktion wird in dieser Sichtweise vorwiegend unter dem Gesichtspunkt, wie sie sich in der Therapiesituation zwischen zwei oder mehreren Personen abspielt gesehen, ohne ein integriertes Konzept zu besitzen, das den Einbezug determinierender gesellschaftlicher Faktoren berücksichtigt und neben der individuellen Bewußtseinserweiterung auf eine kollektive Strategie zur Überwindung „bewußtseinstrübender" Lebensbedingungen abzielt. Ohne ein solches Konzept besteht aber die Gefahr, daß die Therapie zu bloßer Sisyphosarbeit wird, weil die Störungen des Kontaktprozesses u.U. notwendige Anpassungen an bestehende Umweltbedingungen sind. So meint denn auch GOODMAN:

> *Gewisse Spannungen oder Blockierungen können nicht gelöst werden, wenn nicht eine wirkliche Umweltveränderung neue Möglichkeiten eröffnet. Wenn die Institutionen und Sitten verändert würden, dann würde so manches störrische Symptom urplötzlich verschwinden. (P/H/G 1979, II, S. 17).*

---

[23] Ich stütze mich hier auf meine Erfahrungen in Gestaltgruppen und Berichte in der Literatur.

[24] Ähnliche Erfahrungen werden auch in der Psychoanalyse gemacht, vgl. z.B. MASSING 1986 „Die Ängste einer Psychoanalytikerin oder der Einbruch von ‚Tschernobyl' in ihre professionelle Neutralität", in: psychosozial 8/86.

Insofern wäre es verkürzt, die aktuellen Manifestationen von Kontaktstörungen in der Therapiesituation ausschließlich als fehlerhafte Anpassungen des Individuums zu werten. Die Annahme zu tätigen, würde bedeuten, die Ganzheitlichkeit der Organismus-Umwelt-Interaktion zu verleugnen. Das Vorhandensein einer „trüben, schwachen" (a.a.O., S. 14) Gestalt deutet vielmehr auf Störungen hin, die in beiden Bereichen vorhanden sein können und sich ggf. sogar überschneiden.[25] Von daher stellt die permanente Berücksichtigung dieser beiden Aspekte einen unerläßlichen Bestandteil „integrativer" gestalttherapeutischer Kompetenzentwicklung dar. Das kann im konkreten Fall bedeuten, daß man die Grenzen „persönlichen Wachstums" im Rahmen der Therapiegruppe erkennt und nach Wegen sucht, behindernde Lebensbedingungen zu beeinflussen.

MACY (vgl. MACY 1986, S. 129 ff.) weist aus der Perspektive der psychologischen Friedensarbeit darauf hin, daß ein solches Engagement für die Veränderung von Lebensbedingungen therapeutische Wirkungen haben kann.

Darüber hinaus entwickelt sich im Rahmen der New-Age-Bewegung (vgl. CAPRA 1983; FERGUSON 1982), der viele Vertreter der Gestalttherapie nahestehen, ein Bewußtsein dafür, daß eine erfolgreiche und befriedigende Selbstentwicklung nur im Rahmen einer existentiellen Erfahrung der Verbundenheit der eigenen Existenz mit der Umwelt möglich ist. GOODMAN hat diesen Gedanken schon früh umrissen:

> *Die Sache ist die, daß wir in einem chronischen Notstand leben und daß fast alle unsere Kräfte, Liebe, Verstand, Ärger und Empörung verdrängt oder eingeschläfert worden sind. Die, die schärfer sehen, intensiver fühlen und kühner handeln, verzehren sich überwiegend selbst und leiden, denn es ist unmöglich, daß irgendeiner glücklich sein kann, bevor wir nicht alle glücklich sind. (P/H/G 1979, II, S. 35).*

Diese „schlimme Situation" anzuerkennen, macht es zugleich möglich, sie als eine schöpferische Möglichkeit zu nutzen. Der Möglichkeit nämlich, über die Verwirklichung von Synergie[26], die Entwicklung der Erfahrung unserer gemeinsamen Betroffenheit, Kraft für die Entwicklung von uns selbst und unseren Lebensbedingungen zu entfalten.

5.1.4.3. Kompetenzentwicklung und Integration

Das Problem gestalttherapeutischer Kompetenzentwicklung besteht darin, einen Interaktionsprozeß zwischen dem Selbst und dem Feld in der Art zu unterstützen, daß er den Anforderungen beider Seiten gerecht wird. Unter gegenwärtigen Bedingungen sind in dieser Hinsicht nur Kompromisse

---

[25] So argumentiert übrigens auch MAY, der vor einer Klassifizierung von „Störungen" warnt und dagegen das geduldige „Verstehen" setzt (MAY 1986).

[26] Vgl. MACY 1986; ROSZAK 1986. Der Begriff wird weiter oben im Kapitel „Prinzip der Synergie" ausgeführt.

denkbar, die einen Ausgleich zwischen den Bedürfnissen des Selbst und den Umweltforderungen tendenziell anzielen. Voraussetzung für die Ermöglichung bewußter Wahlentscheidungen des Individuums in diesem Spannungsfeld ist die integrative Erfahrung dieser Bedürfnisse und Anforderungen. Ich verstehe darunter die umfassende Erfahrung der gegenwärtigen Bedingungen der eigenen Existenz auf den Ebenen Denken, Fühlen und Handeln. Wenn Gestalttherapie auf Integration abzielt, dann müssen Introspektion und auf die Beeinflussung des Feldes gerichtetes Handeln in einem ausgewogenen Verhältnis stehen. Ich unterstütze mit dieser Aussage die Position Klaus HOLZKAMPs, der meint, daß man seine subjektive Befindlichkeit und Lebensqualität nicht „wirklich und nachhaltig" verbessern kann, ohne seine Lebensbedingungen zu verbessern, d.h. „seine Handlungsfähigkeit als Verfügung über die allgemeinen/individuellen Daseinsverhältnisse zu entwickeln" (vgl. HOLZKAMP 1985, S. 37).

Insofern erfordert die Entwicklung Sozialer Kompetenzen im Rahmen des therapeutischen Schonraums einen sozialen Bezug, auf den die Realisierung der Kompetenzen abzielen soll. Aufgrund der schwierigen Umsetzungsmöglichkeiten, der Probleme des Transfers der Erfahrungen aus der Therapiesituation in die Alltagsrealität sowie der vielfältigen Widerstände entsteht ansonsten die Gefahr, daß der therapeutische Schonraum zu einer gesellschaftlichen Enklave wird (vgl. dazu auch SCHMIDTBAUERs kritische Anmerkungen 1982), in der versucht wird, ein Teil des Lebens zu leben, das im normalen sozialen Umfeld als nicht realisierbar erscheint. Da aber auch diese Enklave letztlich nicht frei von gesellschaftlichen Einflüssen ist, wird auf Dauer die gesuchte Befriedigung nicht gefunden. Therapie wird dann letztlich zu einem system- und marktkonform angebotenen Konsumartikel, der mit immer größeren Versprechen auf „Selbstverwirklichung" leben muß.

Mit der oben skizzierten Theorie des Kontaktprozesses und dem Konzept von Kontakt und Begegnung besitzt die Gestalttherapie aber ein fundiertes Konzept, um diesen Gefahren entgegenzuwirken.

Dabei kommt es m.E. insbesondere darauf an, der Mystifizierung des programmatisch gebrauchten[27] Begriffs der „Integration" zu widerstehen. „Integration" steht in verschiedenen Variationen der Gestalttherapie[28] für das utopische Versprechen der Überwindung von Entfremdungserscheinungen im Hier-und-Jetzt mit Hilfe der Therapie.

Die übertriebene Projektion von Heilserwartungen auf die Therapie hält aber weder kritischen Betrachtungen stand,[29] noch ist sie vom Standpunkt

[27] Vgl. BÜNTE-LUDWIG: Gestalttherapie — Integrative Therapie. Leben heißt wachsen, in: PETZOLD (Hrsg.) 1984.

[28] Vgl. z.B. die verschiedenen Weiterbildungscurricula des FPI

[29] FREUD schreibt z.B.: „Der Unterschied zwischen dem Analysierten und dem nicht Analysierten (ist) doch nicht so durchgreifend . . . wie wir es erstreben, erwarten und behaupten." GW. Bd. 16, S. 72 (Die endliche und die unendliche A.)

der Emanzipation wünschenswert. Man muß sie vielmehr im Zusammenhang sehen mit frustrierten Bemühungen um gesellschaftliche Veränderung. Wenn Gestalttherapie einen echten Beitrag zu einer neuen Qualität der Selbstreflexion leisten soll, dann kann das nur in dem Maß gelingen, in dem ein kritischer Begriff von Integration entwickelt wird. Ein solcher — im Sinne GOODMANs (vgl. P/H/G 1979; BLANKERTZ 1983) — pragmatischer Begriff der Integration muß sowohl darauf abzielen, Möglichkeiten der Integration im Hier-und-Jetzt bewußt zu machen und zu erweitern als auch eine kritische Reflektion der Grenzen und Brüche beinhalten.

Wenn ein solcher kritischer Begriff von Integration in den Konzepten der Gestalttherapie auch angelegt ist (vgl. P/H/G 1979; BLANKERTZ 1983), muß er doch gegen die Versuchungen zur Harmonisierung von Widersprüchen behauptet werden. Die schleichende Tendenz zur Harmonisierung läßt sich an übersteigerten Heilserwartungen und Heilsversprechen sowie in der Entwicklung und Verwendung unscharfer Begrifflichkeiten („persönliches Wachstum", „Ganzheitlichkeit" usw.) erkennen.

Der utopische Anspruch nach Integration kann den Blick schärfen für ungenutzte Möglichkeiten der Entfaltung wie auch verhindern, daß wichtige Aspekte, wie z.B. der heimliche Lehrplan der Therapie, übersehen werden.

5.2. Einige Überlegungen zu Einflüssen anderer pädagogischer Richtungen

Gestaltpädagogik hat ihre Herkunft — wie wir gesehen haben — zunächst aus der Gestalttherapie. Pädagogen, die positive Erfahrungen mit gestalttherapeutischen Konzepten gemacht haben, suchen nach Wegen, ihre Erfahrungen auf ihren Berufsalltag als Lehrer zu übertragen. Dabei steht zunächst die erfahrungsbezogene Umsetzung von Prinzipien und Methoden der Gestalttherapie[30] im Vordergrund des Interesses. In dem Maße aber, in dem sich systematische Ausbildungen zum „Gestaltpädagogen"[31] herausbilden und Gestaltpädagogik in Auseinandersetzung und Konkurrenz[32] zu anderen pädagogischen Ansätzen tritt, entsteht ein Interesse an einer stärkeren Konturierung des eigenen Ansatzes und einer Aufarbeitung theoretischer Grundlagen. Die eigene Praxis wird zunehmend einem selbstreflexiven Prozeß unterzogen[33] mit dem Ziel einer theoretischen Fundierung. Wenn man diesen Prozeß der Konstituierung von Gestaltpädagogik als eines eigenständigen pädagogischen Ansatzes verfolgt, so kann man deutliche Einflüsse verschiedener pädagogischer Richtungen feststellen. Im folgenden geht es mir darum, einige grundlegende Tenden-

---

[30] Vgl. PETZOLD 1977, S. 11; BUROW/SCHERPP 1981, S. 128 ff.
[31] Vgl. Fortbildungsprogramme des IGG, GZB, FPI.
[32] Vgl. Auseinandersetzung um die Gestaltpädagogik, in: MEISSNER 1985; DUTILLY 1983, S. 32—46.
[33] So z.B. auf dem 2. Europäischen Kongreß für Gestalttherapie in Mainz 1986.

zen solcher Einflüsse zu skizzieren, die zu noch zu leistenden, vertieften Untersuchungen anregen können. Ich sehe dabei drei wesentliche Richtungen:

— Reformpädagogik
— angelsächsische Schulkritik
— bundesrepublikanische Schulkritik

5.2.1. Zur Reformpädagogik

Die Entwicklung der Gestaltpädagogik muß eingeordnet werden in die lange Reihe von Versuchen zur Beeinflussung und Überwindung der öffentlichen Schule. In besonderer Weise hat die reformpädagogische Bewegung (vgl. SCHEIBE 1978) in den zwanziger Jahren Anstöße für eine veränderte schulische Praxis gegeben. Eine Vielzahl pädagogischer Ideen (a.a.O.) wurden entwickelt und in der Praxis erprobt, bevor sie vom aufkommenden Faschismus unterdrückt wurden und in Vergessenheit gerieten. Viele Konzepte der Gestaltpädagogik, obwohl sie von Positionen der Gestalttherapie abgeleitet werden, stehen in unmittelbarer Nähe zu reformpädagogischen Auffassungen.

So etwa das Konzept der „freien geistigen Schularbeit" GAUDIGS,[34] das Prinzip des Lernens durch Erfahrung, wie es bei KERSCHENSTEINER[35] zu finden ist, die Methoden freien Selbstausdrucks, wie sie die Kunsterzieherbewegung (vgl. SCHEIBE 1978, S. 139 ff) entwickelt hat u.ä. In den Erfahrungen und Konzepten der Reformpädagogik steckt ein bislang noch ungenutztes Potential an bewährten praktischen und theoretischen Erkenntnissen. Die abgebrochene Tradition der Reformpädagogik wurde im deutschsprachigen Raum, vor dem Hintergrund ökonomisch notwendiger Veränderungen des Schulsystems (vgl. ALTVATER/HUISKEN 1971), zu Beginn der siebziger Jahre wieder aufgegriffen und führte sowohl zur Beeinflussung öffentlicher Schulen (vgl. KEIM 1976) wie auch zur Anregung von Alternativschulexperimenten (vgl. RAMSEGGER 1975; NEGT 1976).

Ein großer Teil der Lehrer, die sich gegenwärtig mit der Entwicklung der Gestaltpädagogik beschäftigen, sind von Gedanken der Reformpädagogik beeinflußt, ohne daß Beziehungen und Abgrenzungen bisher deutlich gezogen wurden (vgl. PRENGEL 1983). Bei aller Verschiedenartigkeit der Schwerpunktsetzung unterschiedlicher reformpädagogischer Ansätze, stimmen doch die meisten programmatischen Aussagen, die wir in einer ersten Bestandsaufnahme der Gestaltpädagogik 1981 formuliert hatten (vgl. BUROW/SCHERPP 1981, S. 129 ff), mit grundlegenden reformpädagogischen Auffassungen überein. So bezeichneten wir als zentrale Forderungen der Gestaltpädagogik:

---

[34] Vgl. Freie geistige Schularbeit in Theorie und Praxis, Breslau 1922, GAUDIG, H.
[35] Vgl. KERSCHENSTEINER, G.: Begriff der Arbeitsschule. München 1953 (10).

— statt Massenschulen dezentrale Mini-Schulen
— statt Selektion Förderung
— statt Unterricht nach Fach- und Stundenprinzip Unterricht in sinnvollen Ganzheiten
— statt Normierung und Verplanung selbstgesteuertes Lernen und Förderung von Kreativität
— statt Unterdrückung von Störungen Verarbeitung von Störungen
— statt emotionsloser Fachwissenschaftler Lehrer als ganze Menschen
— statt ausgeklügelter Motivationsstrategien Ausgehen von dem, was im Schüler ist
— statt Unterdrückung des Bewegungsdrangs Förderung von physischem Lernen

Neben der Bereicherung und Fundierung gestaltpädagogischer Konzepte kann die Auseinandersetzung mit der Reformpädagogik aber auch dazu verhelfen, spezifische Konturen und Abgrenzungen deutlicher zu machen. Ellen KEYs Programm einer Pädagogik vom Kinde aus kann von Gestaltpädagogen, um ein Beispiel zu nennen, weitgehend unterschrieben werden, allerdings mit entscheidenden Differenzierungen. Die Wahrnehmung der Bedürfnisse der Schüler und die sensible Einfühlung müssen im Rahmen der Gestaltpädagogik einhergehen mit einer Wahrnehmung der Bedürfnisse des Lehrers. Der Schwerpunkt liegt eindeutig auf einem dialogischen Lehr- und Lernprozeß, in dem beide Seiten zu ihrem Recht kommen müssen. Von daher erfordert die Entwicklung einer Pädagogik vom Kinde aus gleichzeitig die einer Pädagogik vom Lehrer aus. Gestaltpädagogik zielt von daher nicht auf das Bild des sich aufopfernden Kinderfreundes ab, sondern auf die Entwicklung einer dialogischen Beziehung, die beiden Seiten den notwendigen Raum für die persönliche Entwicklung läßt und ggf. Grenzen deutlich macht.

Ein anderes Beispiel für die Notwendigkeit der klärenden Differenzierung kann man am Beispiel des Verhältnisses der Gestaltpädagogik zur FREINET-Pädagogik[37] aufzeigen. Wenn etwa FREINET (vgl. FREINET 1981) die Selbsttätigkeit der Schüler in den Mittelpunkt seiner Methode stellt und vom hohen Motivationswert der Dinge ausgeht, so trifft er ohne Zweifel einen wichtigen Aspekt. Nach Auffassung der Gestaltpädagogik berücksichtigt er aber zu wenig die Bedeutung individualpsychologischer Faktoren, wie etwa der Kontaktunterbrechungen.

Eine solche — bislang noch ausstehende — Auseinandersetzung mit reformpädagogischen Auffassungen und verwandten Konzepten kann wichtige Anhaltspunkte für notwendige Korrekturen einer zunächst vorwiegend an den Konzepten der Gestalttherapie orientierten Gestaltpädagogik geben.

---

[36] Vgl. KEY, E.: Das Jahrhundert des Kindes, Berlin 1902[2]
[37] Vgl. GLASER, R.: Veränderungen in der Grundschule durch Gestaltpädagogik und FREINET-Pädagogik.

5.2.2. Zur angelsächsischen Schulkritik

Gestaltpädagogik in Ausformung des amerikanischen Ansatzes der „confluent education" (vgl. BROWN 1971; 1976), aber auch in den sich entwickelnden Konzeptionen des deutschsprachigen Raums bezieht zumindest teilweise Anregungen aus der angelsächsischen Schulkritik (vgl. BLANKERTZ 1986). Obwohl GOODMAN als führender theoretischer Kopf in der Begründung der Gestalttherapie gleichzeitig einer der bedeutendsten Schulkritiker im angelsächsischen Raum war,[38] kann man ihn nur unter starken Vorbehalten in direkte Beziehung zu gegenwärtig praktizierten Formen der Gestaltpädagogik setzen. Gerade deswegen können seine Überlegungen ein kritisches Korrektiv bei vorschnellen Versuchen der bruchlosen Umsetzung gestalttherapeutischer Konzepte auf den schulischen Alltag bilden. In diesem Sinne wird er von verschiedenen Vertretern der Gestaltpädagogik[39] als kritischer Kronzeuge häufig angeführt.

In einer umfangreichen Untersuchung hat es der GOODMAN-Experte, Stephan BLANKERTZ, unternommen, die wesentlichen Elemente angelsächsischer Schulkritik zusammenzufassen.

Die zwei zentralen Kritikpunkte an der Staatsschule sind demnach ihre hierarchische und auf die Ausübung von Zwang beruhende Organisation sowie ihre Finanzierung durch Steuern, deren Verwendung vom Bürger nicht direkt beeinflußt werden kann. Der Zwangscharakter der Schule führt zu einer Einschränkung der Wahlfreiheit und zu einer Reduzierung möglicher Vielfalt. Nach Auffassung der Kritiker (U.a. GOODMAN; ROTHBARD; HOLT) rächt sich dieser Zwangscharakter u.a. in einer ineffizienten Kosten/Nutzen-Relation des Ausbildungsbereichs, der Nichteinlösung von Bildungsversprechen, der Hervorbringung von Entfremdungsphänomenen und Verantwortungslosigkeit sowie dem Versagen vor dem Anspruch auf Chancengleichheit und Schutz der Kinder. Für GOODMAN sind die in der Staatsschule enthaltenen Elemente von Zwang unmoralisch und rechtswidrig. Demgegenüber plädiert er für ein Bildungswesen, das sich durch „freie Vereinbarung" zwischen den Menschen, durch Kooperation und Toleranz herausbildet.

„Erziehung zur Mündigkeit" als ein offizielles Ziel der Staatsschule kann GOODMAN zufolge eben nicht unter Bedingungen des Zwangs erreicht werden.

Im Angesicht dieser vernichtenden Kritik an der Staatsschule stellt sich die Frage, warum sie trotz ihrer Ineffektivität und Inhumanität auf eine so breite Zustimmung gründet und sich Alternativschulen nur in sehr begrenz-

[38] Vgl. GOODMAN 1960; 1962b; 1963; 1967; 1969; Verzeichnis dieser schulkritischen Schriften GOODMANs in: BLANKERTZ 1983; 1986; 1984; 1983

[39] Z.B. PETZOLD 1977; PRENGEL 1983; BUROW/SCHERPP 1981; FATZER 1983; in: PRENGEL 1983.

tem Maß ausbreiten konnten (vgl. BLANKERTZ 1985). Schulkritiker, die im Argumentationszusammenhang von GOODMAN, ROTHBARD und HOLT (vgl. BLANKERTZ 1986, S. 26 ff) stehen, sehen als wesentliche Gründe dafür vor allem die „Scheinkostenlosigkeit" (vgl. ders., S. 309) öffentlicher Schulen und das unumgehbare Berechtigungswesen. Indem das Schulwesen steuerfinanziert ist, besitzt es von vornherein einen fast unüberwindlichen Vorteil gegenüber freien Schulexperimenten. Die enge Verbindung von schulischem Berechtigungswesen und der Chance, einen Arbeitsplatz zu bekommen, läßt die Alternativen nur für wenige interessant und machbar erscheinen. Die Pflichtschule stellt sich für GOODMAN als ein Instrument der Unterdrückung und des Machterhalts privilegierter Kreise dar. Wirkliche Alternativen sind für GOODMAN nur mit der Aufhebung des Zwangs denkbar. In „Compulsary Miseducation" formuliert er sein radikales Verdikt:

> *Das zunächst sichtbare Problem ist, daß das Pflichtschulsystem, genau wie unsere ganze Wirtschaft, Politik und unser Lebensstandard, ein Sackgassenunternehmen geworden ist. Dieses Pflichtschulsystem ist nicht länger dazu bestimmt, daß Maximum der Entwicklung künftiger praktischer Nützlichkeit der Kinder in einer sich ändernden Welt zu sichern, sondern fordert unangebrachte Technokratie für äußerliche Ziele, jämmerlich kurzfristig. Selbst wenn die Schule wohlmeinend ist, befindet sie sich im bürokratischen Todesgriff einer uniformen Konzeption, von den Universitäten angefangen, was unmöglich der Vielfalt der Dispositionen und Bedingungen angemessen sein kann. Heute sind 100 Prozent der Kinder gezwungen, für mindestens 12 Jahre in einer Art Käfig zu verharren . . . Infolgedessen müssen wir, wenn wir mit wirklich universeller Erziehung, die erreicht, was sie verspricht, zu experimentieren beginnen wollen, die Pflichtschule loswerden.*

GOODMAN hat sich in der Folge, wie auch andere Schulkritiker (vgl. DENNISON 1971; KOZOL 1973; GRAUBARD 1973; HOLT 1978), an der Entwicklung und praktischen Erprobung von „Free Schools" beteiligt. Darüber hinaus hatte die radikale Schulkritik einen nicht unbeträchtlichen Einfluß auf die Umgestaltung des staatlichen Bildungswesens in den USA, insofern als die innere Differenzierung der Schulen ausgeweitet und größere Wahlmöglichkeiten für Eltern, Schüler und Lehrer ausgebildet wurden (vgl. BLANKERTZ 1986, S. 294 f.). Am weitestgehendsten war ein Schulversuch in Alum Rock, der von staatlicher Seite unterstützt wurde. Man versuchte, den von ILLICH (vgl. ILLICH 1972) propagierten Plan der Ausgabe von Bildungsgutscheinen, die nach eigenen Interessen eingesetzt werden können, zu erproben. BLANKERTZ' Referierung der Ergebnisse (vgl. BLANKERTZ a.a.o.) kommt zu einer differenzierten Einschätzung, die vor allzu großer Euphorie, wie sie ILLICHs enthusiastische Propagierung des Plans geschürt hat, warnt. Insbesondere wurde der Widerstand der Lehrer, die um ihren sozialen Status fürchteten, unterschätzt und führte zu großen Problemen bei der Durchführung.

Im Angesicht der Tendenz zur Bürokratisierung und systemkonformen Vereinnahmung von Gestalttherapie und Gestaltpädagogik[40], haben die Gedanken der angelsächsischen Schulkritik im allgemeinen und die Paul GOODMANs im besonderen, eine, die kritische Selbstreflektion eigenen Tuns fördernde Funktion. In Publikationen (z.B. PRENGEL 1983; BUROW 1984; FATZER 1983) und auf Kongressen[41] läßt sich erkennen, wie die unkritische Rezeption von Gestalttherapie und Gestaltpädagogik, besonders auf Seiten der Gestaltpädaogogen, einer differenzierten Betrachtung weicht.

Diese Einflüsse, die auch mein Denken deutlich geprägt haben, lassen sich stichwortartig folgendermaßen umreißen:

Die angelsächsische Schulkritik vermittelt die Bedeutung der Reflektion politischer Rahmenbedingungen. Sie gibt Anregungen, Gegenentwürfe zu denken, die über das bestehende öffentliche Schulsystem hinausgehen und liefert damit Umrisse einer Utopie. Durch ihre große Praxisnähe und ihren „kritischen Pragmatismus" (vgl. BLANKERTZ 1983) liefert sie zugleich Hinweise auf konkret machbare Schritte auf dem Weg zu dieser Utopie. Die Utopie selbst muß sich im Experiment bewähren und dementsprechend modifiziert werden. Das Experiment selbst wird zu einem Instrument der Aufweichung bürokratischer Strukturen und der Suche nach neuen Wegen. Als orientierende Werte gelten im Stadium des Experimentierens das Prinzip der Selbstorganisation[42], der Freiwilligkeit[43] und der Ermöglichung von Vielfalt.[44] Gestaltpädagogische Konzeptionen müssen sich daran messen lassen, inwieweit sie diesen grundlegenden Prinzipien Rechnung tragen.

5.2.3. Zur bundesrepublikanischen Schulkritik

Neben Reformpädagogik und angelsächsischer Schulkritik beeinflußte insbesondere die Antikapitalismuskritik die Herausbildung eines eigenständigen Profils deutscher Schulkritik in den 70er Jahren. Verschiedene Autoren[45] sahen die Schule vor allem unter dem Gesichtspunkt einer kapi-

---

[40] Ich meine hier die Anpassungsprozesse, die sich bei der Bemühung um die Kassenzulassung der Gestalttherapie beobachten lassen, ebenso wie die zu beobachtende Institutionalisierung von Ausbildungsgängen; vgl. Diskussion im Gestalt-Bulletin 1986

[41] So z.B. auf dem 1. Europäischen Kongreß für Gestalttherapie in Oberwesel 1984, auf dem Kongreß für Gestaltpädagogik in Hückeswagen 1985, auf dem 2. Europäischen Kongreß für Gestalttherapie in Mainz 1986.

[42] Vgl. BUROW 1984; Das Prinzip der Selbstorganisation ist z.B. im Organisationsmodell des Gestaltzentrums Berlin realisiert.

[43] Vgl. BLANKERTZ 1986, S. 84: Der Begriff der Freiwilligkeit.

[44] „Vielfalt" bezieht sich auf eine Organisation des Lernprozesses, der den unterschiedlichen Lerndispositionen der am Lernprozeß Beteiligten gerecht wird.

[45] Vgl. NYSSEN 1969; ALTVATER/HUISKEN 1971; BECK 1974; differenzierter HEYDORN 1973; Argument Sonderbände 21, 58, 80.

talistischen Systemzwängen verhafteten Klassenschule (vgl. BECK 1974), deren zentrale Aufgabe die Reproduktion der Klassenstruktur der Gesellschaft sei. Der offizielle Anspruch der Schule, Chancengleichheit und das Recht auf Bildung zu verwirklichen, wurde aus dieser Perspektive als reine Ideologie entlarvt. Während diese pädagogische Richtung die Möglichkeiten der Entfaltung „emanzipativer“ Bestrebungen in der Schule in direkter Abhängigkeit vom Entwicklungsstand der Gesellschaft sah und eine Veränderung der Schule von der Vorbedingung grundlegender gesellschaftlicher Umwälzungsprozesse abhängig machte, entwickelten sich neben der Alternativschulbewegung eine Reihe von Ansätzen, die die Schulkritik in positive Umsetzungsstrategien ummünzen wollten. Beispiele für diese Richtung sehe ich in der Hannoveraner Glockseeschule (vgl. GLOCKSEESCHULE 1981), die von NEGT (vgl. NEGT 1976) inspiriert wurde und in der Laborschule Bielefeld, die u.a. von v. HENTIG vertreten wird.

Neben der Entwicklung solcher beispielhaften Modellschulen gab und gibt es vielfältige Initiativen von Lehrern an der Basis, die Konsequenzen aus schulkritischen Ideen entweder in organisierten Gruppen[47] oder auch in Einzelinitiativen zu verwirklichen suchen.

Aus meiner Tätigkeit in der gewerkschaftlichen Lehrerfortbildung (vgl. BUROW 1984) und meiner Untersuchung gestaltpädagogischer Lehrertrainings (vgl. BUROW 1986) weiß ich, daß das Denken der Mehrzahl von Kollegen, die der Gestaltpädagogik nahestehen, von der schulkritischen Argumentation der siebziger Jahre geprägt ist. Da diese Argumentationsstränge nach einer kurzen Phase der Hochkonjunktur und dem darauffolgenden bildungspolitischen Roll-back nur wenig praxisrelevante Konsequenzen und Perspektiven eröffneten, verschwanden sie schnell wieder aus dem Blickfeld vieler Pädagogen. In dem Maß aber, in dem sich nun Pädagogen im Rahmen gestaltpädagogischer Lehrertrainings mit sich selbst und den eigenen pädagogischen Vorstellungen auseinandergesetzt haben, bekommen Argumentationen der Schulkritik der siebziger Jahre ein neues Gewicht. Während gestaltpädagogische Konzepte zunächst den Schwerpunkt auf die Förderung der Wahrnehmung des individuellen Verhaltensspielraums legten, machen die Argumentationen der Schulkritik die Begrenztheit individueller Veränderungen deutlich und heben die Bedeutung institutioneller und gesellschaftlicher Einflüsse ins Bewußtsein.

Zum gegenwärtigen Zeitpunkt stellt die Schulkritik der siebziger Jahre einen diffusen Background von Gestaltpädagogen dar (vgl. BESEMS 1977; PRENGEL 1983; BUROW 1986), dessen Konkretion in den Konzepten und Verfahren der Gestaltpädagogik sowie dem konkreten Lehrerverhalten in unterschiedlicher Weise Eingang findet.

---

[47] Z.B. Berliner FREINET-Gruppe, Arbeitskreis Binnendifferenzierung usw.

Als grundlegende Position kann ich die Personenzentrierung der Gestaltpädagogik benennen, die man in Absetzung zu KEY als Programm einer „Pädagogik vom Menschen aus" charakterisieren könnte. In diesem Programm sind Aspekte der Schulkritik insofern aufgehoben als es auf eine Kritik der Bedingungen verweist, die im Rahmen schulischer Erziehung die Entfaltung der Potentiale der Menschen behindern. Ebenso bedeutet BESEMS Forderung nach „intersubjektiven Beziehungen" (vgl. Besems 1977) als einem zentralen Ziel der Gestaltpädagogik, gleichzeitig die Kritik jener Bedingungen, die eine Verwirklichung solcher Beziehungen verhindern. Insofern sind auch in zunächst-„praktizistisch" ausgelegten gestaltpädagogischen Konzepten „ganzheitlichen" bzw. „integrativen" Lernens schulkritische Argumentationen eingeschlossen, die sich aus der Analyse der Bedingungen ergeben, die im schulischen Alltag die Realisierung solcher Lernformen behindern. Das Konzept dialogischen Lernens, um ein weiteres Beispiel zu geben, enthält implizit eine Kritik hierarchisch strukturierter Lernsituationen und damit eines grundlegenden Organisationsprinzips der Institution Schule.

Die Erkenntnis, daß Konzepte Humanistischer Pädagogik im allgemeinen und der Gestaltpädagogik im besonderen bei konsequenter Umsetzung implizit systemkritische Elemente entfalten, beginnt sich erst langsam zu verbreiten.[48] Die bewußte Herausarbeitung dieser systemkritischen Funktion der Gestaltpädagogik ist eine noch zu leistende Aufgabe, die aus der Schulkritik der siebziger Jahre wichtige Impulse erhalten kann. Hierbei halte ich die Untersuchung folgender Problemkreise für besonders wichtig:

- Welche Funktion hat die Verwendung gestaltpädagogischer Methoden im Rahmen der öffentlichen Schule?
- Welche Einflüsse übt die institutionelle Struktur auf gestaltpädagogischen Unterricht aus?
- Inwieweit können gestaltpädagogische Lehrerhaltungen im institutionellen Kontext entwickelt und aufrechterhalten werden?
- Welche Wirkungen zur Beeinflussung des Gesamtsystems Schule lassen sich durch gestaltpädagogische Lehrertrainings erzielen?
- Wie sieht das Konzept einer Schule aus, die auf gestaltpädagogischen Prinzipien basiert und zentrale Argumente der Schulkritik berücksichtigt?

Der weitere Fortgang der Untersuchung wie auch die Entwicklung der Gestaltpädagogik müssen erst noch erweisen, inwieweit ideologiekritische und organisationskritische Aspekte, die in den siebziger Jahren breit entfaltet wurden, Eingang in Gestaltkonzepte gefunden haben bzw. finden können.

---

[48] Vgl. CAMPBELL 1984; ROGERS 1984 beschreibt, wie er in den letzten Jahren immer mehr erkennen mußte, daß die Verwirklichung von Konzepten dialogischen Lernens in Institutionen auf Widerstand stößt und so eine politische Qualität offenbart, die ihm zunächst nicht bewußt gewesen sei.

5.3. Konsequenzen der theoretischen Konzepte für die Gestaltpädagogik

Auf der Grundlage meiner Darstellung der gestalttherapeutischen Konzepte des Kontakts, von Kontakt und Begegnung sowie der Erörterung des gestalttherapeutischen Kompetenzbegriffs, möchte ich nun die Konsequenzen der theoretischen Konzepte für die Konturierung der Gestaltpädagogik herausarbeiten. Die skizzierten Einflüsse anderer pädagogischer Strömungen und der Schulkritik bilden dabei einen wichtigen Hintergrund.

Zunächst interessiert mich die Beantwortung der Frage, welche Folgerungen für die pädagogische Praxis aus dem Kontaktmodell gezogen werden,[49] bzw. gezogen werden können. Wie BÜRMANN als Vertreter der Gestaltpädagogik und Ausbilder am *Fritz-Perls-Institut* treffend bemerkt (vgl. BÜRMANN 1983, S. 118), ist die Bedeutung des Konzepts der Kontaktzyklen und ihrer phasenspezifischen Hemmungen für die Gestaltpädagogik noch weitgehend ungeklärt.

Obwohl GOODMAN (vgl. GOODMAN 1975; BLANKERTZ 1983; 1986) zugleich Begründer der Gestalttherapie und ein führender Schulkritiker war, kehrt das Kontaktkonzept in seinen schulkritischen Schriften weder explizit in einer praxisrelevanten Ausformulierung wieder, noch wird klar, inwieweit dieses Konzept für die Weiterentwicklung von Gruppenlernprozessen, für die Entwicklung individueller Lernstrategien sowie die Verbindung von fachlichen und stärker personenbezogenen Lernprozessen zu nutzen ist. Er äußerte sich mehr allgemein über die Bedeutung gestalttherapeutischer Verfahren für die Pädagogik (vgl. P/H/G II, S. 95). Aus diesen Äußerungen entnehme ich, daß er eine Ausbildung von Pädagogen in Methoden der Gestalttherapie für günstig hielt. Weitergehende Schlußfolgerungen ziehe ich aufgrund eigener theoretischer Überlegungen und praktischer Anregungen in gestaltpädagogischen Weiterbildungen.[50] Hierbei ist zu beachten, daß sich die gegenwärtige Entwicklung der Gestaltpädagogik weniger an den radikalen Vorstellungen GOODMANs und entwickelten theoretischen Konzepten orientiert, sondern sich quasi „naturwüchsig" aus der Praxis verschiedener Gestaltinstitute ergibt, in denen vorwiegend Gestalttherapeuten versuchen, Gestaltpädagogik zu vermitteln.[51] Daraus resultiert nach meinen Beobachtungen eine mehr oder minder ausgeprägte Annäherung an Konzepte der Gestalttherapie[52] auf Kosten pädagogischer Gesichtspunkte.

---

[49] In der Praxis gestaltpädagogischer Fortbildungen wird das Kontaktkonzept zur Strukturierung von Lernprozessen verwendet.

[50] Ich beziehe mich hier auf Anregungen von RUBEAU; FRECH; QUITMANN; ZEUNER u.a.

[51] Diese Entwicklung ist z.T. Ausdruck der Expansion von Instituten zur Ausnützung von Marktnischen.

[52] Die Trainer, die meistens Therapeuten sind, machen das, was sie können. Und dies ist eben häufig Therapie. Dagegen muß der pädagogische Schwerpunkt vorwiegend von den Teilnehmern eingebracht werden.

Darum ist es m.E. an der Zeit, eine kritische Bestandsaufnahme und thesenhafte Zuspitzung vorzunehmen.

In diesem Sinne sehe ich das Kontaktmodell als einen Versuch der Beschreibung von Phasen des Kontakts zur Strukturierung und Analyse scheiternder oder gelingender Lehr- und Lernprozesse in chronologischer[53] Reihenfolge. Als zentrales Konzept der Gestaltpädagogik ergibt sich aus dem Kontaktmodell die Auffassung vom Lehren und Lernen als Kontaktprozeß. Im folgenden möchte ich Implikationen einer solchen Übertragung des Kontaktkonzepts auf die Pädagogik skizzieren. Dabei versuche ich, das Kontaktkonzept mit dem Strukturmodell der TZI zu verbinden, das mir geeignet erscheint, Dimensionen von Gruppenlernprozessen zu beschreiben.

Um die Konsequenzen zu verdeutlichen, die sich aus der Auffassung vom Lehren und Lernen als Kontaktprozeß ergeben, habe ich „handlungsleitende Prinzipien" entwickelt. In Erweiterung und Ausdifferenzierung unserer ersten Zusammenschau aus dem Jahre 1981 (vgl. BUROW/SCHERPP 1981, S. 86 ff) unterscheide ich dabei 12 Prinzipien als orientierende Richtschnur pädagogischen Handelns im Sinne der Gestaltpädagogik.

5.3.1. Die Bedeutung des Kontaktkonzepts für die Gestaltpädagogik

Mit dem Kontaktmodell der Gestalttherapie haben wir ein Konzept zur idealtypischen Beschreibung[54] von gelingenden Kontaktprozessen. Im pädagogischen Bereich kann das Kontaktmodell zum Verständnis von gelingenden und scheiternden Kontaktvorgängen beitragen. Durch die Unterscheidung von Kontaktphasen und die Beschreibung von Störungstypen wird unser Blick für die Art und Weise des Kontakts geschärft.

Das Kontaktmodell kann dabei sowohl zur Analyse als auch zur Strukturierung von Lehr- und Lernprozessen genutzt werden. Hierbei möchte ich unterscheiden zwischen den permanent ablaufenden, automatisierten Kontaktvorgängen, die meistens unserem Bewußtsein entzogen ablaufen, und jenen, die wir bewußt wahrnehmen bzw. einleiten.

Für die Tätigkeit des Lehrers, der die Aufgabe hat, Kontaktprozesse zu planen, legt das Kontaktmodell eine bestimmte, chronologische Abfolge nahe. Intensiver Kontakt zum Lerngegenstand kann demnach durch die Beachtung der Kontaktphasen in der Unterrichtsplanung gefördert werden. Wenn wir diesen Gedanken anhand der einzelnen Phasen zu präzisieren suchen, ergibt sich für Planung von Lehr- und Lernprozessen folgendes:[55]

---

[53] Im Modell erscheint es so, als ob die einzelnen Phasen zwingend aufeinanderfolgen müßten, um vollständigen Kontakt zu ermöglichen. Dies ist eine idealtypische Beschreibung.

[54] Man muß sich hier den theoretischen Status des Modells vor Augen führen. Es handelt sich um ein Beschreibungsmodell begrenzter theroetischer Reichweite. Seine Legitimität ergibt sich aus der Praktikabilität, die vom Umfeld und der Intuition dessen, der dieses Modell verwendet, abhängt. BANDLER & GRINDER 1985 vertreten die These, daß solche Beschreibungsmodelle im Rahmen der Psychotherapie ausreichen, wenn sie geeignet sind, die erwünschten Wirkungen zu erzielen.

[55] Diese Ausführungen wurden durch Anregungen Hartmut-W. FRECHs beeinflußt.

Vorkontakt

Um dafür zu sorgen, daß die volle Energie für den Lernprozeß eingesetzt werden kann, muß die Phase des Vorkontakts bei der Gestaltung von Unterricht gesondert thematisiert werden.

Zum Vorkontakt rechne ich — bezogen auf die Planung von Unterricht folgende Punkte:

— *Ankommen in der Lernsituation*
(Bewußte Wahrnehmung, wie es mir in der Situation geht/Abschließen unerledigter Geschäfte/Feststellen, wo meine Energie ist/Zentrierung auf die Situation/Kontakt zu den Gruppenmitgliedern)

— *Abklären von Bedürfnissen*
(Klärung der Frage, was ich will und was die anderen wollen/Gemeinsame Themenformulierung)

— *Einstimmung auf das Thema*
(Vorlieben und Widerstände wahrnehmen/Sich für das Thema öffnen)

Im Unterschied zu üblichen Vorgehensweisen tradierter Didaktiken, geht es in der Gestaltpädagogik nicht um eine bloße Motivierungsstrategie, sondern zunächst um die Klärung des eigenen Verhältnisses zum jeweiligen Unterricht. In der Phase des Vorkontakts geht es darum, sich seine gegenwärtige Befindlichkeit zu vergegenwärtigen und Verantwortung für das eigene Engagement am Lernprozeß zu übernehmen. Ein Überspringen dieser Phase, was im verplanten Unterricht der öffentlichen Schule eher die Regel als die Ausnahme darstellen dürfte, wird mit einem Mangel an Konzentration und Engagement sowie einem gehäuften Auftreten von „Störungen" bezahlt.[56]

Kontaktnahme

In der Phase der Kontaktnahme tritt das ursprüngliche Bedürfnis in den Hintergrund, und die Frage nach dem „Wie" der Befriedigung des Bedürfnisses wird Figur. Die Aufmerksamkeitsrichtung verschiebt sich von der Wahrnehmung des eigenen Bedürfnisses auf die Beachtung der Möglichkeiten der Bedürfnisbefriedigung.

Bei der Suche nach einer Antwort ist die Berücksichtigung der persönlichen Bedeutsamkeit des Themas ein Kennzeichen gestaltpädagogischen Vorgehens (vgl. BÜRMANN 1983). Lehrer und Schüler untersuchen also die Frage, was sie bereits selbst an Kenntnissen, Interessen, Bezügen u.ä.

---

[56] Die Erkenntnis dieses Aspekts ist für viele Lehrer in gestaltpädagogischen Fortbildungen ein „Aha-Erlebnis". Ihnen wird häufig zum ersten Mal bewußt, wie im Rahmen normierter Lehrverfahren, die individuelle Befindlichkeit von Lehrern und Schülern übergangen wird, mit dem Resultat ineffektiven Lernens und diffusen Widerstands.

zum Thema haben, um einen persönlichen Bezug herzustellen. Dieser persönliche Bezug ist nach Auffassung der Gestaltpädagogik notwendig, um bedeutungsvolles Lernen zu initiieren.[57]

Die Kontaktnahme wird häufig durch die Umsetzung innerer Bilder, Bezüge, Vorstellungen u.ä. unter Verwendung kreativer Medien[58] unterstützt. Auf diese Weise soll der spontane Ausdruck der Beziehung zum Lerngegenstand ohne die Einschränkung durch vorgefertigte, einschränkende Materialien gefördert werden. Die Aktivierung und Mitbeteiligung der Schüler an der Suche nach Wegen der Umsetzung des Themas stellt einen wesentlichen Bestandteil gestaltpädagogischen Vorgehens dar und dient u.a. dem Lernen des Lernens. Indem Schüler und Lehrer mögliche Wege abklären, kommen sie in Kontakt mit ihren Kontaktgrenzen und müssen Entscheidungen treffen, inwieweit sie bereit sind, ihre Grenzen zu erweitern. Dabei kann die bewußte Wahrnehmung einer Ablehnung oder eines Unbehagens der Auseinandersetzung mit bestimmten Themen und Vorgehensweisen ebenso wichtig sein, wie die Öffnung für ein bestimmtes Vorgehen. Die sensible Wahrnehmung der Grenzen in der Phase der Kontaktnahme soll verhindern, daß Lernen zu einer Form der Introjektion verkommt, in der der Lehrstoff ohne Berücksichtigung der Bedürfnisse des Individuums eingetrichtert[59] wird.

Kontaktvollzug

Die Phase des Kontaktvollzugs wird von PERLS/HEFFERLINE/GOODMAN durch ein „selbstvergessenes“ Gefühl des Aufgehens im Gegenstand, durch positive Konfluenz charakterisiert. Die Grenzen zwischen dem „Ich“ und dem Lerngegenstand verschwimmen.

Der Pädagogik verpflichtete Autoren (vgl. ROGERS 1874; 1984; BÜRMANN 1983) streben solche Kontaktvollzüge als ideale Lernsituation an. BÜRMANN meint, ein solches durch „Begeisterung und innerem Beteiligtsein“, durch „Bei-der-Sache-sein“ (BÜRMANN 1983, S. 1 ff) charakterisiertes Lernen sei ein Spezifikum gestaltpädagogischen Unterrichts.[60] Die Phase des Kontaktvollzugs ist durch eine Grenzerweiterung, durch die Verschmelzung von „Selbst“ und Lerngegenstand gekennzeichnet.

Um den Kontaktvollzug zu ermöglichen, müssen der Phase des Vorkontakts und der Kontaktnahme ausreichend Aufmerksamkeit geschenkt worden sein. Darüber hinaus muß dem Schüler genügend Freiraum einge-

---

[57] Denn nur über den persönlichen Bezug ist die Subjekt-Objekt-Spaltung zu überwinden und eine intersubjektive Beziehung zu realisieren.

[58] Vgl. BUROW/QUITMANN/RUBEAU 1987, S. 60 ff.; Kreative Medien.

[59] ROGERS 1974 beschreibt einen solchen Ansatz als die „Trichtertheorie“ des Lernens. FREIRE 1976 bezeichnet den gleichen Sachverhalt mit dem Terminus: „Bankierskonzept der Erziehung“.

[60] Spezifisch ist m.E. der Weg, den Gestaltpädagogik zur Erreichung dieses Ziels geht. Auch FREINET 1981 spricht von faszinierenden Lernerfahrungen.

räumt werden, um den Kontaktvollzug ausschöpfen zu können. Faszination und Engagement dürfen nicht durch normierende Vorgaben unterdrückt werden, um vermeintlich wichtigere Inhalte anzustreben.

Vordringliche Aufgabe eines an der Gestaltpädagogik orientierten Lehrers ist es, Situationen zu fördern, in denen solche intensiven Kontaktvollzüge möglich werden.

Nachkontakt

Im Nachkontakt zeigen sich die Wirkungen des abgelaufenen Kontaktprozesses auf die Person. Der Kontaktvollzug wirkt nach und die Erfahrung wird in die Person integriert. Auch für den Nachkontakt muß genügend Zeit[61] eingeräumt werden. Im Rahmen von Unterrichtseinheiten können Phasen der bewußten Thematisierung des Nachkontakts geschaffen werden, um mögliche Wirkungen, die meist außerhalb des Gewahrseins bleiben (vgl. P/H/G II, 1979, S. 211), bewußt nachzuvollziehen.

Strukturierung und Analyse

Das Kontaktmodell, bezogen auf die Pädagogik, beschreibt einen Spezialfall einer idealen Lernsituation und eines idealen Lern- und Lehrvorgangs.[62] Es legt eine systematische Strukturierung von Unterricht entsprechend den Phasen in chronologischer Folge nahe. Diese Phasenabfolge muß nicht immer in der gleichen Reihenfolge verlaufen. So ist es denkbar, daß während der Phase der Kontaktnahme bemerkt wird, daß die Phase des Vorkontakts zu kurz oder unzureichend war.

Als Modell gibt dieses Schema ein grobes Raster vor für die Analyse von Kontaktunterbrechungen. So kann sich der Lehrer im Falle unzureichender Kontaktvollzüge fragen, ob es ihm in der Phase der Kontaktnahme in ausreichendem Maße gelungen ist, einen persönlichen Bezug herzustellen.[63] Die Grenzen dieses Konzepts ergeben sich u.a. aus den Begrenzungen des pädagogischen Alltags, in dem ein großer Teil des Stoffes durch Introjektion (extrinsisches Lernen) vermittelt werden muß. (Ich denke hier an die Stoffülle der Rahmenpläne.) Ein solches äußerlichen Zielen verhaftetes Lernen muß deutlich gekennzeichnet werden, um nicht persönlichkeitsschädigende Wirkungen zu fördern. Aber auch introjizierter Lernstoff kann zu einem Bestandteil der Person werden, wenn es dem Schüler gelingt, sich der vermittelten Inhalte bewußt zu werden und sie entsprechend seinen Bedürfnissen in sein Selbst zu integrieren.

---

[61] Der Nachkontakt kann sich über Jahre erstrecken. Genügend Zeit bedeutet hier vor allem, dafür zu sorgen, daß Situationen abgeschlossen sind und verarbeitet werden können.

[62] Dieser Spezialfall ist mit „intrinsischem Lernen" zu vergleichen.

[63] Der Lehrer wird im umfassenden Sinne geschult, auf Kontaktvollzüge bzw. -unterbrechungen zu achten. Dabei ist der persönliche Bezug nur ein wesentlicher Faktor.

Notwendige Ergänzungen

Wenn wir, wie ich vorgeschlagen habe, das Kontaktmodell u.a. zur Analyse und Strukturierung von Unterricht und der darin ablaufenden Interaktionen verwenden wollen, dann stellt sich die Frage, wie grundlegende Faktoren, die Unterricht in der Hier-und-Jetzt-Situation beeinflussen, in ein Konzept vom Lehren und Lernen als Kontaktprozeß miteinbezogen werden können. Zur Beschreibung der Hier-und-Jetzt-Dimension von Kontaktprozessen im Rahmen von Lernen und Lehren scheint mir das Modell der TZI von COHN besonders geeignet zu sein. So beeinflussen in jeder Phase des Kontakts die Ebenen Ich, Wir, Es und Globe die Person (vgl. COHN 1975; COHN/FARAU 1984). In einer graphischen Anordnung erhalten wir also folgendes Bild der Verbindung beider Konzepte:

Vorkontakt	→	**Ich/Wir/Es/Globe**
Kontaktnahme	→	**Ich/Wir/Es/Globe**
Kontaktvollzug	→	**Ich/Wir/Es/Globe**
Nachkontakt	→	**Ich/Wir/Es/Globe**

Dieser Zusammenhang bildet den Hintergrund meiner folgenden Skizzierung der Konsequenzen, die sich aus der Auffassung vom Lernen und Lehren als Kontaktprozeß ergeben.

5.3.2. Lernen als Kontaktprozeß

Grundlegend für die Entwicklung eines gestaltpädagogischen Lehr- und Lernmodells ist die Auffassung, daß **Lernen an der Kontaktgrenze** stattfindet. Von daher geht es in der Gestaltpädagogik — in Analogie zum gestalttherapeutischen Kompetenzmodell — darum, den vielfältigen Formen der Kontaktaufnahme bzw. Kontaktunterbrechung beim Vorgang des Lernens, besondere Aufmerksamkeit zu schenken. Ein zentrales Ziel besteht demnach darin, sowohl individuelle Muster des Lernens der bewußten Auseinandersetzung zugänglich zu machen als auch auf die Person abgestimmte und für ihre spezifischen Bedürfnisse und die Anforderungen der Situation geeignete Muster zu fördern. Indem der Lernende seine eigenen Muster des Lernens **erfährt,** seine Vorlieben, Widerstände, Begrenzungen u.ä. **spürt,** kann er ein Bewußtsein entwickeln über seine Art des Kontakts. Er kann frei dafür werden, bewußte Entscheidungen über die Weiterentwicklung seines Lernpotentials zu treffen. Insofern zielt Gestaltpädagogik auf die Förderung einer personenzentrierten Auseinandersetzung mit individuellen Formen des Lernens ab und akzentuiert auf die bewußte Durchdringung der Vielfalt unterschiedlicher Wahrnehmungs- und Verarbeitungsweisen. Die Entwicklung des individuellen Lernpotentials wird u.a. als Ausdruck einer Folge von unzähligen Kontaktvorgängen betrachtet. Die Art zu lernen, die jemand in die Lernsituation mitbringt, ist somit u.a. Ausdruck seiner „Kontaktgeschichte". Diese Geschichte wird im Rahmen der Gestaltpädagogik aber nur insofern thematisiert, als sie in Form von spezifischen Mustern des Kontakts (z.B. Wahrnehmungsverzerrungen in Form von Projektionen) im Hier-und-Jetzt präsent ist. Ein Beispiel für ein solches Muster wäre die Haltung eines begabten Schülers bei größeren Anforderungen mit Kontaktunterbrechung zu reagieren, ohne die Möglichkeit zu haben, seine eigenen Fähigkeiten in einen realistischen Bezug zu den Aufgaben zu setzen.

Was bedeutet nun die Auffassung vom Lernen als Kontaktprozeß für die Situation des Lernenden im Rahmen intentional betriebener Lernprozesse, etwa in der Schule?

Um hier zu einer weiteren Differenzierung zu gelangen, greife ich auf COHNs Modell der „Themenzentrierten Interaktion" zurück, das in enger Verwandtschaft zur Gestaltpädagogik steht (vgl. PETZOLD 1977; FARAU/COHN 1984; aber auch REISER 1983). In unserem Zusammenhang interessiert mich besonders ihre Unterscheidung der Ebenen des Lernens, die sie in folgendem Schaubild dargestellt hat:

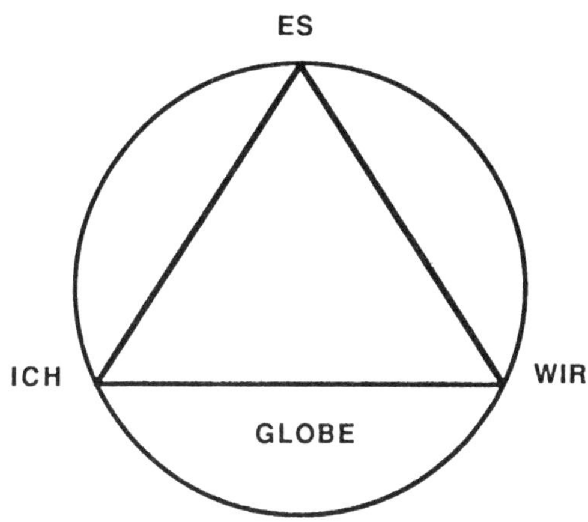

aus: QUITMANN 1985, S. 187

Lernen als bewußt organisierter Prozeß findet demnach auf den Ebenen „Ich" (der Lernende), „Wir" (die Gruppe), „Es" (das Thema) und „Globe" (die belebte und unbelebte Umwelt) statt.

Kennzeichen eines erfolgreichen Lernprozesses ist es nach Auffassung von COHN, wenn zwischen diesen Ebenen eine dynamische, d.h. den Anforderungen der Situation gerecht werdende, Balance besteht (vgl. FARAU/COHN 1984, S. 352 ff). Ich möchte dieses System nun auf das Konzept des Lernens als Kontaktprozeß übertragen. Dabei wird deutlich, daß ein erfolgreiches Lernen die Fähigkeit zum Wechsel der Aufmerksamkeitsrichtung zwischen diesen Ebenen erfordert. Es geht also um den Kontakt zu folgenden Ebenen, auf die ich im folgenden gesondert eingehen möchte:

— Kontakt zu mir selbst („Ich")
— Kontakt zu anderen („Wir")
— Kontakt zum Thema („Es")
— Kontakt zur Umwelt („Globe")

Kontakt zu mir selbst

Die Mehrzahl der Kontaktzyklen läuft weitgehend unserer bewußten Reflektion entzogen ab. Insbesondere in drei Bereichen kann aber die bewußte Wahrnehmung von Aspekten meines Kontaktverhaltens förderlich für den Aufbau einer Erweiterung meiner Fähigkeit zur Beeinflussung meines Lernvermögens sein:

— bei Mustern der Kontaktunterbrechung
— bei besonders intensivem Kontakt
— bei der vertieften Erfahrung meiner Existenz

Gelernte Muster der Kontaktunterbrechung, soweit sie nicht realitätsgerechte Anpassungsprozesse an entsprechende Umweltbedingungen sind, behindern das Lernen und schränken den Lernenden in seinem Verhaltensspielraum ein. Damit eine Entfaltung der Potentiale des Lernenden gewährleistet ist, muß er zunehmend in der Lage sein, solche Muster bei sich zu erkennen und geeignete Konsequenzen zu ziehen. Diese können darin bestehen, daß er entsprechende Muster als Begrenzung akzeptiert oder an einer Erweiterung seines Verhaltensspielraums arbeitet. Unter Umständen kann auch eine Einwirkung auf die Bedingungen der Lernsituation, die u.U. das Auftreten solcher Muster begünstigt, eine Lösung bieten. Indem der Lernende „selbst"-bewußter wird, ist er zunehmend in der Lage, Verantwortung für seinen Lernprozeß zu übernehmen und sieht sich weniger als passives Objekt von Bildungsmaßnahmen.

Gemäß dem gestalttherapeutischen Modell der Förderung Sozialer Kompetenzen geht es aber vor allem auch darum, diejenigen Bereiche bewußt zu machen, in denen ein besonders intensiver Kontakt im Lernprozeß ohne besondere Schwierigkeiten erreicht wird. Gerade durch die Hervorhebung der Stärken des Lernenden kann dieser ein positives Selbstbild entwickeln als notwendiges Fundament einer stabilen Lernhaltung. Da entsprechend den Gestaltgesetzen (vgl. BUROW/SCHERPP 1981, S. 20 f) Veränderungen in Teilbereichen des „Selbst" Einfluß auf andere Bereiche haben, kann eine solche Förderung der bewußten Wahrnehmung gelingender Kontaktprozesse das Kontaktverhalten insgesamt verbessern.

Vor dem Hintergrund der philosophischen Grundlagen und des Menschenbildes der Humanistischen Psychologie (vgl. QUITMANN 1985) geht es der Gestaltpädagogik aber nicht um eine äußerlichen Zielen verhaftete Effektivierung von Lernvorgängen, sondern vor allem um eine möglichst umfassende Erfahrung der eigenen Existenz und ihrer Bedingungen. Die Entwicklung eines bewußten und umfassenden Kontakts zu mir selbst ist also immer auch „Selbstzweck". Er dient der Erkenntnis meines Seins.[64] Eine solche Erkenntnis setzt voraus, daß ich mich auf den Ebenen Leib/Seele/Geist[65] wahrnehme und mein Denken/Fühlen und Handeln in seiner Verbundenheit oder Diskrepanz erkenne.

Kontakt zu anderen

Lernen findet in der Regel im Kontakt mit einem „Du" oder anderen statt. Die Fähigkeit zum Kontakt mit mir selbst, zum Dialog ist eine wichtige Voraussetzung zum Kontakt mit anderen. Gestaltpädagogische Konzepte gehen implizit von der Annahme aus, daß eine Person, die in Kontakt mit den verschiedenen Aspekten ihres Selbst ist, weniger in der Gefahr steht, den Kontakt mit anderen durch Wahrnehmungsverzerrungen (etwa in Form neurotischer Mechanismen) zu beeinträchtigen. Eine solche Person kann sich in der Auseinandersetzung mit anderen besser abgrenzen und ist zugleich offener für Möglichkeiten des Lernens von anderen. Sie braucht andere Personen nicht zu manipulieren (vgl. PERLS 1977², S. 65), sondern ist eher in der Lage zur Realisierung intersubjektiver Beziehungen. Wie ich im Kapitel „Kontakt und Begegnung" ausgeführt habe, geht es im Rahmen der Gestaltpädagogik immer auch um die Anbahnung solcher intersubjektiver Beziehungen, d.h. um existentielle Begegnungen „von Person zu Person",[66] in denen die Fähigkeit zur Einfühlung[67] in das Sein des Gegenübers eine zentrale Rolle spielt.

Intersubjektive Beziehungen im Lernprozeß realisieren sich in dialogischen, nichthierarchischen Beziehungen der Personen zueinander (vgl. BESEMS 1977). Intersubjektivität im Lernprozeß setzt u.a. die Entwicklung

[64] Die Bedeutung der Reflektion des „Umgangs mit sich selbst" reflektiert übrigens GAMM 1977 aus marxistischer Sicht und kommt zu ähnlichen Einsichten.

[65] Diese aus existentialphilosophischem Kontext stammende Begrifflichkeit ist etwas unscharf und bedarf der Präzisierung. In unserem Zusammenhang steht Leib/Seele/Geist als Metapher für die möglichst umfassende Berücksichtigung der verschiedenen Ebenen menschlichen Seins.

[66] Vgl. ROGERS/STEVENS 1984 „Von Mensch zu Mensch. Möglichkeiten, sich und anderen zu begegnen"

[67] Hier berührt sich GP mit ROGERS' Ansatz personenzentrierten Lernens und Lehrens; vgl. ROGERS 1984.

und Förderung der Fähigkeit des Lernenden zum Dialog mit sich und anderen voraus und zielt darüber hinaus auf den Abbau introjizierter Herrschaftsvorstellungen und Beziehungsformen ab. Der offene Austausch über die Formen des Umgangs mit anderen in der Lerngruppe, führt im Rahmen von Feed-back-Prozessen zu einer selbstreflektiven Verständigung über eigene und gemeinsame Normen und bildet so die Möglichkeit der Ausbildung von Identität und Sozialität. Ein wichtiger Inhalt im Lernprozeß als Kontakt zu anderen besteht gerade in der Ausbildung eines möglichst weitgehend auf bewußter Entscheidung beruhenden persönlichen Wertesystems und erfordert die zunehmende Bereitschaft zur Übernahme von Verantwortung[68] für sich und seine Handlungen. Indem die Frage der Ausbildung des eigenen Wertsystems, vermittelt auch über spezielle Veranstaltungen zur Wertklärung,[69] ein wesentlicher Bestandteil des Gruppenlernprozesses im Hier-und-Jetzt wird, kann der Gefahr der Förderung von Egozentrismus entgegengewirkt werden. Der Diskurs mit anderen als grundlegendes Element der Gestaltpädagogik liefert zugleich ein exemplarisches Beispiel für die Einübung und Entwicklung demokratischer Verkehrsformen.

Kontakt zum Thema

Wie ich im Kapitel „Kontakt und Begegnung" ausgeführt habe, lassen sich laut BUBER (vgl. BUBER 1973, S. 309 f., QUITMANN 1985, S. 332 ff.) intersubjektive Beziehungen nicht nur zu Personen, sondern auch zu Sachen, bzw. zum Thema entwickeln. Dies setzt aber voraus, daß der Lernende die Möglichkeit erhält, „seine" Themen zu finden, bzw. die notwendigen Fähigkeiten für einen solchen Interessenfindungsprozeß ausbilden kann. Wenn auch weitere Bereiche der Schule durch sachlich-funktionale Beziehungen oder Objektbeziehungen geprägt sind, gibt es nach Auffassung der Gestaltpädagogik[70] doch auch in der öffentlichen Schule ungenutzte „Spielräume" und „Lücken", die Raum für die Entfaltung persönlich bedeutsamer Lernerfahrungen bieten. Ziel ist es, solche „Freiräume" zu besetzen, zu institutionalisieren und zu erweitern, damit der selbstbestimmten Eigentätigkeit[71] der Schüler mehr Platz eingeräumt werden kann. Persönliche Bedeutsamkeit (vgl. BÜRMANN 1983) eines Themas als ein wesentliches Ziel gestaltpädagogischen Lernens, ergibt sich aus einer intersubjektiven Beziehung zwischen dem Lernenden und einer Sache. Diese Beziehung kann sowohl auf intrinsischer Motivation beruhen als auch zunächst extrinsisch vermittelt sein (etwa über die Begeisterung eines Leh-

---

[68] Vgl. BUROW 1986 Erziehung zur Verantwortung? Zur ethischen Dimension der Gestaltpädagogik.

[69] Beispiele dafür in BÜRMANN 1983 und BUROW/QUITMANN/RUBEAU 1987.

[70] Vgl.PETZOLD/BROWN 1979; BESEMS 1977; BUROW/SCHERPP 1981; PRENGEL 1983; ZEUNER 1983

[71] Hier stimmt Gestaltpädagogik mit Positionen der FREINET-Pädagogik überein: vgl. FREINET 1981, S. 134 ff.

rers einem Unterrichtsgegenstand gegenüber, die sich allmählich auf den Schüler überträgt). Ziel ist es, die persönlichen Quellen des Interesses an einer Sache, wie auch ggf. der Ablehnung und des Widerstands freizulegen, um zum Aufbau einer in der eigenen Person und dem intensiven Kontakt gegründeten dauerhaften Motivation beizutragen. Von daher zielt Gestaltpädagogik auf die Einleitung und Unterstützung eines Lernprozesses ab, der der Vielfalt der Dispositionen und Begabungen der Schüler gerecht wird. Der Lernende lernt demnach dann effektiv und persönlich befriedigend, wenn er im Kontakt mit diesen Begabungen und Dispositionen steht und vermittelt über die Schaffung entsprechender Umweltbedingungen des Lernens die notwendige Förderung erhält.

Dort, wo eine solche Förderung der Ausbildung persönlicher Interessen durch institutionelle Vorgaben behindert ist, kommt es im Sinne GOODMANs darauf an, diese Begrenzungen deutlich zu machen, anstatt sie mit pädagogischen Motivationsstrategien übertünchen zu suchen. Denn die Wahrnehmung solcher Begrenzungen stellt einen wichtigen Bestandteil der Auseinandersetzung mit den gegenwärtigen Hintergrundbedingungen des eigenen Lernens dar. Die Benutzung von Gestaltmethoden zur affektiven Aufladung (vgl. SHIFLETT 1978) fremdbestimmter Inhalte, die sich nicht aus den Bedürfnissen der Lernenden legitimieren lassen, würde Gestaltpädagogik zur psychologischen Manipulationstechnik verkommen lassen und sich von daher schnell abnutzen.

Kontakt zur Umwelt

Lernen wird immer auch durch die Hintergrundbedingungen der Lernsituation, wie sie durch das gesellschaftliche und ökologische Umfeld gegeben sind, beeinflußt. Gerade im Angesicht der ökologischen Krise, die nicht zuletzt auch Ausdruck unseres gestörten Kontakts zur Umwelt ist, wird uns unsere existentielle Verbundenheit mit der Welt als Komplex interagierender Teilsysteme bewußt. Auf diesen Gesichtspunkt hat insbesondere die Allgemeine Systemtheorie von BERTALANFFY (vgl. 1962) hingewiesen. Sie führt in ihrer Weiterentwicklung zu einem grundlegenden Umdenkungsprozeß in den Wissenschaften. Das Bewußtsein für das „Netzwerk des Lebens (vgl. VESTER 1983; 1984; 1985) wuchs und die Einsicht, daß man die Existenz des Menschen nur im Zusammenhang der Einwirkung unzähliger miteinander korrespondierender Systeme erfassen kann. Mit dem Konzept des Lernens als Kontaktprozeß zwischen Organismus und Umfeld trägt Gestaltpädagogik diesen Gesichtspunkten Rechnung.

Über die Förderung des Kontakts zu mir selbst, zu anderen und zum Thema hinaus, geht es vor allem auch darum, eine möglichst umfassende **Erfahrung** der existentiellen Verbundenheit mit der Welt anzubahnen. Das Ziel dieses Erkenntnisprozesses besteht nicht in der Entwicklung von „Macht über" die Umwelt, sondern in der Förderung einer Blickrichtung, die die Notwendigkeit „gemeinsamer Macht" hervorhebt. „Offenheit, Verletzbarkeit, Bereitschaft zu Veränderung" (vgl. MACY 1986, S. 54 f) sind Bestandteile eines solchen „synergetischen" (vgl. VESTER 1980, S. 463) Kontakts mit der Umwelt.

Die Erfahrung des eigenen Verbundenseins mit der Welt führt zum Aufbau einer neuartigen Form von Wissen als Bestandteil der eigenen Existenz und des eigenen Erlebens. Es geht insofern über ein bloßes Wissen „über" Sachverhalte hinaus und wird als integrierter Bestandteil der Person zu einer Quelle ganzheitlicher Erkenntnis.

Ein solcher Lernprozeß zielt tendenziell auf die Überwindung fragmentierten Einzelwissens ab und strebt den Aufbau systemischen, vernetzten Denkens (Beispiele in VESTER 1984; 1985) an. Indem der Lernende das Lernen auf der Basis von Einsicht in Zusammenhänge und Wechselwirkungen als Prinzip entwickelt, erhält er einen differenzierten Zugang zur Erfahrung und Verarbeitung der Welt.[72]

5.3.3. Lehren als Kontaktprozeß

Aus der Auffassung vom Lernen als Kontaktprozeß ergibt sich als Konsequenz, auch Lehren vornehmlich unter dem Aspekt des Kontaktkonzepts zu betrachten. Erfolgreiches Lehren bedeutet von daher zunächst die Herstellung bzw. Unterstützung von Kontakt auf den genannten Ebenen. Lehren setzt von daher eine entwickelte Kontaktfähigkeit des Lehrenden voraus. Seine vordringliche Aufgabe besteht darin, die Prozesse der Aufnahme von Kontakt bzw. der Kontaktunterbrechung wahrzunehmen und entsprechende Interventionen einzuleiten.

Das, was der Lehrende vermitteln will, nämlich die Ausbildung der Fähigkeit zur situationsadäquaten Kontaktaufnahme, muß er in seiner eigenen Person tendenziell realisiert haben. Die von COHN herausgestellte Aufgabe der Unterstützung einer dynamischen Balance zwischen Ich-Wir und Es kann nur in dem Maße gelingen, wie die Kontaktfähigkeit des Lehrenden auf diesen Ebenen ausgebildet ist. Von daher ist der Lehrende zugleich auch immer Lernender, da die Ausbildung der Kontaktfunktionen ein lebenslanger Prozeß ist, der tendenziell unabschließbar ist.

Im folgenden möchte ich die Konsequenzen dieser Auffassung in Analogie zu Kapitel 3.1. entlang den vier genannten Ebenen näher umreißen.

Kontakt zu mir selbst

Wenn der Lehrende den Kontakt der Lernenden zu sich selbst als eine wichtige Voraussetzung für erfolgreiches Lernen fördern will, muß er im Laufe seiner Ausbildung ein Bewußtsein über seine eigenen Muster der Kontaktunterbrechung bzw. von Formen selektiver Wahrnehmung ent-

---

[72] Dieser Gesichtspunkt wird im Kapitel „Prinzip der Synergie" genauer ausgeführt.

wickelt haben. Er muß fähig sein zur weitgehenden Selbstakzeptanz als Voraussetzung für die Akzeptanz (vgl. ROGERS 1974/1984) seiner Schüler. Die Fähigkeit zur möglichst umfassenden Einfühlung in sich selbst und seine Stärken und Begrenzungen ist zugleich eine wichtige Voraussetzung für die Verwirklichung von Empathie[73] gegenüber dem Lernenden. Im Kontakt-mit-sich-sein drückt sich auch in der Fähigkeit aus, die z.T. widersprüchlichen Empfindungen entsprechend den Anforderungen der Situation nach außen vermitteln zu können und, um einen Fachausdruck von ROGERS zu verwenden, kongruent[74] zu sein.

Akzeptanz, Empathie und Kongruenz als Grundvoraussetzungen erfolgreichen und effektiven Lehrens und Lernens basieren nicht zuletzt auf einer besonderen Entwicklung des Kontakts zu sich selbst. Die Bereitschaft zur Selbsterfahrung ermöglicht es, daß der Lehrende zunehmend in der Lage ist, sich als sein eigenes Instrument einzusetzen (vgl. POLSTER/POLSTER 1977, S. 31), d.h. sein Denken, Fühlen und Handeln u.a. auch als Ausdruck eines Austauschprozesses zwischen sich und den Einflüssen der Lernsituation zu begreifen. Er nutzt sich selbst als sein eigenes Instrument, indem er in der Lage ist, seine Eindrücke und Empfindungen als wichtige Informationen über die Lehr- und Lernsituation wahrzunehmen, zu interpretieren und in persönlicher Weise in die Situation einzubringen. Der Lehrende erhält so die Aufgabe, zwischen Introspektion und Wahrnehmung der Situation hin- und herzupendeln.

Kontakt zu anderen

Die Fähigkeit zum Kontakt mit den verschiedenen Aspekten seines Selbst eröffnet zugleich die Möglichkeit zum differenzierten Kontakt mit anderen. Ein klarer Umgang des Lehrenden mit sich selbst ermuntert ihrerseits die Lernenden zur Ausbildung bzw. Weiterentwicklung von Akzeptanz, Empathie und Kongruenz im Umgang miteinander. Auf diese Weise kann die soziale Atmosphäre der Lernsituation zur Herausbildung eines unterstützenden Klimas und zur Förderung „hilfreicher Beziehungen“[75] beitragen. Im Kontakt mit sich und anderen sein bedeutet keine vorschnelle Harmonisierung von Widersprüchen und Gegensätzen, sondern ist im Gegenteil eine Voraussetzung für die offene Auseinandersetzung. Indem eine vertrauensvolle Atmosphäre geschaffen wird — nicht zuletzt auch durch den Lehrenden als „Stimmungsmacher“ —, entsteht überhaupt erst die Möglichkeit, festgefahrene Grenzen zwischenmenschlicher Kommunikation zu überschreiten und zu einem offenen Austausch zu gelangen, dessen Intensität von den am Lernprozeß Beteiligten selbst bestimmt wird.

---

[73] Unter Empathie versteht ROGERS (vgl. TAUSCH/ROEDLER 1970, S. 310 ff; ROGERS 1974/1984) die Einfühlung in die Denk-, Gefühls und Erlebniswelt des anderen und die entsprechende Verbalisierung dieses tiefgründigen Verstehens.

[74] Mit Kongruenz bezeichnet ROGERS (vgl. ders. 1958) die Fähigkeit, sich so zu geben, wie man sich fühlt.

[75] Vgl. ROGERS 1958: Zum Begriff der „hilfreichen Beziehung“

Der Lehrende muß in diesem Zusammenhang zwei wichtige Aufgaben wahrnehmen:

Zum einen muß er die Fähigkeit entwickeln, die Lernenden so wahrzunehmen, daß er ihrer spezifischen Individualität gerecht wird,[76] zum anderen muß er ein Augenmerk auf die soziale Atmosphäre in der Klasse legen und Störungen ansprechen (vgl. FARAU/COHN 1984, S. 360 f.). Es geht hier nicht darum, daß er sich zu einem perfekten „Sozialtechniker" ausbildet, sondern in erster Linie darum, daß er dazu in der Lage ist, sich als sensibler Mitmensch mit seinen Eigenheiten und Begrenzungen offen einzubringen. Sein begrenztes Expertentum als Lehrer erweist sich auf dieser Ebene vor allem in seiner Fähigkeit zur Verwirklichung von Mit-Menschlichkeit, im Mit-Fühlen, Mit-Teilen, Mit-Geben und Mit-Wachsen (vgl. EPPLER 1981, S. 131; FROMM 1979, S. 99f) sowie in seiner Bereitschaft zur existentiellen Begegnung von Person zu Person.

In der Art seines Unterrichts und seines Umgangs mit den Lernenden vermittelt der Lehrer in seinem Handeln gleichzeitig sein eigenes Wertsystem. Er wird in dem Maß als Person greifbar, als er dieses Wertsystem deutlich macht und Prozesse der Wertklärung unterstützt.[77] Seine volle Präsenz als Mensch und nicht nur in seiner Funktion ermöglicht tendenziell — soweit das im Rahmen der Zwangsinstitution Schule möglich ist — die Anbahnung intersubjektiver Beziehungen. Auf diese Weise erhalten die Lernenden eine wichtige Unterstützung darin, ihren Wert als Person zu erfahren und lernen, sich nicht nur in der üblichen Reduktion auf ihre Funktion als zu unterrichtende Objekte zu sehen.

Darüber hinaus ist es Aufgabe des Lehrers, Lernen als ein Ergebnis der Interaktion der gesamten Gruppe zu verdeutlichen. Der Kontakt der Gruppenmitglieder untereinander hat zugleich Einfluß auf das Selbstbild des einzelnen und seine Lernmöglichkeiten. Die Gruppe kann ihr Ziel nur dann erfolgreich unter Beteiligung aller Mitglieder erreichen, wenn sie sich um „optimale Beziehungen" (vgl. COHN 1975, S. 171) zueinander bemüht. COHN weist darauf hin, daß optimale menschliche Beziehungen sich nicht durch maximale Nähe, sondern durch „Ich-angemessene Nähe und Distanz" (a.a.O.) auszeichnen.

Indem der Lehrer den Umgang miteinander zum Gegenstand des Unterrichts macht, verschiedene Formen der Gruppenarbeit anregt, der Gruppe Vertrauen schenkt und Verantwortung überträgt, unterstützt er die bewußte Erarbeitung von Möglichkeiten optimaler Beziehungen. Die bewußte Er-

---

[76] Dies bedeutet, daß er sich seiner Kontaktstörungen bewußt ist und mit ihnen offen umgehen kann. Vgl. BUROW/SCHERPP 1981, S. 170 ff.

[77] Vgl. BÜRMANN 1983, S. 72 ff. bezeichnet diesen Bereich als „auf aktive und selbstverantwortete Sinngebung bezogenes Lernen"

fahrung des Zusammenwirkens der Lerngemeinschaft macht den Schülern ihre persönliche Verantwortung für das Zustandekommen positiver Beziehungen bewußt und ermutigt sie zum Erproben neuer Umgangsweisen.

Kontakt zum Thema

Neben seiner Aufgabe als Organisator der Arbeitsstrukturen und der interaktionellen Prozesse in der Gruppe (vgl. COHN 1975, S. 161) hat der Lehrer die Aufgabe der Vermittlung von Sachwissen. Außer der Notwendigkeit ausreichender fachlicher Qualifikation, die nach Auffassung der Gestaltpädagogik zu sehr im Mittelpunkt der Lehrerausbildung steht (vgl. NEUMANN/OELKERS 1984), benötigt er didaktische Fähigkeiten, um den Schülern den Stoff nahebringen zu können. Im Unterschied zur Lernzielorientierten Didaktik[78] geht es aber nicht vordringlich um die Frage, wie Schüler motiviert werden können, sondern darum, wie man die Motivationen der Schüler finden kann (COHN a.a.O.). Gestaltpädagogische Konzepte[79] gehen davon aus, daß die Motivation der Schüler dann sichergestellt ist, wenn es dem Lehrer gelingt, die persönliche Bedeutsamkeit des Themas deutlich zu machen, bzw. wenn er Themen aufgreift, die eine entsprechende Bedeutung aufweisen. Die Schüler sollten — soweit möglich — am Themenfindungsprozeß beteiligt sein und eine Mitverantwortung bei der Themenformulierung tragen.

In dem Maß, in dem der Lehrende am Thema engagiert ist, wird es ihm auch gelingen, ein Interesse der Lernenden zu fördern. Er muß sich also über seine Beziehung zum Thema bewußt sein. Umgekehrt wird seine Interesselosigkeit dem zu vermittelnden Unterrichtsgegenstand gegenüber, den Wert seiner Bemühungen einschränken. Normierung und Verplanung des Curriculums widersprechen der Förderung von persönlich bedeutsamen Lernprozessen. Da das persönliche Interesse im Rahmen von Gruppen immer in unterschiedlichen Ausprägungen vorhanden sein wird, ist es eine wichtige Aufgabe des Lehrers, den Lernprozeß so zu organisieren, daß im Sinne der Differenzierung Raum für die Schüler bleibt, persönliche Interessenprofile ausbilden zu können.[80] Ebenso soll jeder Lehrer — unabhängig von den curricularen Vorgaben — ein unverwechselbares persönliches Profil im Umgang mit dem Thema in den Unterricht einbringen. Nicht entpersönlichende Normierung des Unterrichts, sondern Vielfalt machen den Kern gestaltpädagogischen Lehrens aus.

---

78 Vgl. HEIMANN/OTTO/SCHULZ 1974; vgl. auch SCHULZ 1980, der sich inzwischen in einer modifizierten Position auf die TZI beruft.

79 Vgl. PETZOLD/BROWN 1977; BUROW/SCHERPP 1981; PRENGEL 1983; ZEUNER 1983; BÜRMANN 1983; BUROW/QUITMANN/RUBEAU 1987.

80 Analog argumentiert die FREINET-Pädagogik. Sie hat ein erprobtes Instrumentarium von Methoden und Techniken zur Individualisierung des Unterrichts entwickelt; FREINET 1981.

Die Ermöglichung eines möglichst vielfältigen Kontaktes mit dem Thema auf den Ebenen Denken/Fühlen/Handeln setzt voraus, daß der Lehrprozeß so organisiert ist, daß der Stoff in einer Weise dargeboten wird, daß diesen Ebenen Rechnung getragen wird. Dieser zunächst als sehr schwer einlösbar erscheinende Anspruch bedeutet nicht, daß der Lehrer als Medienexperte eine aufwendige didaktische Show inszenieren muß,[81] sondern daß er in der Lage ist, in Auseinandersetzung mit den Schülern Wege zu finden, wie diese durch ihre kreative Eigentätigkeit verschiedene Zugänge zum Thema erarbeiten und diese der Gruppe in Form ihrer Arbeitsergebnisse zugänglich machen.

Eine solche Förderung der kreativen Eigentätigkeit der Schüler ist ein wesentliches Ziel der Gestaltpädagogik.

In vielen Darstellungen[82] wird als Wesen gestaltpädagogischen Lehrens die Verwendung gestaltpädagogischer Methoden (vgl. BUROW/QUITMANN/RUBEAU 1987), wie z.B. Phantasiereisen, Projektionsübungen u.ä. hervorgehoben. Hierzu möchte ich anmerken, daß die Verwendung solcher Methoden Lehren und Lernen beleben und effektivieren kann. Sie machen aber herkömmliche Methoden des Unterrichtens nicht überflüssig und können diese nicht ersetzen. Worauf es vielmehr ankommt ist die Förderung eines bewußten und auf möglichst vielfältigen Ebenen und Kanälen der Wahrnehmung (vgl. VESTER 1978; ORNSTEIN/THOMPSON 1986) stattfindenden Dialogs, der einen echten Kontakt zwischen der Sache und den beteiligten Personen ermöglicht. Die vorrangige Verwendung gestaltpädagogischer Methoden, ohne Berücksichtigung der Anforderungen der Lernsituation und der Bedürfnisse der Teilnehmer, würde dem Konzept des Lehrens und Lernens als Kontaktprozeß widersprechen. Von daher kann Gestaltpädagogik nicht mit der Verwendung gestaltpädagogischer Methoden allein beschrieben werden, wie auch umgekehrt ein Unterricht, der mit bewährten Methoden arbeitet, gestaltpädagogische Prinzipien realisieren kann, wenn der Lehrende mit sich und der Situation in Kontakt ist.

Kontakt zur Umwelt

Die Art unseres Kontakts zur Umwelt beeinflußt uns — ob bewußt oder unbewußt — in jeder Phase des Lernprozesses. Wir sind Bestandteil eines umfassenden Systems miteinander interagierender Teilsysteme und stehen mit diesen in einem permanenten Austausch, der weitgehend unserer bewußten Kontrolle entzogen abläuft. Die Erfahrung dieses existentiellen Verbundenseins mit der Welt stellt eine wichtige Quelle der Erkenntnis und

---

[81] Ein solches Vorgehen, wie es immer noch bei den Lehrproben der 2. Ausbildungsphase üblich ist, würde die Schüler passiv machen, und die Lehrer überfordern.

[82] Vgl. PETZOLD/BROWN 1977; BUROW/SCHERPP 1981; WEBER/GADOW 1982; PRENGEL 1983; ZEUNER 1983.

des Aufbaus von Lernmotivation dar. Lehren als Kontaktprozeß zu begreifen, erfordert, diese Einsicht bei der Gestaltung von Unterricht als ein durchgehendes Prinzip zu berücksichtigen.

Konkret erfordert dies die Entwicklung von Lernformen und Inhalten, die die bewußte Erfahrung, Auseinandersetzung und Beeinflussung unserer Umwelt ermöglichen. Ein solches umweltbezogenes Lehren, das die Einheit von Denken/Fühlen und Handeln berücksichtigen muß,[83] um wirkungsvoll zu sein, kann durch kleine Schritte, wie z.B. Atemübungen, die bewußte Erfahrung und anschließende Untersuchung der Qualität unserer Luft bis hin zu aufwendigen Projekten, die unser Eingebundensein in soziale und ökologische Zusammenhänge erfahrbar machen, angebahnt werden. Auch hier gilt, daß es nicht um die sporadische Verwendung gestaltpädagogischer Methoden geht, sondern um die Erfahrbarmachung unseres Verhältnisses zur Umwelt in der Einheit als „Bewirkende und Bewirkte“ (vgl. BUROW/SCHERPP 1981, S. 66) zur Förderung eines Bewußtseins von unseren Handlungsspielräumen. Den Kontakt zur Umwelt als ein durchgehendes Prinzip gestaltpädagogischen Lehrens zu berücksichtigen, erfordert gerade diese Handlungsspielräume zu erkennen, auszunutzen und wo möglich zu erweitern. Kontakt zur Umwelt als ein leitendes Prinzip bedeutet immer auch Anregungen zu geben für die Entwicklung einer engagierten Haltung unserer belebten und unbelebten Umwelt gegenüber, die ihre Grundlage in einer entsprechenden Haltung des Lehrers finden muß, um glaubwürdig zu sein.[84]

5.3.4. Das Konzept der dynamischen Balance

Ich habe nun als zentrales Charakteristikum der Gestaltpädagogik die Auffassung von Lernen und Lehren als Kontaktprozeß beschrieben, wobei mir zur Unterscheidung der Kontaktebenen im Lehr- und Lernprozeß COHNs TZI-Modell nützlich erschien. Beim gegenwärtigen Stand fällt auf, daß die verschiedenen Autoren der Gestaltpädagogik sich mit der Erprobung und Entwicklung von gestalttherapeutischen Methoden beschäftigen und deren Anwendung auf den Schulunterricht erörtern, während die methodische Frage, wie eine genügende Berücksichtigung der verschiedenen Ebenen der Lernsituation zu erreichen ist, im Hintergrund verbleibt.[85] Hierdurch wie auch in der Struktur gestaltpädagogischer Fortbildungsgruppen (vgl. BUROW 1987), ist eine starke Lehrerzentrierung angelegt, die der Dynamik der Gruppen bisweilen zu wenig Raum läßt. Die Rolle des gestaltpädagogischen Lehrers läßt sich aber m.E. nicht auf die eines Initiators

---

[83] Ähnlich argumentiert aus einer anderen Position heraus PREUSS-LAUSITZ 1982.

[84] Vgl. WELLENDORF 1982, der Gesamtschullehrer kritisiert wegen der Diskrepanz zwischen ihren Zielen und ihrem Verhalten.

[85] Vgl. PETZOLD/BROWN 1977; BROWN/PETZOLD 1978; BUROW/SCHERPP 1981; PRENGEL 1983; ZEUNER 1983.

phantasievoller Unterrichtsexperimente in Form von Phantasiereisen u.ä. reduzieren, sondern besteht vor allen Dingen in der eines Begleiters der Gruppe, der auf Störungen zwischen den verschiedenen Ebenen aufmerksam macht und hilft, günstige Lernbedingungen zu schaffen, die die Schüler ausfüllen können.

Eine vage Strukturierung für das Verhalten des Lehrers ergibt sich aus dem Vordergrund-Hintergrund-Konzept der Gestalttherapie, das ich oben beschrieben habe. Zur praktikablen Umsetzung des Kontaktkonzepts im Rahmen von Unterrichtssituationen scheint mir aber insbesondere COHNs Konzept der Dynamischen Balance (vgl. COHN 1975; FARAU/COHN 1984/QUITMANN 1985) zwischen den Ebenen Ich-Wir-Es und Globe geeignet zu sein. Wenn wir es mit dem gestaltpädagogischen Kontaktkonzept, wie ich es hier skizziert habe, verbinden, ergibt sich Folgendes:

Im Mittelpunkt des Unterrichts steht das Thema. Die Formulierung des Themas ergibt sich aus institutionellen Vorgaben, den Bedingungen der Lernsituation sowie den Bedürfnissen der am Lernprozeß Beteiligten. Grundsätzlich lassen sich folgende Themenarten unterscheiden, die wir oben ausführlich erörtert haben:

— Ich (eine einzelne Person wird zum Thema)
— Wir (die Gruppe als Ganzes wird zum Thema)
— Es (ein Sachinteresse steht im Mittelpunkt)

Da diese drei Ebenen in jeder Lernsituation mitschwingen, stellt sich für den Lehrer das Problem, wie er einen Interessenausgleich zwischen den verschiedenen Ebenen erreichen kann.

Laut COHN ist er zur Lösung dieser anspruchsvollen Aufgabe in der Lage, wenn er sich selbst als sein eigenes Instrument benutzt, also seine Eindrücke und Empfindungen bewußt erfährt und in den Gruppenprozeß einbringt. Darüber hinaus sollte er zwei Postulate zur Grundlage seiner Lehrtätigkeit machen:

1. Sei dein eigener Chairman/Chairwoman, sei die Chairperson deiner selbst
2. Störungen und Betroffenheiten haben Vorrang (vgl. FARAU/COHN 1984, S. 358 ff.)

Das erste Postulat zielt auf die Förderung der Bewußtheit der eigenen Verantwortung für den Lernprozeß ab. Nur wenn der Lernende seine Interessen, Wünsche und Bedürfnisse erkennt und artikuliert, kann er ein optimales Lernergebnis erwarten. Darüber hinaus soll sich jedes Gruppenmitglied, vermittelt über dieses Postulat seiner eigenen Wichtigkeit, bewußt werden und im Rahmen seiner Bezogenheit auf andere Autonomie entwickeln können.

Das zweite Postulat hebt auf den wichtigen Erkenntnischarakter der Wahrnehmung und Artikulation von Störungen ab. Indem der Lernende lernt, sie wahrzunehmen, kommt er in Kontakt zu sich und seinen Bedürfnissen und kann so die Bedingungen herausfinden, die er benötigt. Er lernt so das Lernen. Darüber hinaus sind Störungen wichtige Hinweise für Probleme auf den Ebenen des Ich, des Wir, des Verhältnisses zum Es, der Einwirkungen des Globe. Je nachdem, wo der Schwerpunkt liegt und als wie beeinträchtigend die Störung empfunden wird, ist ihre vordringliche Bearbeitung eine grundlegende Bedingung für einen erfolgreichen Lernprozeß. Denn würde sie ignoriert werden, was im Alltag häufig der Fall ist, würde sie den Lernerfolg entscheidend beeinträchtigen oder gar verhindern. Das Postulat „Störungen haben Vorrang" ist darüber hinaus ein wichtiges Mittel, um die „Wirklichkeit des Menschen" (vgl. FARAU/COHN 1984, S. 360) anzuerkennen und zu verhindern, daß Lernprozesse ohne Bezug zur eigenen Person ablaufen.

Der Lehrer bzw. Leiter einer Gruppe sollte nun in der Lage sein, diese Postulate im Rahmen seiner Gruppenleitungsfunktion als „lebendiges Beispiel" (vgl. QUITMANN 1985, S. 190) zu verwirklichen. Seine Funktion ist u.a. die eines Wächters der Balance zwischen den verschiedenen Ebenen. Neben der Ausbildung seiner Wahrnehmungsfähigkeit (Lehrertraining) ist er dazu auf die Mitverantwortung seiner Gruppenmitglieder angewiesen, die ihm über ihr Feedback Störungen signalisieren. Aus diesem Konzept ergibt sich, daß Unterricht nie exakt planbar ist, sondern ein Element von Spontaneität und Flexibilität enthalten muß.[86] Daneben wird deutlich, daß der Lehrende in jeder neuen Lehrsituation ein Lernender ist, da die Verschiedenartigkeit der Gruppen, verschiedene Lehrstrategien erfordern.

Von daher erklärt sich auch, daß es nicht möglich ist, das „Kunststück" (vgl. QUITMANN 1985, S. 190) der Aufrechterhaltung der Balance, exakt zu beschreiben. COHN führt deshalb eine Reihe von „Hilfsregeln" (vgl. COHN 1985, S. 123 ff; COHN/FARAU 1984, S. 362 ff.) an, die den Weg präzisieren sollen. Sie verweist aber auf die Notwendigkeit von „Intuition". Ich möchte auf diese Hilfsregeln hier nicht gesondert eingehen, sondern im Zusammenhang mit meiner Darstellung handlungsleitender Prinzipien der Gestaltpädagogik auf sie zurückkommen.

5.3.5. Prinzipien der Gestaltpädagogik

Die im folgenden aufgeführten Prinzipien haben sich für mich in der Auseinandersetzung mit theoretischen Konzepten und vielfältigen praktischen Erfahrungen[87] ergeben und haben handlungsleitende Funktion. Sie dienen

[86] Eine Binsenweisheit, die die Berliner Didaktik übersehen hat. Noch heute müssen Lehramtskandidaten minutiös durchgeplante Stundenplanungen vorlegen.

[87] So fließen Erfahrungen aus meiner Tätigkeit in der außerschulischen Jugendarbeit, in Grund- und Gesamtschule, in der Lehrerfortbildung und der Hochschule in die Formulierung der Prinzipien mit ein.

als Richtschnur zur Analyse und Strukturierung von Lehr- und Lernprozessen und umschreiben die Richtung gestaltpädagogischen Lehrerverhaltens. Die Prinzipien beleuchten jeweils einzelne Aspekte des Lehr- und Lernprozesses aus einem spezifischen Blickwinkel. Somit teile ich mit ihnen ein einheitliches Ganzes in verschiedene Teile auf. Von daher sind Überschneidungen und Wiederholungen nicht vermeidbar. Diese Überschneidungen verweisen aber zugleich darauf, daß die einzelnen Prinzipien aufeinander bezogen sind und erst in ihrer Verbundenheit ein sinnvolles System zur Beschreibung gestaltpädagogischen Lehrerverhaltens bilden.

In Erweiterung und Differenzierung unserer Bestandsaufnahme aus dem Jahr 1981 (vgl. BUROW/SCHERPP 1981, S. 93 ff.) unterscheide ich zwölf Prinzipien,[88] die ich im folgenden gesondert erläutern möchte:

Handlungsleitende Prinzipien der Gestaltpädagogik

1. Prinzip der Konzentration auf den Kontakt
2. Hier-und-Jetzt-Prinzip
3. Prinzip der Personenzentrierung
4. Prinzip der Bewußtheit
5. Prinzip des Lernens durch Erfahrung
6. Prinzip des Self-Support
7. Prinzip der geschlossenen Gestalt
8. Prinzip der Integration
9. Prinzip der Verantwortlichkeit
10. Prinzip dialogischen Lernens und Lehrens
11. Prinzip der Synergie
12. Prinzip der Freiwilligkeit

5.3.5.1. Prinzip der Konzentration auf den Kontakt

Die Formulierung des Prinzips der Konzentration auf den Kontakt hängt eng mit PERLS' Konzept der „Konzentrationstherapie“ (vgl. PERLS 1978, S. 220 ff.) zusammen. Bevor der Begriff „Gestalttherapie“ geprägt wurde, stellte PERLS den Begriff der „Konzentration“ in den Mittelpunkt seiner Überlegungen. Er führte aus:

> *„Wir haben erklärt, Vermeidung sei das Hauptmerkmal der Neurose; es ist offensichtlich, daß ihr richtiges Gegenteil die Konzentration ist.“ (ders., S. 225)*

[88] Die Zahl „Zwölf“ stellt eine willkürliche Festlegung von mir dar. Es lassen sich auch Erweiterungen oder Kürzungen vorstellen. Ich meine aber, daß diese Prinzipien geeignet sind, die wesentlichen Dimensionen gestaltpädagogischen Handelns zu beschreiben.

Unter der „Technik der Konzentration" verstand PERLS alle jene Maßnahmen, die der Verbesserung des Kontaktes zu sich selbst und zur Wahrnehmung der Umwelt dienen. Die erfolgreiche Herstellung dieses Kontakts beschreibt er mit dem Wort „Faszination" (a.a.O.):

> *„Das Objekt nimmt den Vordergrund ohne jede Mühe ein, die übrige Welt verschwindet, Zeit und Umgebung hören auf zu existieren; kein innerer Konflikt oder Protest erhebt sich gegen die Konzentration." (a.a.O.)*

Für die Gestaltpädagogik bedeutet diese Beschreibung „optimalen" Kontakts die Notwendigkeit, die Bedingungen zu erforschen und zu unterstützen, die eine solche Faszination als Grundlage erfolgreichen Lernens ermöglichen. Der Weg dazu führt — wie ich oben beschrieben habe — über die Erkenntnis bzw. Weiterentwicklung der eigenen Muster des Kontaktverhaltens und die Unterstützung kontaktfördernder Umweltbedingungen. Gestaltpädagogik stützt sich zur Realisierung des Prinzips der Konzentration auf den Kontakt auf eine entsprechende Qualifizierung der Lehrer,[89] die es ihnen ermöglichen soll, in Kontakt mit den verschiedenen Ebenen der Lernsituation zu stehen sowie sie befähigen soll, entsprechend den Bedingungen der Situation, Hilfsregeln (vgl. FARAU/COHN 1984, S. 362 ff) einzuführen und ggf. Wahrnehmungsübungen (z.B. STEVENS 1977 (3); NARANJO 1978) anzuregen. Ein Beispiel für eine solche kontaktfördernde Hilfsregel ist folgende Aufforderung:

> *Beobachte Signale aus deiner Körpersphäre, und beachte diese auch bei anderen Teilnehmern.*

Es geht hier nicht um den Aufbau eines systematischen Konzepts von Hilfsregeln, was ja wieder eine Form der Kontaktunterbrechung darstellen würde, sondern um die Entwicklung von Hilfsregeln aufgrund entsprechender Erfordernisse der Hier-und-Jetzt-Situation. Ebenso geht es nicht um die systematische Durchnahme eines differenzierten Curriculums von Wahrnehmungsübungen, sondern um die Einführung von Übungen, wenn sie zur Verbesserung des Kontakts im Hier-und-Jetzt günstig bzw. notwendig erscheinen.

5.3.5.2. Hier-und-Jetzt-Prinzip

Das Hier-und-Jetzt-Prinzip hat seinen Ursprung zunächst in PERLS Ablehnung der Überbetonung der Beschäftigung mit der Vergangenheit, wie er sie in den Vorgehensweisen der Psychoanalyse gegeben sieht.[90] Er

---

[89] Vgl. entsprechende Ausbildungsgänge des GZB, FPI, IGG usw. Das Konzept des „faszinierenden Lernens stellt eine Idealvorstellung dar, der man sich nur von Fall zu Fall annähern kann. Die Fähigkeit des Lehrers zur Vermittlung von faszinierendem Lernen ist an optimale Umfeldbedingungen gebunden. Diese Einschränkungen muß man sich vor Augen halten, wenn man nicht unrealistische Zielvorstellungen aufbauen will.

[90] Vgl. PERLS 1978, S. 109 ff; PERLS 1976, S. 82; POLSTER/POLSTER 1977, S. 25.

setzt dieser Tendenz eine radikale Hier-und-Jetzt-Orientierung gegenüber, die auf der Hypothese beruht, daß der Kontakt des Klienten mit seiner gegenwärtigen Erfahrung ausreicht, um persönliches Wachstum zu fördern und neurotische Kontaktunterbrechungen abzubauen.[91] Dabei bestreitet er nicht die Bedeutung frühkindlicher Störungen für die spätere physische und psychische Entwicklung. Er meint allerdings, daß die Bewußtmachung der Art und Weise der Kontaktaufnahme bzw. Kontaktunterbrechung, wie sie im Hier-und-Jetzt stattfindet, wachstumsfördernde und kontaktintensivierende Wirkungen auf die Person ausübt.

Übertragen auf die Gestaltpädagogik bedeutet das Hier-und-Jetzt-Prinzip die Forderung nach genauer Wahrnehmung und Berücksichtigung der im Hier-und-Jetzt der Lernsituation einwirkenden Faktoren. So ist es für den Lehrer wichtig, um ein Beispiel zu nennen, seine eigenen Empfindungen in der Lernsituation wahrzunehmen und festzustellen, wo seine Schüler im Augenblick mit ihren Interessen sind. Die Berücksichtigung des Hier-und-Jetzt-Prinzips kann es erforderlich machen, die eigene Unterrichtsplanung zu ändern oder gar zu verwerfen, wenn andere Themen in den Vordergrund des Interesses der Lerngruppe geraten.

Das Hier-und-Jetzt-Prinzip zielt nicht auf ein Ausblenden von Vergangenheit und Zukunft ab. Es kommt vielmehr darauf an, das Hier-und-Jetzt als zentraler Daseinsweise unserer Existenz in den Mittelpunkt der Betrachtungen zu stellen. Vergangenheit und Zukunft werden so vor allem unter dem Aspekt ihrer Auswirkungen auf unser Hier-und-Jetzt betrachtet. Auch zu diesem Prinzip gibt es eine Reihe von Hilfsregeln (vgl. COHN/FARAU 1984, S. 362 ff.) sowie eine Vielzahl von Übungen (vgl. STEVENS 1977 (3); NARANJO 1978). Eine mögliche Hilfsregel kann durch folgenden Satz beschrieben werden:

Achte darauf, was im Hier-und-Jetzt bei dir im Vordergrund des Interesses steht.

Eine Wahrnehmungsübung könnte folgendermaßen aussehen:

Folge zwei Minuten lang deinem Blick. Was siehtst du? Wo bleibt dein Blick länger haften? usw.

5.3.5.3. Prinzip der Personenzentrierung

Ich übernehme das Prinzip der Personenzentrierung aus ROGERS' Konzept personenzentrierten Lehren und Lernens (vgl. ROGERS 1974, 1984), das im deutschsprachigen Raum insbesondere durch TAUSCH bekanntgeworden ist. Unter Personenzentrierung versteht ROGERS die intersubjektive Begegnung von Person zu Person (vgl. ROGERS/STEVENS 1984) als

---

[91] Vgl. BUROW/SCHERPP 1981, S. 78 ff; „Persönliches Wachstum" ist natürlich an entsprechende Umfeldbedingungen gebunden. PERLS geht davon aus, daß diese in einer guten Therapiesituation gegeben sind. GOODMAN ist in dieser Hinsicht viel skeptischer und meines Erachtens realistischer.

zentrales Ziel jeden Lehr- und Lernprozesses. Demnach geht es vor allem um die Förderung eines Klimas der

> *„. . . Achtung und einer uneingeschränkt positiven Betrachtungsweise, des Einfühlungsvermögens und der persönlichen Glaubwürdigkeit . . ." (ROGERS 1984, S. 127)*

Der Unterricht im allgemeinen, aber auch der Fachunterricht im besonderen, dient in diesem Konzept vor allem der mit-menschlichen Begegnung, denn „Lernen heißt Leben" (ROGERS 1984, S. 128). Erst in zweiter Linie zielt er auf die Vermittlung von Fachwissen ab. ROGERS sieht beide Bereiche aber nicht als Gegensätze, sondern skizziert das Ideal eines Lehrers, der eine intrinsische Motivation gegenüber seinem Fach entwickelt hat, die ihn im Zusammenhang mit dem Kontakt zu sich selbst und seiner Lerngruppe dazu befähigt, den „Funken der Begeisterung" überspringen zu lassen. Diese Fähigkeit kann der Lehrer laut ROGERS in dem Maße nach und nach erwerben, in dem ihm die Personenzentrierung als grundlegende Haltung sich selbst und anderen gegenüber gelingt. Aufgrund empirischer Untersuchungen[92] meint ROGERS, nachweisen zu können, daß die Haltung der Personenzentrierung den Lernerfolg nachhaltig befördern kann. Das Prinzip der Personenzentrierung ist implizit auch im Kontaktkonzept und im Konzept von Kontakt und Begegnung der Gestalttherapie angelegt. Die explizite Formulierung und Berücksichtigung dieses Prinzips kann insofern hilfreich sein, als es verdeutlicht, daß die Verwendung von Gestaltmethoden als didaktische Tricks zur Effektivierung von Lernen, eine unzulässige Verkürzung des Kontaktkonzepts der Gestaltpädagogik bedeuten würde.[93]

5.3.5.4. Prinzip der Bewußtheit

Das Prinzip der Bewußtheit kann aus zwei Kontexten hergeleitet werden. Zum einen aus dem therapeutischen Kontext (vgl. PERLS 1976, S. 147 f), demzufolge der Mangel an Selbst-Bewußtheit eine entscheidende Ursache für die Wahrnehmungsverzerrungen und Kontaktunterbrechungen des Neurotikers darstellt. Die Förderung von Bewußtheit („awareness") stellt laut PERLS (vgl. PERLS 1976, S. 86) einen entscheidenden Schritt in Richtung auf die Entwicklung neuer Verhaltensweisen dar (vgl. POLSTER & POLSTER 1977), die sich vor allem in der Fähigkeit zur Herstellung des vollen

---

[92] Z.B. ROGERS 1984, S. 151 ff; WITTERN/TAUSCH 1979. Sicherlich steht ROGERS hier ebenso wie die Gestaltpädagogik in der Gefahr einer euphorischen Überbewertung der Wirkungen eines personenzentrierten Lehrers. Insbesondere bleibt die Frage weitgehend ungeklärt, inwieweit man personenzentrierte Haltungen „trainieren" kann. Untersuchungen von TAUSCH haben jedenfalls zu Tage gefördert, daß 10—15% aller Lehrer diese Haltungen leben können, ohne je an einer entsprechenden Fortbildung teilgenommen zu haben. Offenbar waren ihre Sozialisationsbedingungen so günstig, daß sie die entsprechende Haltung im Verlaufe ihrer Entwicklung erwerben konnten.

[93] Weil eine solche Verwendung der GP der Personenzentrierung, die ja auf intersubjektiven Beziehungen basiert, widersprechen würde. Die Verwendung der GP als Trick würde auf eine Mißachtung der Person herauslaufen.

Kontakts zeigen. Unter Bewußtheit in diesem Sinne versteht die Gestalttherapie die genaue Wahrnehmung der Prozesse, die im Hier-und-Jetzt „. . . in mir, mit mir und um mich herum" (vgl. STEVENS 1977) vorgehen.

Zum anderen kann das Prinzip der Bewußtheit aus dem philosophischen Kontext des Existentialismus abgeleitet werden, demzufolge die Entwicklung einer umfassenden Bewußtheit eine Voraussetzung für die Fähigkeit zu bewußten Wahlen ist (vgl. QUITMANN 1985, S. 109 f.; MAY 1986). Bewußtheit steht in diesem Zusammenhang für den lebenslangen Versuch der Erkenntnis der Bedingungen des menschlichen Seins. Gestaltpädagogik bezieht sich bei der Übernahme dieses Prinzips auf beide Herleitungen. Bezogen auf den Lernprozeß dient die Förderung von Bewußtheit — zunächst verstanden als Selbst-Bewußtheit — der Selbst-Erkenntnis und dem Herausfinden des eigenen Lernwegs. Darüber hinaus dient die Förderung von Bewußtheit — in einem umfassenden Sinn — der vertieften Erfahrung und Erkenntnis der Bedingungen des Seins und zielt somit auf eine Bewußtseinserweiterung[94] ab.

Gestaltpädagogik legt — jedenfalls zum gegenwärtigen Entwicklungsstand — einen besonderen Schwerpunkt auf die Förderung der bewußten Wahrnehmung der Ebenen des Lernprozesses, die bisher weitgehend vernachlässigt wurden. Es handelt sich hier z.B. um die Erfahrung und den Ausdruck von Gefühlen, den Kontakt mit Stimmungen, inneren Bildern, Formen intuitiven Denkens u.ä.[95] Eine komplexe Hilfsregel zur Förderung von Bewußtheit könnte folgende Aufforderung sein:

Sei dir bewußt, was in dir, mit dir und um dich herum geschieht.

Ein Beispiel für eine Übung zur Förderung von Bewußtheit:

Zwei Gruppenmitglieder sitzen sich gegenüber und sollen in einem ersten Schritt beschreiben, was sie am anderen sehen (externe Ebene). In einem weiteren Schritt sollen sie beschreiben, was sie dabei fühlen (interne Ebene). Im letzten Schritt werden sie aufgefordert, dem anderen die eigenen Phantasien über ihn mitzuteilen (mediative Ebene).[96]

5.3.5.5. Prinzip des Lernens durch Erfahrung

Das Prinzip des Lernens durch Erfahrung kann aus verschiedensten Kontexten begründet werden, wie etwa der Reformpädagogik (vgl. SCHEIBE

[94] KIERNAN 1978 schreibt: „Die Gestalt-Therapie ist auf Über-Bewußtsein ausgerichtet. Das Ziel jedes Menschen sei es, die Gesamtheit seines Erlebens vollständig und richtig zu organisieren. Um das zu tun, muß er sich so vollständig wie möglich seiner selbst und anderer — seiner Ganzheit und Gestalt und der anderer — bewußt sein", S. 222

[95] Dies spiegelt sich in den Methoden der Gestaltpädagogik wie Phantasiereisen und Projektionsübungen wider; vgl. ZEUNER 1983; BUROW/QUITMANN/RUBEAU 1987.

[96] BUROW/SCHERPP 1981, S. 99: Die Förderung der Bewußtheit der verschiedenen Ebenen der Wahrnehmung bewirkt zudem eine Effektivierung des Lernens, weil sie den Ergebnissen der Lernbiologie (vgl. VESTER 1981 (7)) Rechnung trägt und die verschiedenen Verarbeitungsweisen des Gehirns berücksichtigt (vgl. ORNSTEIN/THOMPSON 1986).

1978; FEND 1980, S. 115 f.), verschiedenen Lerntheorien,[97] den unterschiedlichen Strömungen der Schulkritik (vgl. WÜNSCHE 1972; KUHLMANN 1975; JEGGE 1983) usw. Von daher beschreibt es kein besonderes Charakteristikum der Gestaltpädagogik. Dennoch setzt die Herleitung dieses Prinzips aus der Gestalttherapie einen besonderen Akzent, indem besonders der Aspekt der Selbsterfahrung thematisiert wird. Laut PERLS ist es ein wesentliches Merkmal des Neurotikers, daß er in seinen Möglichkeiten, neue Erfahrungen zu machen, erheblich eingeschränkt ist. Ziel therapeutischer Interventionen ist die Herstellung bzw. Wiederherstellung des „freien Flusses der Erfahrung".[98] Dies erfordert, Blockierungen an der Kontaktgrenze zum Gegenstand der bewußten Erfahrung zu machen. In deutlichem Kontrast zur verbreiteten Überbewertung intellektueller Einsichten (PERLS spricht drastisch von „mind fucking") setzt PERLS auf die Förderung von Situationen, in denen der Klient in Kontakt mit den blockierten Aspekten seiner Wahrnehmung kommt.

Wenn also, um ein Beispiel zu nennen, ein Klient vorwiegend **über**[99] seine Schwierigkeiten, Kontakt zu anderen bekommen, spricht, würde der Gestalttherapeut keine Analyse objektiver Faktoren dieser Schwierigkeiten einleiten und nicht über Theorien zu diesem Thema reden, sondern die Erfahrung der Gruppensituation im Hier-und-Jetzt zum Lernen veränderter Verhaltensweisen nutzen. Eine mögliche Vorgehensweise wäre folgende:

> *„Dem Klienten wird vorgeschlagen, sich vor jedes Gruppenmitglied zu setzen und mit ihm per Blickkontakt zu kommunizieren. Er soll dabei auf folgende Gesichtspunkte achte:*
> *— Wann fühle ich mich sicher/unsicher?*
> *— Bei wem fällt es mir leicht, ihn anzuschauen, bei wem schwer?*
> *— Wie fühle ich mich dabei?*
> *Nach der Runde teilt er seine Erfahrungen mit, und die Gruppenmitglieder und der Therapeut geben ihm Feedback. Dieses Experiment eröffnet für den Klienten die Möglichkeit, von der konsequenzlosen Ebene des Darüberredens wegzugehen, hin zur Ebene der Erfahrung." (BUROW/SCHERPP 1981, S. 104)*

Analog zu diesem Vorhaben geht es im Rahmen der Gestaltpädagogik darum, Situationen zu fördern, in denen die Lernenden Erfahrungen mit ihren Kontaktgrenzen bezogen auf den Unterrichtsprozeß machen können[100] mit dem Ziel zur Überwindung von Lernblockaden beizutragen bzw. deren Auf-

---

[97] Vgl. CRONBACH 1974, S. 399 ff; Übersicht bei FÜRNTRATT 1983, S. 252 ff., in: ASSANGER/WENNINGER 1983.

[98] Dieser Begriff deutet auch wieder auf eine implizite Idealisierung hin, da dieser „freie Fluß" ideale Umfeldbedingungen voraussetzt.

[99] Vgl. „Zur Kritik des ‚Darüberredens'", PERLS 1976, S. 65 f.

[100] Im Unterschied zur Therapie wird hier eine geringere Tiefendimension angesprochen und auf weitergehende Einzelarbeiten verzichtet.

treten im Sinne der Prävention[101] zu verhindern. Auf der Ebene der Sacherfahrung bedeutet die Forderung nach umfassendem Kontakt die Förderung der Auseinandersetzung mit „lebendigen“ Unterrichtsgegenständen anstelle der Überbewertung didaktisch aufbereiteter Darstellungen über die Realität — etwa in Form von Schulbüchern.[102] GOODMAN forderte in diesem Sinne die Förderung des Kontakts mit der „Schule des Lebens“ (vgl. GOODMAN 1975, S. 29 ff). Wo immer es möglich ist, sollte Lernen demnach nicht vorrangig in künstlich isolierten Institutionen stattfinden, sondern in engem Kontakt mit dem gesellschaftlichen Umfeld.[103] Der Kontakt mit diesem Umfeld selbst fordert zum Lernen heraus und zeigt, daß die Schule auf vielfältige künstliche Motivationsstrategien angewiesen ist, weil sie eben diesen Kontakt weitgehend verhindert. GOODMAN sieht als ein wesentliches Kriterium für persönlich bedeutungsvolles Lernen durch Erfahrung in der „Echtheit“ der Lernsituation gegeben. Echtheit bedeutet, daß die Lösung eines Problems im Hier-und-Jetzt sich als sachliche Notwendigkeit ergibt und nicht einen „Ernstfall“ simuliert. Die Lösung des Problems muß für den einzelnen und die Gruppen von Bedeutung sein, um ein ausreichendes Interesse hervorzurufen.[104] Die Berücksichtigung des Prinzips des Lernens durch Erfahrung stellt an den Lehrer die Anforderung, wo immer es möglich und sinnvoll ist,[105] Lernen durch Erleben und Handeln zu fördern.[106]

5.3.5.6. Prinzip des Self-Support

Das Prinzip des Self-Support leite ich aus PERLS' Einsichten in der Arbeit mit neurotischen Störungen ab. Demnach ist es ein entscheidendes Kennzeichen des Neurotikers, daß seine Möglichkeiten der Bedürfnisbefriedigung u.a. durch einen Mangel an selbstunterstützenden Verhaltensweisen beeinträchtigt sind. Der Neurotiker entwickelt laut PERLS eine Reihe von Manipulationstechniken zur Beeinflussung seiner Umwelt, die in erster Linie dazu dienen, seine Behinderung zu pflegen. Dabei spürt er aber gleichzeitig einen Mangel, denn seine Störung hindert ihn in der Regel am vollen Kontakt und angemessener Bedürfnisbefriedigung (vgl. PERLS, S. 65).

---

[101] Lt. SHIFLETT 1978 hat allein die Schaffung einer akzeptierenden Atmosphäre und der Einbezug von Emotionen präventive Wirkungen.

[102] Hier trifft sich GP in ihrer Kritik mit der FREINET-Pädagogik, vgl. FREINET 1981.

[103] Dise Diskussion wird z.Zt. unter dem Stichwort „community education“ geführt, vgl. RAMSEGGER, J.: Die Schule öffnen?, in: b:e 3/86, S. 31—34.

[104] GOODMAN behauptet, daß die Mehrzahl der Schüler das für ihren Beruf notwendige Wissen unter echten Praxisanforderungen in einem Bruchteil der Zeit erwerben könnten, die die öffentliche Schule dafür aufwendet, vgl. GOODMAN 1975, S. 17 ff.

[105] Es gibt natürliche Grenzen dieses Prinzips. Es hat seine Berechtigung vor allem dort, wo es sich aus der Sache als optimal erweist. Das Prinzip stellt eine pointierte Frontstellung gegen die Tendenz zur Bürokratisierung und Erfahrungsentleerung in weiten Bereichen der öffentlichen Schule dar.

[106] Vgl. BUROW/SCHERPP 1981, S. 173; Beispiele und Vorschläge in: BUROW 1983; BUROW/QUITMANN/RUBEAU 1987.

PERLS, wie übrigens auch ROGERS(vgl. ROGERS 1984, S. 25 ff), sind nun der Auffassung, daß jeder — auch der „gesunde" Mensch — ein weitgehend ungenutztes Potential an selbstunterstützenden Fähigkeiten besitzt. Aufgabe von Therapie **und** Pädagogik ist es daher, die Bewußtwerdung dieses Potentials zu fördern sowie den Aufbau eines entsprechenden Verhaltensrepertoires zu unterstützen. Das Prinzip des Self-Support gründet auf dem positiven Menschenbild der Gestalttherapie (vgl. BUROW/SCHERPP 1981, S. 61 ff) und zielt von daher auf die Schärfung der Wahrnehmung für die positiven Möglichkeiten der Person ab. Vordringliches Ziel des Pädagogen muß es daher sein, die Schüler darin zu unterstützen, ihre positiven Kräfte und Stärken zu entdecken und auszubilden.[107] Dies setzt eine personenzentrierte Individualisierung des Unterrichts voraus, um den spezifischen Bedürfnissen des einzelnen gerecht werden zu können.

Die Förderung von selbstunterstützenden Verhaltensweisen zielt darüber hinaus auf die Unterstützung von Autonomie der Person ab. In dem Maß, in dem die Person ein Selbstbewußtsein ihrer Möglichkeiten zur Selbsthilfe entwickelt, wird sie unabhängiger von den Eingriffen der Umwelt und ist in der Lage, eine tragfähige Identität zu entwickeln.

Für den Unterricht bedeutet dieses Prinzip, die Aufgabe des pädagogischen Ziels für alle zur gleichen Zeit das gleiche unterrichten zu wollen. In gestaltpädagogischer Perspektive bedeutet dieses, häufig mit dem Anspruch auf Chancengleichheit begründete Ziel, eine ideologische Verbrämung der faktischen Ungleichheit (vgl. GOODMAN 1975, S. 31 ff). Die optimale Förderung der Person wird eher von einer personenspezifischen Förderung lebensgeschichtlich bedingter und individuell geprägter Fähigkeits- und Interessenprofile erwartet.[108] Auf dieser Grundlage kann sich ein positives Selbstbild entwickeln bzw. unterstützt werden, das wiederum eine entscheidende Voraussetzung für eine stabile Lernmotivation ist.

Gestalttherapie und Gestaltpädagogik beziehen ihren Optimismus über die positive Wirkung der Fokussierung auf selbstunterstützende Verhaltensweisen aus der gestaltpsychologischen Einsicht, das Veränderungen an einzelnen Punkten Auswirkungen auf die gesamte Person haben. Darüber hinaus erzeugt ein Unterricht, der die individuellen Potenzen der Schüler aufgreift und fördert, eine Vielfalt, von der die Gruppe profitieren kann.

---

107 ROGERS 1984 gibt einige Beispiele, wie der Lehrer als „facilitator", vermittelt über eine intersubjektive Begegnung, den Schüler darin unterstützen kann, seine eigenen Stärken zu entdecken. Wenn ein Lehrer, um ein Beispiel zu geben, den Widerstand eines Schülers gegen bestimmte Inhalte ernst nimmt und diesem Widerstand nachgeht, kann u.U. die Stärke, die in diesem Widerstand liegt, herausgearbeitet werden. Indem der Schüler ggf. darunter liegende Interessen erkennt, kann er sich von seiner Blockade befreien und seine Kraft in der Verfolgung seines bewußt formulierten Interesses einsetzen.

108 Hier ist eine besondere Akzentuierung auf individuell unterschiedliche ausgeprägte Interessenprofile gemeint. Natürlich müssen Mindestanforderungen gemeinsamer, verbindlicher Inhalte gesetzt werden. Diese sollten aber einen erheblich geringeren Raum als gegenwärtig einnehmen. Vorschläge dazu vgl. BUROW 1983.

Self-Support kann u.a. vom Lehrer insbesondere auf zweierlei Weise gefördert werden:

Zum einen durch die behutsame Verwendung[109] von aus der Gestalttherapie und anderen Konzepten[110] stammenden Methoden zur Förderung der akzeptierenden Selbstwahrnehmung. Beispiele dafür sind die Schaffung eines akzeptierenden Klimas, die Hervorhebung und bewußte Beachtung geeigneter Verhaltensweisen („Geeignet" im Sinne der Person (Empathie!), positives Verstärken sowie gezielte Übung im Rahmen von Spielen und Experimenten.[111]

Zum anderen kann allein die Veränderung der Struktur der unterrichtlichen Organisation unterstützende Wirkung entfalten (Vorschläge vgl. BUROW 1983).

Wenn, um dafür ein Beispiel zu geben, im Rahmen des gemeinsamen Projekts einer Schülerzeitung,[112] jedem Schüler die Gelegenheit gegeben wird, seinen speziellen Beitrag zu leisten und nicht die Anforderung gestellt wird, daß alle alles können müssen, dann kann auf diese Weise ein konstruktiver Ort für die Selbstentfaltung des einzelnen in der Gemeinschaft gegeben werden.

5.3.5.7. Das Prinzip der geschlossenen Gestalt

Das Prinzip ergibt sich aus der experimentell gewonnenen gestaltpsychologischen Erkenntnis, daß unerledigte Geschäfte (d.h. ungeschlossene Gestalten) die Tendenzen zeigen, zu prägnanten Gestalten geschlossen zu werden. Diese Einsicht bezieht sich zum einen direkt auf die Struktur unserer Wahrnehmung, die so angelegt ist, daß Linien einer Figur die geschlossen sind, leichter als Einheit wahrgenommen werden, als diejenigen, die offen sind (vgl. BUROW/SCHERPP 1981, S. 104).

Zum anderen auf den sogenannten ZEIGARNIK-Effekt (a.a.O., S. 23), der besagt, daß eine Person, wird sie bei der Erledigung einer Aufgabe gestört, diese Aufgabe später wieder bevorzugt aufnehmen wird. Die Person strebt nach Geschlossenheit, nach der Erledigung eines unerledigten Geschäfts (vgl. POLSTER & POLSTER 1975, S. 46 ff.).

Aus diesen Einsichten ergeben sich zwei grundlegende Konsequenzen für die Gestaltpädagogik: sowohl dem Prozeß der flexiblen Bildung von Gestalten muß Aufmerksamkeit geschenkt werden als auch dem Aspekt der Möglichkeit des befriedigenden Abschließens von Aufgaben und Situationen.

---

[109] Es geht nicht um die Verwendung von Techniken, sondern um Hilfen vor dem Hintergrund meiner persönlichen Beziehung zum Schüler.

[110] Ich denke hier z.B. an 'WATZLAWICKs Methode der „Symptomverschreibung", die übrigens erfahrene Lehrer intuitiv anwenden, vgl. WATZLAWICK et al. 1974/75.

[111] Ich denke z.B. an den behutsamen und gezielten Einsatz von Interaktionsspielen, vgl. VOPEL 1978.

[112] Ein solches Vorgehen habe ich an anderer Stelle für ein Projekt „Die Bedeutung der Ernährung für mich und meine Umwelt" beschrieben, vgl. BUROW 1986.

Auf der einen Seite gibt die Untersuchung und Bewußtwerdung der Art und Weise der eigenen Gestaltbildung einen Aufschluß über die eigenen Muster der Wahrnehmung, erweitert somit den Wahrnehmungsspielraum und damit letztlich das Verhaltensrepertoire.

Auf der anderen Seite ergibt sich aus dem Prinzip der geschlossenen Gestalt die Anforderung, Situationen zu schaffen, in denen die Anhäufung ungeschlossener Gestalten vermieden wird.[113] Denn eine solche Anhäufung (vgl. PERLS 1977, S. 111) bewirkt durch die Bindung von Energie eine Verminderung der Handlungsfähigkeit und behindert den Kontakt im Hier-und-Jetzt. Erst wenn die ungeschlossene Situation abgeschlossen worden ist und man sie in der Gegenwart soweit möglich erfahren hat, kann man seine Aufmerksamkeit anderen Situationen widmen (vgl. POLSTER & POLSTER 1975, S. 47).

Dieser Gedankengang ist meines Erachtens ein Hintergrund von COHNs handlungsleitendem Postulat „Störungen haben Vorrang!"

Die Berücksichtigung des Prinzips der geschlossenen Gestalt im Schulalltag erfordert eine Reihe von veränderten Verhaltensweisen und curricularen Konsequenzen.

Zum einen ist in Anlehnung an die gegebenen unterrichtlichen Inhalte dem Prozeß der Gestaltbildung größere Aufmerksamkeit zu schenken. Dies bezieht sich sowohl auf die Thematisierung verschiedener Möglichkeiten der Gestaltbildung im Kontext sozialer Umgangsweisen in der Gruppe als auch auf veränderte Formen des Fachunterrichts.[114] Ein Beispiel dafür wäre die Behandlung eines Gedichtes, bei dem jeder Schüler sich zunächst mit dem persönlichen Thema, das in ihm angeregt wird, beschäftigen kann.[115] Dieses Thema als Abbild seines persönlichen Gestaltbildungsprozesses bildet dann die Grundlage eines anschließenden Austauschs über verschiedene Verarbeitungsweisen. Auf diesem Weg werden die Schüler mit unterschiedlichen „Sichten" konfrontiert und können so ihre Wahrnehmung erweitern.[116]

Zum anderen weist das Prinzip der geschlossenen Gestalt aber auch auf Probleme des Lernens und der Lernorganisation hin. Insbesondere stellt sich die Frage, wie Lehrer und Schüler mit unerledigten Geschäften im Hier-und-Jetzt umgehen, wie unerledigte Geschäfte im Rahmen des Unterrichts im speziellen und der institutionellen Organisation der Schule im

---

[113] Einschränkend muß bemerkt werden, daß unter bestimmten Bedingungen ungeschlossene Gestalten im Rahmen von Unterricht eine positive Funktion haben können, indem das Bedürfnis nach Geschlossenheit Motivation und Energie mobilisiert.

[114] Detaillierte Beispiele für einen veränderten Fachunterricht, in: BUROW/QUITMANN/RUBEAU 1987.

[115] Im Unterschied zur Therapie geht es hier um die Möglichkeit zum Selbstausdruck ohne tiefergehende psychologische Bearbeitung!

[116] Zentral bei solchen Vorgehensweisen ist die unbedingte Berücksichtigung des Prinzips der Freiwilligkeit.

weiteren Sinne aufgegriffen werden können. Das gegenwärtige in Einzelstunden zersplitterte Fachunterrichtsprinzip, um ein Beispiel zu geben, behindert durch den ständigen Wechsel von Themen, Lehrern, Lerngruppen, Lernorten eine ausreichende Berücksichtigung unerledigter Situationen und trägt häufig sogar zu deren Entstehung bei.[117]

5.3.5.8. Prinzip der Integration

Den bisher erläuterten Prinzipien ist gemeinsam, daß sie auf eine Integration der verschiedenen Ebenen menschlichen Seins und Erlebens abzielen. Insofern stellt das Prinzip der Integration für sich betrachtet nichts neues dar, sondern hebt den auf Integration abzielenden Kern der Gestaltpädagogik gesondert hervor. Das Prinzip der Integration basiert auf Konzepten des Existentialismus, die versuchen, einen Beitrag zur Überwindung der Subjekt-Objekt-Spaltung, die sich u.a. in unserem Verhalten und Erleben zeigt, zu leisten (vgl. MAY 1986, S. 126 ff.).

Der Begriff „integrativ"[118] soll dabei den Versuch beschreiben, die Polaritäten und Ebenen der menschlichen Existenz miteinander in Kontakt zu bringen bzw. zu halten. Dahinter steht die Auffassung, daß eine „optimale" Entwicklung der Person nur möglich ist, wenn die verschiedenen Ebenen unseres Seins in ihrer Beziehung zueinander erfaßt werden. Dies bedeutet auf die Pädagogik bezogen die Anforderung, daß beim Lehren und Lernen Leib/Seele/Geist bzw. Handeln/Fühlen/Denken gleichermaßen berücksichtigt werden müssen.[119]

Die vielfältigen Weisen unseres Denkens und Erlebens sollen im Rahmen „integrativen Unterrichts" ausreichend einbezogen werden, um sowohl eine dem Stoff angemessene möglichst umfassende Erfahrung und Verarbeitung zu ermöglichen, als auch ein Vorgehen zu wählen, daß den Potentialen der Lernenden weitgehend gerecht wird.[120] Hierzu gehören z.B. die Berücksichtigung individuell ausgeprägter Lerntypen, die Einbeziehung verschiedener Kanäle der Sinnesverarbeitung,[121] das Ausnützen und Bewußmachen verschiedener Arten unseres Denkens[122] u.ä.

---

[117] Ich habe die institutionell angelegte Anhäufung unerledigter Situationen anhand meiner Erfahrungen als Lehrer an einer Berliner Gesamtschule erlitten und in einem Aufsatz beschrieben, vgl. BUROW 1983.

[118] PETZOLD 1977/1984 spricht von „integrativer" Therapie und Pädagogik und meint damit vor allem die Integration verschiedener Konzepte. WEBER/GADOW geben ein Beispiel für „integrativen Unterricht", 1982.

[119] BUROW/SCHERPP 1981 haben dargestellt, was dieser Anspruch für die Kritik der Schulrealität bedeutet, S. 128 ff.

[120] Vgl. die methodischen Arrangements der FREINET-Pädagogik, die diesen Anspruch durch die Gestaltung der Lernumwelt im Klassenraum erreichen will. FREINET 1981.

[121] Hierauf verweist besonders VESTER 1981. Mit seinen „Fensterbilderbüchern" und seinem Umweltspiel „Ökopoly" erarbeitet er didaktische Materialien, die solchen Ansprüchen gerecht zu werden suchen.

[122] Hierauf verweisen besonders ORNSTEIN/THOMPSON 1986. RICO 1984 hat ein systematisches Programm zum Schreibenlernen vorgelegt, das die verschiedenen Ebenen der Gehirnfunktionen bewußt zu nutzen sucht.

Auch hier gelten als wichtige Voraussetzungen für die Förderung von Integration, die akzeptierende Haltung und die Unterstützung von Vielfalt. Der Lehrer muß in der Lage sein, den spontanen Kontaktprozeß seiner Schüler auf den verschiedenen Ebenen der Informations- und Erfahrungsverarbeitung emphatisch zu begleiten und zu unterstützen.[123]

Integration wird durch Initiierung und Unterstützung persönlich bedeutsamer Lernerfahrungen (vgl. BÜRMANN 1983), durch intrinsisches Lernen gefördert. Hierzu gehört auch die Kenntlichmachung und bewußte Bearbeitung introjizierenden Lernens.[124] Das Prinzip der Integration zu berücksichtigen, erfordert vom Lehrer, die Schüler darin zu unterstützen, ihre Möglichkeiten in der Lernsituation zu erkennen und ihnen zunehmend Gelegenheiten für eigenverantwortliche Entscheidungen einzuräumen.[125] Lernen und Lehren als Kontaktprozeß dienen dann der Integration, wenn individuelle Stufen des Kontakts so berücksichtigt werden, daß der Stoff „durchgekaut", assimiliert werden kann und zu einem Teil der Person wird (vgl. P/H/G 1979, II, S. 190 ff.). Auf der Ebene der Gruppe bedeutet Integration im Sinne COHNs die Forderung nach einer möglichst gleichwertigen Berücksichtigung von Ich, Wir, Es und Globe.

Auf der Ebene der Konzeptbildung beschreibt der Begriff der Integration den Versuch, geeignete Konzepte zur Förderung integrativer Lernerfahrungen aufeinander zu beziehen, wie es sich etwa beim Psychodrama, der Atem- und Bewegungserziehung, der Confluent Education u.ä. anbietet (vgl. PETZOLD 1977, S. 11).

Ein Beispiel für eine integrative Lernerfahrung möchte ich anhand einer Diskussion des Begriffs „Existenz" skizzieren. Der Lehrer konfrontiert die Schüler mit diesem Begriff und schlägt eine kleine Meditationsübung zur Auseinandersetzung mit dem Begriff vor. Nachdem sie den Begriff einige Minuten auf sich haben wirken lassen, erhalten sie die Anregung, das, was ihnen zum Begriff „Existenz" einfällt, zu malen. Anschließend findet ein Austausch über ihre Erfahrungen anhand der Produkte statt. Dieser Austausch bildet dann die Grundlage einer Konfrontation mit theoretischen Fassungen des Begriffs. In der Auseinandersetzung mit der persönlich geprägten Fassung des Begriffs und seiner theoretischen Formulierung bilden die Schüler eine neue Vorstellung.

Anschließend findet ein Austausch über ihre Erfahrungen anhand der Produkte statt. Dieser Austausch bildet dann die Grundlage einer Kon-

---

[123] Dies entspricht ROGERS' Konzept des „facilitators, vgl. 1974.

[124] Hierunter verstehe ich die Aufnahme von Wissen, die nicht einem persönlichen Interesse, sondern äußerlichen Erfordernissen entspringt. Die Kenntlichmachung, daß dieser Stoff gelernt werden „muß", räumt einen Entscheidungsspielraum ein und verhindert unter Umständen die Bildung von Introjekten.

[125] ROGERS 1984 macht darauf aufmerksam, daß es darauf ankommt, innerhalb der Institutionen den Rahmen für echte Freiheitsspielräume zu erweitern. Er sieht dazu ungenutzte Möglichkeiten in der öffentlichen Schule.

frontation mit theoretischen Fassungen des Begriffs. In der Auseinandersetzung mit der persönlich geprägten Fassung des Begriffs und seiner theoretischen Formulierung bilden die Schüler eine neue Vorstellung.

Über verschiedene Ebenen der Konfrontation mit dem Begriff, dem kreativen Ausdruck eigener Erfahrungen sowohl in bildhafter als auch sprachlicher Form wird so ein persönlicher Bezug hergestellt und die Möglichkeit einer Erweiterung des eigenen Begriffs angebahnt, also Integration ermöglicht.

5.3.5.9. Prinzip der Verantwortlichkeit

Das Prinzip der Verantwortlichkeit läßt sich im Rahmen der Gestalttherapie u.a. aus zwei Quellen herleiten. Zum einen aus dem zugrunde liegenden existentialistischen Menschenbild,[126] demzufolge es ein charakteristisches Merkmal der menschlichen Existenz ist, in diese Welt „geworfen" zu sein und damit unter der Verpflichtung zur verantwortlichen Entscheidung zu stehen. Nach dieser Auffassung liegt die Chance zur Selbstverwirklichung des Menschen in der existentiell gegebenen Notwendigkeit zur Reflektion des eigenen Entscheidungsspielraums und der Übernahme von Verantwortung für Entscheidungen, mit denen Einfluß auf den Verlauf des eigenen Lebens genommen werden kann. Die „Schuld" des Menschen besteht in diesem Konzept darin, hinter seinen Möglichkeiten zurückzubleiben und so sein Leben nicht zu leben (MAY 1986, S. 121). Von daher zielt Gestaltpädagogik als eine Form existentialistischer Pädagogik auf die Erkenntnis des eigenen Verhaltensspielraums ab und sucht Gelegenheiten zu fördern, in denen aktiv Verantwortung übernommen werden kann.

Zum anderen läßt sich das Prinzip der Verantwortlichkeit aus PERLS' Erfahrungen in der Arbeit mit neurotischen Klienten herleiten. Als einen entscheidenden Schritt bei der Heilung von Neurosen sieht er die Übernahme von Verantwortung für das eigene Verhalten an.[127] Demnach herrscht bei Neurotikern häufig ein Muster vor, in dem der eigene Anteil an der Entstehung von Leiden auf andere bzw. auf die Umwelt projiziert wird. Worauf es PERLS in diesem Zusammenhang ankommt, ist die Förderung der Fähigkeit zur Unterscheidung zwischen eigenem, beeinflußbarem Anteil und weitgehend unbeeinflußbarem Umweltanteil. Beide Aspekte, Verantwortung als grundlegender Bestandteil menschlicher Existenz und Verantwortung als pragmatisches Konzept zur Beeinflussung von Neurosen, haben ihre Konsequenzen für die Gestaltpädagogik.

So erfordert die Wahrnehmung von Verantwortung gegenüber mir selbst sowie meiner Mit- und Umwelt (zur Begrifflichkeit vgl. MAY 1986, S. 135 ff.) als existentieller Dimension menschlichen Seins u.a. die Entwicklung einer

---

[126] Vgl. PETZOLD 1977; BUROW/SCHERPP 1981, S. 41 ff; QUITMANN 1985, S. 119 ff.; MAY 1986, S. 97 ff.

[127] PERLS 1986, S. 86 macht die Wirkung der Übernahme von Verantwortung auf psychosomatische Symptome deutlich.

verantwortlichen Haltung des Lehrers in bezug zu diesen Ebenen sowie die Initiierung und Unterstützung von Unterrichtsvorhaben, die der Förderung von Verantwortlichkeit dienen (Beispiele in BUROW 1983; BUROW/QUITMANN/RUBEAU 1987). Hierbei geht es nicht um moralischen Drill und didaktisch ausgefeilte Konzeptionen,[128] sondern um die Förderung von Verantwortlichkeit als Ausdruck von intersubjektiven Beziehungen zur Eigen-, Mit- und Umwelt. Verantwortlichkeit wächst aus der Erfahrung der Bedingungen der eigenen Existenz und nicht aus aufoktroierten, introjizierten Normenkatalogen (vgl. BUROW 1986: Erziehung zur Verantwortung?). Der Kontaktprozeß in der Lerngruppe muß also so gestaltet sein, daß genügend Raum für die Entwicklung und Entfaltung solcher Prozesse der Übrnahme von Verantwortung bleibt. Von daher verbieten sich Normierung und Verplanung von Lernprozessen,[129] es sei denn, sie ergeben sich aus einer gemeinsam getragenen Vereinbarung der Lerngruppe. Neben der Schaffung von — im Rahmen der Institution — zwangsläufig begrenzten Freiräumen, geht es vor allem um die Förderung von eingreifendem Handeln im Rahmen von Projekten, die direkt in das gesellschaftliche Umfeld eingreifen und „echte", d.h. gesellschaftlich notwendige Anforderungen stellen.[130]

Auf der Mikrostruktur der interaktionellen Beziehungen der Schüler untereinander erfordert das Prinzip der Verantwortung die bewußte Reflektion und Thematisierung von Formen verantwortlichen bzw. unverantwortlichen Umgangs miteinander.

Eine Unterstützung kann hierbei die Methode der „freundlichen Frustration"[131] sein, die darin besteht, daß der Lehrer nichts tut, was die Schüler selbst tun können. „Freundlich" wird diese Frustration deswegen genannt, weil sie vor dem Hintergrund von Wertschätzung und Akzeptanz geschieht und die Schüler darin unterstützt, ihren Self-Support zu mobilisieren.[132] Beispiele für die Verwirklichung des Prinzips der Verantwortlichkeit können von einfachen Vereinbarungen in der Gestaltung des Umgangs miteinander reichen (z.B. eine Arbeitsgruppe vereinbart, sich gegenseitig zu unterstützen) bis hin zu umfangreichen Projekten, wie z.B. Baumpatenschaften und ähnlichem.[133]

---

[128] Wie sie z.B. AUFENANGER/GARZ/ZUTAVERN 1981 in Anlehnung an KOHLBERG vorschlagen.

[129] Diese Normierung und Verplanung hat lebendiges Lernen, insbesondere an der Gesamtschule, verhindert. Aus meinen Erfahrungen an einer Berliner Gesamtschule weiß ich, wie die scheinbare Effizienzsteigerung durch verbindliche Curricula zur Motivationszerstörung beiträgt.

[130] GOODMAN hat immer wieder darauf hingewiesen, daß in der mangelnden Bereitstellung „echter" Aufgaben ein wesentlicher Faktor für die Motivationszerstörung bei Schülern liegt, vgl. GOODMAN 1975. Ähnlich argumentiert PREUSS-LAUSITZ 1982.

[131] Vgl. PHILLIPS 1976, S. 7 f.; BUROW/SCHERPP 1981, S. 139.

[132] Gerade die Gängelung und Verregelung der Institution Schule macht Schüler und Lehrer passiv und blockiert die Entwicklung von Self-Support.

[133] Vgl. den Bericht über eine Hauptschulklasse, die eine „Bachpatenschaft" übernommen hat. VAUPEL, Dieter: Schüler als Bachpaten. Unterrichtsprojekt einer 10. Hauptschulklasse, in: Pädagogik Heute 11/86, S. 24—29.

5.3.5.10. Prinzip dialogischen Lernens und Lehrens

Das Prinzip des dialogischen Lernens leite ich u.a. aus dem Konzept von Kontakt und Begegnung ab. Lehren und Lernen sollten demnach so angelegt sein, daß sie zu einer Überwindung von Objektbeziehungen beitragen und intersubjektive Begegnungen ermöglichen.[134] Die Begegnung von Person zu Person soll persönlich bedeutsames Lernen unterstützen und zielt über die bloße Vermittlung von Wissen auf den Aufbau einer vertrauensvollen, akzeptierenden Beziehung ab. Der existentialistischen Konstatierung einer „Eigenwelt" der Person, die in individuell geprägten Wahrnehmungs- und Verhaltensmustern zum Ausdruck kommt,[135] wird mit dem Prinzip dialogischen Lehrens und Lernens insofern Rechnung getragen, als die Bedeutung emphatischen Kontakts hervorgehoben wird.[136] In der Betonung dieses Geschichtspunktes treffen sich so unterschiedliche Konzepte wie FREIREs „Pädagogik der Unterdrückten" (vgl. FREIRE 1976; 1977), ROGERS' „personenzentriertes Lehren und Lernen" (vgl. ROGERS 1984), COHNs TZI (vgl. COHN 1975; FARAU/COHN 1984) und die Gestaltpädagogik.[137] So ist diesen Konzepten die Auffassung gemeinsam, daß der Lehrende zugleich auch immer Lernender ist. Die Aufgabe des Lehrenden ist es, seinen Schülern so zu begegnen, daß er sie in der Vielfalt ihrer Möglichkeiten wahrnimmt und akzeptiert und in der Lage ist, sich flexibel auf die vorherrschenden Interessen einzustellen.[138]

Der Kern der Dialogischen Beziehung besteht nach BUBER (vgl. BUBER 1923) in einer Begegnung, in der wir einem Menschen oder einem Ding ganz nah sind, die volle „Gegenseitigkeit" (a.a.O., S. 20) erfassen, die Einzigartigkeit erkennen, von der Gegenwart dieses „Du" ganz ausgefüllt werden. Diese Beziehung unterscheidet sich grundlegend von einer Form, in der wir „über" die Person nachdenken, sie bewerten, vergleichen oder einen Nutzen aus ihr zu ziehen suchen (vgl. QUITMANN 1985, S. 333). Für die Person des Lehrers bedeutet diese Auffassung eine folgenschwere Umwertung seiner Aufgaben. Nicht die optimale Verpackung und Darbietung von Lernstoff wird zu seinem wesentlichen Aufgabengebiet,[139] sondern Vorrang hat die dialogische Beziehung. Erst diese Beziehung ermöglicht es, daß der Lernende seinen „Wert" erkennt und zu eigenverantwortli-

---

[134] Die Realisierung intersubjektiver Beziehungen erfordert immer auch ein Einwirken auf die Bedingungen, die Subjekt-Objekt-Spaltungen fördern.

[135] Im Vordergrund des Interesses stehen hier die individuellen Muster, was das Vorhandensein allgemeiner Muster nicht ausschließt.

[136] Vgl. BUBER 1923; QUITMANN 1985, S. 321 ff. (Darstellung der dialogischen Philosophie BUBERs).

[137] In der Gestaltpädagogik besteht noch häufig die Gefahr einer „undialogischen" Leiterzentrierung, was zum Teil an einer Überbewertung der Methoden liegen dürfte. Der Aspekt der Begegnung wird häufig zu wenig hervorgehoben.

[138] Dies erfordert aber auch, seine eigenen Interessen einzubringen und zur Diskussion zu stellen.

[139] Eine Auffassung, die sich wieder auszubreiten scheint. Vgl. dazu NEUMANN/OELKERS 1984, S. 49 ff.

chen Entscheidungen gelangt, was er in sein Selbst integrieren will.[140] Zugleich wird der Lernende wie auch Lehrende mit den eigenen existentiellen Fragen konfrontiert und der Notwendigkeit der lebenslangen Suche nach einer Orientierung.

Interessanterweise argumentiert Paulo FREIRE aus dem politischen Kontext heraus ganz ähnlich und kommt zu vergleichbaren Schlußfolgerungen. Von ihm übernehme ich einen weiteren Begründungsstrang für das dialogische Prinzip. Die Verwirklichung dieses Prinzips erfordert nämlich eine konsequente Beachtung demokratischer Formen und Inhalte und stelle eine radikale Absage an hierarchische Verhältnisse dar. In der Art und Weise des Lehr- und Lernprozesses manifestieren sich Herrschafts- bzw. Freiheitsverhältnisse. Ein dialogisches Lehren erfordert eine Reihe von radikalen Änderungen innerhalb der schulischen Organisation und bedeutet zugleich eine Kritik gegenwärtiger Verhältnisse. So muß, um ein Beispiel zu nennen, die fremdbestimmte und äußerlichen Zielen verhaftete Benotung abgeschafft werden, denn die Bewertung von Leistungen im Lernprozeß ist Sache des Individuums selbst. Die Förderung der Fähigkeit zur Selbsteinschätzung muß an die Stelle äußerlicher Beurteilungen treten. Insgesamt muß zur Realisierung des dialogischen Prinzips ein Mindestmaß an Freiheit bzw. Freiwilligkeit gegeben sein. Ein gegenseitiges Einfühlen, Ernstnehmen und Begegnen kann nicht auf der Grundlage von Zwang gefördert werden. Insofern verbirgt sich im Prinzip dialogischen Lehrens und Lernens ein Programm zum Abbau von Herrschaft und zur Verwirklichung von Demokratie.[141]

Wenn dieser Anspruch unter gegenwärtigen Verhältnissen auch utopisch erscheint, so lassen sich doch einige Schritte auf dem Weg zur Verwirklichung eines solchen Ziels vorstellen.[142] So hebt ROGERS immer wieder die Bedeutung der Schaffung von echten Freiräumen innerhalb gegebener Begrenzungen hervor (vgl. ROGERS 1984, S. 102 ff.). Stufenweise können so Bereiche geschaffen werden, von denen aus dialogische Formen des Lehrens und Lernens sowie des Umgangs miteinander erweitert werden können. Darüber hinaus lassen sich auf der Mikroebene interaktioneller Umgangsweisen etwa durch Übung aktiven Zuhörens (vgl. GORDON 1977, S. 77 ff.), das Experimentieren mit unterstützenden Formen von Partner- und Gruppenarbeit, der dialogischen Klärung von gemeinsamen Problemen u.ä. Ansätze zur Realisierung des Prinzips anbahnen.

---

140 Die Entwicklung und Erweiterung des eigenen Spielraums der Verantwortlichkeit fasse ich als einen lebenslangen Prozeß auf, zu dem im Rahmen der Schule wichtige Grundlagen gelegt werden können.

141 FREIRE 1976 sieht im dialogischen Lernprozeß selbst ein Instrument zum Abbau von Herrschaft. Neben der Vermittlung von Inhalten werde gleichzeitig politisches Bewußtsein geschaffen.

142 Gestaltpädagogik in der Tradition von GOODMAN zielt auf die Bewußtwerdung, Ausnutzung und Erweiterung von Spielräumen ab, vgl. PRENGEL 1983, S. 17 ff.

5.3.5.11. Prinzip der Synergie

Das Prinzip der Synergie formuliere ich auf der Grundlage einer Vielzahl von zunächst nicht systematisch organisierten Einzelanregungen aus den Bereichen Physik, Kybernetik, Existentialismus, Gestalttherapie und insbesondere der psychologischen Friedensarbeit, die sich für mich allmählich zu einer „Gestalt" geschlossen haben.

Im Bereich der Physik wurden durch die Arbeiten PRIGOGINES (vgl. PRIGOGINE, I.: Vom Sein zum Werden. München 1979) untermauert, Konzepte der „Synergetik" entwickelt, die auf die ungeheuer enge Verflechtung unzähliger Teilsysteme, die unsere Welt strukturieren, verweisen (vgl. VESTER 1980, S. 463 f.). Teilweise wurden solche Einsichten auf die Kybernetik als die Lehre von der Steuerung von Systemen übertragen. VESTER (a.a.O.) zieht aus diesen Erkenntnissen eine Reihe von weitreichenden Konsequenzen für den Umgang mit unserer Umwelt. Er hebt insbesondere die Einsicht hervor, daß es zur Optimierung komplexer Systeme behutsamer Steuereingriffe bedarf sowie einer differenzierten Einfühlung in die komplexen Zusammenhänge, die im und auf das System wirken. Er zieht die Schlußfolgerung, daß Eingriffe in die Umwelt, sollen sie nicht Gleichgewichtszustände und Selbstregulierungsprozesse beeinträchtigen oder gar zerstören, auf der genauen Kenntnis von Systemzusammenhängen und Eigengesetzlichkeiten beruhen müssen. Er folgert daraus, daß wir neue Formen des Zugangs zur Umwelt sowie des Umgangs mit ihr entwickeln müssen. Dies erfordert veränderte Wahrnehmungs- und Verhaltensweisen. Hierbei hebt er besonders die Entwicklung von Formen „vernetzten" Denkens[143] hervor und versucht, mit der Entwicklung vielfältiger didaktischer Materialien eine Bewußtseinserweiterung in dieser Richtung zu befördern.

MACY (vgl. MACY 1986) hat im Bereich der psychologischen Friedensarbeit ähnliche Gedanken aufgegriffen und hebt insbesondre den Gesichtspunkt hervor, daß es für die Funktionsfähigkeit von Systemen des offenen Informationsaustauschs bedarf. Am Beispiel unseres Umgangs mit den Ängsten im Angesicht einer sekündlich möglichen Vernichtung durch ein atomares Inferno, macht sie deutlich, daß die verbreitete Tendenz zur Verdrängung (vgl. RICHTER 1983) unsere Kräfte zum Widerstand lähmt. Unsere Ängste sieht sie als Feedback für gestörte Prozesse in unserem Umgang mit uns selbst und unserer Umwelt. Indem wir diese lebensrettende Informationszufuhr teils durch unbewußte Verdrängungsmechanismen, teils durch den Einsatz gezielter Strategien der Desinformation (vgl. RICHTER 1983, S. 100 ff.) unterbrechen, verhindern wir eine dringend gebotene Bewußtseins- und Verhaltensänderung. Die Verleugnung von Informatio-

---

[143] Vgl. VESTER 1980, 1983. Sicherlich beruhen manche seiner Darstellungen auf gewissen Verkürzungen. Dennoch halte ich die unkonventionellen Wege, die er etwa in seinen „Fensterbilderbüchern" (vgl. VESTER 1979; 1984; 1985; 1986) oder mit seinem Umweltspiel „Ökopoly" geht, für wegweisend!

nen über die gefährdeten Grundlagen menschlicher Existenz sorgt dafür, daß das Gesamtsystem weiter aus dem Gleichgewicht gerät, daß Selbstregulationsprozesse außer Kraft gesetzt werden und Auswege in immer weitere Ferne geraten. Die Unterbrechung unseres Kontakts zu wesentlichen Dimensionen unserer Existenz sorgt so für eine kontinuierlich steigende Einschränkung unseres Verhaltensspielraums und macht uns zu Gefangenen unserer Selbstentfremdung.

Als eine Möglichkeit, den Mechanismus der existenzbedrohenden Kontaktunterbrechung zu durchbrechen, sieht MACY die Auseinandersetzung und Konfrontation mit unseren Ängsten im Rahmen existentieller Begegnungen in Gruppen. Das Zulassen der Ängste und die Erkenntnis gemeinsamer Betroffenheit, setzt ihrer Auffassung nach Energien frei, die zur Gegensteuerung verwendet werden können. Dabei geht es ihr vor allem um die Entwicklung eines synergetischen Kontakts zur Welt. Hierunter versteht sie eine Form des Kontakts, der der einer intersubjektiven Begegnung nahekommt. Es geht um die Form einer Begegnung mit der Umwelt, die nicht auf eine Unterjochung aus ist, sondern „gemeinsame Macht" im Dialog realisiert.

Hierzu bedarf es eines neuen Verhältnisses des Menschen zu sich selbst, wie zu seiner Umwelt. Es geht nicht zuletzt um die vom Existentialismus (vgl. MAY 1986, S. 64 ff) geforderte Aufhebung der Subjekt-Objekt-Spaltung. Im gestalttherapeutischen Kontaktmodell ist durch die Betonung der Organismus-Umfeld-Relation ein möglicher Ausweg angelegt. Indem wir über die individuumsbezogene Selbstreflektion hinaus kollektive Muster der Wahrnehmungsverzerrung bzw. der Verleugnung erkennen, können wir unsere „Bewußtlosigkeit" überwinden und unseren Verhaltensspielraum erweitern.

Wenn wir diese Gedanken auf die Pädagogik übertragen, dann werden einige Konsequenzen sofort deutlich: das Prinzip der Synergie erfordert es, eine vertiefte Auseinandersetzung mit den Bedingungen unserer konkreten Existenz als einen erkenntnisleitenden „roten Faden" in den Mittelpunkt des Unterrichts zu stellen und deutlich zu machen, daß Wissen und Erkenntnis unter dem Gesichtspunkt zu beurteilen sind, was sie zur Weiterentwicklung humaner Existenz beitragen.[144] Es geht weiter darum, Formen „vernetzten Denkens" zu fördern sowie ein einfühlendes Verständnis für unsere Umwelt anzubahnen. Darüber hinaus müssen veränderte Formen synergetischen Kontakts mit unserer Umwelt praktisch erprobt, entwickelt und gelebt werden.[145]

---

[144] Dies mag etwas pathetisch und pauschal klingen. Dennoch muß man sich vor Augen führen, daß die überwiegende Mehrzahl der Wissenschaftler direkt oder indirekt lebensbedrohende Forschungen unterstützt. Dieser Tatbestand sagt etwas aus über das entsprechende Verhältnis zur Existenz.

[145] Ich denke hier an die Pflege bzw. Regeneration gefährdeter Ökosysteme in der unmittelbaren Umgebung. An die Gestaltung von informierenden Broschüren in den naturwissenschaftlichen Unterrichtsfächern usw. Konkrete Beispiele in: BUROW 1986 (6).

Die Erfahrung der untrennbaren Eingebundenheit in unser soziales und ökologisches System bildet die Grundlage für die Einsicht, daß rücksichtsloser Umgang mit der Basis unserer Existenz auf uns und unsere Lebensbedingungen zurückwirkt. Durch die Thematisierung dieser Problematik sollte deutlich werden, daß die gegenwärtige Existenzbedrohung u.a. auch Ausdruck unserer psychischen Verfassung ist. Das Prinzip der Synergie macht deutlich, daß ein veränderter Zugang zu uns selbst und anderen, eine veränderte Form des dialogischen Umgangs miteinander, seine Entsprechung in unserer Beziehung zur Umwelt finden muß. ROSZAK (vgl. ROSZAK 1986) hat in seinem „Manifest der Person" hervorgehoben, daß die konsequente Wahrung der Bedürfnisse der Person (a.a.O., S. 20) ein Paradigma für den Umgang mit der Welt ist und zu einer umfassenden Neuorientierung des Verhaltens führt.[146]

Aus der Fülle der Möglichkeiten der unterrichtlichen Berücksichtigung des Prinzips der Synergie, möchte ich hier nur kurz die aus dem Psychodrama stammende Methode des „sozialen Atoms" anführen. Die Schüler setzen sich durch ein Symbol in den Mittelpunkt eines Blattes und gruppieren darum herum die für sie wichtigen Dinge und Personen ihres Lebens. In einem zweiten Schritt versetzen sie sich in diese Dinge bzw. Personen (Identifikation) und schreiben Sätze, in denen sie mitteilen, welche Bedeutung sie für sie haben. Auf diese Weise können sie ihre Eingebundenheit in soziale und ökologische Zusammenhänge, je nach thematischer Schwerpunktsetzung und methodischer Umsetzung (Inszenierung eines sozialen Atoms mit Personen usw.) konkret erfahren.

5.3.5.12. Prinzip der Freiwilligkeit

Das Prinzip der Freiwilligkeit leite ich aus dem Existentialismus, der Gestalttherapie und grundlegenden Positionen GOODMANs zur Schulreform ab.

Nach Auffassung des Existentialismus, wie ihn insbesondere MAY (vgl. MAY 1986) bezogen auf Therapie und Pädagogik charakterisiert, geht es bei der Förderung der Person vor allem darum, den „Verlust an Daseinsgefühl" (a.a.O., S. 162 ff) zu überwinden und die Wahrnehmung der eigenen Existenz zu intensivieren sowie zu differenzieren. Das Mittel dazu besteht nicht in einer therapeutischen oder pädagogischen Technik, die die Subjekt-Objekt-Spaltung vertiefen würde, sondern in der Realisierung einer dialogischen Begegnung von Person zu Person, in der Aspekte der eigenen Existenz erfahren werden können. Eine solche Begegnung, die u.a. die Fähigkeit zu freien Wahlen und Verantwortungsübernahme fördern soll, ist nur ohne Zwang denkbar.

[146] ROSZAK meint, daß ein Umgang miteinander, der auf Akzeptanz und Empathie gegründet ist, zugleich zu einer veränderten Grundeinstellung der Umwelt gegenüber führt.

Da es vor allem auch darum geht, soziale Konformität als Widerstand gegen die Ausnutzung des eigenen Freiheitsspielraums zu überwinden, wäre die Anwendung von „freiheitsfördernden" Methoden im Rahmen verpflichtender Bedingungen ein Paradox. Genau dieses Paradox ist aber Bestandteil derzeitiger Praxis der öffentlichen Schule.[147] GOODMAN (vgl. insbesondere GOODMAN 1975; 1977) hat auf dieses Problem immer wieder verwiesen und gefordert, Freiheitsspielräume zu erweitern, indem zur Grundlage der Regelung sozialer Probleme freiwillige Zusammenschlüsse von interessierten Bürgern angestrebt werden.

Auch im Rahmen der Gestalttherapie stellt das Prinzip der Freiwilligkeit ein grundlegendes Essential dar. Geht es doch darum, die Fähigkeit zur spontanen Selbstregulation zu fördern und Mechanismen der zwanghaften Kontaktunterbrechung bewußt zu machen.

Während aber in der Therapie in der Regel[148] Freiwilligkeit ein Bestandteil des grundlegenden Kontrakts zwischen Therapeut und Klient ist, sieht die Situation in der Pädagogik ganz anders aus. Die Mehrzahl der Schüler, um ein Beispiel zu geben, ist zur Teilnahme am Unterricht zwangsverpflichtet. Die Pflicht wird durch mehr oder minder subtile Eingriffe in Form von Verordnungen bis hin zu sozialtechnologischem Management durchgesetzt.

Von daher stellt die Realisierung[149] des Prinzips hohe Anforderungen an den Pädagogen, insofern er sich über seine eigenen zwanghaften und manipulierenden Strukturen bewußt sein muß.

Das Prinzip der Freiwilligkeit gründet so in einer unbedingten Achtung[150] vor der Würde und der Integrität des anderen. Es basiert darüber hinaus auf dem Vertrauen in die Fähigkeit des anderen, seinen eigenen Weg finden zu können.[151]

Wenn „Freiwilligkeit" bedeutet, die Grenzen der Freiheit (aufgrund von Rahmenbedingungen, eigenen Vorstellungen usw.) deutlich zu machen und Räume echter Freiheit davon abzugrenzen, so beinhaltet die Verwirklichung dieses Prinzips zugleich die Anerkennung von Zwang als einem Merkmal gegenwärtiger Existenzbedingungen. Gestaltpädagogik zielt darauf ab, diesen Zwang bewußt zu machen, um den Schülern eine Möglich-

---

[147] So fehlt es an echten Bereichen von Freiheit und Selbstverantwortung für Lehrer **und** Schüler. Die vorherrschende Tendenz der Schulbürokratie zielt auf eine weitere Entmündigung ab. Der Mangel an echter Partizipation führt zum Abbau von Verantwortungsgefühl und Engagement.

[148] Abzuheben sind davon „Zwangstherapien". Aber auch unter regulären Bedingungen kann der Therapeut unwissentlich manipulierende Macht ausüben, die im Verhältnis zum Therapieziel kontraproduktiv ist.

[149] „Realisierung" meint unter gegenwärtigen Bedingungen die Unterstützung von Tendenzen in dieser Richtung. Die vollständige Realisierung würde ein verändertes gesellschaftliches Umfeld voraussetzen.

[150] ROGERS 1984 hat diesen Gesichtspunkt besonders nachdrücklich herausgearbeitet und vertreten.

[151] Es geht mir hier um nichts weniger als den Abbau von Entmündigung als Bestandteil etablierter Pädagogik.

keit zu geben, zu entscheiden, wo sie sich anpassen oder auflehnen wollen. Die Verantwortung dafür müssen die Schüler selbst übernehmen. Sie kann ihnen nicht vom Lehrer abgenommen werden, denn dies würde ein mangelndes Ernstnehmen der Person bedeuten und wichtige Lernmöglichkeiten abschneiden.[152]

Über der Faszination der Verwendung gestaltpädagogischer Methoden zur Förderung persönlich bedeutsamen Lernens (vgl. BÜRMANN 1983; BUROW/QUITMANN/RUBEAU 1987) darf der Lehrer die Beachtung der Widerstände der Schüler und die erneute Herstellung eines gemeinsamen Konsens nicht vernachlässigen. Die Erweiterung des Daseinsgefühls kann nur dann fruchtbar gefördert werden, wenn sie einem echten Bedürfnis der Schüler entspricht.[153] Insofern stellt die Berücksichtigung des Prinzips der Freiwilligkeit ein unverzichtbares Element gestaltpädagogischen Lehrens und Lernens dar.[154]

5.3.6. Zur Abgrenzung von Therapie und Pädagogik

Ein häufig zu hörender Einwand gegen die Gestaltpädagogik bezieht sich auf die unterstellte Vermengung von Therapie und Pädagogik. Hier sind in der Tat klare Grenzziehungen nötig, denn therapeutische Interventionen müssen auf einem freiwilligen Kontrakt beruhen und bedürfen präziser Indikation. Beide Punkte sind im Rahmen der Schule nicht gegeben.

Auf der anderen Seite sind, wie wir gesehen haben, die Grenzen zwischen Therapie und Pädagogik fließend und nur in Umrissen skizzierbar. Aber auch, wenn wir klar zu definieren suchen, was Pädagogik von Therapie unterscheidet und uns klar für pädagogische Interventionen aussprechen, entgehen wir der Unsicherheit im konkreten Einzelfall nicht. Denn bei den Versuchen der klaren Abgrenzung wird übersehen, daß auch ein Lehrer ohne therapeutische Ausbildung und entsprechende Ambitionen durch seine scheinbar „pädagogischen" Interventionen, tief in die psychische Struktur seiner Schüler einwirken kann. Die Literatur ist voll von solchen Beispielen (z.B. HESSE 1972; KIPPHARDT 1978; JEGGE 1983).

COHN versucht dieses Dilemma dadurch zu lösen, daß sie für die Entwicklung einer präventiven Pädagogik plädiert, die durch „pädagogisch-therapeutische Interventionen" (vgl. COHN 1975, S. 176 ff) psychisch eingeengten Menschen hilft, Zugang zu sich selbst und anderen zu gewinnen. Ähnlich wie PERLS und GOODMAN geht sie davon aus, daß solche psychischen Begrenzungen eher die Regel, denn die Ausnahme sind. Von daher

---

152 Die Verleugnung oder Überspielung der zwanghaften Strukturen von Schule und Unterricht würde eine neue Kontaktunterbrechung bedeuten und lediglich Anpassungsleistungen und Wahrnehmungsverzerrungen fördern.

153 Ein Lehrer, der diese Bedürfnisse nicht berücksichtigt, handelt „kontaktlos".

154 Das Prinzip beschreibt damit zugleich den Kern einer gestaltpädagogischen Ethik.

kann der Pädagoge vor ihnen nicht die Augen verschließen. Eine gewisse Abgrenzung nimmt COHN vor, indem sie folgende Unterscheidung trifft:

> *Psychotherapie dient der Auflösung fehlgeleiteter und fixierter Strebungen oder dem Erwecken verkümmerter Möglichkeiten; Pädagogik bezieht sich auf die Erfüllung und Erweiterung des freien Potentials. (COHN 1975, S. 176)*

Anhand einiger Beispiele versucht sie, diese Abgrenzungen zu verdeutlichen[155] und hebt als wesentliche Unterscheidungsmerkmale u.a. folgende Punkte hervor:

— *keine Tiefendimension*
— *Konzentration auf die Interaktion im Hier-und-Jetzt*
— *Berücksichtigung der Gleichgewichtigkeit von Ich/Wir/Es/Globe*

Im Rahmen pädagogischer Gruppen werden persönliche Probleme nur insoweit einbezogen, als es für die Arbeitssituation angemessen erscheint.[156]

Die Hier-und-Jetzt-Zentrierung sowie die Gewährleistung der Gleichgewichtigkeit[157] der Ebenen Ich/Wir/Es/Globe sorgen dafür, daß keine therapeutische Tiefung angezielt wird.[158] Gleichwohl behauptet COHN, daß die Anwendung von TZI therapeutische Wirkungen hat. Durch die Verwendung von TZI-Regeln wie auch die Prinzipien der Gestaltpädagogik werden Konflikte „angeritzt" (vgl. COHN 1975, S. 197). Gerade das Nicht-Durcharbeiten dieser angeritzten und häufig unbewußt bleibenden Konflikte entfalte therapeutische Wirkung:

> *Der unbewußte Konflikt wird nicht durch Durcharbeiten seiner Herkunft, sondern auf dem Wege der Reduktion von Angst seinen Auswirkungen gegenüber angegangen. Gesundung sickert quasi von oben nach unten ein und löst die innere Erstarrung auf — mit oder ohne Bewußtwerden der primären Traumata. (a.a.O.).*

Der pädagogisch-therapeutisch qualifizierte Lehrer[159] sorgt für die Schaffung eines akzeptierenden und kontaktfördernden Klimas für relativ angstfreie Bedingungen, die für Selbstakzeptanz und Selbstentdeckung förderlich sind. In diesem Sinne überwindet COHN die defensive Abgrenzungsstrategie und betont dagegen offensiv die Notwendigkeit der „Ineinander-

---

[155] a.a.O. In ihrem Vorgehen wird deutlich, daß eine nachvollziehbare Abgrenzung nur anhand von konkreten Fallbeispielen möglich ist.

[156] Im Rahmen der Gestaltpädagogik liegt hier ein besonderer Schwerpunkt in der Phase des Vorkontakts.

[157] COHN weist darauf hin, daß Gruppen die Fähigkeit zur Bewahrung der Gleichgewichtigkeit erst erlernen müssen. Am Anfang treten häufig therapeutische Bedürfnisse in den Vordergrund.

[158] In Schulklassen tun die große Zahl und der damit verbundene Zeitfaktor ihr übriges.

[159] Ich denke hier an Fortbildung im Rahmen der Gestaltpädagogik oder der TZI. Aber auch selbstorganisierte Lehrergruppen können sich in dieser Hinsicht qualifizieren. Laut Untersuchungen von ROGERS besitzen ca. 15% der Bevölkerung die notwendigen Qualifikationen, ohne je an einer Fortbildung teilgenommen zu haben, vgl. TAUSCH 1983.

fügung therapeutischer und pädagogischer Möglichkeiten" (COHN 1975, S. 177) zur Prävention von psychischen Störungen. Darüber hinaus enthalte ein Vorgehen auf Basis von TZI wie auch der Gestaltpädagogik (Gestaltpädagogik wurde von mir miteinbezogen) einen Ansatz zur „pädagogisch-therapeutischen Erziehung und Nacherziehung" (a.a.O.).

Ähnlich argumentiert SHIFLETT (SHIFFLETT 1978, S. 87 ff) als Vertreter der Confluent Education. Er kommt ebenso wie Phillips (vgl. PHILLIPS 1978, S. 13 ff) — aufgrund von Erfahrungen und Untersuchungen mit Lehrern, die auf der Basis der Confluent Education arbeiten — zu dem Schluß, daß eine Berücksichtigung von Prinzipien, wie ich sie oben skizziert habe, präventive Wirkungen zeitigt. Auch er fragt sich, wie man die Tätigkeit des Lehrers von der eines Therapeuten abgrenzen kann und versucht, mit der begrifflichen Unterscheidung zwischen „Einsicht" und „Aussicht" (die auf JONES zurückgeht) eine Antwort zu finden:

> *Einsicht wird als Konsequenz eines introspektiven Aktes beschrieben; in der Therapie liegt das Hauptgewicht auf dem Herausarbeiten dessen, was in der pathologischen Gefühlswelt des Patienten über sich selbst vorgeht bzw. vorgegangen ist und man beschäftigt sich hauptsächlich mit seiner Lebensgeschichte.*
> *‚Aussicht' ist viel existentieller gemeint und bezieht sich darauf, wie man emotional auf den Teil seiner Umwelt reagiert, mit dem man gerade zu tun hat. (SHIFLETT 1978, S. 91)*

Wenn diese kurze Erörterung auch deutlich gemacht haben dürfte, wie schwierig die begrifflich eindeutige Abgrenzung von Therapie und Pädagogik ist,[160] so lassen sich doch einige Aussagen machen, die spezifische Schwerpunktsetzungen der Gestaltpädagogik verdeutlichen. Ich möchte diese Schwerpunkte anhand von fünf Thesen umreißen:

1. *Das Thema der Gestaltpädagogik ist nicht Therapie, sondern die Entwicklung „humaner" (zur Füllung dieses Begriffs vgl. SINGER 1980) Formen und Inhalte der Erziehung und Wissensvermittlung.*
2. *In Abgrenzung zur Therapie wird in der Gestaltpädagogik der Schwerpunkt auf die aktuellen Interaktionen im Hier-und-Jetzt gelegt, wobei die Tiefendimension weitgehend ausgeblendet wird.*[161]
3. *Zentrales Anliegen der Gestaltpädagogik ist die Verdeutlichung und Erweiterung positiver Aspekte und Fähigkeiten der Person,*[162] *während die vertiefende Durcharbeitung komplexer Störungen Aufgabe der Therapie bleibt.*

---

[160] Diese Frage kann meines Erachtens nur über eine entsprechende Fortbildung adäquat und praxisrelevant geklärt werden. Auf der anderen Seite werden die phantasierten Gefahren oft grandios übertrieben. Eine Schulklasse wird nach meinen Beobachtungen einem kontaktlos therapierenden Lehrer schnell die Grenzen der schulischen Situation verdeutlichen.

[161] Ausgeblendet nur insofern, als sie nicht im Unterricht thematisiert wird. Als Hintergrundwissen bleibt sie aber von Bedeutung.

[162] SHIFLETT gibt ein Beispiel: Die Schüler legen ein Heft zum Thema „Ich bin etwas Besonderes" an; a.a.O.

4. *Gestaltpädagogik zielt auf die Herstellung eines unterstützenden, psychisch heilsamen Lernklimas ab und beabsichtigt — vermittelt über die Wirkungen entsprechender Vorgehensweisen — Prävention.*
5. *In diesem Sinne werden in der Gestaltpädagogik therapeutische und pädagogische Elemente verbunden und in einer neuen Weise integriert, um zu Formen und Inhalten des Lehrens und Lernens beizutragen, die über die Wissensaneignung hinaus dem Wachstum*[163] der Person dienen.

5.4. Schlußfolgerungen:

Der Beitrag der GP zur Sozialen Kompetenz des Lehrers in theoretischer Perspektive

Wie wir gesehen haben, stellt sich Gestaltpädagogik als ein in der Entwicklung befindlicher, speziell konturierter pädagogischer Ansatz dar, der seine Hauptquellen im Kontaktkonzept der Gestalttherapie und dem existentialistischen Konzept von Kontakt und Begegnung besitzt. Unter Einbeziehung von Aspekten der Reformpädagogik sowie der Schulkritik ergibt sich ein spezifischer Ansatz, der Lehren und Lernen vor allem unter dem Aspekt eines Kontaktprozesses betrachtet.

Vermittelt über Selbstreflektion und genaue Wahrnehmung der im Hier-und-Jetzt ablaufenden Prozesse sollen die Bewußtheit und damit der Handlungsspielraum von Lehrenden und Lernenden erweitert werden. Diese erhöhte „awareness“ sich selbst, anderen und der Umwelt gegenüber, stellt das eigentliche Ziel gestaltpädagogischer Kompetenzförderung dar und beschreibt ein Programm zur Wiedergewinnung bzw. Erweiterung ungenutzter Kontaktpotentiale.

Im Unterschied zu Konzepten Sozialen Lernens wird dabei nicht das Bild eines omnipotenten Sozialtechnikers angestrebt, sondern das Bild eines Lehrers, der vor allem „Mit-Menschlichkeit“ realisiert.

Gestaltpädagogik stellt sich somit nicht nur als pädagogisches Konzept im engeren Sinn dar, sondern darüber hinaus als philosophisch-psychologisch-pädagogisch fundierter Entwurf für eine veränderte Lebenshaltung. Insofern wird über die spezifische Förderung Sozialer Kompetenzen wie Erziehen, Beraten, Beurteilen und Lehren ein besonderer Schwerpunkt auf Innovieren gelegt. Die Richtung der Innovation ist durch eine grundlegende Veränderung der Beziehung zwischen Lehrer und Schüler charakterisiert, die ich mit dem Begriff „Intersubjektivität“ beschrieben habe. Im Un-

[163] Gemeint ist hier die Anbahnung intersubjektiver Beziehungen zum Stoff und zur Gruppe sowie die Erfahrung von Wissen als Bereicherung der Person.

terschied zu Konzepten Sozialen Lernens orientiert sich Gestaltpädagogik bei der Einleitung innovativer Prozesse aber nicht an abstrakten Zielkatalogen, sondern geht davon aus, daß die Belebung und bewußte Nutzung der Kontaktfunktionen Prozesse der Selbsthilfe in Gang setzt. Indem der Lehrer fähig wird, seinen Bedürfnissen und denen seiner Schüler stärker zu ihrem Recht zu verhelfen, werden selbstunterstützende Kräfte freigesetzt, die auf eine Humanisierung des Gesamtsystems hinwirken.

Da sich diese Prozesse gemäß dem Kontaktkonzept im Organismus-Umwelt-Umfeld abspielen, bedarf es neben der Selbstreflektion eines Einwirkens auf die Umweltbedingungen. Denn die Erweiterung Sozialer Kompetenz ist Ergebnis eines Austauschprozesses und wechselseitigen Einwirkens des Organismus in seinem Umfeld. Insofern werden erweiterte Wahlmöglichkeiten erst möglich, wenn Verhaltensspielräume im sozialen und ökologischen Umfeld erkannt **und** erweitert werden. So gesehen, beschreibt Gestaltpädagogik ein dynamisches Konzept der Einheit von Selbstveränderung und gesellschaftlicher Veränderung. Um diesen theoretisch fundierten Anspruch in praxisrelevante Strategien umzusetzen, bedarf es konkreter Konzepte, entsprechende Kompetenzen zu fördern, in Unterrichtskonzepte einzubringen und zur Veränderung der Institution zu nutzen. Im weiteren Fortgang meiner Untersuchung wird es also darum gehen zu untersuchen, welche praxisrelevanten Konzepte in Hinblick auf diese Zielsetzung entwickelt sind, bzw. entwickelt werden müssen.

Teil C
Zur Praxis gestaltpädagogischer Kompetenzförderung

Wenn wir uns vor dem Hintergrund meiner Erarbeitung theoretischer Grundlagen der Frage zuwenden, was denn nun die Gestaltpädagogik zur Förderung Sozialer Kompetenzen des Lehrers beiträgt, stehen wir vor der Schwierigkeit, daß gestaltpädagogische Praxiskonzepte erst im Entstehen begriffen sind und von einer einheitlichen Systematik keine Rede sein kann. In einem ersten Schritt, einer Bestandsaufnahme, muß ich also den zu untersuchenden Gegenstand konstruieren, um dann auf Lücken und Brüche hinweisen zu können, die Grundlage für das Aufzeigen von Perspektiven der Weiterentwicklung sein sollen.

Bei der Annäherung an das unscharf umgrenzte Feld gestaltpädagogischer Ansätze bin ich auf einen Vorschlag ALSCHULERs (1971) getroffen, der für seinen, der GP nahestehenden Ansatz der „psychologischen Erziehung" folgende Bereiche unterscheidet:

— *Kongruenter Bereich*
  (Erfahrung und Studium des „Selbst")
— *Konfluenter Bereich*
  (Verbindung von affektivem Lernen mit traditionellen Schulfächern)
— *Kontextualer Bereich*
  (Verbesserung des ganzen Schulklimas durch Methoden der Organisationsentwicklung, Umgang mit Lehrerkollegen, Eltern und Schulbehörden mit anderer pädagogischer Orientierung) (Die Übersetzung folgt FATZER 1983, S. 269)

Nachdem mir diese Unterscheidungen zunächst einleuchteten, weil sie spezifische Bereiche der Gestaltpädagogik deutlich umreißen, habe ich mich für folgende Systematik entschieden:
— Lehrertraining
— Unterrichtskonzept
— Organisationsentwicklung

Diese Unterscheidungen scheinen mit für die Beantwortung der Frage, was GP zur Sozialen Kompetenz des Lehrers beiträgt, geeigneter zu sein, weil sie ihre Entsprechungen in der gegenwärtigen Praxis finden. So besteht gestaltpädagogisches Lehrertraining nicht nur aus „Erfahrung und Studium des ‚Selbst'" und bezieht sich das gestaltpädagogische Unterrichtskonzept nicht nur auf die „Verbindung von affektivem Lernen mit traditionellen Schulfächern".[1]

Gleichzeitig tragen diese Unterscheidungen den Charakter eines programmatischen Entwurfs:

---

[1] Außerdem befürchte ich, daß die Begriffe „kongruenter" und „konfluenter" Bereich Anlaß zu Verwirrungen geben und die Verständlichkeit beeinträchtigen.

Wenn Gestaltpädagogik etwas zur Realisierung der Ansprüche aus den theoretischen Konzepten beitragen will, müssen die Bereiche Lehrertraining, Unterrichtskonzept und Organisationsentwicklung gleichberechtigt berücksichtigt werden.

Im folgenden werde ich diese drei Bereiche gesondert untersuchen, um dann Perspektiven für eine Weiterentwicklung zu skizzieren.

6. Lehrertraining

Unter diesen Bereich fasse ich die vielfältigen Versuche auf der Basis der theoretischen Konzepte, die ich oben beschrieben habe, Lehrertrainings zu entwickeln, die vor allem an der Person des Lehrers ansetzen. Hierunter zähle ich sowohl einzelne Wochenendworkshops als auch mehrjährige Fortbildungsveranstaltungen.

Um Mißdeutungen von Anfang an vorzubeugen, möchte ich hier klarstellen, daß der Begriff „Training" im Rahmen der Gestaltpädagogik Maßnahmen zur Förderung des persönlichen Lernens des Lehrers umschreiben soll.[2] Es geht also weniger um Verhaltensmodifikation oder das Antrainieren bestimmter Verhaltensweisen, wie es von anderen Lehrertrainingskonzeptionen angestrebt wird (vgl. MUTZECK/PALLASCH 1983).

Im Mittelpunkt gestaltpädagogischen „Trainings" steht die persönliche Entwicklung auf der Grundlage selbstbestimmter und selbstverantworteter Reflektion.[3]

6.1. Zur Begründung gestaltpädagogischen Lehrertrainings

Die Forderung nach einer gezielten Ausbildung der Sozialen Kompetenz des Lehrers, die der *Bildungsrat erhoben hat und die bei* PRIOR *implizite Voraussetzung der Verwirklichung von Konzepten Sozialen Lernens ist, hat sich in der Realität der universitären Ausbildung bisher nur wenig niedergeschlagen.*

Zwar ist der Forderung nach einer wissenschaftlichen Ausbildung[4] aller Lehrer mit der Integration der Pädagogischen Hochschulen und der Schaffung einheitlicher, auf Schulformen bezogener Ausbildungsgänge[5] Rechnung getragen worden, aber von den einstigen Zielvorstellungen (*Bildungsrat,* a.a.O.) ist wenig übriggeblieben.

Während der *Bildungsrat* noch eine schulstufenbezogene, breit gefächerte, praxisnahe Ausbildung vorsah, wird heute, wie NEUMANN & OELKERS (1984) bedauernd feststellen, „wissenschaftliche Ausbildung" überwiegend mit universitärer Ausbildung gleichgesetzt. Diese Ausbildung, so kritisieren sie, sei am überkommenen Gymnasiallehrermodell orientiert und trage den Anforderungen der Praxis nur unzureichend Rechnung:

---

[2] Vgl. auch TAUSCH 1983, S. 276 ff., der die Vorstellung kritisiert, man solle Verhalten „trainieren". Ähnlich wie die GP setzt er auf die Kraft der Begegnung.

[3] Wobei aber zu untersuchen wäre, ob dieses Ziel nicht durch die Wirkung eines heimlichen Lehrplans in der Fortbildung konterkariert wird.

[4] Erhoben vom *Bildungsrat* 1970 „Vorschläge zu einer Reform der Lehrerbildung", S. 221.

[5] Diese Ausbildungsgänge schreiben dessen ungeachtet Status- und Ausbildungsunterschiede zwischen den verschiedenen Lehrämtern fest.

Der Kerngedanke einer anspruchsvollen Berufsvorbereitung **durch** *gediegene wissenschaftliche Bildung scheitert daran, daß man nicht für alle Schulfächer wissenschaftlich gebildet werden kann, wissenschaftliche Bildung in einer Disziplin gerade nicht berufsvorbereitend ist und last not least Pädagogik keine Berufswissenschaft mehr ist, die zu studieren eine hinreichende Voraussetzung für den späteren Beruf wäre. (dieselben, S. 57)*

Verwissenschaftlichung der Ausbildung bedeutet in der Praxis Ausbildung des angehenden Lehrers in weitgehender Annäherung an das Bild des Fachwissenschaftlers. Ausbildungsbereiche, die der Förderung von Sozialen Kompetenzen dienen, sind derartig in den Hintergrund getreten, daß namhafte Pädagogen bereits den alten Pädagogischen Hochschulen nachtrauern.

Dennoch gibt es am Rande auch gegenläufige Entwicklungen. Die Forderung nach verstärkter Ausbildung von Sozialen Kompetenzen war ja auch Reflex gesellschaftlicher Erfordernisse und objektiver Anforderungen aus dem Berufsfeld des Lehrers. Spätestens in der Konfrontation mit dem pädagogischen Alltag wird für viele Lehrer die Diskrepanz zwischen universitärer Ausbildung und alltäglicher Praxis drastisch deutlich. Das schmerzlich bemerkte Fehlen von „Alltagskompetenz“[7] läßt bei vielen Lehrern ein Bedürfnis nach entsprechender Fortbildung entstehen. In diese Bedarfslücke stoßen die verschiedenen Formen von Lehrertrainings. Die Unfähigkeit bürokratischer Lehrerbildungseinrichtungen auf die entsprechenden Bedürfnisse adäquat einzugehen, wird zunehmend von privaten Institutionen als Chance für den Aufbau eines entsprechenden Fortbildungsmarkts erkannt.

So zeigt ein Blick in die einschlägigen Fachzeitschriften und Veranstaltungsverzeichnisse privater Fortbildungsinstitutionen,[8] daß sich die verschiedenen Formen von Lehrertrainings zunehmender Beliebtheit erfreuen. Aber auch in staatlichen Fortbildungsinstitutionen[9] sind solche Angebote vermehrt aufzufinden.

Neben den in der Literatur zur Genüge beschriebenen Argumentationssträngen zur Rechtfertigung von Lehrertrainings,[10] stützt sich Gestaltpäd-

---

[6] Vgl. die verschiedenen Diskussionsbeiträge, in: BECKER/HENTIG: Der Lehrer und seine Bildung, Frankfurt 1984.

[7] STRUCK 1984 kritisiert die mangelnde Ausbildung von „Alltagskompetenz“ in der derzeitigen Lehrerausbildung.

[8] WOHLRAB 1984: Das Geschäft mit dem Lehrerfrust, in: b:e 12/1984, S. 21—27.

[9] In Berlin werden in der Senatsfortbildung für Lehrer z.B. Micro-Teaching und GORDON-Lehrertraining angeboten. Das Hess. Institut für Lehrerfortbildung *Hilf* bietet Fortbildungen auf Grundlage der GP an.

[10] Vgl. dazu meinen Überblick: „Zur Entwicklung, Klassifikation, Konzeptualisierung, Evaluation und Funktion Humanistischer Lehrertrainings“, hektographiertes Manuskript. HdK Berlin 1986; außerdem BRUNNER 1976; 1981;1983; DÖRING 1980; GORDON 1977; GUDJONS/REINERT 1981; GUDJONS 1983; JACOBS/SCHOLZ/SPINDLER 1982; MÜLLER-WOLF 1974; NEUMANN/OELKERS 1984; MUTZECK/PALLASCH 1983.

agogik insbesondere auf Argumentationen der Humanistischen Pädagogik, die ich hier kurz umreißen möchte.

Die bewußte Erfahrung und das Studium des „Selbst" sind dabei ein Angelpunkt Humanistischer Konzeptionen, der mit ROGERS programmatischem Begriff „personenzentrierten Lehrens und Lernens" (vgl. ROGERS 1974; 1984) charakterisiert werden kann.

Humanistische Pädagogik im allgemeinen als auch Gestaltpädagogik im besonderen gehen von der grundlegenden Annahme aus, daß Lernprozesse entscheidend durch die spezielle Biographie der beteiligten Personen, ihre Persönlichkeit sowie durch die Qualität der Beziehungen beeinflußt werden.

6.1.1. Zentraler Stellenwert der Sozialkompetenz

Sachlich fundierte und didaktisch gut aufbereitete Strukturierung eines Stoffs ist demnach eine wichtige, aber keine ausreichende Bedingung für erfolgreich ablaufende Lernprozesse. Ganz im Gegenteil entspricht eine vorrangige Konzentrierung auf ein solches Vorgehen, wie wir es in bestimmten lernzielorientierten Unterrichtsplanungsmodellen finden,[11] dem von FREIRE (vgl. 1976) als „Bankierskonzept" der Erziehung kritisierten Vorgehen bzw. dem „Trichtermodell" des Lernens, wie es ROGERS[12] ausgedrückt hat.

In diesen Konzeptionen wird der Lernprozeß mechanistisch auf ein Sender-Empfänger-Modell reduziert, das weitgehend „sachlichen" Kriterien verpflichtet ist, und die implizit gesetzte hierarchische Beziehung Lehrer-Schüler sowie die im Hier-und-Jetzt ablaufenden zwischenmenschlichen Prozesse unberücksichtigt läßt. Die Komplexität des Lernvorgangs wird so auf den Austausch sachlicher Informationen im Rahmen detailliert geplanter Vorgehensstrategien reduziert. Im Rahmen solcher Konzepte bezieht der Lehrende seine Stärke überwiegend aus seiner Sachkompetenz. Die persönliche Bedeutsamkeit des Lernstoffs und der Charakter der sozialen Beziehungen in der Unterrichtssituation bleiben weitgehend im Hintergrund. Die ablaufenden sozialen Prozesse werden, soweit sie sich nicht sachlichen Erfordernissen anpassen, als Störfaktoren gesehen, die es durch entsprechende Disziplinierungsmaßnahmen oder didaktische Tricks zu unterdrücken gilt. Implizit wird davon ausgegangen, daß die Sa-

---

[11] Vgl. BLANKERTZ 1974 (8); HEIMANN/OTTO/SCHULZ 1972 (6). SCHULZ hat sich interessanterweise von der ursprünglichen Fassung der lernzielorientierten Berliner Didaktik entfernt und ein Konzept entwickelt, das versucht, Elemente der TZI miteinzubeziehen, vgl. SCHULZ 1980. Dessen ungeachtet bestimmen lernzielorientierte Konzepte noch immer die Praxis der 2. Ausbildungsphase und werden in Überprüfungen durch Schulaufsichtsbeamte rigide angewendet. Der formalisierte Status dieser Konzepte legt eine totale Planbarkeit und Kontrollierbarkeit von Unterricht nahe, was wie jeder Praktiker weiß, eine Illusion ist.

[12] ROGERS und FREIRE kritisieren mit diesen Begriffen unabhängig voneinander ein Konzept der Erziehung, das die Interessen der Betroffenen nicht berücksichtigt und sie als zu beschulende Objekte sieht.

che selbst so motivierend ist,[13] daß die Konzentration auf sie und ihre geeignete Darbietung, den wesentlichen Teil der Tätigkeit des Lehrers ausmacht. Demgegenüber heben Humanistische Pädagogen den zentralen Stellenwert der Person des Lehrers und seiner Sozialkompetenz hervor. Im Gegensatz zur gegenwärtigen Praxis des überwiegenden Teils der institutionalisierten Lehrerausbildung (vgl. NEUMANN/OELKERS 1984: Zurück zur alten Lehrerbildung?) legt Gestaltpädagogik den Schwerpunkt auf die Vermittlung spezifischer Sozialer Kompetenzen (vgl. Fortbildungsprogramm Gestaltpädagogik des GZB 1983; auch HEPKE 1983). Dieses Vorgehen läßt sich nicht nur aus den Konzepten der Gestalttherapie ableiten, sondern findet seine Bestätigung in den Ergebnissen von Selbstreflektionsprozessen der organisierten Lehrerschaft[14] sowie den Forschungsergebnissen, die ROGERS und TAUSCH zu diesem Bereich referieren.

6.1.2. Forschungsergebnisse zur Bedeutung der Person des Lehrers

Die Bedeutung der Person des Lehrers und ihrer sozialen Kompetenz für den Unterricht ist mittlerweile in einer Vielzahl von Untersuchungen mit unterschiedlichen Schwerpunkten belegt (vgl. DIETRICH 1983). Neben anderen[15] beruft sich Humanistische Pädagogik in erster Linie auf die Befunde, die ROGERS u.a. vorgestellt haben. Zentrale Elemente personenzentrierten Lehrens und Lernens[16] sind demnach drei Variablen:

— Empathie[17]
— Kongruenz[18]
— Akzeptanz[19]

Diese zunächst aus therapeutischen Zusammenhängen entwickelten Variablen sind in ihrer Bedeutung für die Person des Lehrers inzwischen

---

[13] Diese Auffassung vertritt z.B. auch FREINET (1981). Die genaue Lektüre seiner Schriften fördert aber zutage, daß er soziale Kompetenzen des Lehrers, wie sie Gestaltpädagogik fördern will, einfach voraussetzt und deshalb nicht besonders thematisiert.

[14] Ausführlich diskutiert, in: GEW-Script 7 „Soziale Kompetenz des Lehrers“, Frankfurt 1984.

[15] Diese Bedeutung wird in den Werken vieler Schriftsteller sehr deutlich, z.B. MAKARENKO, HESSE, MUSIL, KIPPHARDT(!), MANN, BRECHT, SPOERL, KEMPOWSKI, BECKER.

[16] Zusammenfassend referiert ROGERS sein Konzept in einem Vortrag vor der „American Personal and Guidance Association“, St. Louis 1958, in: GORDON Lehrertraining Materialien, Zürich 1981; vgl. auch ROGERS 1972; 1974; 1984.

[17] Unter Empathie versteht ROGERS (vgl. TAUSCH/ROEDLER 1970, S. 310 ff.) die Einfühlung in die Denk-, Gefühls- und Erlebenswelt des anderen und die entsprechende Verbalisierung dieses Vorgehens. In der Gestalttherapie wird Empathie auch auf die Ebene des Körpers bezogen, d.h. der Therapeut teilt seine Wahrnehmungen über den Körperausdruck des Klienten mit und führt ihn so auch auf dieser Ebene zu einem vertieften Selbstverständnis.

[18] Mit Kongruenz bezeichnet ROGERS (1958) die Fähigkeit, sich so zu geben, wie man sich fühlt. Der Begriff wird auch oft mit „Echtheit“ übersetzt.

[19] Akzeptanz meint die Fähigkeit, den Partner ohne Bewertung in seinem So-Sein akzeptieren zu können. Akzeptanz setzt Selbstakzeptanz voraus, wie auch nach ROGERS' Auffassung die Förderung einer Selbstentfaltung von Klienten, die Fähigkeit der Selbstentfaltung des Therapeuten voraussetzt.

Gegenstand zahlreicher Untersuchungen[20] geworden. So haben ASPY & ROEBUCK[21] die Auswirkungen dieser persönlichen Haltung des Lehrers auf das Verhalten von Schülern untersucht und konnten belegen, daß ein solches Lehrerverhalten in bezug auf die fachliche Leistung und persönliche Entwicklung der Schüler signifikant bessere Ergebnisse bringt.

Ähnliche Untersuchungen haben TAUSCH u.a. (TAUSCH 1983, WITTERN/TAUSCH 1979) in der Bundesrepublik durchgeführt und konnten die amerikanischen Ergebnisse weitgehend bestätigen. TAUSCH führt als wesentliche Auswirkungen eines personenzentrierten Unterrichts folgende Punkte an:

> *Schüler der sehr einfühlsamen, achtungsvoll-sorgenden und echten Lehrer (Beurteilung aufgrund einer Schätzskala)*
> — *hatten einen größeren Zuwachs an fachlichen Leistungen*
> — *hatten einen Zuwachs im IQ und in Tests für Kreativität*
> — *hatten ein höheres Niveau des Denkens im Unterricht*
> — *blieben der Schule weniger Tage im Jahr fern*
> — *verursachten weniger Disziplinprobleme*
> — *begingen weniger Akte der Zerstörung gegenüber dem Schuleigentum*
> — *ihr Selbstbild änderte sich günstig, eine Folge persönlichen Lernens*
> — *waren zufriedener mit ihrem Körper*
> — *waren zufriedener mit ihren Leistungen*
> — *waren seelisch autonomer-unabhängiger*
> — *hatten ein besseres Verhältnis zu Lehrern und der Schule*
> — *sprachen mehr im Unterricht, stellten mehr Fragen an den Lehrer, hatten größeres Engagement, mehr Augenkontakt mit dem Lehrer, mehr körperliche Bewegung im Klassenraum (TAUSCH 1983, S. 279 f.)*

Besonders günstig waren die Befunde in den ersten sechs Schuljahren und bei Klassen, die über einen längeren Zeitraum von entsprechenden Lehrern unterrichtet wurden. Als Gründe für diese positiven Auswirkungen sieht TAUSCH, daß die Aktivitäten der „sehr einfühlsamen, achtungsvollsorgenden und echten Lehrer" der seelischen Entwicklung der Schüler angemessener, förderlicher und nicht-dirigierend seien:

> *Sie (die Lehrer, Anm. BUROW) sind zentriert in der seelischen Wirklichkeit ihrer Schüler (einfühlsam), sie sind zentriert in ihrer eigenen seelischen Wirklichkeit (echt) und bemühen sich um befriedigende Wege und Möglichkeiten, für diese seelischen Vorgänge zu sorgen und sie möglichst nicht zu beeinträchtigen (achtungsvoll sorgend). (TAUSCH, S. 282)*

---

[20] Übersicht bei ROGERS 1984, S. 151 ff. und bei TAUSCH 1983.

[21] ASPY & ROEBUCK: From human ideas to human technology and back again many times. Education 1974, S. 95, 163—171.

Die Wirksamkeit dieser Lehrer liege gerade darin, daß sie nicht routinehaft, fassadenhaft und professionell seien, sondern sich als ganze Menschen in den Unterricht einbrächten.

Entgegen früheren Vorstellungen[22] macht TAUSCH deutlich, daß diese Haltungen Persönlichkeitshaltungen des Lehrers seien, die nicht „antrainiert" werden könnten, um sie dann in der Schule zu „realisieren". Vielmehr seien sie Ausdruck eines jahrelangen Prozesses der eigenen Persönlichkeitsentwicklung. Nach seinen Untersuchungen wären ca. 10—15% der Lehrer in der Lage, diese Haltungen im Klassenzimmer zu „leben".

6.1.3. Begründung aus gestaltpädagogischer Perspektive

Der zentrale Stellenwert der Sozialkompetenz des Lehrers für die erfolgreiche Bewältigung seiner Aufgaben macht eine Aus- und Fortbildung, die der Förderung und Entwicklung seiner Sozialen Kompetenz dient, notwendig.

Zur Umsetzung eines Unterrichts, der auf der gestaltpädagogischen Auffassung von Lehrern und Lernen als Kontaktprozeß beruht, bedarf es einer entsprechenden Qualifizierung des Lehrers, die über seine rein fachwissenschaftlichen Qualifikationen hinausgeht. Wenn der Lehrer, um ein Beispiel zu geben, seine Schüler in der bewußten Wahrnehmung ihres Kontaktverhaltens unterstützen will, muß er seine eigenen Muster des Kontakts kennen. Wenn er seine Schüler in der Wahrnehmung und Erweiterung ihrer Verhaltensspielräume fördern will, muß er sich über diesen Bereich auch bei sich selbst bewußt sein. Wenn er intersubjektive Beziehungen fördern will, muß er selbst zur Realisierung solcher Beziehungen in der Lage sein, bzw. seine Grenzen (sowie die institutionell und gesellschaftlich vorgegebenen) kennen und deutlich machen.

Die umfassende pädagogische Absicht der Förderung „persönlichen Wachstums" bei den Schülern, muß einhergehen mit der Bereitschaft und Fähigkeit zur Erweiterung der eigenen Kontaktgrenzen.

Der persönliche Entwicklungsprozeß des Lehrers wird so zu einer entscheidenden Quelle für die Entwicklung veränderter Formen des Lehrens und Lernens.

6.2. Gestaltpädagogische Lehrertrainingskonzeptionen

6.2.1. Elemente gestaltpädagogischer Lehrerfortbildung nach WEBER/GADOW

WEBER/GADOW haben in Bielefeld über einen Zeitraum von mehreren Jahren „über 100 Lehrer aller Schulformen"[23] mit dem Ansatz der Gestalt-

---

[22] Vgl. SIGNER 1977: Kritik an der Trainingskonzeption von TAUSCH.

[23] WEBER/GADOW „Integrativer Unterricht", in: Die Deutsche Schule, Heft 2, 1982, S. 107—114.

pädagogik, den sie synonym mit „integrativem Unterricht" setzen, vertraut gemacht. In ihrem sehr klar geschriebenen Aufsatz geben sie einen Überblick über die Inhalte **„berufsbezogener Bewußtheitsübungen"**, die ihrer Auffassung nach Bestandteil gestaltpädagogischer Lehrerfortbildung sein sollten:

A) Eigenes Lernverhalten
- *Bedingungen, Voraussetzungen für gutes Lernen*
- *Lernschwierigkeiten*
- *Ablenkungsmechanismen*
- *Möglichkeiten und Grenzen der Arbeit in Gruppen*

B) Bewußtmachen der eigenen Schulzeit
- *Erster und letzter Schultag*
- *Besondere Erlebnisse aus der Schulzeit*
- *Lehrer, bei denen gern und viel gelernt wurde*
- *Lehrer, bei denen weniger gut gelernt wurde*
- *Ängste als Schüler*

C) Lehrerrolle
- *Gründe für die Berufswahl*
- *Erwartungen an die Lehrerrolle*
- *Wirkungen auf Schüler/Kollegen/Eltern*
- *Erwartungen an Kollegen/Schüler/Eltern*
- *Stellung zu Autoritäten*
- *Fachliche und erzieherische Ziele, die vertreten werden*
- *Ziele, die nur unter Zwang vertreten werden*
- *Kennenlernen der eigenen Kontaktgrenze*
- *Bewußtmachen des Konfliktverhaltens*
- *Lösungsstratetegien bei Disziplinschwierigkeiten*
- *Identitätsfindung (Auseinandersetzung mit dem eigenen Ich)*
- *Eigenes Feedbackverhalten*
- *Selbst- und Fremdwahrnehmung (a.a.O., S. 109)*

Aus diesem Überblick wird die Richtung des gestaltpädagogischen Reflektionsprozesses deutlich: jemand, der unterrichten will, muß sich über sein eigenes Lern- und Lehrverhalten bewußt sein; er muß darüber hinaus sein Verhältnis zur Institution Schule geklärt haben. In der Reflektion der Lehrerrolle kommen bereits Elemente hinein, die über den Bereich der bloßen Selbstschau hinausweisen und auf eine Klärung des eigenen Verhaltens in bezug auf gesellschaftlich verordnete Vorgaben beinhaltet. Ein Lehrer, der den Anspruch auf veränderte Umgangsformen der Schüler untereinander hat, muß diese Umgangsformen auch in seiner Person und seinem Verhalten leben. Hier wird deutlich, wie anspruchsvoll die Zielsetzungen der Autoren sind. Obwohl sie die Schwierigkeiten, die aus zu größen Kursen, Fachunterricht, Anonymität usw. resultieren, sehen, meinen sie, daß integrativer Unterricht eine Chance für eine positivere und wirksamere Lernatmosphäre biete.

Als wesentliche Elemente eines gestaltpädagogischen Unterrichts führen sie eine Reihe von Methoden der Gestalttherapie und der Gesprächstherapie an:

— *Ich-Aussagen (Lehrer und Schüler sollen korrekte Ich-Aussagen machen, damit bewußt der eigene Standpunkt vertreten wird)*
— *Äußerung von Gefühlen (Lehrer und Schüler sollen Gefühle mitteilen, damit die Gesprächspartner ihre Situation besser wahrnehmen können)*
— *Freundliche Frustration (Schüler und Lehrer sollen selbst tun, was sie tun können. Ohne Frustration besteht kein Grund, Verantwortung zu übernehmen)*
— *Verdeutlichung (Schüler und Lehrer sollen lernen, daß sich bestimmte Wahrnehmungen zu Gestalten zusammenschließen und so wichtig werden, daß andere Situationen nicht mehr beachtet werden. Dieses nicht Wahrgenommene muß wieder sichtbar gemacht werden, damit eigenes Tun bewußt wird — Figur-Grund-Prinzip)*
— *Schließen der Gestalt (Situationen in der Klasse sind abzuschließen, damit Neues in den Mittelpunkt gestellt werden kann und Kinder sich auf neue Situationen einstellen können)*
— *Feedback (nicht diskriminierende, sondern sachbezogene, eher beschreibende Rückmeldung)*
— *Aktives Zuhören (dem Gesprächspartner wirklich zuhören, ihm dabei helfen, das zu sagen, was er sagen möchte)*
— *Gestaltarbeit zur Bearbeitung der augenblicklichen persönlichen und sozialen Probleme mit dem*
  a) Leeren Stuhl (Experiment zur Problemlösung mit einem nicht anwesenden Konfliktpartner)
  b) Heißen Stuhl (Bewußtmachen der eigenen Identität)
  c) Alter Ego (Experiment zum Widerspruch von Sein-können und Sein-wollen)
— *Projektive Phantasien und Identitätsübungen (Lernmöglichkeiten, die traditionelle Lernziele leichter erreichen lassen. Entwicklung der Phantasie und Kreativität, besseres Verstehen einer Situation, einer Person)*
— *Medieneinsatz: Medien sind personale Medien (Persönlichkeit des Lehrers), Handlungsmedien (z.B. psychodramatisches Rollenspiel) und Sachmedien (z.B. technische Medien/Materialmedien).*

Die Anwendung dieser Methoden setzt meines Erachtens entsprechende Kenntnisse und Erfahrungen voraus. Problematisch erscheint mir, daß die Implikationen einer Übertragung aus der Gestalttherapie stammender, auf die Therapiesituation zugeschnittener Methoden, in den Bereich der Zwangsinstitution Schule nicht in Betracht gezogen werden. Insofern scheint es mir unzureichend zu sein, wenn WEBER/GADOW abschließend bemerken:

Voraussetzung zur Verwirklichung dieses Ansatzes ist die Bereitschaft des Lehrers, der Integrativer Erzieher sein möchte, sich selbst besser kennenzulernen, Bewußtheitsübungen zu machen, damit er nicht von den Schülern etwas verlangt, was er selbst nicht kann und als unglaubwürdig erscheint. (WEBER/GADOW, a.a.O., S. 114).

Auch wenn der Lehrer den genannten Anforderungen entspricht, so hat er doch innerhalb der Institution Schule eine grundsätzlich andere Rolle als seine Schüler. Aus der Übersicht WEBER/GADOWs, die sehr klar Felder gestaltpädagogischer Weiterbildung umreißt, entsteht der Eindruck einer Begrenzung des Interaktionsansatzes auf die Ebenen Ich, Wir und Es, wohingegen der Globe nicht thematisiert wird. Integrativer Unterricht wird bei ihnen vorwiegend unter dem Blickwinkel der individuellen Selbstveränderung von Lehrer und Schüler gesehen, wobei eine Tendenz besteht, Gestaltpädagogik als ein Konzept zur Steigerung der Attraktivität von Unterricht zu beschreiben, ohne die gezielte Beeinflussung der Rahmenbedingungen, die im Kontaktkonzept immer mitgedacht ist, als eine unverzichtbare Dimension zu berücksichtigen.

6.2.2. Gestaltorientiertes Lehrertraining nach HEPKE

Das Münsteraner Modell, das HEPKE sehr detailliert und gründlich begründet beschrieben hat (HEPKE 1983, a.a.O.), stellt das Konzept eines Lehrertrainings dar, das den Anspruch erhebt, einen Beitrag zur Ermöglichung „beruflich **und** persönlich befriedigender" (a.a.O., S. 82) Handlungen zu leisten. Es zielt nicht, wie das Konzept von WEBER/GADOW, auf die Entwicklung eines gestaltpädagogischen Unterrichts ab, sondern konzentriert sich auf berufliche Verhaltensmodifikation.

Ansatzpunkte für dieses Training bilden Unterrichtserfahrungen, die als persönlich unbefriedigend erlebt werden. In vier Phasen sollen diese Erfahrungen aufgearbeitet werden und Verhaltensalternativen erprobt und in der Praxis durchgeführt werden.

Die erste Phase bildet ein an der Gestalttherapie orientiertes Selbsterfahrungswochenende mit den Zielen:

- *Verbesserung der Selbstwahrnehmung*
- *Verbesserung der Fremdwahrnehmung*
- *Erwerb von Feedbackkompetenzen*
- *Erfahrung eines guten Gruppenklimas*
- *Auf der Grundlage dieser vier Ziele;*
  Erfahrung der Möglichkeit von Selbstveränderung

Gestalttherapeutische Konzepte hält HEPKE für ein solches Training für besonders geeignet, weil sie Wahrnehmung und die eigenverantwortliche Verhaltensänderung stärker betonten (a.a.O., S. 89).

Inhalte des Selbsterfahrungs-Wochenendes bilden folglich die Entwicklung von Bewußtheit gegenüber dem eigenen Kontaktprozeß auf den Ebenen Denken/Fühlen/Handeln, das Bewußtwerden eigener Leitideen, die Handlungen beeinflussen, die Konzentration auf das Hier-und-Jetzt usw.

Als Unterstützung zur Erreichung dieser Ziele werden Übungen[24] und die bekannten Trainerfragen („Was tust Du? Was fühlst Du? Was möchtest Du? Was erwartest Du? Was hat das mit dir zu tun? usw.) eingesetzt. Auf dieser Grundlage erfolgt in Phase 2 eine ausführliche Analyse des individuellen beruflichen Verhaltens.

Video-Aufnahmen, Lehrer- und Schülerfragebögen, der Einsatz von Beobachtungskategorien, die Analyse der beruflichen Rahmenbedingungen u.a. sollen ein möglichst komplexes und realitätsgerechtes Bild vom Berufsalltag vermitteln. Diese Phase der Datenerhebung, konzentriert auf Informationen über konkretes berufliches Verhalten, Rahmenbedingungen und Handlungsziele versucht, offensichtliche Verhaltensweisen und intrapsychische Vorgänge gleichermaßen zu erfassen.

Durch dieses Vorgehen beansprucht HEPKE an die „wirklichen" Probleme der Lehrer heranzukommen und die bei Verhaltenstrainings häufig anzutreffende Reduzierung des Blickfeldes zu vermeiden.

Die verschiedenen Ergebnisse der Datenerhebung werden in der aus 5—8 Teilnehmern bestehenden Gruppe besprochen. Dabei bilden Videofeedback und Gruppenfeedback entscheidende Elemente. In Phase 3, der Rollenspielphase, wird mit Formen veränderten beruflichen Verhaltens experimentiert. Den Abschluß bildet die Erprobung der neuen Verhaltensweisen in der Praxis, die durch erneute Video-Aufnahmen und Gruppenfeedback einer kritischen Reflektion unterzogen werden können. Insgesamt werden dem einzelnen Gruppenmitglied zwei Wochen intensiver Aufmerksamkeit gewidmet.

Aufgrund fehlender empirischer Belege fällt es schwer, die möglichen Wirkungen dieses Konzepts abzuschätzen. Ich möchte hier nur auf einige mögliche Probleme hinweisen.

Im Gegensatz zur Intention des Autors macht sein Vorgehen einen sehr technizistischen, auf kurzfristigen Erfolg abzielenden Eindruck. Das Selbsterfahrungs-Wochenende kann allenfalls einen Anstoß für die langfristige Entwicklung der angestrebten Kompetenzen bilden. Die sehr sorgfältig angelegte Phase der Datenerhebung kann trotzdem nur einige Aspekte der beruflichen Problematik im Hier-und-Jetzt erfassen. Das zielstrebige, auf „berufliche Verhaltensmodifikation" abzielende Vorgehen, kann zur Verkürzung der Berufsproblematik und zu einer daraus resultierenden vorschnellen Anpassung führen. Dieser Eindruck entsteht auch deswesen, weil auf die Ziele eines aus einer solchen Verhaltensänderung resultieren-

[24] Kurz dargestellt von LEVITSKY/PERLS: The Rules and Games of Gestalt Therapy, in: FAGAN/SHEPERD 1970.

den, veränderten Unterrichts, nicht eingegangen wird. Die „beruflich und persönlich befriedigende Handlung“ bleibt in ihrem Inhalt leer und wird lediglich an einem „erfolgreichen“ Meistern der Unterrichtssituation gemessen.

6.2.3. Gestaltorientierte Selbsterfahrung nach FITTKAU

Während HEPKE ein strukturiertes Vorgehen mit dem Ziel einer berufsbezogenen Verhaltensänderung, bezogen auf ausgewählte Verhaltenssequenzen wählt, entscheidet sich FITTKAU (1983, a.a.O.) für einen offeneren Weg. Er verbindet mit seinem an der Gestalttherapie orientierten Wochenend-Seminar mehrere Ziele:

Pädagogik-Studenten sollten über den engen Rahmen ihrer Fachausbildung hinaus Möglichkeiten erhalten, sich ihrer Person bewußter zu werden, „. . . ihre oft brachliegenden und versteckten, insbesondere kreativen Kräfte zu zeigen . . .“ (a.a.O., S. 213) sowie „verantwortlicher und realer“ bei der Lösung ihrer Probleme zu werden. Selbsterfahrung erweist sich nach FITTKAU im Rahmen der Lehrerausbildung als notwendig, weil ein entscheidendes Werkzeug des Lehrers seine eigene Person sei und Selbsterkenntnis eine wesentliche Voraussetzung zu einem bewußteren Umgang mit sich selbst und anderen bilde.

Daher ist sein zentrales Anliegen, einen Beitrag zu der Frage „Wer bin ich?“ zu leisten und darüber hinaus Anregungen für eine Umsetzung von Konzepten der Gestalttherapie auf den schulischen Bereich zu geben. In seinem Vorgehen orientiert er sich an bekannten Übungen der Gestalttherapie. Ausgangspunkt bildet eine Kennenlernübung, in der jeder Teilnehmer sich selbst porträtiert, seine Kommunikationsstärken („Wo andere von mir profitieren können“) und -schwächen („Wo andere unter mir leiden“) aufschreibt und seine Ziele für das Wochenende formuliert. Neben dieser eher „kopforientierten“ (a.a.O., S. 215) Herangehensweise, kommen auch Formen spielorientierten, nonverbalen Kennenlernens zur Anwendung. Einen weiteren Bestandteil bildet in der Fortführung des Seminars eine „Einführung in gestaltorientierte Selbsterfahrungsarbeit (erlebnisorientiert), in der eine Phantasiereise zum eigenen Selbstbild zu einer differenzierteren bildlichen Selbstdarstellung führen soll. Anhand dieser Bilder erfolgt dann eine intensive Gestaltarbeit mit den bekannten Gestaltmethoden (z.B. Identifikation mit einzelnen Teilen des Bildes, Führung eines Dialogs zwischen Verschiedenen Aspekten usw.), wobei FITTKAU Prinzipien gestaltorientierten Selbsterfahrung erläutert.

Auf der Grundlage dieser intensiven Erfahrungen (sieben Stunden) führt FITTKAU die „Lebens-Prinzipien der Gestalttherapie“ ein, wie sie (zitiert nach FITTKAU, a.a.O., S. 217) MARCUS auf den Begriff gebracht hat:

— *Prinzip 1: „Lebe jetzt. Beachte das Gegenwärtige mehr als das Vergangene und Zukünftige."*
— *Prinzip 2: „Lebe hier. Beschäftige dich mehr mit dem, was anwesend ist als mit dem, was abwesend ist."*
— *Prinzip 3: „Hör auf zu phantasieren und erfahre, was real ist."*
— *Prinzip 4: „Hör auf mit unnötigem Denken und Grübeln. Schmecke lieber und sieh."*
— *Prinzip 5: „Drück dich und deine Gefühle lieber aus, als zu manipulieren, zu erklären, zu rechtfertigen oder zu bewerten."*
— *Prinzip 6: „Laß dich auf Schmerz genauso ein, wie auf Freude."*
— *Prinzip 7: „Akzeptiere kein Sollen oder Müssen außer dein eigenes. Verehre keine veralteten Ideale."*
— *Prinzip 8: „Übernimm die volle Verantwortung für deine Handlungen, Gefühle und Gedanken."*
— *Prinzip 10: „Sei wie du bist." (a.a.O.)*

Ausgehend von der Einführung des „Gestalt-Blitzlichts" (jeder Teilnehmer sagt, wie es ihm im Augenblick geht), erläutert er weitere Aspekte gestalttherapeutischer Arbeit, indem er auf Diskrepanzen zwischen verbaler Äußerung und Körperausdruck aufmerksam macht.

Weitere Übungen sollen die Grundgedanken gestalttherapeutischer Arbeit verdeutlichen. In seiner „Einschätzung der Übertragungsmöglichkeiten auf den Lehrerberuf" sieht FITTKAU klar, daß vereinzelte Selbsterfahrungen der hier beschriebenen Art nur wenig Auswirkungen haben dürften. Sie könnten allerdings einen Anstoß bilden, sich auf den mühsamen Weg der Selbsterkenntnis zu begeben. Wenn vor diesem Hintergrund die Konzepte der Gestalttherapie auch Anwendung in der Schule fänden, könnten sie einen Beitrag zur Überwindung der „Kopflastigkeit" der Schule leisten, „. . . indem der Sinnlichkeit und den Gefühlen wenigstens ein kleiner Raum geöffnet wird". (FITTKAU, a.a.O., S. 225)

FITTKAU liefert mit der Darstellung seiner Einführung in gestaltorientierte Selbsterfahrung ein anschaulich beschriebenes Beispiel für die Anwendung gestalttherapeutischer Konzepte in Lehrergruppen (bzw. Studentengruppen). Aus seinen eigenen kritischen Anmerkungen wird aber die begrenzte Wirkung solcher vereinzelter Workshops deutlich, die nicht im Rahmen systematisch aufeinander aufbauender Aus- bzw. Fortbildungsgänge stattfinden. Um den „Anstoß" in dauerhafte Auswirkungen auf die Veränderung des Lehr- und Lernverhaltens umzusetzen, bedarf es, wie SIGNER in seiner Kritik von TAUSCHs Trainingskonzeption hervorgehoben hat (vgl. SIGNER 1977), praxisbegleitender Aus- und Fortbildungskonzeptionen.

6.2.4. Fortbildung zum Gestaltpädagogen

Im Rahmen der Konsolidierung der Gestalttherapie als einem eingeführten therapeutischen Ansatz setzte gegen Ende der siebziger Jahre ein noch anhaltender Boom der Gründung von Gestaltinstituten ein, die sich zunehmend auch der Fortbildung von Lehrern widmen.[25] Offenbar besteht bei vielen Lehrern das Bedürfnis nach einer mehrjährigen, auf die speziellen Erfordernisse ihres Berufs abgestimmten Fortbildung.[26] So entstand aus den vielfältigsten Motiven[27] und den sich aus der Sache ergebenden Erfordernissen die Tendenz zur Entwicklung mehrjähriger, berufsgleitender Fortbildungen. Bisher ist die konkrete Praxis der verschiedenen Institute weder untersucht worden noch gibt es außer den zumeist wenig aussagekräftigen Programmen Erfahrungsberichte.

Aus diesem Grund stütze ich mich in meiner folgenden Darstellung auf meine Erfahrungen als Teilnehmer der „Ausbildung zum Gestaltpädagogen" des Gestaltzentrums Berlin.[28]

Die Fortbildung läuft demnach über einen Zeitraum von drei Jahren und beinhaltet 24 fünfzehnstündige Wochenend-Workshops, drei „Intensivwochen", vierzehntägig stattfindende „Peergruppen-Treffen" (ohne Trainer) sowie auf Bedarf Supervision im Unterricht.

Als anzustrebende Qualifikation wird genannt:

> *Die persönlichen und didaktischen Fähigkeiten, den Unterricht nach gestaltpädagogischen Prinzipien zu orientieren sowie die persönliche Fähigkeit, Schülern, Eltern, Kollegen und der Behörde zu begegnen, daß Widersprüche und Gemeinsamkeiten deutlich werden („Gestaltlehrer" drei Jahre).*[29]

Wer ein viertes Jahr anhängt, der erwirbt zusätzlich folgende Qualifikation:

> *Die Fähigkeit zur Leitung von gestaltpädagogischen Gruppen mit Kollegen vor Ort bzw. Mitarbeit in gewerkschaftsinternen Schulungen. Diese Zusatzqualifikation beginnt in der Gesamtgruppe im 3. Jahr und setzt sich in einem 4. Ausbildungsjahr fort („Gestaltpädagogik-Gruppenleiter"). (a.a.O.)*

Die Beschreibung der Qualifikationen bleibt sehr global, ebenso wie die Erläuterung der „Zielsetzung" (a.a.O., S. 2) in der Broschüre.

---

[25] Z.B. Gestaltzentrum Berlin; Institut für Gestalttherapie und Gestaltpädagogik Berlin (IGG), Fritz-Perls-Institut Düsseldorf (FPI). Daneben gibt es eine wachsende Anzahl von Instituten, wie man dem einschlägigen Anzeigenmarkt in „psychologie heute" entnehmen kann.

[26] In Berlin nehmen zur Zeit allein am GZB und IGG ca. 70 Lehrer an entsprechenden Fortbildungen teil. Die Hess. Lehrerfortbildung verzeichnet zu Einführungsseminaren in Gestaltpädagogik ca. 60—70 Bewerber.

[27] Die Motive der Lehrer sind sehr unterschiedlich (vgl. BUROW 1986) und reichen von verdeckten Therapiewünschen bis hin zur Suche nach einer neuen Lebensorientierung. Bei den Trainern spielen neben gesellschaftlichem Engagement, Suche nach neuen Berufsfeldern, kommerziellen Interessen ebenfalls sehr unterschiedliche Motive eine Rolle.

[28] Hiermit ist nichts über die Qualität von Fortbildungen anderer Institute ausgesagt, die ähnliche Fortbildungspläne vorlegen.

[29] Vgl. Fortbildungsprogramm Gestaltpädagogik Diesterweg Hochschule Berlin, o.J., S. 5.

In der Broschüre, die für diese Fortbildung wirbt, wird folgender Veranstaltungsplan abgedruckt:

Überblick über Verlauf und Inhalt der Ausbildung

Vor Beginn der Ausbildung: Auswahlseminar (Wochenende, 3 Tage)

		Selbsterfahrung Wochenende, 3 Tage	Spezialseminare (Wochenende, 3 Tage)	Intensivwochen (6 Tage)
Ausbildung zum „Gestalt-lehrer“	1. Jahr	— 5 Wochenenden (2.1) — Gruppentreffen ohne Leiter (2.2) — Hospitationen im Unterricht auf Nachfrage (2.3)	a) Didaktik u. Methodik kreativer Medien (3.1.) b) Bewegung u. Körperlichkeit im Unterricht (3.2) c) Unterrichtsplanung unter gestaltpäd. Gesichtspunkten I (3.3)	Schwerpunkt: Selbsterfahrung (2.4)
	2. Jahr	— siehe 1. Jahr	a) Theater u. Rollenspiel (3.4) b) Theoret. Grundlagen d. Gestaltpädagogik I (3.5) c) Unterrichtsplanung unter gestaltpäd. Gesichtspunkten II (3.3)	Schwerpunkt: Bewegung und Kreativität (2.4)
Ausbildung zum „Gestalt-pädagogik-Gruppen-leiter“	3. Jahr	— siehe 1. Jahr — Supervision im Unterricht (2.3)	a) Gesprächsführung (3.6) b) Theoret. Grundlagen der Gestaltpäd. II (3.5) c) Gruppenleitung I (3.7)	Schwerpunkt: Unterrichtsplanung (2.4)
	Abschluß der Ausbildung zum „Gestaltlehrer“			
	4. Jahr (Aufbauphase. Ausbildung zum Gruppenleiter)	— 5 Wochenenden Selbsterfahrung (2.1/4.1) — Gruppentreffen ohne Leiter (2.2) — Supervision im Unterricht und andere Gruppen (2.3/4.5)	a) Theoret.Grundlagen d. Gestaltpädagogik III Theorie d. Gruppenprozesse (3.5/4.2) b) Unterrichtsplanung unter gestaltpäd. Gesichtspunkten III (3.3) c) Gruppenleitung II (3.7/4.3) d) Therapie versus Training (4.4)	— Gruppenleitung — Abschied — Feedback (2.4/4.6)

mit Fortsetzungsmöglichkeiten

Zur Beurteilung eines solchen Programms muß man den speziellen Charakter des Gestaltzentrums Berlin kennen. Es ist ein gemeinnütziger Verein, der von den Ausbildungsgruppen getragen wird, die als Vereinsmitglieder in allen Fragen der Organisation von Fortbildungen über die Mitgliedervollversammlung bestimmen. Die Kosten für die Fortbildung tragen die Teilnehmer und verwalten ihr Geld eigenständig. Insofern wird Intentionen GOODMANs nach demokratischen Strukturen und der Förderung von Selbstorganisation Rechnung getragen. Die Organisation der Fortbildung selbst beruht auf einem dialogischen Konsensmodell.

Ich hebe diesen Gesichtspunkt besonders hervor, weil er nicht typisch für die Organisation von Fortbildungen anderer Institute ist. Diese bevorzugen häufig herkömmliche, hierarchische Ausbildungsstrukturen mit festgelegten Programmen und einem Katalog von Anforderungen, die geprüft werden und bis hin zum Schreiben einer „Graduierungsarbeit"[30] reichen.

Aufgrund des Selbstverwaltungsmodells des GZB ist der Ausbildungsplan als grober Rahmen zu verstehen, der von den Ausbildungsgruppen nach ihren Bedürfnissen modifiziert wird. Insofern gibt es kein festgelegtes, formalisiertes Curriculum, sondern einen mehr oder weniger spontanen Curriculumsbildungsprozeß.

Dies hat Vor- und Nachteile. Da nach meinen Beobachtungen[31] die Mehrzahl der Teilnehmer bei Beginn der Fortbildung nur sehr ungenaue Vorstellungen von Gestaltpädagogik hat, entsteht eine Tendenz zu inhaltlicher Diffusität. Auf der anderen Seite bewirkt aber die Teilnahme am Selbstverwaltungskonzept eine stärkere Verantwortlichkeit und ein stärkeres Engagement. Von daher halte ich ein solches Modell — mit notwendigen Modifikationen[32] — für einen geeigneten Weg, die Intentionen der Gestaltpädagogik auch schon in der Form der Fortbildung zu realisieren.[33]

Ein weiteres Spezifikum der Fortbildung des GZB besteht in der Anbindung an die GEW Berlin, so daß überwiegend Gewerkschaftsmitglieder teilnehmen. Fünf Wochenenden pro Jahr finden unter Leitung eines Trainerpaars des Gestaltzentrums statt. Einer der beiden Trainer begleitet die Gruppe konstant über drei Jahre, während der zweite jährlich wechselt. Den Schwerpunkt dieser Workshops bildet gestaltorientierte Selbsterfahrung, wobei die Gruppen Themenwünsche formulieren. Die Methoden und Prinzipien der Gestaltpädagogik werden integriert in die spontanen Selbsterfahrungsprozesse vermittelt. Themen der ersten zwei Jahre meiner Gruppe waren:

---

[30] Vgl. Curriculum Gestaltpädagogik, FPI o.O. u. o.J., S. 10.

[31] Im Rahmen meines Forschungsprojekts zur Evaluation der gestaltpädagogischen Fortbildung, werde ich diese Beobachtungen präzisieren.

[32] Eine solche Modifikation könnte in der Entwicklung eines differenzierteren Curriculums bestehen, das zur Anregung von Wahlentscheidungen dienen kann, die dann auf einem breiteren Fundament möglich wären.

[33] Ich halte die Verschulung von Gestaltpädagogik und das Anfertigen von „Graduierungsarbeiten" für einen Irrweg, der den Konzepten und Intentionen der GP im Sinne GOODMANs diametral widerspricht.

— *Kennenlernen*
— *Geben und Nehmen*
— *Körper und Bewegung*
— *Analyse von Lebenszielen*
— *Eigene Lerngeschichte*
— *Umgang mit kreativen Medien*
— *Gesprächsführung*
— *Verhalten in der Institution*
— *Umgang mit Autorität*
— *Sexualität*
— *Umgang mit Kritik*
— *Methoden der GP im Unterricht*
— *Umgang mit der atomaren Bedrohung*
— *Pädagogisches Rollenspiel*
— *Gruppenbeziehungen*
— *Verhältnis der Geschlechter*
— *Umgang mit Konkurrenz*
— *Theorie der GP (vgl. BUROW 1986)*

In dieser Liste sind Themen enthalten von den drei jährlichen Spezialwochenenden, zu denen Trainer mit speziellen Qualifikationen (Psychodrama, TZI u.ä.) eingeladen werden.

Als problematisch hat sich bei diesem Konzept die Abgrenzung von Therapie und Pädagogik erwiesen, dergestalt, daß sich therapeutische Bedürfnisse der Teilnehmer sehr stark in den Vordergrund drängen. Dies korrespondiert mit der Qualifikation der Mehrzahl der Trainer, die bis auf Ausnahmen nicht bzw. nicht mehr in der Schule arbeiten. Aufgrund der Erfahrungen ist es wichtig, bei der Konzipierung von gestaltpädagogischen Fortbildungen darauf zu achten, daß ein Lehrer dem Trainerpaar angehört.[34]

Im gestaltpädagogischen Kompetenztraining des GZB kommen in erster Linie die aus der Gestalttherapie bekannten Methoden zur Erweiterung der Bewußtheit zur Anwendung, etwa in Form von Phantasie-, Identifikations- und Projektionsübungen u.ä. Der Gruppenverlauf weist große Ähnlichkeiten zur Gestalttherapie auf, wobei der Berufsbezug vorwiegend über die Zusammensetzung der Teilnehmer gewährleistet wird.[35]

Ich möchte hier nicht näher auf diese Methoden eingehen, da sie an anderer Stelle ausführlich beschrieben sind[36] und ich im Rahmen des Unterrichtskonzepts genauer auf sie eingehen möchte.

Über die Wirkungen solcher mehrjähriger Fortbildungen gibt es bisher keine fundierten Untersuchungen. Dennoch kann ich aufgrund meiner teilnehmenden Beobachtung als vorläufige Hypothese formulieren,[37] daß die

---

[34] Lehrer als Trainer können den Berufsbezug stärker und realitätsgerechter einbringen.
[35] Indem überwiegend Lehrer in der Gruppe sind, werden häufiger pädagogische Probleme angesprochen.
[36] Z.B. NARANJO 1978; ZINKER 1984; BUROW/QUITMANN/RUBEAU 1987.

Bereiche Selbstwahrnehmung und Selbstakzeptanz deutlich gefördert werden. Die Wahrnehmung des Kontakts im Umgang mit sich selbst und anderen wird sensibilisiert und Gefühle und Körperreaktionen werden genauer beachtet. Ebenso wird die Fähigkeit zum aktiven Zuhören und zum einfühlenden Verstehen gefördert. In den Peergruppensitzungen wird deutlich, daß die Fähigkeit zur konstruktiven Gesprächsführung zunimmt. Darüber hinaus werden die Kollegen dazu ermuntert, sich von introjizierten Normen freizumachen und zu ihrem eigenen Stil als Lehrer zu finden.[38] In der Arbeit mit kreativen Medien kommen einige Kollegen in Kontakt mit verschütteten Anteilen eigener Kreativität und beginnen, diese verstärkt auszuleben, indem sie malen, Gedichte schreiben u.ä. Die Gruppe wird zunehmend zu einem Ort der Reflektion persönlicher und stärker berufsfeldbezogener Probleme. Daneben gibt es Anzeichen für eine Verstärkung der Innovationsbereitschaft im Schulalltag. Auf das politische Engagement scheint sich die Fortbildung weder positiv noch negativ auszuwirken. Das Engagement wird eher in der Weise differenziert, daß Kollegen versuchen, ihre positiven Erfahrungen mit veränderten Umgangsformen in andere Bereiche einzubringen. Dennoch verläuft dieser Prozeß widersprüchlich und es bedarf noch genauerer Untersuchungen über tatsächliche Auswirkungen.[39]

Als problematischen Punkt in der Fortbildung des GZB sehe ich die mangelnde Berücksichtigung theoretischer Inhalte der Gestaltpädagogik, die u.a. vor allem ihre Ursache im offenen Curriculum hat. Meines Erachtens bedarf es einer Kombination stärker strukturierender Elemente mit offenen Veranstaltungen, um zu einer deutlicheren Profilierung der Gestaltpädagogik zu gelangen und die bisweilen festzustellende Beliebigkeit zu überwinden.[40]

Ich meine dies nicht als Aufforderung zu einer Verschulung der Fortbildung, sondern als Anregung, um über eine breitere Fundierung nachzudenken.

Als ein Ergebnis meiner Untersuchung des möglichen Beitrags der Gestaltpädagogik zur Sozialen Kompetenz des Lehrers habe ich eine Übersicht über Themen erarbeitet, deren Berücksichtigung mir im Rahmen vierjähriger Fortbildungen wichtig erscheint, und die geeignet ist, Anregungen für eine stärkere Einbeziehung theoretischer Elemente zu geben:

---

[37] Vgl. meinen Zwischenbericht über die Evaluation des Programms des GZB; BUROW 1986.

[38] Die Lehrer entwickeln ihr eigenes Profil und nicht das eines idealen Gestaltlehrers.

[39] Da fast alle Kollegen vielfältige Therapieerfahrungen haben und teilweise an Therapien bzw. anderen Workshops teilnehmen, ist die Bestimmung des Einflusses der Fortbildung sehr schwierig.

[40] Nach meinen Beobachtungen entsteht in der Gestaltfortbildung des GZB eine Tendenz, therapeutische Prozesse in den Vordergrund zu stellen und theoretische Reflektionen unterzubewerten. Die Konzepte der Gestaltpädagogik bieten meines Erachtens aber für die Soziale Kompetenz des Lehrers mehr als Therapie.

Übersicht über theoriebezogene Inhalte der Fortbildung zum Gestaltpädagogen

1. Die Begründer der Gestalttherapie:
   Paul GOODMAN und Fritz PERLS (u.a.)
2. Wissenschaftliche Quellen der Gestalttherapie:
   (Psychoanalyse/Gestaltpsychologie/Existentialismus/Anarchismus/Psychodrama/Wilhelm REICH)
3. Einordnung der Gestalttherapie in den Rahmen der Humanistischen Psychologie
4. Das Kontaktkonzept der Gestalttherapie
5. Die neurotischen Mechanismen als Störungen an der Kontaktgrenze: (Introjektion/Projektion/Retroflektion/Deflektion/Konfluenz)
6. Das Konzept von Kontakt und Begegnung
7. Das Modell der Förderung Sozialer Kompetenz in der Gestalttherapie
8. Grundlagen der Gestaltpädagogik:
   (Konzepte der Gestalttherapie/Humanistische Pädagogik/Reformpädagogik)
   (angelsächsische Schulkritik/bundesrepublikanische Schulkritik)
9. Konsequenzen aus den theoretischen Konzepten:
   — Lernen als Kontaktprozeß
   — Lehren als Kontaktprozeß
10. Das Konzept der dynamische Balance
11. Prinzipien der Gestaltpädagogik
12. Bereiche der Gestaltpädagogik:
    (Lehrer- bzw. Pädagogentraining/Unterrichtskonzept/Organisationsentwicklung)
13. Zur Originalität der Gestaltpädagogik
14. Zur Kritik an der Gestaltpädagogik

Diese Auflistung ist nicht als chronologisch durchzuführendes Programm zu verstehen, sondern als orientierender Hintergrund. Die angesprochenen Aspekte können sowohl in Form von Spezialseminaren gesondert thematisiert werden[41] als auch in die nachträgliche Aufarbeitung von Selbsterfahrungsprozessen integriert werden.

Diese Auflistung kann auch zu einer Grundlage der gemeinsamen Themenfindung der Gruppe werden, indem sie einen ersten orientierenden

[41] So macht es z.B. die Gestaltpädagogin Susanne ZEUNER, indem sie ein Wochenende unter das Thema „Projektion" stellt und dann sowohl an den spontanen Gruppenprozessen, in der Arbeit mit kreativen Medien, in der Darstellung theoretischer Konzepte und anhand von Unterrichtsbeispielen Gestaltpädagogik integrativ demonstriert.

Überblick als eine Entscheidungsgrundlage vermittelt und den Teilnehmern die weitere Perspektive der Gestaltpädagogik skizzenhaft illustriert.

Die Betonung auf der gemeinsamen Themenfindung im Rahmen gestaltpädagogischer Fortbildungen halte ich für einen zentralen Aspekt, der eine zu weitgehende Strukturierung von Fortbildungsprogrammen verbietet,[42] aber das Angebot orientierender Überblicke voraussetzt.[43] Das eigentliche Problem bei der Entwicklung gestaltpädagogischer Fortbildungskonzeptionen besteht darin, diese inhaltlichen Themen in den Selbsterfahrungsprozeß so zu integrieren, daß das Lernkonzept der Gestaltpädagogik, sich in der Anlage konkreter Veranstaltungen im Hier-und-Jetzt verwirklicht.

6.2.4.1. Gemeinsamkeiten und Unterschiede der Angebote des GZB, FPI und IGG

Mehrjährige gestaltpädagogische Fortbildungen werden zur Zeit überwiegend[44] von privaten Institutionen und zum Teil auch in Selbstorganisation entwickelt. Da ein Ansatz zur Förderung lebendigen Lernens nur schwer vorherplanbar und formalisierbar ist, geben die Broschüren der verschiedenen miteinander konkurrierenden Institute, nur grobe Anhaltspunkte über Rahmenbedingungen. Sie lassen nur wenig Rückschlüsse über die tatsächlich stattfindende Praxis der Seminare zu, da diese stärker von Personen als von Programmen geprägt werden. Dennoch lassen sich einige Unterschiede und Gemeinsamkeiten herausarbeiten.

Zur Grundlage meines Vergleichs nehme ich die Programme des GZB (Gestaltzentrum Berlin), des IGG (Institut für Gestalttherapie und Gestaltpädagogik) und FPI (Fritz-Perls-Institut Düsseldorf), da diese in der Entwicklung der Gestaltpädagogik besonders engagiert sind. Gemeinsam ist allen drei Fortbildungskonzepten, daß sie versuchen, Theorie und Praxis der Gestaltpädagogik über selbsterfahrungsorientierte Wochenendseminare und Intensivwochen zu vermitteln. Sowohl GZB als auch FPI sehen einen Rahmen von vier Jahren vor, während die Fortbildung des IGG mit drei Jahren auskommt. Wesentliches Element aller drei Konzepte sind die Selbsterfahrungsseminare, wofür einheitlich fünf Wochenenden pro Jahr vorgesehen sind.

Unterschiede, aber auch Übereinstimmungen ergeben sich bei den zusätzlichen Spezialseminaren, die aus meiner folgenden Übersicht deutlich werden.

---

[42] Deshalb sind genaue inhaltliche Vorgaben, wie in der Broschüre des FPI mit der gebotenen Skepsis zu betrachten. Sie geben eine begrüßenswerte Orientierung, werden in der Praxis aber sicher modifiziert werden müssen.

[43] Dieser Punkt ist in der Fortbildung des GZB unterbelichtet, insofern als die Verbindung persönlicher Wünsche mit curricularen Konzepten ein Problem darstellt.

[44] Es gibt Ansätze in der staatlichen Lehrerfortbildung (z.B. in Hessen) sowie an den Hochschulen (z.B. TU Berlin, HdK Berlin), Gestaltpädagogik zu etablieren.

Themen der Spezialseminare der Fortbildungen zum Gestaltpädagogen des GZB, FPI und IGG

Jahr	GZB	FPI	IGG
1. Jahr	— Didaktik und Methodik kreativer Medien — Bewegung und Körperlichkeit im Unterricht — Unterrichtsplanung nach Prinzipien der Gestaltpädagogik I	— Didaktik und Methodik kreativer Medien — Pädagogisches Rollenspiel	— Schwerpunkt während des ersten Jahres berufsbezogene Selbsterfahrung mit theoretischen Anteilen. Keine besonderen Spezialseminare.
2. Jahr	— Theater und Rollenspiel — Theoretische Grundlagen der Gestaltpädagogik I — Unterrichtsplanung II	— Theorie der Gestalttherapie - Gestaltpädagogik I — Unterrichtsplanung nach Prinzipien der Gestaltpädagogik	— Theorie der Gestalttherapie - Gestaltpädagogik — Unterrichtsplanung nach Prinzipien der Gestaltpädagogik — Zusätzliche Angebote aus der Liste der Zusatzangebote (1)
3. Jahr	— Gesprächsführung — Theoretische Grundlagen der Gestaltpädagogik II — Gruppenleitung I	— Bewegung und Körperlichkeit in Schule und Unterricht — Anthropologische Grundlagen/Gesellschaftspolitischer Bezug/Schule als Institution — Theorie II - Standortbestimmung der Gestaltpädagogik	— Unterrichtsplanung — Video-Feedback — Theorie II — Schule als Institution — Zusätzliche Angebote aus der Liste der Zusatzangebote (1)
4. Jahr	— Theoretische Grundlagen der Gestaltpädagogik III — Unterrichtsplanung III — Gruppenleitung II — Therapie versus Training — Theorie der Gruppenprozesse	— Beratung in der Schule — Theorie-Praxis-Seminar: Innovationsstrategien, Möglichkeiten und Grenzen der Unterrichts- und Schulreform durch Gestaltpädagogik — Lernwiderstand und Lernstörungen — Praktikum in einer gestaltpädagogischen Schule	Kein viertes Jahr vorgesehen. (1) Liste der Zusatzangebote Kreative Medien/Körperarbeit und Bewegungsübungen in der Schule/Rollenspiel und Methoden des Psychodramas/Beratung und Gesprächsführung in der Schule/Die gesellschaftspolitische Relevanz der Gestaltpädagogik in unserem Schulsystem.

GZB = Gestaltzentrum Berlin, FPI = Fritz-Perls-Institut Mainz, IGG = Institut für Gestalttherapie und Pädagogik Berlin

Von allen Instituten wird eine Einführung in folgende Punkte für wichtig gehalten:

— *Theorie von Gestaltpädagogik und Gestalttherapie*
— *Unterrichtsplanung nach Prinzipien der GP*
— *Gesprächsführung und Beratung*
— *Rollenspiel/Psychodrama*
— *Bewegung und Körperlichkeit*
— *Didaktik und Methodik kreativer Medien*

Diese Einführung erfolgt bei allen Instituten auf dem Hintergrund berufsbezogener Bewußtseinsübungen, wie sie WEBER/GADOW aufgelistet haben.

Weiterhin wird vom FPI und IGG die Reflektion der besonderen Bedingungen der Institution Schule für notwendig gehalten. Ein Punkt, der im Programm des GZB nicht ausdrücklich erwähnt ist, aber über die Zusammensetzung der Teilnehmer (engagierte Gewerkschafter) immer wieder zum Thema wird. Das IGG weist eine Besonderheit auf, indem es zusätzlich Video-Feedback anbietet.

In der inhaltlichen Stoßrichtung lassen sich deutliche Unterschiede erkennen. Die Fortbildung des GZB zielt auf die Ausbildung von „Gestaltpädagogik-Gruppenleitern" ab, die im Sinne einer allmählichen Vernetzung selbst neue Gestaltgruppen initiieren sollen und so für eine Verbreitung des Ansatzes sorgen. Von daher wird auch den Gesichtspunkten der Gruppenleitung und der Abgrenzung von Therapie und Pädagogik besondere Aufmerksamkeit gewidmet.

Während das FPI stärker an einer formalisierten, hierarchisierten Struktur orientiert ist, die in einer „Graduierung" und einem Prüfungskolloquium gipfelt, favorisiert das Gestaltzentrum ein offenes Modell der teilnehmerzentrierten Selbstorganisation. Das IGG ist in seinem Organisationsmodell stärker an das FPI angelehnt, wenngleich es auf Prüfung und Graduierungsarbeit verzichtet.

Insgesamt scheint die Konzeption des IGG aber stärker auf Schule und die direkte Umsetzung von Unterrichtskonzepten bezogen zu sein.[45]

6.2.5. Konzepte selbstorganisierter Fortbildung

Die Entwicklung mehrjähriger gestaltpädagogischer Fortbildung als Angebote eines — zumindest in weiten Bereichen — kommerziell ausgerichteten Fortbildungsmarktes, sehe ich durchaus zwiespältig.

Zwar ist die Entwicklung kontinuierlicher Fortbildungsmöglichkeiten eine wesentliche Voraussetzung für die weitere Verbreitung gestaltpädagogi-

---

[45] Bei dieser Schlußfolgerung muß man natürlich vorsichtig sein, da man nicht weiß, inwieweit der Fortbildungsplan der tatsächlichen Praxis entspricht. In meiner Vermutung stütze ich mich auf Seminarerfahrungen und Gespräche mit Teilnehmern des IGG.

scher Ansätze und den Aufbau ausreichender Grundlagen, um dem institutionellen Druck zu widerstehen. Andererseits stellt sich aber die Frage, ob hierarchisierte Konzeptionen, die auf die Erlangung von Zertifikaten und Graduierungen abzielen, nicht gerade den lebendigen und innovativen Charakter der Gestaltpädagogik — wie ich sie in Anknüpfung an GOODMAN verstehe — zerstören.

Kommerzielle Interessen gewinnen schnell ein Eigenleben und führen zu Rationalisierungen, die auf den Charakter von Fortbildungen wirken. So lassen sich Zulassungshürden, Prüfungsarbeiten, Kolloquien und ähnliches durchaus aus sachlichen Gründen rechtfertigen. Sie passen aber auch gut in das Interesse, Kontrolle und Macht auszubauen. Auf diese Weise wird am Aufbau eines neuen Expertensystems gebaut, indem Psychologen und Gestalttherapeuten Lehrer zur Erweiterung ihrer Sozialen Kompetenz führen wollen.

Wie ich an anderer Stelle ausgeführt habe,[46] setzt ein solches Ausbildungsmodell erhebliche finanzielle und zeitliche Hürden und schafft neue Hierarchien. Eine solche Förderung von Hierarchien, wie sie in Graduierungsarbeiten, Zertifikaten u.ä. zum Ausdruck kommt, halte ich mit dem Konzept von Kontakt und Begegnung für nicht vereinbar. Es führt nämlich u.a. zum Aufbau eines neuen heimlichen Lehrplans und zur Förderung von Ritualen der Anpassung. Von daher halte ich die durchgehend demokratisch organisierte Struktur von Gestaltinstituten für eine grundlegende Bedingung. Dies bedeutet, daß die Teilnehmer von Fortbildungen in allen Fragen und in der Verwaltung und Bestimmung der Verwendung von Finanzen autonom sind. Fortbildungskonzeptionen müssen sich in einem dialogischen Diskurs zwischen Trainern und Teilnehmern herausbilden,[47] denn die Form der Veranstaltung selbst muß den angestrebten Zielen entsprechen.

Hierbei ist nun zu fragen, ob die Vermittlung von gestaltpädagogischen Konzepten unbedingt an mehrjährige Fortbildungen spezieller Institute geknüpft sein muß oder ob es nicht daneben auch Formen selbstinitiierter und selbstgetragener Fortbildung geben kann.

Diese Frage beantwortet z.B. der amerikanische Gestaltpädagoge Mark PHILLIPS (vgl. PHILLIPS 1983, in: PRENGEL 1983) aufgrund seiner jahrelangen Erfahrung in der Arbeit mit Lehrergruppen mit einem eindeutigen „Ja". In einem Interview fragt ihn PRENGEL, was er Lehrern empfehlen würde, die versuchen wollen, Methoden der „Confluent Education" in ihren Unterricht einzubringen. Er antwortet:

---

[46] Vgl. BUROW; Lehrer: Gestaltet eure Gestaltpädagogik selbst! Über einige Tabus in der Gestaltdebatte, in: päd extra 6/84, S. 25—28.

[47] Dies bedeutet nicht, daß die Trainer keine klare Konzeption haben sollten. In ihrer Konzeption sollten sie aber offen sein für Veränderungen.

Nehmen wir dabei an, daß dieser Lehrergruppe keine anderen Mittel und Quellen zur Verfügung stehen als sie selbst? Sie erhalten Mittel? Gut. Dann würde ich vorschlagen, daß Sie sich erstmal jemand heranholen, der einige Trainingserfahrungen in Confluent Education hat und Ihnen einen kurzen 2—3-Stunden-Kurs gibt, eine Einführung für so viele Lehrer wie möglich. Danach, wenn die Lehrer eine Vorstellung davon haben, ob sie sich wirklich tiefer darauf einlassen wollen, würde ich einen 4—5 Tage langen Workshop für die Interessierten vorschlagen, der von jemandem gehalten wird, der eine gründliche Ausbildung in Confluent Education gemacht hat. Einige Folgelehrgänge sollten mit Trainern gemacht werden, die eine gewisse Ausbildung in Confluent Education haben und die mit den Lehrern für kurze Zeiträume arbeiten. **Die Lehrer sollten von dort aus selbständig arbeiten** *und sich etwa wöchentlich treffen, um sich auszutauschen und einander zu helfen. (PHILLIPS 1983, in: PRENGEL 1983, S. 90)*

Als optimale Gruppengröße für eine Fortbildungsgruppe dieser Art sieht er 20—30 Teilnehmer an(!) und meint, daß aufgrund seiner Erfahrungen, eine solche Gruppe ohne einen Experten als Leiter auskommen könne. Diese Einschätzung, die aus den Forschungsergebnissen zur Untersuchung der Praxis von Selbsthilfegruppen gestützt wird (vgl. MOELLER 1981), läßt einige Fragen an die geschilderten Konzepte gegenwärtiger gestaltpädagogischer Fortbildungen entstehen.

Diese basieren auf einer durchschnittlichen Gruppengröße von ca. 12 Teilnehmern und orientieren sich ganz offensichtlich stark am Setting von Therapiegruppen.

Ergibt sich dieser Rahmen aus sachlichen Notwendigkeiten der Vermittlung gestaltpädagogischer Konzepte oder ist er nicht vielmehr Ausdruck der Tatsache, daß Therapeuten ihr Arbeitsfeld erweitern und dabei an ihnen bekannte Organisationsmodelle anknüpfen?

Problematisch an solchen Konzepten ist die implizite Leiterzentrierung und die Orientierung an einem Experten, die dem Ziel der Förderung von Eigenverantwortlichkeit widersprechen kann. Zudem bedeutet die Begrenzung auf die Zahl zwölf und die Orientierung an therapeutischen Standards, daß die Fortbildung in einem Rahmen stattfindet, der sich sehr stark von Bedingungen einer Schulklasse unterscheidet. Ich möchte aufgrund meiner Beobachtungen die Hypothese äußern, daß sich dieses Setting auf eine Beeinträchtigung der Transfermöglichkeiten von Erfahrungen der Fortbildung auf den Schulalltag auswirkt.[48]

---

[48] Wobei Lehrer als Trainer nach meinen Beobachtungen, soweit sie noch in der Schule tätig sind, einen sehr viel ausgeprägteren Praxisbezug realisieren können, der unmittelbar auf die Anforderungen der Schule zugeschnitten ist.

In Peergruppensitzungen und bei informellen Zusammenkünften erweist sich, daß die Zentrierung auf einen Leiter-Experten gefördert wird und die Gruppe an der Entwicklung von Autonomie gehindert ist.[49]

PHILLIPS' Äußerungen machen deutlich, daß je nach Zielstellung sehr unterschiedliche Organisationsformen möglich und notwendig sind.

Die von mir beschriebenen Konzeptionen des GZB, FPI und IGG stellen also nur eine Möglichkeit dar, deren Geeignetheit für die Verbreitung der Gestaltpädagogik in der Institution Schule erst noch geprüft werden muß.[50]

Ist die Ansicht, daß berufstätige Lehrer selbst Experten für die Veränderung ihres Unterrichts sind, relativ akzeptiert, so wird doch bei Selbsterfahrungsprozessen unter Verwendung berufsbezogener Bewußtheitsübungen überwiegend von der Notwendigkeit der Leitung durch einen psychologischen Experten ausgegangen. Diese Ansicht dient nicht zuletzt auch zur Rechtfertigung des Aufbaus hierarchisierter Fortbildungskonzeptionen. Die Ergebnisse der Selbsthilfegruppenforschung lassen aber Zweifel daran aufkommen, ob Gruppen unter Leitung von Experten ihre Ziele besser erreichen als Gruppen, die mit Modellen der rotierenden Gruppenleitung und der Selbstorganisation arbeiten.

Experten neigen demnach dazu, Gruppen entsprechend ihren Vorstellungen und Konzepten zu dominieren und die Selbstheilungskräfte der Gruppe zum Teil zu blockieren (vgl. MOELLER 1981). Bezogen auf die Gestaltpädagogik bedeutet dies, daß die Förderung eines Konzepts weitgehend selbstorganisierter Gruppenleitung sogar eine den Bedingungen des Schulalltags angemessenere Qualifizierung leisten kann, als das u.U. in Expertengruppen der Fall ist.

Die Orientierung an therapeutischen Settings fördert nach meinen Beobachtungen eine Tendenz, sich zu sehr auf die Bearbeitung individueller, lebensgeschichtlicher Problematiken zu konzentrieren, von deren Aufarbeitung die Lösung persönlicher und stärker berufsbezogener Probleme erwartet wird.

GUDJONS (vgl. 1981; 1983) hebt in seinem Konzept selbstgeleiteter Fallbesprechungsgruppen für Lehrer demgegenüber die Notwendigkeit der Gleichgewichtigkeit von individuellen und kollektiven Lösungsstrategien hervor. Demnach soll bei der Aufarbeitung schulischer Interaktionsprobleme die generelle Zielformulierung nicht zu sehr auf das Persönlichkeitswachstum des einzelnen zugespitzt sein:

---

[49] Die Leiterzentrierung kommt aber durchaus einem verbreiteten Bedürfnis von Teilnehmern nach kompetenten Experten entgegen, wohingegen der Anspruch auf Übernahme von Verantwortung auf Widerstand stößt.

[50] U.u. werden mit solchen Konzeptionen ganz andere Ziele als die beabsichtigten gefördert, z.B. Vorbereitung zu einer Berufsumorientierung u.ä.

Die zu verbessernde Fähigkeit zur emotionalen Bewältigung und zur kognitiven Analyse von Interaktions- und Beziehungsschwierigkeiten muß eingelagert sein in die Absicht, auch den Mut und strategische Kompetenz zur Veränderung institutioneller (und letztlich politischer) Bedingungen der Lehrerarbeit zu steigern. Es kommt bei jeder einzelnen Fallbearbeitung entscheidend darauf an, die Schwelle zwischen individuellen und institutionellen Lösungsmöglichkeiten zu erkennen und auf der Grundlage persönlicher Reifung zum solidarischen, gemeinsamen Engagement und zur Veränderung der Rahmenbedingungen zu befähigen. (GUDJONS 1983, S. 260)

Um diesem Anspruch zu genügen, entwickelt er ein Konzept der Fallbesprechung, das Lehrergruppen ohne Anleitung durchführen sollen. Zu Themen dieser Fallarbeit rechnet er

. . . eine differenziertere Wahrnehmung des eigenen Verhaltens, eigener und fremder Gefühle, Impulse, Reaktionen, Phantasien, der unbewußten Anteile einer Problemsituation (und damit auf das Bewußtmachen verborgener Erwartungen, Ziele, Beweggründe etc.). (GUDJONS, a.a.O.)

Es geht ihm darum, ein Verfahren zu entwickeln, das im Rahmen einer basisnahen, dezentralisierten Fortbildung Lehrern helfen kann, in Gruppen ihre Weiterqualifizierung „in die eigene Hand“ zu nehmen. Diese Form der „Peer-Supervision“ bedeutet eine Fortbildung, die ohne Beratung oder Belehrung durch einen Gruppenleiter auskommt, was für GUDJONS nicht ausschließt, daß die Gruppe in der Anfangsphase oder bei größeren Schwierigkeiten auf einen Experten zurückgreift.[51] Als zentralen Vorteil einer solchen Gruppe, im Vergleich zu einer Balint-Gruppe, sieht er die Förderung der Eigenverantwortlichkeit der Mitglieder und die relativ einfache Verbreitungsmöglichkeit.

Ein Leitfaden, den ich nachfolgend aufführe, soll eine Anregung bei der Strukturierung der Gruppentreffen bilden.

GUDJONS verweist mit großer Offenheit darauf, daß auch dieses Vorgehen viele Probleme und offene Fragen mit sich bringe;[52] insgesamt seien die Erfahrungen aber positiv und viele Kollegen äußerten sich befriedigt über solche Gruppenveranstaltungen.

Was bedeuten nun diese Ausführungen für die Entwicklung gestaltpädagogischer Fortbildungen? Ich meine, daß genauer untersucht werden müßte, inwieweit Elemente der Selbstqualifizierung stärker in gestaltpädagogischen Fortbildungskonzeptionen berücksichtigt werden können. Denkbar wäre etwa im Verlaufe der Fortbildung eine wachsende Anzahl der Wochenendworkshops in Selbstorganisation zu konzipieren und den

[51] Hier stimme ich mit GUDJONS völlig überein. Selbstorganisation bedeutet nicht die Ablehnung von Experten. Die Experten erhalten vielmehr eine veränderte Funktion und Stellung.

[52] Probleme lägen in der Heterogenität der Teilnehmer und ihrer unterschiedlich ausgeprägten Bereitschaft, sich auf persönliche Darstellungen einzulassen. Schwierig sei u.a. auch die flexible Handhabung des Leitfadens.

Einsatz von Experten mehr flexibel zu handhaben und am Bedarf zu orientieren.[53] Weiter wäre es wichtig, möglichst frühzeitig mit Konzepten rotierender Gruppenleitung zu arbeiten.

Leitfaden für Fallbesprechungen in Lehrergruppen nach GUDJONS	
1. Phase:	Fallbericht (spontan, unvorbereitet, ungeordnet, assoziativ). Aufgabe der Gruppe: aktiv Zuhören, genau beobachten, eigene Reaktionen registrieren.
2. Phase:	Blitzlicht (= kurze Runde) Was hat der Fall bei mir ausgelöst, wie fühle ich mich jetzt? (Keine Rückfragen, Gefühle ausdrücken, subjektiv bei der eigenen Befindlichkeit bleiben, sehr kurze Äußerungen). Knappe Stellungnahme der Berichtenden dazu.
3. Phase:	Äußere Wahrnehmungen und Beobachtungen zum Fallbericht (keine Ratschläge und Deutungen; Leitfrage: Was ist mir an der Falldarstellung und am -darstellenden aufgefallen?).
4. Phase:	Innere Wahrnehmungen (Phantasien — auch angeleitet —, Gefühle, Bilder, Identifizierungen auch angeleitet — mit den am Fallgeschehen beteiligten Personen). Thema: Der Fall im Spiegel der Reaktionen der Gruppe.
5. Phase:	Durcharbeiten (Vertiefung von Einzelaspekten, theorieorientierte Deutungen, diagnostische Schlüsse, institutionelle, gesellschaftliche, politische Zusammenhänge. Interpretation der Gruppenreaktion in Hinsicht auf den Fall.
6. Phase:	Lösungsmöglichkeiten (Ideensammlung, Verhaltensvorschläge, Handlungsalternativen, Rollenspiel etc.)

GUDJONS, H. (1983), S. 261. In MUTZECK & PALLASCH (Hrsg.). Handbuch zum Lehrertraining. Weinheim

GUDJONS und PHILLIPS' Anregungen können dabei helfen, den Blick zu schärfen, in welchen Situationen Experten notwendig sind und in welchen die Gruppenmitglieder ihre Selbstqualifizierung selbst vorantreiben können. Dabei muß aber berücksichtigt werden, daß der Fortbildungsmarkt einer speziellen Dynamik unterliegt, in dem Geld und Statusfragen eine wichtige Rolle spielen. Anerkennung und Zertifikat sind für viele Teilnehmer wichtige Statussymbole, die bei einem weiteren Ausbau des Markts

[53] Selbstorganisation erfordert aber auch eine größere Bereitschaft zur Verantwortungsübernahme und den Abschied von Phantasien über die Omnipotenz der Experten. Hier sind häufig große Schwierigkeiten zu verzeichnen. Viele Teilnehmer wollen Experten, an die sie Verantwortung abgeben können, wollen ein Fortbildungsprogramm komplett „buchen".

u.U. neue Berufsperspektiven eröffnen.[54] Mögen diese Hoffnungen zum gegenwärtigen Zeitpunkt — jedenfalls im Bereich der Lehrerbildung — nicht sehr realistisch sein, so wirken sie sich doch auf die vermeintliche Attraktivität von Fortbildungen aus. Auf der anderen Seite sind die Experten z.T. auf regelmäßige Einnahmen angewiesen[55] und von daher an klaren Strukturen und Abhängigkeiten interessiert. Neben der verbreiteten Autoritätsfixierung sind dies gewichtige Gegenpole gegen Konzepte der Selbstorganisation. Dennoch wird dabei übersehen, daß eine Verbreitung von Selbstorganisationskonzepten zu einer Ausweitung der Interessenten führt und damit den Experten neuen Raum gibt. Indem sie eine veränderte Rolle gegenüber selbständigen Gruppen einnehmen, steigt u.U. ihre Effektivität.

6.3. Schlußfolgerungen

Perspektiven der Kompetenzförderung durch gestaltpädagogische Lehrertrainings

Wie wir gesehen haben, sind im Bereich der Gestaltpädagogik auf der Grundlage der theoretischen Konzepte eine breite Palette von einzelnen Trainingselementen und umfassenderen Trainingskonzeptionen zur Förderung der Sozialen Kompetenz des Lehrers entwickelt worden bzw. im Begriff des Entstehens.

Diese Palette reicht von berufsbezogenen Bewußtheitsübungen, wie sie WEBER/GADOW aufgelistet haben, einem breiten Inventar für den Unterricht relevanter Methoden, kombinierter intensiver Trainingsmodelle, wie sie HEPKE exemplarisch anhand des Münsteraner Trainingsmodells skizziert hat, bis hin zu allgemeinen Einführungen in die „Lebensphilosophie" der Gestalttherapie.

Darüber hinaus zeichnet sich eine Tendenz zum Aufbau mehrjähriger Fortbildungskonzeptionen ab, bei denen verschiedene Institute bei unterschiedlichen Schwerpunkten gemeinsam folgende Punkte in den Mittelpunkt ihrer Trainings stellen:

— *Einführung in theoretische Konzepte von Gestalttherapie und Gestaltpädagogik*
— *Unterrichtsplanung nach Prinzipien der GP*
— *Gesprächsführung und Beratung*
— *Rollenspiel/Psychodrama*
— *Bewegung und Körperlichkeit*

---

[54] DREITZEL & JAEGGI haben diese Problematik für den Bereich der Therapie untersucht und argumentieren gegen Expertisierung und Verschulung, 1987.

[55] Dies trifft zur Zeit nur auf einen sehr kleinen Teil der Ausbilder zu. Es entsteht aber eine gewisse Tendenz, die Fortbildung in Gestaltpädagogik als Sprungbrett für einen Ausstieg aus dem Lehrerberuf zu nutzen.

— *Didaktik und Methodik kreativer Medien*
— *Befähigung zur Selbstreflektion mit Hilfe von Selbsterfahrung*
— *Sensibilisierung für Gruppenprozesse*

Wenn bislang auch Untersuchungen über die Wirkungen derartiger Fortbildungen fehlen, und es um die Dokumentation des konkreten Verlaufs solcher Veranstaltungen noch schlecht bestellt ist, so lassen sich doch Hypothesen darüber aufstellen, in welchen Bereichen Soziale Kompetenzen zumindest tendenziell gefördert werden.

So kann ich feststellen, daß die vom Bildungsrat für elementar gehaltenen Bereiche, nämlich Innovieren, Beraten, Beurteilen, Lehren und Erziehen in den mehrjährigen Fortbildungskonzeptionen weitgehend berücksichtigt sind (vgl. Abb.). Es lassen sich im einzelnen Auswirkungen auf folgende Bereiche erwarten:

— *Die Teilnehmer erhalten Einblick in die Theorie von Gestaltpädagogik und Gestalttherapie und lernen damit, dem Kontaktprozeß sowie der Begegnung größere Aufmerksamkeit zu schenken.*
— *Sie lernen, Unterrichtsplanung nach den Prinzipien und Methoden der GP kennen und können sie entsprechend den jeweiligen Bedingungen anwenden.*
— *Sie entwickeln ihre Kompetenzen in den Bereichen Gesprächsführung und Beratung.*
— *Sie werden offener für die Veränderung von Routinen und sind in der Lage, sowohl im persönlichen Verhalten wie in der Entwicklung und Planung von Unterricht Innovationen vorzunehmen.*
— *Sie werden zu einem Selbstreflektionsprozeß angeregt, der sich auf eine veränderte Einstellung zu sich selbst und anderen auswirkt.*
— *Sie sind zur bewußteren Wahrnehmung des Kontakts mit sich selbst, mit anderen und dem jeweiligen Thema in der Lage.*
— *Sie lassen sich auf einen Wertklärungsprozeß ein, der zur bewußteren Auseinandersetzung und ggf. Neuformulierung eigener Werte führt.*
— *Die Kreativität der Teilnehmer wird erweitert.*
— *Sie werden für die Wahrnehmung von Gruppenprozessen sensibilisiert.*
— *Sie nehmen die verschiedenen Ebenen des Lernens und Lehrens differenzierter wahr und können sie bei der Gestaltung ihres Unterrichts stärker berücksichtigen.*

Darüber hinaus ist zu beachten, daß alleine die Tatsache, daß im Rahmen solcher Fortbildungen — in der Regel allein arbeitende — Kollegen in einem mehrjährigen kollegialen Austausch treten, einen Fortschritt in Richtung auf die Überwindung des vorherrschenden Bildes des Lehrers als „Einzelkämpfer" bedeutet. Die Realität, daß die Mehrzahl der Lehrer ihren schwierigen und sich ständig wandelnden Beruf lebenslang ohne jede Supervision und ohne intensiven kollegialen Austausch wahrnehmen, stellt einen unvertretbaren Mißstand dar, unter dem viele Kollegen leiden.

Elemente Sozialer Kompetenz des Lehrers unter dem Blickwinkel gestaltpädagogischer Vorstellungen zur Persönlichkeitsentwicklung

Lehren	Erziehen	Beurteilen	Beraten	Innovieren
Sensibilität für die eigenen Lernprozesse als Voraussetzung zur Vermittlung von „Lernen des Lernens“	Kenntnis der eigenen Entwicklung und der Bedeutung persönlicher Bedürfnisse	Fähigkeit zur Selbstakzeptanz als Voraussetzung einer akzeptierenden Beziehung	Fähigkeit zum Aufbau einer „hilfreichen Beziehung“ (Empathie, Akzeptanz, Kongruenz)	Fähigkeit zu persönlicher Weiterentwicklung („personal growth“)
Fähigkeit zur Vermittlung von Selbstwissen auf der Grundlage von Selbsterkenntnis	Selbstreflektion als Bestandteil eines bewußten Entscheidungsverhaltens	Bewußtsein über eigene Kontaktgrenzen (Vorlieben, Abneigungen, Einschätzungsmuster etc.)	Fähigkeit zur Unterstützung und Förderung von Selbstexploration	Fähigkeit zur Normenkritik aufgrund einer Reflektion der Diskrepanzen von Bedürfnissen und Anforderungen der Situation
Kreativität, Flexibilität, Spontaneität	Bewußtsein der eigenen Kontaktgrenze	Fähigkeit zur Wahrnehmung und Förderung von Self-Support	Fähigkeit zur situationsangemessenen und bedürfnisgerechten Abgrenzung	Sensibilität für Machtstrukturen und Fähigkeit zur Entwicklung dialogischer und demokratischer Umgangsformen
Fähigkeit zur Initiierung von integrativen Lernprozessen unter Berücksichtigung eigener Widerstände und Bedürfnisse	Bewußtsein über Einflüsse der eigenen Biographie und der daraus resultierenden Verhaltensmuster	Entwicklung von Feed-Back-Kompetenzen	Fähigkeit, sich selbst als sein „eigenes Instrument“ zu nutzen und einzubringen	Fähigkeit zu tendenziell unverzerrter Wahrnehmung des Hier- und -Jetzt. Wissen um persönliche „Verzerrungsfaktoren“
Fähigkeit zur Unterstützung von Eigentätigkeit (Lehrer als „facilitator“). Bewußtsein eigener passiver und aktiver Anteile	Fähigkeit zur Vermittlung von Wertklärungsprozessen. Bewußtsein über eigenen „Standort“	Kenntnis der eigenen „Beurteilungsgeschichte“ und ihrer Auswirkungen auf das heutige Beurteilungsverhalten		Fähigkeit, verschiedene Wahrnehmungsperspektiven einnehmen und kommunizieren zu können
In Kontaktsein mit den eigenen Vorlieben und Abneigungen gegenüber dem Lerninhalt	Fähigkeit, demokratische Werte und Haltungen im eigenen Leben zu leben. (Fähigkeit zum Dialog)			

Dieser Umstand spiegelt sich auch in der zunehmenden Bereitschaft von Kollegen, sich auf eine so zeitaufwendige und kostenintensive Fortbildung einzulassen. Bei langjährig tätigen Kollegen, die sich für die Teilnahme an einer gestaltpädagogischen Fortbildung entscheiden, besteht ein Bedürfnis nach Überwindung von Berufsroutinen, die sie vom Lehrertraining und dem Austausch mit Kollegen erhoffen.[56]

Dabei ist zu beachten, daß die Teilnahme an solchen gestaltpädagogischen Fortbildungen häufig zugleich Teil einer beginnenden Lebensumorientierung und Bestandteil eines Sinnfindungsprozesses ist.[57] Im umfassenderen Sinne ist die Nachfrage nach gestaltpädagogischen Fortbildungen aber auch Reflex des gesellschaftlichen Differenzierungsprozesses, der laut SCHÄFFTER einen

> *... wachsenden Bedarf an „institutioneller Dauerreflektion" von Personen, Gruppen und Organisationen (SCHÄFFTER 1984, S. 249)*

hervorruft. Aufgrund der zunehmenden gesellschaftlichen Komplexität bedarf die Gesellschaft einer sich allmählich herausbildenden Reflektionsfunktion, in der gruppendynamische Kompetenzen „Schlüsselqualifikationen" darstellen. Gestaltpädagogische Fortbildungskonzeptionen tragen diesen Bedürfnissen und Erfordernissen Rechnung, indem sie theoretische Konzepte und ein methodisches Setting bereitstellen, das erlaubt, Berufsroutinen bewußt zu erfahren und zu verändern, Sinnfindungsprozesse zu unterstützen und im Austausch miteinander Formen der Selbstreflektion und gesellschaftsbezogener Reflektion zu entwickeln. Für die weitere Entwicklung solcher Fortbildungskonzeptionen ist die Frage der Organisationsmodelle von entscheidender Bedeutung. Anhand der Vorschläge von GUDJONS und PHILIPPS habe ich versucht, den Blick für die Möglichkeit expertenunabhängiger Fortbildungsmodelle zu schärfen. Ich halte die Entwicklung solcher Modelle der Selbstqualifizierung von Kollegen für eine zukunftsträchtige Aufgabe und gebe ihr absolute Priorität, da ich ansonsten den Aufbau von entmündigenden und zweifelhaften Interessen verpflichteten Beratungsinstitutionen befürchte, die den Interessen der Betroffenen immer nur zum Teil gerecht werden können.[58] Das gestaltpädagogische Ziel der Förderung intersubjektiver Beziehungen, die Prinzipien des dialogischen Lernens und der Synergie implizieren den Aufbau von Selbsthilfekonzepten, die in der alleinigen Verantwortung der sie tragenden Mitglie-

---

[56] Vgl. BUROW 1987 (6). Nach meinen Beobachtungen verfügen die Mehrzahl der Teilnehmer gestaltpädagogischer Fortbildungen über 6- bis 13jährige Berufserfahrung.

[57] Dies ergibt sich aus meiner Befragung und teilnehmenden Beobachtung über mehrere Jahre bei 22 Fortbildungsteilnehmern. Von daher greifen begrenzte „skill-trainings" zu kurz.

[58] Sie können diesen Interessen nur zum Teil gerecht werden, weil die verbal vorgetragenen Ziele häufig mit kommerziellen Interessen, Macht- und Profilierungsinteressen, „Marktzwängen" u.ä. kollidieren. Insofern wäre eine „Geschichte der psychologischen Institutionen" sehr interessant.

der liegen und auf den Abbau von Hierarchien zielen müssen.[59] Insofern sehe ich fünf Problemkreise, die bei der Weiterentwicklung gestaltpädagogischer Fortbildungskonzeptionen im Mittelpunkt der Forschung stehen müssen:

— *Verhältnis von Institutionalisierung und Selbstorganisation*
  These: Den gestaltpädagogischen Konzepten entspricht die Entwicklung eines Selbstorganisations- und Selbstqualifizierungsansatzes am ehesten.
— *Verhältnis von Experten und „Laien"*
  These: Experten sollten als gleichberechtigte Begleiter auf Bedarf den Prozeß der Gruppe **begleiten,** *mit dem Ziel, sich überflüssig zu machen.*
— *Verhältnis von Selbstveränderung und Engagement nach „außen"*
  These: Selbstveränderung und Engagement nach „außen" müssen gleichberechtigte Bestandteile des Fortbildungsprozesses sein, damit Gestaltpädagogik systemverändernde Wirkungen zeigen kann.
— *Verhältnis von Therapie und Pädagogik*
  These: Gestaltpädagogische Fortbildungen sollten einen klaren Schwerpunkt auf den Berufsbezug legen und die Grenzen zur Therapie klarlegen.
— *Verhältnis von curricularen Vorgaben und Spontaneität*
  These: Gestaltpädagogische Fortbildungen sollten auf klaren curricularen Vorgaben beruhen, die aber entsprechend den jeweiligen Bedingungen flexibel zu handhaben sind.

Diese fünf Fragen sind meines Erachtens Schlüsselfragen, deren Beantwortung darüber entscheiden wird, ob Gestaltpädagogik eine Entwicklung zu einem systemkritischen Ansatz der Innovation und Überwindung bestehender Verhältnisse nimmt, oder zu einem Instrument sozialtechnologischer Anpassung degeneriert.

Die Thematisierung dieser Problemkreise muß Bestandteil gestaltpädagogischer Fortbildungen sein, denn wie sollen Kollegen, um ein Beispiel zu geben, institutionenkritische Kompetenzen entwickeln, wenn sie „offensichtliche" Strukturen ihrer Fortbildungsinstitution nicht wahrnehmen bzw. aktiv mitgestalten.[60]

---

[59] Natürlich bedarf es einer Entwicklung, um zu solchen Konzepten zu kommen. Die gesellschaftliche Realität stellt immer wieder einen starken Druck und eine Verlockung zum Aufbau von Hierarchien her, der wir nur schwer widerstehen können.

[60] Es ist in der Tat ein merkwürdiges Phänomen, daß in manchen Kreisen der „Psychoszene" mit „Institution" immer die anderen Institutionen gemeint sind und die Struktur der Fortbildungsinstitute mit ihren professionellen Helfern von vornherein ein meines Erachtens ungerechtfertigtes Vertrauenskapital besitzt. Dahinter steckt häufig auch der Wunsch nach einer „heilen Nische", die man sich nicht zerstören lassen will.

Darüber hinaus müssen Entwicklungen in diesem Bereich besser dokumentiert werden, um begründete Maßstäbe für veränderte Konzeptionen erhalten zu können. Ebenso bedarf es Forschungen über Wirkungen gestaltpädagogischer Fortbildungen, da verdeckte Motive, heimliche Lehrpläne u.ä. unter Umständen Verzerrungen der angestrebten Ziele bewirken.

7. Unterrichtskonzept

Rekapitulieren wir:

Im Kapitel II habe ich als theoretischen Kern eines gestaltpädagogischen Unterrichtskonzepts das Kontaktkonzept sowie die Auffassung von Kontakt und Begegnung beschrieben. Aus pragmatischen Gründen erschien mir eine Verbindung mit dem Strukturmodell der TZI als hilfreich zur Strukturierung von Ebenen des Kontakts im Unterricht. Aus den theoretischen Grundlagen habe ich dann 12 handlungsleitende Prinzipien zur Präzisierung gestaltpädagogischen Vorgehen abgeleitet. Im vorangegangenen Abschnitt habe ich zu verdeutlichen gesucht, auf welche Weise die Einsichten aus den theoretischen Konzepten in entsprechende Lehrertrainingskonzeptionen umgesetzt werden bzw. umgesetzt werden können. Dabei blieb nicht von ungefähr[1] die Frage der Vermittlung konkreter unterrichtlicher Vorgehensweisen weitgehend ungeklärt.

Im folgenden Abschnitt möchte ich mich daher der Beantwortung der Frage widmen, welche konkreten Unterrichtsmodelle im Rahmen der Gestaltpädagogik bzw. Humanistischen Pädagogik[2] entwickelt worden sind, die den theoretischen Grundlagen Rechnung tragen bzw. welche Schritte zu einer entsprechenden Weiterentwicklung ergriffen werden müssen.

Auf dem Weg zur Beantwortung dieser Frage möchte ich zunächst eine Begründung für die Notwendigkeit der Entwicklung genuin gestaltpädagogischer Unterrichtskonzepte geben, da zu diesem Punkt unterschiedliche Meinungen existieren.

Bei der anschließenden Untersuchung bereits vorhandener Unterrichtskonzepte ist zu beachten, daß Gestaltpädagogik im deutschsprachigen Raum trotz eines sich abzeichnenden eigenständigen Profils, von vielfältigen Anregungen der Humanistischen Pädagogik beeinflußt ist. Daher gehe ich zunächst auf die Konzepte „Humanistisch-psychologischer Erziehung“ und der „Confluent Education“ ein. Im Anschluß skizziere ich dann Entwicklungen im deutschsprachigen Raum. Im Rahmen eines Exkurses vergleiche ich dann Gestaltpädagogik und Freinet-Pädagogik und stelle die These auf, daß beide der gegenseitigen Ergänzung bedürfen.

Den Abschluß bildet dann eine kritische Einschätzung der Perspektiven einer Kompetenzförderung mit Hilfe gestaltpädagogischer Unterrichtskonzepte.

---

[1] Es gibt im Rahmen der Ausbildungskonzeptionen Tendenzen, den Schwerpunkt gestaltpädagogischen Lehrertrainings auf die Selbsterfahrung zu legen und das Training konkreter Vorgehensweisen sowie die Entwicklung entsprechender Methoden zu vernachlässigen. In der Diskussion bleibt häufig umstritten, ob man überhaupt einen spezifisch gestaltpädagogischen Unterricht planen kann oder ob nicht vielmehr Intuition und Spontaneität bestimmende Merkmale sein sollten. Insofern macht sich der angreifbar, der konkrete Planungen vorlegt (vgl. dazu z.B. die Kritik REISERs 1983 an unseren Unterrichtsvorschlägen BUROW/SCHERPP 1981). Dennoch kann sich der Humanistische Pädagoge nicht um die Entwicklung konkreter Planungen herumdrücken, die von der alltäglichen Unterrichtsrealität gefordert sind.

[2] Ich beziehe mich hier auf Konzepte der HP, die der GP nahestehen bzw. sie beeinflussen.

7.1. Zur Begründung gestaltpädagogischer Unterrichtskonzepte

Gestaltpädagogik erhebt den Anspruch, einen Beitrag zur Förderung „ganzheitlichen“ Lernens zu leisten, zur Integration der Ebenen Denken/Fühlen/Handeln als Ausdruck des Selbst.

Integrativer Unterricht ist also ein Unterricht, der versucht, diese verschiedenen Bereiche unter Berücksichtigung der Einheit von Leib/Seele und Geist in der Auseinandersetzung mit sich selbst, mit anderen, mit fachlichen Inhalten sowie den Einflüssen der Umwelt zu integrieren.

Dabei wird in den vorliegenden Ansätzen — ungeachtet der radikalen Schulkritik GOODMANs (vgl. GOODMAN 1975; BUROW/SCHERPP 1981, S. 128—136) — davon ausgegangen, daß ein solcher Unterricht, wenn auch mit Abstrichen, in der öffentlichen Schule durchführbar sei.[3]

Die Notwendigkeit der Entwicklung spezifischer gestaltpädagogischer Unterrichtskonzepte rechtfertigt sich auf unterschiedliche Weise. Ich gehe im folgenden auf drei mir wesentlich erscheinende Begründungszusammenhänge ein:

— *Kritik der mangelnden Effektivität schulischen Lernens*
— *Konsequenzen aus den theoretischen Konzepten der GP*
— *Notwendigkeit der Entwicklung praxisrelevanter Strategien*

7.1.1. Kritik der mangelnden Effektivität schulischen Lernens

Schulisches Lernen ist immer auch Ausdruck einer spezifischen institutionell verankerten Organisation von Lernprozessen (vgl. FEND 1980; PETER 1973; WELLENDORF 1979), die sich vermittelt über die Verbürokratisierung und Einschränkung von selbstbestimmten Gestaltungsräumen, über den „heimlichen Lehrplan“ (vgl. ZINNECKER u.ä.) durchsetzt. Im Bemühen um die Entwicklung mittelfristig wirksamer pragmatischer Vorgehensstrategien in der konkreten Unterrichtssituation, bleiben diese wichtigen Gesichtspunkte zunächst im Hintergrund. Vordergrund der Betrachtungen werden dagegen konkrete Lern- und Lehrstrategien. Hier lassen sich aus gestaltpädagogischer Sicht eine Reihe von Kritikpunkten am herkömmlichen Schulunterricht benennen, die u.a. für die mangelnde Effektivität schulischen Lernens verantwortlich gemacht werden. So z.B.:

— *Überbetonung kognitiven Lernens*
— *mangelnde Integration der Bereiche Denken/Fühlen/Handeln*
— *ungenügende Berücksichtigung individueller Lerntypen*

---

[3] Z.B. GALYEAN 1976; BÜRMANN 1983; auch IGG und GZB gehen in ihren Trainings implizit von dieser Annahme aus.

- *Vernachlässigung von selbstgesteuertem Lernen und Kreativität*
- *Vernachlässigung persönlich bedeutsamer Lernprozesse*
- *mangelnde Berücksichtigung der im Hier-und-Jetzt ablaufenden Kontaktprozesse*
- *ungenügende Berücksichtigung der Faktoren Akzeptanz, Empathie und Kongruenz*
- *Ausgrenzung des „Lebens" und Konzentration auf theoretisches Bücherwissen*
- *Reduzierung schulischen Lernens auf einen äußerlichen Normen verhafteten Leistungsbegriff*

Zentraler Kritikpunkt aus der Sicht der Gestaltpädagogik ist die künstliche Trennung von fachlichem und persönlichen Lernen, die dazu führt, daß der Lernstoff häufig wie ein Introjekt „verschluckt" wird, ohne daß er in das Selbstkonzept der Person integriert ist. Nach Auffassung GOODMANs ist die mangelnde Effektivität schulischen Lernens u.a. eine Folge dieser Trennung. Aus dieser hier nur kurz skizzierten Kritik (vgl. auch PRENGEL 1983 und mein Kapitel II.2) ergibt sich die Notwendigkeit der Entwicklung eines positiven Entwurfs, der die Konsequenzen der theoretischen Konzepte zieht.

7.1.2. Konsequenzen aus den theoretischen Konzepten der GP

Der Auffassung von Lehren und Lernen als Kontaktprozeß sowie dem Ziel der Förderung intersubjektiver Begegnungen wird durch die Entwicklung entsprechender Lehrertrainings und den Aufbau von „Vernetzungen" der Kollegen untereinander Rechnung getragen. Wie ich dargestellt habe, stellt die Sensibilisierung für eigene Kontaktmuster und Weisen der Begegnung eine Voraussetzung für die Realisation integrativen Unterrichts dar. Darüber hinaus erfordern die Aussagen der theoretischen Konzepte aber die Entwicklung neuartiger Unterrichtskonzepte, die in Methoden und Inhalten Wege aufzeigen, wie man dem Anspruch personenzentrierten Lehrens und Lernens gerecht werden kann.

Meines Erachtens geht es dabei vor allem um folgende Punkte:

- *Entwicklung von Methoden, die eine Verbindung von fachlichem und persönlichem Lernen ermöglichen.*
- *Entwicklung von Konzepten der Binnendifferenzierung, die selbstgesteuertes Lernen und Kreativität ermöglichen*
- *Entwicklung didaktischer Konzeptionen, die der Vielfalt von Lerntypen gerecht werden, indem sie die verschiedenen Ebenen der Sinneswahrnehmung berücksichtigen*
- *Entwicklung von Unterrichtskonzepten, die das „Leben" in den Mittelpunkt stellen*
- *Entwicklung eines veränderten Lernbegriffs, der die Entfaltung der Person in den Mittelpunkt stellt und entfremdende Leistungsanforderungen zurückweist*

— *Entwicklung von Verfahren, die es erlauben, die verschiedenen Ebenen des Kontakts im Unterricht in integrativer Weise zu berücksichtigen*

Ein veränderter Unterricht, der auf gestaltpädagogischen Konzepten beruht, erfordert nicht nur eine veränderte Lehrerhaltung, sondern auch veränderte Methoden und Inhalte der hier skizzierten Art. Gestaltpädagogik kann dabei auf Ansätze aus der reformpädagogischen Tradition, aus der Alternativschulbewegung u.ä. zurückgreifen[4] sowie eigene Entwicklungen beisteuern.[5]

Aus den verschiedenen Anregungen gilt es eine neuartige Synthese zu entwickeln und klarer zu konturieren, mit dem Ziel, die Auffassung von Lehren und Lernen als Kontaktprozeß auch unterrichtsmethodisch zu qualifizieren.[6]

Meine anschließende Untersuchung bereits angewandter Konzepte wird die Umrisse einer solchen Synthese sichtbar machen.

7.1.3. Notwendigkeit der Entwicklung praxisrelevanter Strategien

Die Hinwendung zur Person des Lehrers, die Auseinandersetzung mit der Microstruktur unterrichtlicher Prozesse u.ä. sind nicht zuletzt auch Reflex der Einsicht, daß Schulkritik — will sie Wirkungen zeigen — auch praxisrelevante Strategien zur Umsetzung machbarer Alternativen aufweisen muß. Die theoretischen Erkenntnisse müssen ihren Niederschlag in unserem Handeln finden. So wichtig die Funktion der Gestaltpädagogik als Analyseinstrument für scheiternde Lernprozesse, für eine Fehlorganisation der Institution Schule usw. ist, so enthebt diese kritische Funktion doch nicht der Notwendigkeit der Angabe konkreter Veränderungsmöglichkeiten. In diesem Sinn handelte der führende theoretische Kopf der Gestalttherapie[7] — Paul GOODMAN — und stellte seiner radikalen Kritik des öffentlichen Schulsystems kleine, konkret machbare Alternativen gegenüber, indem er in Freien Schulen mit veränderten Unterrichtsstrategien arbeitete (vgl. BLANKERTZ 1984).

Diese notwendige Suche nach praxisrelevanten Strategien ist mit vielen Unsicherheiten behaftet und ständiger Kritik ausgesetzt.[8] Denn die kriti-

---

[4] Die neue „Synthese“ wird Anregungen von Freinet-Pädagogik, von der Waldorf-Pädagogik, von den Lebensgemeinschaftsschulen usw., um nur einige Beispiele zu nennen, beziehen müssen.

[5] Ich denke an die Methode der Projektion, an Phantasie-Reisen, Introspektion u.ä.

[6] Dieser Punkt wird nach meinen Beobachtungen in gestaltpädagogischen Fortbildungen mangels entsprechend entwickelter Konzepte zu wenig berücksichtigt. Der Lehrer braucht nicht nur Intuition und Sensibilität, sondern auch bewährte Methoden, Übungen usw.

[7] Und darüber hinaus von wichtigem Einfluß für die Gestaltpädagogik: vgl. seine pädagogischen Schriften.

[8] Diese Kritik — konstruktiv geübt — ist notwendig, da sich bei dieser Suche viele Verirrungen ergeben. So ist die Frage der Legitimität der Verwendung aus der Gestalttherapie stammender Methoden in der Schule, um ein Beispiel zu nennen, nicht ausdiskutiert.

sche Analyse der Institution Schule in den siebziger Jahren, die obgleich in Vergessenheit geraten, viel von ihrer Berechtigung behalten hat (z.B. NYSSEN 1969; NEGT 1976; BECK 1974), und der Rückschlag von Reformbemühungen in den achtziger Jahren lassen das Bemühen um eine Veränderung der Binnenstruktur des Unterrichts als naiv erscheinen. Zumal auch GOODMAN, wie wir oben gesehen haben, innerhalb der öffentlichen Schule wenig Spielraum sah und auf die Abschaffung des Pflichtschulsystems und die Gründung von Alternativschulen setzte (vgl. GOODMAN 1975, S. 38).

Dennoch steht der in der öffentlichen Schule stehende Lehrer vor der Frage, wie er seinen Unterricht gestalten soll, und wie er vorhandene Spielräume nutzen kann.[9] Im Bewußtsein struktureller Probleme schulischen Lernens ergibt sich die Notwendigkeit pragmatischen Vorgehens. Als Kompromiß zwischen den idealen Vorstellungen einer frei gestaltbaren Alternativschule und der konkreten desillusionierenden Schulrealität, gilt es nach Lücken zu suchen, um starre Unterrichtsstrukturen aufzuweichen und mit gestaltpädagogischen Konzepten zu bereichern. Es geht also darum, Möglichkeiten ganzheitlichen Lernens zu entwickeln, die hier-und-jetzt machbar sind, ohne dabei den Gesamtzusammenhang des Systems Schule aus den Augen zu verlieren und die Utopie intersubjektiver Beziehungen aufzugeben.

7.2. Gestaltpädagogische Unterrichtskonzeptionen

Da sich Gestaltpädagogik erst in der Entwicklungsphase befindet und vor allem der Lehrertrainingsbereich ausgebaut wird, sind bislang kaum deutlich abgrenzbare Unterrichtskonzepte aufzufinden.[10]

Ausnahmen bilden die amerikanischen Ansätze der Humanistisch-psychologischen Erziehung und der Confluent Education, die gut dokumentiert sind und über eine fundierte Praxiserfahrung verfügen. Ausgehend von einer Erörterung dieser Ansätze beschreibe ich Umrisse gegenwärtiger gestaltpädagogischer Praxis im deutschsprachigen Raum und skizziere einen Vorschlag zur Entwicklung einer gestaltpädagogischen Didaktik.

In einem Exkurs verdeutliche ich dann die Bedeutung der Ideen von Celestine FREINET für die Weiterentwicklung der Gestaltpädagogik, um dann abschließend Perspektiven der Weiterentwicklung aufzuzeigen.

[9] Die ganz offensichtlich vorhanden sind, vgl. BUROW 1983.

[10] Außer den Veröffentlichungen von PETZOLD/BROWN 1977; BROWN/PETZOLD 1978; BUROW/SCHERPP 1981; WEBER/GADOW 1982; BÜRMANN 1983; PRENGEL 1983; ZEUNER 1983; BUROW/QUITMANN/RUBEAU 1987 gibt es eine Vielzahl von Unterrichtsstunden, „grauer Literatur“, die bisher nicht veröffentlicht sind und über die Workshops oder mündliche Berichte weitergetragen werden. Aus ihnen läßt sich aber noch kein klares Konzept ableiten. Es zeigt sich vielmehr ein gewisser Eklektizismus.

7.2.1. Konzepte Humanistisch-psychologischer Erziehung[11]

Konzepte Humanistisch-psychologischer Erziehung, wie sie in den USA entwickelt wurden, legen einen Schwerpunkt auf den Aspekt des Selbstwissens und machen die Reflektion des Wie von Lernprozessen zu einem eigenen Lerninhalt. Die Vermittlung von spezifischen Fachinhalten tritt also zurück gegenüber der Vermittlung von Kenntnissen über die Struktur und die Muster des eigenen Lernens. Es handelt sich also um Konzepte für einen Unterricht im Sozialen Lernen. Beispiele für solche Ansätze sind der „Self-Science"-Ansatz von Gerald WEINSTEIN und Al ALSCHULER (vgl. WEINSTEIN 1970, 1971; ALSCHULER 1971, 1977) sowie das „Affective Education Program" (AEP) von Norman NEWBERG.[12]

7.2.1.1. Der „Self-Science"-Ansatz von WEINSTEIN und ALSCHULER

Im Rahmen eines von der Ford-Foundation unterstützten Forschungsprogramms stellt WEINSTEIN die Entwicklung des Selbst in den Mittelpunkt seines Ansatzes. Er hat Kurse in Selbstwissen entwickelt, die den Einsatz von Gestaltmethoden im Rahmen der sogenannten „Trumpet" beinhalten. Die „Trompete" ist ein Modell, das die Phasen der persönlichen Entwicklung beschreiben soll:

- *Bewußtsein der eigenen Motive*
- *abstraktes Denken*
- *bewußte Aktion (WEINSTEIN/FANTINI 1970, S. 164)*

Die Phasen der persönlichen Entwicklung nach dem Trumpet Modell lassen sich folgendermaßen beschreiben:

---

[11] In der begrifflichen Einordnung folge ich hier den Darstellungen FATZERs (1983) und FRECHs (o.J.) sowie den Ausführungen WEINSTEINs (1970).

[12] Vgl. NEWBERG 1978 u. NEWBERG/BORTON 1976 (Darstellung des Trumpet-Modells und exemplarische Darstellung von Lektionen, die auf diesem Modell basieren).

Phasen der persönlichen Entwicklung nach dem Trumpet-Modell

1. **Konfrontation**
   Ich werde ständig mit Situationen und/oder Erfahrungen konfrontiert, in denen ich mich verhalten muß. Auf dieser Stufe liegt mein Schwerpunkt im Wahrnehmen.
2. **Vertiefte Wahrnehmung**
   Ich werde mir über Gedanken, Gefühle und Verhaltensweisen, die die Konfrontation bei mir ausgelöst hat, bewußter. Ich werde mir darüber klar, **was** in dieser Situation geschehen ist, welche Auswirkungen sie auf mich gehabt hat.
3. **Entdeckung von persönlichen Verhaltensmustern**
   Von der vertieften Wahrnehmung meines konkreten Verhaltens und der begleitenden Gefühle in der konfrontativen Situation schreite ich fort zur Feststellung der für mich typischen Elemente meines Verhaltens. Ich versuche, Muster meines Verhaltens zu identifizieren, die in ähnlichen Situationen von mir aktualisiert werden.
   Beispiele dafür sind: Wenn mir persönliche Probleme zu nah kommen, beginne ich häufig zu intellektualisieren. Oder: In bestimmten Situationen mache ich mich zum Opfer.
4. **Bestimmung der Funktion von persönlichen Verhaltensmustern**
   Auf dieser Stufe versuche ich herauszufinden, welche Funktion das Verhaltensmuster für mich hat.
   Beispiele: Ich erkenne, daß ich Furcht vor der Konfrontation mit einzelnen Problemen und den damit verbundenen Gefühlen habe. Mein Intellektualisieren dient der Abwehr dieser Furcht und dem Aufrechterhalten von Kontrolle.
   Oder: Ich erkenne, daß ich mit der Einnahme der Opferrolle die Verantwortung an andere deligieren kann und meine negativen „Täteranteile" verdränge. Ggf. wird mir auch klar, wie solche Verhaltensmuster in meiner Biographie verankert sind. So waren sie u.U. in der ursprünglichen Situation funktional, entsprechen aber im Hier-und-Jetzt nicht mehr den aktuellen Erfordernissen.
5. **Bestimmung der Konsequenzen von Verhaltensmustern**
   Wenn ich nun persönliche Verhaltensmuster identifiziert habe und ihre Funktion für mich habe erkennen können, geht es nun darum, die Vor- und Nachteile meines Verhaltens abzuwägen.
   Beispiele: Mein Intellektualisieren kann einem notwendigen Selbstschutz entsprechen, der mich davor schützt, mich auf Konflikte einzulassen, die mir noch zuviel Furcht machen. Einerseits kann ich dadurch Kontrolle und eine gewisse Sicherheit bewahren, andererseits werde ich aber durch diese Abwehr in meiner Erfahrungsfähigkeit und Spontaneität behindert.
   Oder: Meine Opferrolle kann mich vor der Einsicht in meine eigene Verantwortlichkeit und meine destruktiven Anteile schützen, andererseits lähme ich mich damit in meinem Handlungsspielraum und werde passiv.
6. **Alternativen erproben**
   Die Reflektion über die Funktion meiner Verhaltensmuster und der daraus resultierenden Konsequenzen eröffnet mir die Möglichkeit, meinen Wahrnehmungs- und Entscheidungsspielraum zu erweitern: Ich sehe positive und negative Aspekte meines Verhaltens und kann versuchen, meine Stärken herauszufinden. Dazu dienen kleine Experimente mit neuen Verhaltensweisen, in denen ich für mich geeignete Muster entwickeln kann.
   Beispiele: Ich kann in einem Experiment zwischen den Polen „Gefühle zulassen" — „Intellektualisieren" hin- und herpendeln und wahrnehmen, wie es mir dabei geht. Ich kann mich dann auf der Grundlage psychodramatischer Verfahren jeweils mit einer der Seiten identifizieren und ihre Wirkung erfahren.
   Oder: Ich kann eine bekannte Situation, in der ich normalerweise die Opferrolle einnehme, nachspielen und mich diesmal mit dem aktiven Part identifizieren.
7. **Bewußte Entscheidung**
   Auf der Grundlage der Erprobung verschiedener Verhaltensweisen entscheide ich nun, inwiefern ich bestimmte Verhaltensmuster verändern möchte, bzw. in welche Richtung ich mein Verhalten weiterentwickeln will.
   Beispiele: Ich habe erfahren, daß ich lebendiger und entspannter bin, wenn ich mich mehr auf meine Gefühle einlasse und meine Tendenz zum Intellektualisieren etwas zurücknehme. Andererseits merke ich aber auch, daß mir mein Widerstand an bestimmten Punkten wichtig ist.
   Oder: Ich habe gemerkt, daß mir die Übernahme des aktiveren Parts nicht nur Angst, sondern auch Lust macht. Ich entscheide mich, diese aktive Seite in mir stärker zu betonen.

Die Darstellung folgt WEINSTEIN *und* FRECH, *wobei ich Beispiele und Formulierungen ergänzt habe.*

Schematische Darstellung des Trumpet-Modells

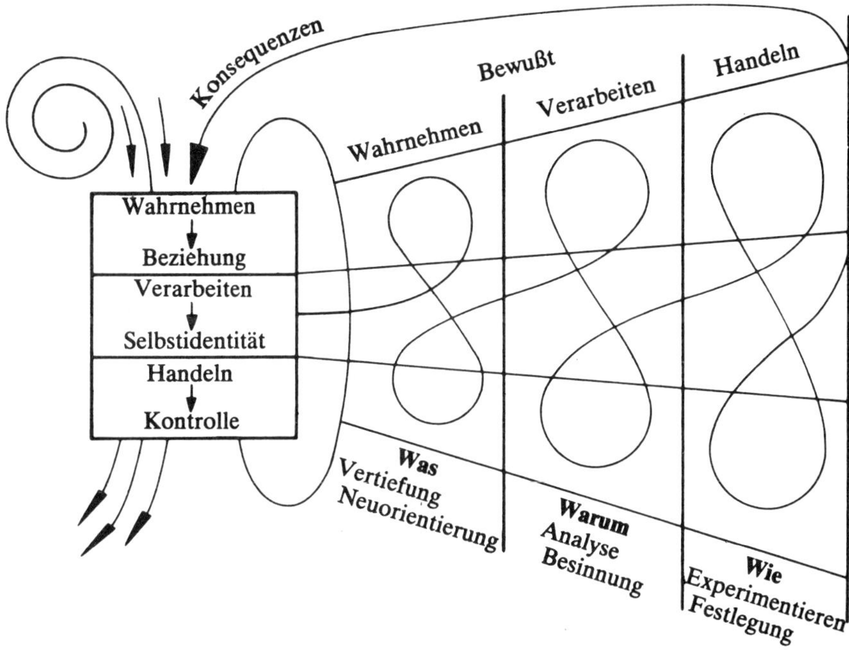

Der Prototyp der „Trompete" wurde von der Forschungsgruppe des Elementary Education Project unter Gerald WEINSTEIN durch den Fund for the Advancement of Education entwickelt. Siehe „Trumpet" von Terry BORTON in: WEINSTEIN/FANTINI, M.: A Model for Developing Relevant Curriculum; Ford Foundation Publication 1968. Aus: NEWBERG/BORTON 1976, S. 19

Für die einzelnen Prozeßschritte steht ein Inventar an Fragen zur Verfügung, und der ganze Ablauf wird durch die bekannten Methoden aus der Gestaltarbeit (Einbeziehung des Körpers, Verwendung von gelenkten Phantasie-Reisen, Ausdruck durch Musik, Malen usw.) kreativ ausgestaltet.

Dieses siebenstufige Problemlösungsmodell ist mittlerweile in einer Vielzahl von Kursen mit Studenten und Lehrern erprobt worden und stellt einen wesentlichen Bestandteil gestaltpädagogischer Fortbildung[13] dar. Es ermöglicht die Einleitung eines systematischen Prozesses der Selbstreflektion und der Verflüssigung von Alltagsroutinen.

[13] Das Trumpet-Modell wird in der Gestaltpädagogikfortbildung des Berliner Gestaltzentrums implizit angewendet.

Laut ALSCHULER und WEINSTEIN lassen sich unterschiedlich entwickelte Grade des Selbstwissens bei verschiedenen Individuen feststellen. Zur Feststellung des individuellen Niveaus des Selbstwissens haben sie ein Meßinstrument (vgl. ALSCHULER u.a. 1977) entwickelt.

ALSCHULER betont über diesem Bereich des Selbstwissens (kongruenter Bereich) hinaus die notwendige Entwicklung von Konzeptionen der Verbindung von affektivem und kognitivem Lernen im Bereich der Schule (konfluenter Bereich) sowie von Konzeptionen zur Veränderung der Schule als Organisation (kontextualer Bereich). Wie FATZER (1983, S. 269) kritisch anmerkt, ist bisher aber im wesentlichen der Bereich des Selbstwissens berücksichtigt, während die Entwicklung der anderen Bereiche noch weitgehend aussteht.

7.2.1.2. Das „Affective Education Program" (AEP) von Norman NEWBERG

BORTON und NEWBERG (1976) bauten in Philadelphia ein Programm der affektiven Erziehung auf, das dazu dienen sollte, Rassenprobleme und hohe Versagerquoten in den Schulen abzubauen. Ausgehend von den Grundbedürfnissen der MASLOWschen Bedürfnishierarchie und anknüpfend an das Trumpet-Modell entwickelten sie Curricula für die Primar- und Sekundarstufe, die den individuellen Prozeß des Lernens zum Inhalt haben. Der Aufbau eines positiven Selbstbildes, die Entwicklung eines Zugehörigkeitsgefühls zu anderen sowie die Entwicklung eines Bewußtseins für den Spielraum von Selbstbestimmung bildeten den Kern des Programms.

In der weiteren Entwicklung wurden Materialien für die verschiedenen Schulstufen entwickelt sowie Programme für Lehrertrainings und Elternarbeit konzipiert und durchgeführt (FATZER 1983 (a) gibt einen Überblick). Diese Maßnahme wurde ergänzt durch die Initiierung von selbstorganisierten Lehrergruppen, die sich in der Veränderung ihres Unterrichts und bei der Förderung persönlichen Wachstums unterstützen wollten. Die eindrucksvollen Fortschritte, die auf diese Weise erzielt wurden, kamen aber zunehmend an Grenzen. Sowohl von der Schulbehörde als auch von schwarzen Lehrern wurde das AEP aus unterschiedlichen Motiven unter Beschuß genommen. Drangen die einen auf Erfolgsbeweise — gemessen an engen schulischen Normen —, so meinten die anderen, die echten Rassenprobleme würden durch affektive Erziehungsprogramme lediglich verschleiert. Diese zwei Fronten sind typisch für die Angriffe, denen Humanistische Pädagogik häufig ausgesetzt ist. Die einem verkürzten Leistungsbegriff verhaftete Schuladministration sieht durch affektive Erziehungsprogramme die Gefahr, daß fachliche Themen zu sehr in den Hintergrund geraten und ist beunruhigt über die Veränderung formaler Regelungen des Schulalltags, die häufig mit einer Umgestaltung der Lernorte sowie der Umgangsformen einhergehen. Dagegen werfen politisch auf der „Linken" angesiedelte Gruppierungen Humanistischen Pädagogen vor, sie würden mit ihren affektiven Erziehungsprogrammen nun auch noch die Affekte einer sozialtechnologischen Kontrolle unterwerfen und damit Widerstandspotential befrieden.

FATZER (1983) nennt denn auch NEWBERGs Beschreibung der Krise seines Programms (vgl. NEWBERG 1978) ein „Paradelehrstück" für Humanistische Pädagogen. Mir wird daraus allerdings eher der systemkritische und systemtranszendierende Aspekt Humanistischer Pädagogik deutlich, indem nämlich die Verwirklichung der oben genannten Werte, wie sie in den handlungsleitenden Prinzipien zum Ausdruck kommen, an institutionelle Grenzen stoßen und somit über die Veränderung des Unterrichts hinaus auf eine Veränderung der Institution abzielen.[14]

Einen exemplarischen Eindruck vom Charakter der Curricula vermittelt der Kurs „Emotionales und soziales Lernen in der Schule", der in einer deutschen Ausgabe vorliegt (vgl. NEWBERG/BORTON 1976). Er umfaßt 21 Lektionen, die die Bereiche bewußtes Wahrnehmen, bewußtes Verarbeiten und bewußtes Handeln trainieren sollen. Die Lektionen basieren auf motivierenden Spielen, die Situationen anregen sollen, in denen der Prozeß von Wahrnehmen, Verarbeiten und Handeln den Schülern bewußter wird. Der Prozeß, in dem diese verschiedenen Stufen durchlaufen werden, bildet den Unterrichtsinhalt. In einem ersten Schritt wird die Aufmerksamkeit der Schüler auf ihre spezifische Wahrnehmung der Welt gerichtet:

> *Wenn ein bestimmter Schüler die Dinge mit Argwohn aufnimmt, sollte das Curriculum Erfahrungen einplanen, die ihm helfen, bewußt seine Beweggründe für diese Einstellung zu verarbeiten und zu bewerten. Und es sollte Erfahrungen ermöglichen, die es ihm gestatten, neue Handlungsweisen auszuprobieren, die vielleicht auf einer weniger argwöhnischen Einschätzung anderer Menschen gründen. (NEWBERG/BORTON 1976, S. 17)*

Durch die Hilfestellung des Lehrers wird der Schüler zu einer **vertieften Wahrnehmung** des „Was?" geleitet, die eine Grundlage für eine **Neuorientierung** bildet. In einem weiteren Schritt werden Hilfestellungen gegeben, die nach dem „Warum?" der Einstellung (in unserem Fall des Argwohns) fragen. Die Techniken der **Analyse** und **Besinnung** leiten einen Prozeß des Prüfens und Bewertens ein.

Im letzten Schritt wird dann mit verschiedenen alternativen Verhaltensmustern **experimentiert,** um schließlich zu einer **bewußten Auswahl** zu gelangen.

Wir finden hier also ein Vorgehen, das weitgehend mit dem Self-Science-Ansatz übereinstimmt.[15]

---

[14] Vgl. auch ROGERS' analoge Erfahrungen, in: Freiheit und Engagement 1984, S. 180 ff.

[15] Das kann nicht überraschen, da der Prototyp der „Trompete" in einem Forschungsprojekt unter Leitung von WEINSTEIN entwickelt wurde; vgl. WEINSTEIN/FANTINI: A Model for Developing Relevant Curriculum; Ford Foundation Publication 1968. Dokumentiert in NEWBERG/BORTON 1976.

NEWBERG/BORTON vermeiden es bewußt, die Inhalte ihres Kurses mit herkömmlichen schulischen Fachinhalten zu verbinden, weil sie die konsequente psychologische Erziehung der Schüler als das Wesentliche ansehen. Die Verbindung mit Fachinhalten halten sie — sehr optimistisch — für eine relativ einfache Angelegenheit, die jeder Lehrer selbst entwickeln könne.[16]

7.2.1.3. Kritische Aspekte der „Humanistisch-psychologischen" Erziehung

Ein entscheidendes Verdienst der Konzepte Humanistisch-psychologischer Erziehung besteht in der Entwicklung und Beschreibung praxisrelevanter Vorgehensweisen, die im Unterricht Anwendung finden können. Das Trumpet-Modell, die klaren Lektionsentwürfe, die NEWBERG/BORTON vorlegen (vgl. 1976, S. 35—116), geben wichtige Anregungen für die unterrichtliche Beschäftigung mit dem Thema „Selbstwissen" und leisten damit eine Präzisierung für konkrete Unterrichtsplanungen. Die Ebenen Kontakt zu mir selbst (Ich) und zu anderen (Wir) werden damit zum Thema des Unterrichts. Diese verdienstvolle Entwicklung einer klaren, handhabbaren Unterrichtstechnologie[17] zieht aber zugleich einige Probleme und Fragen nach sich.

Kann psychologische Erziehung in vorformulierten, durchgeplanten Lektionen im Rahmen der öffentlichen Schule durchgeführt werden, ohne zu einer Art Sozialtechnologie zu verkommen und neue Anpassungsleistungen zu provozieren? Ist es sinnvoll, Soziales Lernen als eigenständigen Kurs aus dem „normalen" Unterricht auszugrenzen oder müßte es nicht vielmehr integraler Bestandteil jeden Unterrichts sein? Zeigt nicht gerade das Scheitern der Versuche und der zunehmende Widerstand die Notwendigkeit, Soziales Lernen als integrierten Bestandteil einer permanent stattfindenden Selbstveränderung der Institution und der in ihr tätigen Personen zu konzipieren?

Das gestaltpädagogische Begegnungskonzept und das Prinzip der gemeinsamen Themenformulierung machen die Begrenztheit von Konzepten Humanistisch-psychologischer Erziehung deutlich: sie werden nur in dem Maß erfolgreich sein, indem es den Lehrenden gelingt, im Kontakt mit der Unterrichtssituation stehend, situationsgemäß flexibel Elemente einzubringen.

Lektionen dieser Art, die humanistische Werte und Haltungen vermitteln sollen, müssen auch in den Fachunterricht integriert sein, um nicht zu ei-

---

16 Dies scheint mir auf eine Unterschätzung der Problematik der Umsetzung kreativer Ansätze in der bürokratisierten Regelschule hinzudeuten.

17 Die amerikanische Tendenz zur Entwicklung einfacher psychologischer Technologie kann auch in anderen Bereichen, etwa beim GORDON-Lehrertraining (vgl. GORDON 1977) beobachtet werden. Es handelt sich dabei häufig um faszinierende Vereinfachungen, die aber kritisch gehandhabt, wichtige Anregungen geben können.

nem abgetrennten Lernfach neben anderen zu verkommen. Darüber hinaus muß das Soziale Lernen, das den Schülern vermittelt werden soll, mit einem entsprechenden Sozialen Lernen des Lehrers **und** der Institution einhergehen.[18]

Einen interessanten Schritt weiter geht die Confluent Education, die versucht, Soziales Lernen zu einem tragenden Bestandteil des Fachunterrichts zu machen.

7.2.2. Confluent Education

Der gestaltpädagogische (vgl. PETZOLD 1977, S. 11) Ansatz der Confluent Education wurde von George BROWN[19] und Mitarbeitern sowie einer Gruppe engagierter Lehrer an der University of California in Santa Barbara entwickelt. Er ist einer der wenigen ausformulierten und begründeten Ansätze Humanistischer Pädagogik, der versucht, traditionelle Lerninhalte unter Beibehaltung der institutionellen Schulstruktur mit humanistischen Methoden zu unterrichten (vgl. SHIFFLETT, John M. 1978).

Der Name „confluent" bezieht sich auf den Aspekt des Zusammenfließens emotionaler und kognitiver Elemente des Lernprozesses. Er wird häufig auch mit „integrativ" übersetzt, um diesen Zusammenhang zu verdeutlichen (a.a.O.). Der kognitiven Vereinseitigung schulischer Lernprozesse wird ein Konzept affektiver Aufladung (a.a.O.) entgegengesetzt.

Grundlegender Gedanke ist die Erkenntnis, daß Denken immer von Gefühlen begleitet wird:

> *Es gibt kein Handeln oder Lernen ohne kognitive und affektive Dimension. Es gibt auch keine Bereiche oder Lernziele in konventionellen Curricula ohne wichtige affektive Komponenten. Ladungen sind die affektiven Aspekte aller Lernvorgänge —, gleich ob sie von grundlegenden Bedürfnissen stammen oder nicht, die, wenn sie berücksichtigt werden, die persönliche Bedeutung bereichern, die Relevanz steigern und das Verständnis erweitern können, was nicht oder nur* ***zufällig möglich ist, wenn die kognitive Dimension allein*** *beachtet wird (a.a.O.).*

Der bewußte Umgang mit Gefühlen im Schulunterricht wird als eine Möglichkeit der Effektivierung von Lernprozessen gesehen. Dabei geht es vor allem auch darum, biographisch bedingte psychische Blockaden, die das Lernen behindern, zu lösen, indem „Sicherheit, Selbstwert, positive Beziehungen . . . (SHIFLETT 1978, S. 90)" vermittelt werden.

Die Abgrenzung der Tätigkeit des Lehrers zur Therapie zieht SHIFLETT, indem er zwischen den Begriffen „Einsicht" und „Aussicht" unterscheidet. Einsicht sei die Konsequenz eines introspektiven Aktes in der Therapie,

---

[18] Insofern muß Soziales Lernen aus dem Dialog und der Begegnung erwachsen, wobei Lektionen und Übungen **eine** wichtige Unterstützung bieten können.

[19] Vgl. BROWN 1977, S. 37—44, BROWN 1978, S. 244—249; BROWN 1971; BROWN 1975.

der Auseinandersetzung mit der pathologischen Gefühlswelt und der Lebensgeschichte des Klienten. „Aussicht" dagegen bezieht sich darauf, wie man emotional auf den Teil seiner Umgebung reagiert, mit dem man gerade zu tun hat. Confluent education beschäftigt sich nun eher mit der „Aussicht" der Schüler und findet darin ihre Begründung:

Wenn sich der Lehrer mit der „Aussicht" seiner Schüler beschäftigt, so ergibt sich eine unmittelbare Begründung für Integrative Pädagogik:
1. der kognitive Inhalt des Curriculums und die damit verbundenen Fertigkeiten stellen die Umwelt dar und
2. die affektive Dimension ist die Reaktion des Schülers auf diese Umgebung. (a.a.O., S. 91)

SHIFLETT hebt hervor, daß mit Integrativer Pädagogik nicht versucht wird, die therapeutische Dimension in den Unterricht hineinzuholen, sondern daß es in erster Linie darum geht, die bislang ignorierten affektiven Aspekte angemessen, d.h. den Bedürfnissen entsprechend, zu berücksichtigen. Nach seinen bisherigen Erfahrungen mit einem entsprechend aufgebauten Curriculum würden die Schwierigkeiten von „Problem-Schülern" — quasi als Nebeneffekt — „drastisch reduziert" (a.a.O., S. 92).

Dies sei eine Folge der persönlichen Bedeutsamkeit, die ein entsprechend langfristig und systematisch aufgebautes Curriculum vermittele:

Wenn wir eine emotionale Dimension zum Lernen hinzufügen, wird der Lernende persönlich beteiligt sein, und folglich wird eine Veränderung im Verhalten des Lernenden stattfinden. (BROWN 1971, S. 16)

Die Beschäftigung mit der „Aussicht" der Schüler zielt u.a. auch darauf ab, daß sie lernen, zwischen Wunsch und Wirklichkeit zu unterscheiden, sich ihrer selbst und ihres Verhaltens bewußter zu werden und Verantwortung für sich und ihre Handlungen zu übernehmen. Die

Vermittlung von Verantwortung als einem Mittel zur Leistungssteigerung (BROWN 1977, S. 39)

sieht BROWN als einen zentralen Ansatzpunkt der Confluent Education. Der Schüler soll„. . . in Kontakt mit seiner ‚1. Person Singular', mit dem ‚Ich' seines Verhaltens und seiner Existenz" (BROWN 1977, S. 39) kommen. Der Kontakt mit dem Ich bildet die Voraussetzung für die Erkenntnis eigener Möglichkeiten und die Entwicklung von begründeten Wahlentscheidungen, für die Verantwortung übernommen wird. BROWN (ebenda) wie auch BOGDAD[20] warnen allerdings vor einer naiven Planungseuphorie bei der Entwicklung affektiver Curricula, denn Grundprinzip ist es, Schülern und Lehrern eine möglichst große Entscheidungsfreiheit bei der Wahl ihrer Ziele zu überlassen sowie sich auf die konkreten, jeweils unterschied-

[20] BOGDAD Steven, R.: Der Prozeß in der Klasse, in: BROWN/PETZOŁD 1978, S. 97—99.

lichen Bedingungen, einzulassen. Als Grundfrage der Confluent Education, die sich ein Lehrer bei der Planung eines entsprechenden Unterrichts stellen müsse, nennt er:

1. *Was empfindet der Schüler im Moment in bezug auf den Inhalt meines Unterrichts?*
2. *Gibt es eine Möglichkeit, eine Beziehung zwischen dem Inhalt und dem Leben des Schülers herzustellen? (BROWN 1977, S. 42)*

Die Sensibilität des Lehrers für die Lernsituation, seine eigenen und die Bedürfnisse seiner Schüler und die Fähigkeit adäquat darauf einzugehen, sind der Hintergrund, vor dem erst curriculare Konzepte der Confluent Education zum Tragen kommen können. Aus diesem Grund warnt BOGDAD (a.a.O.) auch vor der Reduzierung von Confluent Education auf eine Sammlung von kreativen Übungen und Spielen.

7.2.2.1. Beispiele für die curriculare Ausfüllung des Konzepts der Confluent Education

Einen Einblick in die curriculare Ausfüllung der Confluent Education bietet GALYEAN,[21] die — wie ich bereits in meiner Betrachtung gestaltpädagogischer Konzepte angeführt habe —, versucht hat, Inhalte herkömmlichen Sprachunterrichts mit persönlich bedeutsamem Lernen zu verbinden.

Anstatt Grammatik in traditioneller Weise über das Pauken von Regeln und Trainieren persönlich bedeutungsloser Übungen zu vermitteln, versucht sie, Schüler unter Entwicklung kreativer Übungen, persönlich anzusprechen. Die Sprache wird dabei als Mittel der Selbstexploration und des Selbstausdrucks entdeckt und entwickelt.

Ihr Vorgehen hat sie systematisiert und in Form von „Confluent Teaching Strategies“[22] zusammengefaßt. GALYEAN folgend, stelle ich diese überblicksartig dar:

1. *Bewußtsein über Gefühl als den Ursprung persönlicher Bedeutungen*
Die Lerninhalte sollen mit persönlichen Bedeutungen für die Schüler verbunden werden. Wenn das Verb „sollen“ geübt wird, könnten die Schüler nach GALYEAN z.B. ihre eigenen „Solls“ untersuchen und sich über ihre Wünsche, ihr Wollen klarer werden.

2. *Direkte Kommunikation*
Zentrales Unterrichtsprinzip der Confluent Education ist die Herstellung direkter persönlicher Kommunikation zwischen den Schülern. GALYEAN bringt folgendes Beispiel:
„The students are working with the verb „to be“ and the adjectives „happy“, „sad“, „tense“ and „joyful“. They are working in pairs (dyads).

[21] GALYEAN, B.: Language from Within, Long Beach 1976. Auf GALYEANs Ausführungen fußend, haben wir (BUROW/QUITMANN/RUBEAU 1987) eine erweiterte Liste von 16 Kriterien für einen gestaltpädagogischen Unterricht entwickelt und erläutert, S. 85.

[22] GALYEAN: Criteria for Confluent Teaching, S. 16 ff. Diese Kriterien haben wir erweitert und mit Unterrichtsbeispielen versehen; vgl. BUROW/QUITMANN/RUBEAU 1987, S. 121 ff.

S1: When are you happy?
S2: I am happy when I am with my friends.
S1: When are you sad?
S2: I am sad when I see sad films.

Die direkte Kommunikation wird mit dem gegenseitigen Ausdruck von echten Gefühlen verbunden und soll so eine lebendigere Lernsituation ermöglichen.

3. Benutzung nonverbaler Kommunikation
Im Unterricht werden verschiedene gestaltorientierte Übungen zur Körperwahrnehmung durchgeführt, die Sprechanlässe für die Schüler bieten sollen, z.B.: Wenn ich müde bin, dann . . .

Die Schüler zeigen ihren Mitschülern, wie ihr Körper bei verschiedenen Empfindungen reagiert. Eigenaktivität, Selbstexploration, persönliche Betroffenheit sind hier die Elemente, die in den Sprachunterricht eingebracht werden.

4. Ausgehen vom Hier-und-Jetzt des Klassenraums
GALYEAN schlägt für den Sprachenunterricht ein Aufgreifen von Hier-und-Jetzt-Situationen vor, da sie interessanter und motivierender seien.

Als Beispiel bringt sie Fragen an die Schüler, die sich überlegen sollen, was sie im Hier-und-Jetzt des Klassenraums tun wollen.

5. Aufbau positiver und hilfreicher Beziehungen untereinander
Die Schüler sollen durch verschiedene Übungen dazu angehalten werden, sich gegenseitig positives Feedback zu geben.[23] Der Inhalt des Sprachkurses ist also gleichzeitig die Herstellung konstruktiver Beziehungen innerhalb der Klasse. Die Beziehungen untereinander als Thema sind für GALYEAN ein die Schüler motivierender Ausgangspunkt.

6. Die Benutzung gelenkter Phantasie-Reisen
Phantasie-Reisen (vgl. OAKLANDER 1981; MASTERS/HOUSTON 1984) als aus der Gestalttherapie entlehnte Technik werden zur Förderung von Phantasie und Kreativität eingesetzt. Die Schüler schließen die Augen und der Lehrer, später vielleicht auch ein Schüler, erzählt eine Geschichte. Hinterher tauschen sich die Schüler über die verschiedenen Eindrücke und Empfindungen, die die Geschichte bei ihnen ausgelöst hat, aus. Dieses Vorgehen bietet sich auch beim kreativen Schreiben von freien Texten an.

---

[23] MOSKOWITCH geht analog vor. Ihr Buch enthält im Anhang eine mehrsprachige Liste von Wörtern, die positive Gefühle ausdrücken.

7. Entwicklung von Verantwortlichkeit für eigene Entscheidungen und Akzeptieren der Konsequenzen der Entscheidungen

Die Schüler sollen sich bewußt werden über ihre Art, Entscheidungen zu treffen sowie über ihren Umgang mit den Konsequenzen ihrer Wahlen. Verantwortlichkeit und die Schärfung der Wahrnehmung für den eigenen Entscheidungsspielraum bilden ein Ziel von Übungen des Sprachunterrichts. Bei der Übung des Konjunktivs „Ich könnte" schlägt GALYEAN vor, vorangegangene Entscheidungen zu überdenken und zu überlegen, welche Möglichkeiten man gehabt hätte.

8. Der Einsatz von Projektionsübungen

GALYEAN schlägt den Einsatz der aus der Gestalttherapie bekannten Projektionsübungen vor. Die Schüler identifizieren sich z.B. mit einem Gegenstand und reden von sich als Gegenstand. Beispiel: Ich bin ein dickes Buch mit vielen unbeschriebenen Seiten usw.

9. Aktives Zuhören

Gegenstand des Sprachunterrichts sollte es nach GALYEAN sein, die von ROGERS entwickelte Methode des „aktiven Zuhörens"[24] zu üben.

Aktives Zuhören, wenn es nicht als bloße Technik angewendet wird, schafft ein befriedigendes Gefühl des Verstandenwerdens und ist eine hervorragende Methode der Selbstexploration. Außerdem trainiert es die Wahrnehmungsfähigkeit und Sensibilität der Schüler für Kommunikationssituationen.

10. Der Einsatz von Kunst, Musik, Rollenspiel und Literatur zur Förderung von Selbstausdruck

GALYEAN schlägt den Einsatz dieser Medien unter der Berücksichtigung der Gefühle, die sie auslösen, vor. Als Beispiel führt sie eine Textstelle eines Liedes an: Song „You are so beautiful to me". Die Schüler sollen nun die Personen aufschreiben, die sie „beautiful" finden bzw. von denen sie „beautiful" gefunden werden. Auch hier ist wieder der persönliche Bezug ein wesentliches Element der affektiven Aufladung des Lernprozesses.

Ähnliche Vorgehensweisen, wie sie GALYEAN vorschlägt, finden wir auch bei MOSKOWITCH,[25] die ein sehr praxisnahes Buch für den humanistisch orientierten Sprachunterricht geschrieben hat. Sie konzentriert sich neben der Verwendung der hier aufgeführten Strategien stärker auf die Verwendung von Lernspielen verschiedenster Art.

---

[24] Vgl. ROGERS 1972; popularisiert und für die Pädagogik aufgearbeitet wurde ROGERS' Ansatz von T. GORDON 1977

[25] MOSKOWITCH, G.: Caring and Sharing in the Foreign Language Class, Rowley, Massachusetts 1978.

7.2.2.2. Kritische Aspekte der Confluent Education

Die Vielzahl von kreativen Übungen, die im Rahmen der Confluent Education entwickelt worden sind, können dazu führen, traditionelle Inhalte in spielerischer Form effektiver „verkaufen“ zu wollen. Demgegenüber muß hervorgehoben werden, daß die Übungen und Spiele ihren Wert erst in der situationsangemessenen Verwendung erhalten.

Ein gestaltpädagogischer Lehrer wird sich also nicht nur auf „kreative Übungen“ konzentrieren, sondern sich auch den Fragen zur Analyse der Unterrichtssituation im Hier-und-Jetzt, wie wir sie an anderer Stelle ausführlich dargestellt haben (vgl. BUROW/SCHERPP 1981, S. 170 ff), widmen.

Solche Fragen, die ein wesentliches „Handwerkszeug“ des gestaltpädagogischen Lehrers sind, lauten z.B.:

— *Wie ist das Lernklima im Hier-und-Jetzt?*
— *Was ist das vorherrschende Thema für mich/für die Schüler?*
— *Wo sind die Energien der Schüler?*
Wo sind meine Energien?
— *Inwieweit bin ich bereit, meine Planung zu ändern und auf spontane Bedürfnisse einzugehen?*
— *Inwieweit trifft meine Planung die Bedürfnisse der Schüler/der äußeren Anforderungen/die ich selbst habe?*

Eine weitere Gefahr, auf die SHIFLETT (1978) hingewiesen hat, bildet die Tendenz, den Unterricht künstlich affektiv aufzuladen. Die affektive Aufladung muß sich aus den Bedürfnissen von Schülern und Lehrer natürlich ableiten und in einem angemessenen Verhältnis zu den kognitiven Aspekten stehen.

Die systematische Produktion von Arbeitsbögen mit „affektiver Aufladung“ zur Erreichung eines effektiveren Sprachunterrichts, wie sie sich in GALYEANs Ausführungen bisweilen anzudeuten scheint, würde auf die Dauer die gleiche Lethargie wie einseitig kognitiv orientierter Unterricht erzeugen. Insofern darf Confluent Education nicht auf eine Technik zur Erreichung äußerlicher Ziele reduziert werden.

Der nicht hoch genug einzuschätzende Verdienst der Confluent Education besteht darin, unsere Sicht für Lücken im gängigen Unterricht zu schärfen, eine Umorientierung unserer gewohnten Sicht von Unterricht anzubahnen sowie ein reichhaltiges Material an kreativen Ideen und Übungen bereitzustellen, die wichtige Hinweise in Richtung auf die Entwicklung eines integrativen Unterrichts geben.

Dabei ist zu beachten, daß auch Confluent Education im Spannungsverhältnis zwischen wirksamen Bemühungen zur Humanisierung der Schule und der Mitarbeit am Aufbau einer Humanisierungsideologie steht. Das meistens ausgeblendete Problem läßt sich auf die Frage zuspitzen:

Inwiefern kann Schule ohne Infragestellung ihrer inhumanen Strukturen (Selektionscharakter, hierarchische Organisation, vorgegebenen Curricula usw.) humanisiert werden?

Confluent Education kann ihre kritische Potenz nur entfalten, wenn sie an die institutionell vorgegebenen Grenzen geht und einen Beitrag zu ihrer Erweiterung leistet. Insofern muß der Einsatz der „Confluent Teaching Strategies" mit einem Bewußtsein von ihrer Begrenztheit verbunden sein. Die Grenzen selbst müssen Thema des Unterrichts werden, um einen Beitrag zu kritischem Bewußtsein zu leisten. Confluent Education kann so begrenzte Freiräume für Gegenerfahrungen mit ganzheitlicheren, persönlicheren Lern- und Lebensformen schaffen, ohne die Ergebnisse der kritischen Aufarbeitung der Institution Schule[26] zu verleugnen. Die Berücksichtigung dieser wesentlichen Aspekte kann unrealistische Erwartungen reduzieren und die Entwicklung praktikabler Ansätze unterstützen. Dabei können wir aus den Fehlern der Humanistischen Pädagogen in Amerika lernen, die wie FATZER (1983) ausführt, die Bedeutung der Schule als Institution nicht genügend zur Kenntnis genommen haben und auf diese Weise Rückschläge haben hinnehmen müssen.

7.2.3. Methoden gestaltpädagogischen Unterrichts im deutschsprachigen Raum

Die grundlegenden Gedanken der Humanistisch-psychologischen Erziehung, insbesondere aber der Confluent Education, finden im deutschsprachigen Raum langsam eine gewisse Verbreitung und bilden wichtige Anstöße für die Entwicklung der Gestaltpädagogik.[27] Es handelt sich dabei aber nicht um eine bloße Übernahme von Konzepten und Ideen, sondern um einen wechselvollen und schwer erfaßbaren Prozeß der vielfältigen Beeinflussung verschiedenster Erfahrungen und Anregungen.

Dabei werden Erfahrungen aus der Teilnahme an einer Gestalttherapie oder einer der sich langsam etablierenden Fortbildungen in Gestaltpädagogik, mit bereits vorhandenen Unterrichtskonzepten verbunden. Einzelne Methoden und Prinzipien werden übernommen und in den eigenen Unterrichtsstil integriert. Auch in den gestaltpädagogischen Fortbildungen wird kein eindeutig abgegrenztes Unterrichtskonzept mit entsprechenden Methoden vermittelt.[28]

Aus den spärlich vorhandenen Praxisberichten (vgl. meine nachfolgende Übersicht) läßt sich lediglich ableiten, daß die Auffassung von Lehren und

---

[26] Vgl. BERNFELD 1973; NYSSEN 1969; FÜRSTENAU 1974; HEYDORN 1973; PETER 1973; FEND 1980.

[27] Wobei die Publikationen von PETZOLD/BROWN 1977 und BROWN/PETZOLD 1978 in neuerer Zeit aber auch von PRENGEL 1983 und FATZER 1983 eine wichtige Rolle spielten.

[28] Jedenfalls fand ich solches weder in der Literatur noch in der Praxis gestaltpädagogischer Workshops.

Lernen als Kontaktprozeß ein verbindendes Element darstellt. Weiterhin wird deutlich, daß Gestaltpädagogen versuchen, unter Verwendung gestaltpädagogischer Methoden,[29] einen verstärkten persönlichen Bezug zum jeweiligen Unterrichtsgegenstand herzustellen.

Aus diesem Grund spreche ich hier auch von „Methoden gestaltpädagogischen Unterrichts", da die Entwicklung eines stärker konturierten Unterrichtskonzepts, wie ich es in Kapitel II.3 auf der Grundlage der Theorie formuliert habe, noch praktischer Erprobung und genauerer Differenzierung bedarf.

Die Erfahrungen und konzeptionellen Überlegungen, die bei der Verwendung gestaltpädagogischer Konzepte und Methoden gemacht werden, können aufgrund der gegenwärtigen Situation nur sehr unzureichend aus einzelnen Praxisberichten erschlossen werden. Daneben gibt es graue Literatur, unveröffentlichte Seminarpapiere und Unterrichtsvorschläge.[30]

Wenn sich die Entwicklung gestaltpädagogischer Unterrichtskonzepte auch noch im Experimentierstadium befindet, so lassen sich doch gewisse Tendenzen beschreiben, auf die ich im folgenden eingehen möchte.

Um den spezifischen Beitrag der GP für einen veränderten Unterricht herauszuarbeiten, habe ich die mir vorliegenden Praxisberichte und konzeptionellen Überlegungen auf spezielle Methoden der Verbindung von affektivem Lernen mit traditionellen Schulfächern untersucht. Wie aus meiner Übersichtstabelle deutlich wird, werden folgende Methoden am häufigsten verwendet:

— *Identifikation/Projektion*
— *Phantasie-Reisen*
— *Übernahme von Rollen*
— *Feedback*
— *Übungen zu Selbst- und Fremdbild*
— *Übungen zu Körperkontakt und Bewegung*

Dabei fällt auf, daß sich die vorliegenden Arbeiten überwiegend auf den Sprachunterricht sowie die Fächer Religion und Kunst beziehen, während die naturwissenschaftlichen Bereiche so gut wie nicht vertreten sind.

Im folgenden werde ich zur Verdeutlichung, die häufig zur Anwendung kommenden Methoden detaillierter darstellen.

---

[29] Der Terminus „gestaltpädagogische Methoden" meint Methoden, die im Rahmen gestaltpädagogischer Konzepte verwendet werden. Die Methoden selbst stammen u.a. auch aus einer Vielzahl humanistischer Ansätze, wie etwa dem Psychodrama MORENOs und sind zum überwiegenden Teil nicht als völlig eigenständige Entwicklungen zu verstehen. Das Besondere ist ihr veränderter Verwendungszusammenhang.

[30] Der Austausch von Ideen und Anregungen erfolgt häufig auf Workshops und Tagungen, die implizite Erfahrungsorientierung führt auch dazu, daß viele Gestaltpädagogen mehr an Praxis als an theoretischer Aufarbeitung interessiert sind.

Überblick über Methoden der Gestaltpädagogik in der Praxis

Autoren	Jahr	Übernahme von Rollen	Identifikation und Projektion	Feed-back	Phantasie-reisen	Übungen zu zu Selbst- und Fremdbild	Übungen zu Körperkontakt und Bewegung	Kurzcharakteristik des Textes	Praxisfeld
Baur, E.	(o.J.)	X	X	X	X		X	Darstellung des gestaltpädagogischen Konzepts der Modellschule Graz und kurze Beschreibung einiger Unterrichtssituationen.	Alternativschule - Klasse 5/6 – Realgymnasium
Baur, E.	1985			X			X	Bericht über die Erfahrungen mit der gestaltpädagogischen Modellschule Graz. Kurze Skizze des Unterrichtsprojekts „Ernährung. Schwerpunkt: Darstellung der institutionellen Probleme.	Alternativschule - Klasse 5/6 – Realgymnasium
Burow, O. A. & Scherpp, K.	1981	X	X	X	X	X	X	Einführender Überblick über Theorie und Praxis der GP. Exemplarische Unterrichtseinheit und Anregungen für einen integrativen Unterricht	Öffentliche Schule allgemein - Beispiele aus der Gesamtschule
Burow, O. A.	1982	X	X		X			Kurze Erläuterung von Prinzipien gestaltpädagogischen Unterrichts und Beschreibung von Phantasiereise, Identifikation und Experiment als zentrale Methoden der GP.	Öffentliche Schule allgemein
Burow, O. A.	1983							Kritik der Alltagsrealität und Organisationsstruktur einer Gesamtschule und Darstellung von Prinzipien und praktischen Vorschlägen, die sich aus den Auffassungen der GP ergeben.	Gesamtschule
Burow, O. A. Quitmann, H. & Rubeau, M. P.	1987	X	X	X	X	X	X	Kurze Einführung in den theoretischen Hintergrund und die Prinzipien einer gestaltpädagogischen Didaktik. Darstellung von Methoden und Übungen. Exemplarische Unterrichtseinheiten (Deutsch, Englisch, Sozialkunde, Musik, Kunst und Physik).	Öffentliche Schule allgemein
Dufeu, B.	1983	X	X	X	X	X	X	Darstellung eines Konzepts für einen integrativen Fremdsprachenunterricht. Kritik des traditionellen Unterrichts und Entwicklung von Alternativen.	Gymnasiale Oberstufe, Universität, Volkshochschule

Fortsetzung nächste Seite

Autoren	Jahr	Übernahme von Rollen	Identifikation und Projektion	Feed-back	Phantasie-reisen	Übungen zu zu Selbst- und Fremdbild	Übungen zu Körperkontakt und Bewegung	Kurzcharakteristik des Textes	Praxisfeld
Glaser, R.	1983	X		X		X	X	Erfahrungsbericht und theoretische Reflektion zur Notwendigkeit der Verbindung von Freinet- und Gestaltpädagogik. Unterrichtsbeispiele.	Grundschule
Huber, B.	1977	X	X	X	X	X	X	Beispiele für einen integrativen Deutsch- und Religionsunterricht. Überlegung und Erfahrungen zur Veränderung der Lehrerrolle im integrativen Unterricht.	Gymnasium
Jorkowski, R.	1983	X		X				Erfahrungsbericht und theoretische Reflektion darüber, wie das politische Engagement der Schüler in der Schülervermitverwaltung gefördert werden kann.	Freiwillige Zusatzveranstaltung allgemein
Kägi-Romano, U. & D.	1977	X	X	X		X	X	Darstellung des Konzeptes der demokratisch-kreativen Schule und der entsprechenden gestaltpädagogischen Prinzipien. Beispiele aus der Unterrichtspraxis.	Alternativschule ab 5. Schuljahr
Kägi-Romano, U. & D.	1978	X	X	X		X	X	Erfahrungsbericht über eine Schulwoche in der demokratisch-kreativen Schule. Integrativer Deutschunterricht am Beispiel der Behandlung des Gedichtes „Herbsttag“ von Rilke.	Alternativschule ab 5. Schuljahr
Kägi-Romano, U. & D.	1985							Reflexion über die Prinzipien integrativen Unterrichts, anläßlich des zehnjährigen Bestehens der demokratisch-kreativen Schule. Weniger methoden- und dafür stärker prinziporientierte Betrachtung.	Alternativschule
Kranz, D.	1982	X		X	X			Erfahrungsbericht über den Versuch, Lyrik im Englischunterricht unter Berücksichtigung gestaltpädagogischer Prinzipien und Methoden zu unterrichten. Reflexion der Möglichkeiten und Grenzen integrativen Unterrichts in der Regelschule.	Gymnasiale Oberstufe
Kurz, P.	1983							Darstellung zentraler Prinzipien integrativen Unterrichts und Kritik gegenwärtiger Unterrichtspraxis. Reflexion der veränderten Lehrerrolle im integrativen Unterricht.	Öffentliche Schule allgemein

Fortsetzung nächste Seite

Autoren	Jahr	Übernahme von Rollen	Identifikation und Projektion	Feed-back	Phantasie-reisen	Übungen zu zu Selbst- und Fremdbild	Übungen zu Körperkontakt und Bewegung	Kurzcharakteristik des Textes	Praxisfeld
Nowak, C.	1983		X	X		X		Erfahrungsbericht und theoretische Reflektion über einen Ökologieunterricht nach den Prinzipien der TZI. Unterrichtsbeispiel.	Gymnasiale Oberstufe
Reiser, H.	1983			X				Vergleich von TZI und Gestaltpädagogik. Unterrichtsbeispiel einer Stunde zur Gesundheitserziehung nach Prinzipien der TZI.	Öffentliche Schule allgemein
Rubeau, M. P.	1980	X	X	X	X	X	X	Sammlung von Übungen zur Gestaltpädagogik (vgl. auch Burow, Quitmann & Rubeau 1987). Schulfachübergreifende Übungen zum Sozialen Lernen.	Öffentliche Schule allgemein Selbsterfahrungsgruppen
Weber, A. & Gadow, H. D.	1982	X	X	X	X	X	X	Überblicksartige Darstellung der Prinzipien und Methoden integrativen Unterrichts. Exemplarische Unterrichtseinheit aus dem Kunstunterricht (Bildbetrachtung).	Öffentliche Schule allgemein Beispiel aus der Grundschule
Weyde, R. C.	1985	X	X	X		X		Ausführliche Darstellung und Reflektion einer Unterrichtseinheit im Kunstunterricht. Beschreibung der Methode des „Lebenspanoramas“ und Erörterung des Stellenwerts von Selbsterfahrung im Unterricht.	Gymnasiale Oberstufe
Zeuner, S.	1983	X	X	X	X	X	X	Zahlreiche Beispiele für einen integrativen Deutsch- und Englischunterricht. Erfahrungsbericht und theoretische Reflektion der Möglichkeiten in der Hauptschule.	Hauptschule
Zünd, W.	1977							Kritik der schulischen Realität und Entwicklung von Perspektiven für einen veränderten Unterricht anhand gestaltpädagogischer Konzepte. Schwerpunkt: Theoretische Reflektion.	Öffentliche Schule allgemein

7.2.3.1. Identifikation/Projektion

Identifikations- und Projektionsübungen werden von fast allen untersuchten Autoren zur affektiven Aufladung traditioneller Unterrichtsinhalte verwendet. ZEUNER (1983) regt ihre Schüler im Literaturunterricht zur Identifikation mit Personen aus Erzählungen an:

> *Du bist eine Person aus dieser Geschichte; beschreibe Dich! Wer bist Du? Wie siehst Du aus? Was möchtest Du tun? (a.a.O.)*

Auf diese Weise wird eine persönlichere Auseinandersetzung mit dem Text ermöglicht, die die Grundlage für ein Interesse der Schüler am Unterrichtsgegenstand schafft. Außerdem wird Literatur als Spiegel und Mittel der Selbsterkenntnis erfahren.

In ähnlicher Weise wird mit Gedichten verfahren, indem sich Schüler mit einzelnen Personen identifizieren und so einen intensiveren Zugang zum Text erhalten. Im Geschichtsunterricht hat ZEUNER eine Radierung von Käthe Kollwitz („Zug der Weber") eingesetzt, um über eine Identifikation mit einzelnen Personen des Zuges eine intensivere Einfühlung in die historische Situation der Weber zu ermöglichen.

Im Fach Gestaltung haben WEBER/GADOW (1982) eine Unterrichtseinheit „Bildbetrachtung" für die 3. Klasse Grundschule entwickelt. Ausgangspunkt bildet das Bild „Mädchen am Fenster" vom Rembrandt van Rijn. Inhalt des Bildes ist ein aus dem Fenster schauendes Mädchen, dessen Gesichtsausdruck verschiedene Interpretationen zuläßt. Die Schüler sollten sich vorstellen, sie wären das Mädchen und würden zum Fenster hinaussehen. Auf diese Weise sollte eine stärkere emotionale Beteiligung gefördert und Phantasie aktiviert werden.

Das Prinzip von Identifikations- bzw. Projektionsübungen besteht in erster Linie darin, daß über eine Identifikation mit Personen von Geschichten, Gedichten, Bildern historischen Darstellungen usw., ein persönlicher, emotionaler Bezug geschaffen werden soll, der es ermöglicht, mit den eigenen Wahrnehmungen und Gefühlen in Kontakt zu kommen. Auf diese Weise erhält der zunächst unpersönliche Stoff eine persönliche Bedeutsamkeit, er erhält eine Beziehung zum Rezipienten. Der jeweilige fachliche Inhalt bleibt kein abstrakter, beliebig austauschbarer Unterrichtsstoff, sondern wird zu einer Quelle der wechselseitigen Auseinandersetzung von Stoff und Person sowie der bestehenden Beziehungen. Durch die Herstellung eines solchen vertieften persönlichen Bezugs erhoffen sich Gestaltpädagogen die Förderung von Kontakt zum Unterrichtsgegenstand, zur eigenen Person und somit die Förderung von Interesse und Phantasie.

7.2.3.2. Phantasie-Reisen

Phantasie-Reisen[31] dürften zu den bekanntesten, der aus dem Repertoire der Gestalttherapie stammenden Methoden gehören. Im Rahmen des

---

[31] Vgl. MASTERS/HOUSTON 1984; OAKLANDER 1981; BUROW/SCHERPP 1981, S. 88 f.

Schulunterrichts geht es auch hier wieder um die affektive Aufladung von Lerninhalten sowie die Nutzung unterschiedlicher Kanäle der Informationsverarbeitung (vgl. VESTER 1981), hier dem Einbezug der imaginativen Ebene.

HUBER (1977) gibt ein sicher kontrovers diskutierbares Beispiel für den Einsatz einer Phantasie-Reise im Religionsunterricht. Nach der Behandlung des zweiten Schöpfungsberichts möchte sie Kinder dazu befähigen, sich „ihr Paradies" besser vorstellen zu können. Sie gibt folgende Anweisungen:

> *Setzt euch so bequem wie möglich auf einen Stuhl . . . Entspannt euch, schließt eure Augen . . . Achtet auf euren Atem . . . Ihr steigt in einen Zug, der euch weit fort von hier bringt . . . Jetzt hält der Zug und ihr steigt aus. Ihr steht auf einer Wiese . . . Ihr geht über die Wiese bis zu einem Tor . . . Das Tor öffnet ihr und geht hinein . . . Schaut euch genau um und achtet darauf, was ihr seht und mit wem ihr hier seid . . . Wenn ihr lange genug in eurem Paradies wart, geht ihr zur Pforte zurück . . . Geht wieder hindurch . . . schließt sie von außen zu und geht über die Wiese zurück zum Zug . . . Der Zug bringt euch hierher zurück . . . Öffnet langsam die Augen und schaut euch um, wo ihr seid. (a.a.O., S. 158)*

Die imaginative Ebene wird hier zur Herstellung eines persönlichen, emotionalen Bezugs zum Unterrichtsgegenstand benutzt, wobei die Phantasie der Kinder angeregt wird. Auf ähnliche Weise werden Phantasie-Reisen von Gestaltpädagogen, insbesondere im Deutsch-, Kunst- und Geschichtsunterricht angewendet.

Neben der Verdeutlichung vorgegebener Unterrichtsinhalte können sie aber auch zu weitgehend freien Assoziationsübungen benutzt werden, die der Förderung von Kreativität, Phantasie und Entspannung dienen. Eine solche Möglichkeit besteht in der Verbindung von Musik und ungelenkten (ohne vorgegebenes Thema) Phantasie-Reisen.

7.2.3.3. Übernahme von Rollen

Unter der Übernahme von Rollen ist sowohl die Verwendung von Rollenspielen der verschiedensten Arten zu verstehen als auch im besonderen der aus der Gestalttherapie bekannten Dialog einer Person zwischen zwei Rollen, die sie wechselseitig einnimmt.

Ein Beispiel für den Einsatz dieser Methode im Englischunterricht der gymnasialen Oberstufe gibt KRANZ (1982): Bei der Behandlung eines englischen Gedichts beginnt er mit einer traditionellen Erarbeitung des Wortschatzes, um dann in einer „Erlebnisphase" persönliche Fragen zum Empfinden des Gedichts zu stellen.

> *Z.B.: How do you feel after you have read the poem? Did anything in the poem remind you of anything in your life? (a.a.O., S. 10)*

Diese Fragen dienen zur Herstellung eines persönlichen Bezugs, der durch den Einsatz der Technik des leeren Stuhls vertieft werden soll:

Ein Schüler wird gebeten, abwechselnd darzustellen, wie er das Gedicht erlebt und wie es der Dichter erlebt haben könnte. Er wechselt dabei zwischen den Stühlen, je nachdem, welche Rolle er einnimmt. Diese Methode kann auch zur Verdeutlichung kontroverser Themen im Deutsch-, Geschichts- oder Sozialkundeunterricht verwendet werden. Jeweils zwei Stühle in der Mitte des Kreises verkörpern die entgegengesetzten Standpunkte. Wer einen Standpunkt einnehmen will, setzt sich auf den entsprechenden Stuhl und setzt sich so lange mit seinem Gegenüber auseinander, bis ein anderer ihn ablöst. Dabei kommt der Auswertungsphase, in der besprochen wird, wie man die Übernahme der verschiedenen Rollen erlebt hat, eine entscheidende Funktion zu in der Klärung der eigenen Position.

Wesentlich ist hier auch wieder die direkte persönliche Beteiligung des Schülers am Unterrichtsgegenstand: dadurch, daß er verschiedene Standpunkte einnimmt und spielt und die damit verbundenen Gefühlsqualitäten wahrnimmt, kann er nach Auffassung der Gestaltpädagogik zu einer bewußten Assimilation des Stoffs gelangen.

7.2.3.4. Feed-back

Ähnlich wie in den oben beschriebenen Beispielen der Confluent Education, werden von verschiedenen Gestaltpädagogen Feed-back-Übungen mit Inhalten des Sprachunterrichts verbunden. Der Lernprozeß als Kontaktprozeß auf den Ebenen Denken/Fühlen/Handeln wird in einem Unterrichtsbeispiel ZEUNERs deutlich, das sie in einer Hauptschulklasse durchführte:

> *Jeder Schüler schreibt positive Eigenschaftswörter auf, mit denen er sich selbst oder andere Personen, die ihm lieb sind, beschreiben würde. In gemischten Vierer-Gruppen ergänzen die Schüler — auch mit Hilfe des türkisch-deutschen Wörterbuchs und Fragen an mich — ihre Eigenschaftslisten. Sie hören sich zu, suchen eifrig im Wörterbuch nach der deutschen Bedeutung, schreiben, vergleichen, debattieren erregt auf türkisch und sprechen nur deutsch, wenn sie mich um Hilfe bitten.*
> *Nun erhält jeder Schüler eine kleinere Folie für den Overhead-Projektor, schreibt seinen Namen in die Mitte und in eine Ecke eine positive Eigenschaft, die nach seiner Selbsteinschätzung ihn charakterisiert. Danach machen die Folien in der Vierer-Gruppe die Runde:*
> *Jedes Gruppenmitglied notiert (mit Hilfe der Eigenschaftsliste) in einer Ecke der Folie der drei anderen Gruppenmitglieder ein positives Adjektiv, das zu dem betreffenden Jugendlichen paßt.*
> *Es folgt für die Schüler eine sehr freudige und aufregende Phase. An der Tafel stehen die Singular-Formen des Hilfsverbs „sein" zur Unterstützung. Etwas verlegen lächelnd, jedoch wohl auch die Situation genießend, liest Orhan seine Folie, die auf dem OH-Projektor liegt, vor:*
> *Ich bin höflich, ich bin mutig, ich bin witzig und charmant. (ZEUNER 1983, S. 36).*

Der Sprachunterricht wird hier nicht anhand von persönlich bedeutungslosen, vorgefertigten Buchlektionen durchgeführt, sondern in einer aus dem Hier-und-Jetzt der Unterrichtssituation sich entwickelnden Verbindung von Selbstausdruck und stofflichem Lernen. Die affektive Ladung des Stoffs, die durch Feed-back-Übungen erreicht werden soll, erhöht auch in diesem Fall das Beteiligtsein der Schüler. Indem auf positive Aspekte der Person fokussiert wird, wird neben dem Erlernen des fachlichen Inhalts ein Beitrag zur Entwicklung eines positiven Selbstbildes geleistet, das wiederum eine wichtige Grundlage für einen erfolgreichen Lernprozeß bildet.

7.2.3.5. Übungen zu Selbst- und Fremdbild

Übungen zu Selbst- und Fremdbild sind ein Teilbereich der Feed-back-Übungen, der darauf abzielt, den Self-Support der Schüler zu mobilisieren und sie zu einem akzeptierenden Umgang mit sich selbst und anderen zu führen.

Neben den von der Confluent Education her bekannten Möglichkeiten der Anwendung im Sprachunterricht in Form von Sätzen wie

— ich bin, du bist
— ich möchte sein usw.

gibt es verschiedene Möglichkeiten der Selbstklärung, wie z.B. die bildnerische Selbstdarstellung im Kunstunterricht oder die Übernahme verschiedener Rollen im Deutsch- oder Sozialkundeunterricht, die mit einer Wertklärung verbunden sein kann.

RUBEAU (1980) schlägt eine Übung vor, bei der man anhand vorgegebener Kategorien sich klarer darüber wird, wie man sich sieht und wie man sein will. Daran schließt sich eine Diskussion der zugrunde liegenden Normvorstellungen und Maßstäbe an.

DELIUS (mündlicher Erfahrungsbericht) hat mit Förderkindern in der Grundschule eine Übung durchgeführt, in der sie sich mit einem Bleistift identifizieren sollten. Daran schlossen sich folgende Fragen an:

> *Wie bin ich als Bleistift? Wie sehe ich aus? Welche Farbe hätte ich gern? Was würde ich gern schreiben? Was erlebe ich so täglich? usw.*

In der Identifikation werden auch Aspekte der eigenen Person deutlich, nämlich in der Weise, wie ich die Identifikation durchführe. Durch das Fokussieren auf die positiven Aspekte wurde eine entspannte Atmosphäre geschaffen, und die Schüler waren sehr motiviert, ihre (!) Geschichte als Bleistift aufzuschreiben. Durch die persönliche Ansprache der Schüler über ein verhaßtes Symbol (Bleistift = Schreiben müssen), wird eine neue Beziehung ermöglicht, die Lernblockaden lösen kann. Die positive Besetzung des Gegenstands mit persönlichen Phantasien ermöglicht damit auch die Mobilisierung von Self-Support.

7.2.3.6. Übungen zu Körperkontakt und Bewegung

Gestaltpädagogen versuchen, den Anspruch „ganzheitlicher" Erziehung u.a. auch dadurch einzulösen, daß sie der Ebene des Körpers eine größere Beachtung einräumen, als das im „normalen" Unterricht üblich ist.

Neben gezielten, entsprechend der konkreten Situation im Hier-und-Jetzt des Unterrichts einsetzbaren Körperübungen zur Steigerung der Konzentration durch Entspannung,[32] versuchen verschiedene Gestaltpädagogen, fachliche Anforderung und körperliche Bedürfnisse direkt aufeinander zu beziehen.

Nachdem in einer Unterrichtseinheit in der Hauptschule zum Thema „Krieg und Frieden" zunächst der kognitive Anteil überwog, ging ZEUNER auf die mit diesem Thema verbundenen körperlichen Reaktionen ein:

> *Der physische Bereich wurde nicht vernachlässigt, obwohl dieses im Rahmen unserer Schulen besonders schwierig ist:*
> *Die körperlichen Reaktionen, wie Schaudern, Gänsehaut oder Erregung wurden wahrgenommen. Auch konnte ich bei den Schülern eine lebendige Körpersprache beobachten. (a.a.O., S. 36)*

Körperkontakt bedeutet hier zunächst den Kontakt zum eigenen Körper in bezug auf ein bestimmtes Thema. Auf diese Weise wird der eigene emotionale Anteil bewußt und die emotionale Besetzung eines Themas der Reflektion zugänglich. Lernwiderstände können so auf ihren emotionalen Hintergrund hin erkannt werden, wobei die Gruppengröße und die sonstigen Bedingungen der Regelschule natürlich Grenzen setzen.

Die von mir untersuchten Autoren beziehen sich überwiegend auf den Literatur- und Fremdsprachenunterricht, der sich für den Einbezug der körperlichen Ebene besonders zu eignen scheint, indem etwa ein Wortschatz für meine augenblickliche Stimmung, mein Körpergefühl erarbeitet wird, indem das Hier-und-Jetzt des Umgangs mit dem Körper in der Schule besprochen wird, der körperliche Umgang miteinander usw. KÄGI-ROMANO (1978) läßt beispielsweise Kinder die Wirkung eines Herbstgedichts von RILKE intensiv nachfühlen und in spontane Bewegungen umsetzen. In anderen Übungen werden emotionale Wirkungen von Texten pantomimisch dargestellt oder in Töne umgesetzt. Der Einbezug des Körpers kann sich aber auch einfach darin zeigen, daß dem Bewegungsbedürfnis der Schüler insofern Rechnung getragen wird, als durch einen Wechsel der Aktionsformen (Kreisspiele, Platzwechselspiele, Dramatisierungen usw.) Gelgenheit gegeben wird, körperliche Bewegung und Erlernen eines Stoffs miteinander zu verbinden.

Wesentlich ist, daß der Gestaltpädagoge in der Lage ist, die vorhandenen körperlichen Bedürfnisse zu erkennen und situationsangemessen mit seinen fachlichen Zielen zu verbinden.

---

[32] Vgl. HUBER 1977; BUROW/SCHERPP 1981, S. 184.

Ganz besonders naheliegend wäre meines Erachtens eine solche Verbindung im Biologieunterricht. Doch gibt es über entsprechende Versuche bisher keine Berichte.

7.2.3.7. Kreative Medien

Ein durchgehendes Prinzip gestaltpädagogischen Unterrichts ist die Verwendung kreativer Medien. Unter kreativen Medien verstehe ich jene Medien, die der Eigentätigkeit der Schüler und der selbständigen kreativen Gestaltung einen möglichst breiten Raum lassen. Kreative Medien dienen so vor allem dem Selbstausdruck und dem Kontakt mit vielfältigen Aspekten des Selbst. Sie unterscheiden sich also von sehr stark vorstrukturierten Medien, wie Filmen bzw. Videos, die wenig Raum für die eigene Gestaltung lassen. Allerdings kann ein spezieller Verwendungszusammenhang dazu führen, daß auch solche Medien kreativ genutzt werden. Wir (Burow/Quitmann & Rubeau 1987, S. 64) haben dazu in unserem Praxisbuch folgendes Beispiel gegeben:

„Ein Film wird gemeinsam gesehen. Im Anschluß malen die Schüler eine für sie bedeutsame Szene auf ein Zeichenblatt und schreiben einen Satz darunter. Diese Arbeiten bieten dann einen Ansatz, um über die Erfahrungen mit dem Film zu sprechen."

In diesem Beispiel wird auch die Funktion der Verwendung kreativer Medien in der Gestaltpädagogik deutlich: Sie dienen vor allem dazu, den persönlichen Bezug zum Lerngegenstand kreativ auszudrücken und damit innere Bilder, affektive Ladungen, u.ä. nach „außen" zu bringen und kommunizierbar zu machen. Neben der Entfaltung bislang unentdeckter kreativer Potentiale kann die Verwendung kreativer Medien auch eine Effektivierung des Lernens bewirken.

So haben wir an gleicher Stelle (Burow/Quitmann & Rubeau S. 112 ff) eine Unterrichtseinheit für den Englischunterricht entwickelt, in der die Schüler im Rahmen einer gelenkten Phantasiereise sich ihr Traumhaus vorstellen sollen. Diese Traumhäuser werden dann mit Buntstiften auf die obere Hälfte eines geknifften Zeichenblattes gemalt. Nach einem Austausch über die Erfahrungen mit der Phantasiereise und einer Vorstellung der Häuser gehen die Schüler dann daran, das Vokabular für ihre Häuser zu erarbeiten und in die untere Hälfte des Blattes einzutragen. Also z.B. „window", „roof", usw. Zu jedem dieser Wörter werden dann Sätze gebildet: „My house ist blue . . ." In einem weiteren Schritt können die Schüler dann **ihre** Häuser mit englischem Vokabular vorstellen, Fragen stellen, sich austauschen.

Im Unterschied zum häufig praktizierten Unterricht unter Verwendung vorgefertigter Bücher bilden hier die selbstgefertigten Unterrichtsmaterialien mit persönlichen affektiven Ladungen den Ausgang des Lernens. Indem die Häuser affektive Ladungen einzelner Schüler widerspiegeln, erhält der Unterricht über das Fachliche hinaus eine soziale und affektive Komponente. Man könnte sagen: Die Vielfalt des menschlichen Reichtums, des kreativen inneren Reichtums der Schüler wird Bestandteil des Unterrichts und macht damit das Lernen persönlich bedeutsam und spannend. Die Kreativen Medien dienen dabei als unverzichtbare Mittler.

PETZOLD (1977) hat sich in einem Aufsatz intensiver mit dem Thema der kreativen Medien auseinandergesetzt und folgenden Überblick erarbeitet, der als Anregung dienen kann. Dabei gilt natürlich immer, daß der Lehrer nur die Medien einsetzen sollte, zu denen er auch eine gute Beziehung hat und die er vertreten kann.

Medien im integrativen Unterricht nach PETZOLD (1977)

1. Materialmedien
— Ton
— Farben (Wachsmalstifte, Zeichenkohle, Fingerfarben, Filzstifte usw.)
— Collagen
— Bastelmaterialien
— Wandzeitung

2. Technische Medien
— Bilder (Drucke, Reproduktionen, Fotos, Dias, Filmausschnitte usw.)
— Musik (meditative Musik, klassische Musik, Songs usw.)
— Tonbildschau (multimediale Inszenierung zu einem Thema)

3. Handlungsmedien
— Rollenspiel
— Pantomime
— Bewegung
— Puppenspiel
— Imaginationstechniken
— Planspiel
— Theaterspiel

4. Personale Medien
— Lehrer
— Personen, die in den Unterricht eingeladen werden (historische Zeitzeugen, Vertreter von bestimmten Gruppierungen, Berufsgruppen usw.)
— Schüler

Diese Übersicht macht deutlich, daß in der Gestaltpädagogik z.T. bekannte und erprobte Medien eingesetzt werden, deren Verwendung für sich betrachtet nichts Neues darstellt. Das Neue und Spezifische ist aber ihre gezielte Verwendung vor dem Hintergrund des Kontakt- und Begegnungskonzeptes, sowie der handlungsleitenden Prinzipien. Sie dienen der

Integration von fachlichem und persönlichem Lernen, von afffektiven und kognitiven Aspekten des Lernens. Insofern ist es wichtig hervorzuheben, daß etwa Malen und Spielen, wie häufig von Kollegen/innen unterstellt, nicht ablenkende Bestandteile des Fachunterrichts sind, sondern wie amerikanische Untersuchungen belegen, sogar der Effektivierung auch des fachlichen Lernens dienen.

7.2.3.8. Kriterien für einen gestaltpädagogischen Unterricht

Über die hier ausführlicher beschriebenen Methoden hinaus finden eine Vielzahl kreativer Vorgehensweisen im Rahmen eines an der Gestaltpädagogik orientierten Unterrichts Verwendung. Aufgrund unserer Erfahrung in Gestaltpädagogik-Fortbildungsgruppen, von Hospitationen und eigenen Versuchen sowie der Analyse der vorliegenden Praxisberichte, haben wir an anderer Stelle einen Überblick über die in der Praxis anzutreffenden Vorgehensweisen detailliert beschrieben (BUROW, QUITMANN & RUBEAU 1987, S. 85), dessen Zusammenfassung ich zur Orientierung hier anfüge.

Aus ihm wird deutlich, wie Kontakt und Begegnung sowie persönlich bedeutsames Lernen als zentrale Anliegen gestaltpädagogischen Unterrichts durch den Einsatz kreativer Methoden gefördert werden sollen.

Kriterien für einen gestaltpädagogischen Unterricht

1. Verbindung der Lerninhalte mit persönlichen Bedeutungen
2. Herstellung direkter Kommunikation
3. Einbeziehung nonverbaler Kommunikation
4. Aufbau positiver und hilfreicher Beziehungen
5. Ausgehen vom Hier-und-Jetzt des Klassenraums
6. Verwendung von Phantasiereisen
7. Experimentieren mit Entscheidungen
8. Verwendung von Identifikationsübungen
9. Einüben von aktivem Zuhören
10. Verwendung von Spielen und Übungen
11. Verwendung von Kunst, Musik Rollenspiel, Literatur, Tanz u.ä.
12. Förderung einer lernanregenden Klassenatmosphäre
13. Berücksichtigung möglichst vielfältiger Sinnesebenen
14. Selbständige Produktion von Unterrichtsmaterialien
15. Einbeziehung der Lebensbedingungen in den Schulalltag
16. Einbeziehung der individuellen Lebensgeschichte in den Unterricht

7.2.3.9. Erfahrungen mit gestaltpädagogischem Unterricht

Die Lektüre der vorliegenden Praxisberichte zeigt, daß es bisher im deutschsprachigen Raum keine ähnlich klar konturierten Programme, wie sie in der Humanistisch-psychologischen Erziehung und der Confluent Education entwickelt worden sind, gibt.

Bisher liegt der Schwerpunkt der Arbeit der verschiedenen Gestaltinstitute, die Gestaltpädagogen ausbilden, offenbar mehr auf der Arbeit mit der Person des Lehrers und seinen psychischen Problemen und weniger in der Ausarbeitung von Unterrichtsprogrammen. Diese Schwerpunktsetzung erhält ihre Berechtigung vor dem Hintergrund der theoretisch begründeten (s.o.) Einschätzung der Person des Lehrers als zentralem Faktor für erfolgreichen Unterricht und den von den Lehrern an die Institute herangetragenen Bedürfnissen.

So wird in den Erfahrungsberichten von HÄCKER (1983) und KURZ (1983), die sich fragen, was ihnen Gestaltpädagogik im Schulalltag helfe, besonders die entlastende Funktion gestaltpädagogischer Erfahrungen hervorgehoben. HÄCKER meint, seine Selbstakzeptanz sei deutlich gesteigert, ebenso seine Fähigkeit im Durchstehen von Konflikten und Spannungssituationen.

KURZ beschreibt ähnliche Veränderungen, bezieht aber dabei expliziter Einflüsse auf seinen Unterricht mit ein. Die Verwendung von Gestaltprinzipien „erleichtere" ihm die Schularbeit.

> *Als Beispiele dafür nennt er u.a. die Vermeidung des Darüber-redens und den Aufbau einer persönlicheren Beziehung zu den Schülern. Gestaltpädagogik habe weiterhin seinen Blick geschärft für unangemessene Sollensanforderungen sich selbst und den Schülern gegenüber. Zentralen Stellenwert nimmt in seinem Unterricht die Konzentration auf die im Hier-und-Jetzt ablaufenden Prozesse ein. Als wesentliches Moment seines veränderten Unterrichtsstils benennt er die bewußte Reflektion von Kontaktprozessen und den spontanen, situationsgemäßen Wechsel zwischen dem Unterrichtsstoff und der Beziehung zu den Schülern. Insgesamt scheinen seine gestaltpädagogischen Erfahrungen seine Sensibilität für den Umgang mit sich und seinen Schülern erhöht zu haben.*

Eine ähnliche Perspektive nimmt auch der Bericht GLASERs (1983) ein, die ihre Erfahrungen mit FREINET- und Gestaltpädagogik in der Grundschule reflektiert. Sie sieht den Schwerpunkt der Gestaltpädagogik weniger in konkreten Unterrichtshilfen, Materialien und Techniken — hier sei die FREINET-Pädagogik eindeutig überlegen —, sondern eher in der Bereitstellung allgemeinerer sozialer Kompetenzen zur Beurteilung der eigenen Lehrerrolle, des Klassenklimas u.ä. Sie führt aus:

> *Die Gestaltpädagogik ergänzt die FREINET-Pädagogik, indem sie verhindert, daß sich die neuen und auch für die Lehrerin begeisternden Techniken (der FREINET-Pädagogik, Anm. BUROW) verselbständigen und nicht*

mehr die Befindlichkeit der Kinder berücksichtigen. Die Anregungen der Gestaltpädagogik verweisen mich letztlich sehr schnell auf mich selbst zurück. Sie lassen mich die Frage — „Was will ich in diesem Moment eigentlich bezwecken?" — immer häufiger stellen. Die Gestaltpädagogik hilft mir, Überforderungssituationen gegenüber den Kindern sowie gegenüber mir selbst und andere Störungen im Unterricht eher zu erkennen. Ich lerne durch die Gestaltpädagogik, die Wirkung auf mich selbst und meine eigene Beteiligung wie unter einem Vergrößerungsglas zu sehen. (a.a.O., S. 128)

Gestaltpädagogik erscheint hier als eine Art Reflektionsinstrument, das aber auf spezielle Unterrichtstechniken angewiesen ist, die aus anderen Bereichen kommen. Demgegenüber finden sich in ZEUNERs Erfahrungsbericht (1983), wie wir ausschnittsweise gesehen haben, einige Ansätze genuin gestaltpädagogischer Vorgehensweisen zur Verbindung von traditionellen Inhalten mit affektivem Lernen.

Wenn ich ein zusammenfassendes Fazit aufgrund der vorliegenden Praxisberichte zum Stand gestaltpädagogischer Unterrichtskonzepte ziehe, dann muß ich feststellen, daß zum gegenwärtigen Zeitpunkt kein entwickeltes, dokumentiertes Programm genuin gestaltpädagogischen Unterrichts im Sinne der Verbindung von affektivem mit traditionellen Schulfächern existiert.[33]

Veränderter Unterricht in diesem Sinne scheint vielmehr spontan und sporadisch als ein Effekt der Teilnahme an einer Gestalttherapie oder einer Gestaltpädagogikausbildung stattzufinden. Hierbei versuchen Lehrer, Methoden und Techniken sowie Prinzipien der Gestalttherapie (vgl. BUROW/SCHERPP 1981, S. 137 ff) auf ihren Fachunterricht zu übertragen, wobei insbesondere die von mir oben angeführten Übungstypen zum Tragen kommen.

Im Vordergrund der Bemühungen der Gestaltpädagogen steht jedoch zunächst noch die Reflektion des eigenen Unterrichtsverhaltens, die Thematisierung des Umgangs mit sich und den Schülern. Hierdurch ergibt sich ein veränderter Unterrichtsstil, ein verändertes Umgehen mit fachlichen Anforderungen, das zu einem vermehrten Einbezug affektiver Elemente in den Unterricht führt. Dieser veränderte Unterricht erscheint jedoch häufig, wie etwa bei KRANZ (1982) und in Teilen auch bei KÄGI-ROMANO (1978, insbesondere S. 239) als erkämpfter Freiraum, neben dem der „normale Unterricht", in dem die Leistungsanforderungen erfüllt werden müssen, abläuft.

Zum einen widerspricht die Entwicklung eines klaren Curriculums mit geplanten Methoden affektiver Aufladung humanistischen Zielen und steht in der Gefahr, in Unterrichtstechnologie abzugleiten, zum anderen ist meines

[33] Wenn man von den amerikanischen Programmen absieht und unser Konzept (BUROW/QUITMANN/RUBEAU 1987) als erste Annäherung versteht, die noch der Überprüfung bedarf.

Erachtens aber ein gewisses Inventar an methodischen, inhaltlich ausgewiesenen Vorgehensweisen für einen effektiven Unterricht notwendig.

Dieses Dilemma, das durch die Arbeitsbedingungen in der öffentlichen, verbürokratisierten Leistungs- und Ausleseschule verschärft wird, dürfte ein Grund für die schleppende Entwicklung entsprechender Unterrichtskonzepte sein.

Weiterhin ist ungeklärt, was ein solcher veränderter Unterricht in der Zwangsinstitution Schule bedeutet. Wo sind die Grenzen des Konzepts affektiver Ladung? Ist es bruchlos auf alle Inhalte anzuwenden? Wie ist dieses Prinzip mit den Selektionsmechanismen der Schule und sonstigen äußeren Bedingungen vereinbar? Inwiefern wird hier die Verantwortung für „erfolgreichen“ Unterricht sozusagen dem superkompetenten Gestaltlehrer zugeschoben? Wie können therapeutische Bedürfnisse und Erwartungen der Schüler, die sich aus einem solchen persönlicheren Unterricht ergeben können, unter den jetzigen Bedingungen aufgefangen werden?

Stellt gestaltpädagogischer Unterricht im Sinne der Verbindung von affektivem und kognitivem Lernen, der Ermöglichung der Erfahrung der persönlichen Bedeutsamkeit des Lernens, ein durchgängig realisierbares Prinzip dar, oder beschränkt sich seine Realisierung auf ausgewählte Themen, beispielsweise aus dem Literatur- und Kunstunterricht?

Vor dem Hintergrund dieser Fragestellung, deren Beantwortung erst aufgrund vertiefter Praxiserfahrungen möglich sein wird, möchte ich nun Umrisse einer gestaltpädagogischen Didaktik skizzieren.

7.2.4. Gestaltpädagogische Didaktik

In meiner bisherigen Darstellung ist deutlich geworden, daß ein Lehrer, der seinen Unterricht an der Gestaltpädagogik orientieren will, sich auf einen Prozeß der Selbsterfahrung einlassen muß, um seine Soziale Kompetenz so zu erweitern, daß er zur Wahrnehmung und Beeinflussung von Kontaktvorgängen auf den Ebenen Ich-Wir-Es-Globe in der Lage ist. Bei der Planung des Unterrichts können die handlungsleitenden Kategorien, die ich in Kapitel II.3 in Form von 12 handlungsleitenden Prinzipien beschrieben habe, herangezogen werden. Darüber hinaus stehen ihm — wie wir im letzten Abschnitt gesehen haben — eine Reihe von gestaltpädagogischen Methoden und Übungsformen zur Verfügung. Diese verschiedenen Elemente gestaltpädagogischen Unterrichts dienen der Förderung intersubjektiver Beziehungen und persönlich bedeutsamer Lernerfahrungen,[34] die die Person auf möglichst vielfältigen Ebenen einbeziehen.

Die einzelnen Elemente, wie die Konzentration auf Kontaktvorgänge, die Berücksichtigung der dynamischen Balance zwischen den verschiedenen Ebenen, die Personenzentrierung sowie die integrierte Einbeziehung emotionaler Anteile und von Formen der Introspektion, lassen Umrisse einer

---

[34] Den Begriff „persönlich bedeutsamen Lernens“ hat BÜRMANN 1983 ausführlich untersucht. Er versteht darunter ein von Begeisterung und lebhafter Aktivität getragenes „Bei-der-Sache-sein“, S. 1.

neuen Didaktik erkennen, die ich als „gestaltpädagogische Didaktik“ bezeichnen möchte.

Zur genaueren Bestimmung des Stellenwerts einer solchen gestaltpädagogischen Didaktik im Verhältnis zu den traditionellen Fachdidaktiken haben BUROW/QUITMANN/RUBEAU (vgl. 1987, S. 26 ff.) ein „Modell der gestaltpädagogischen Didaktik“ skizziert (s. Abb.), auf das ich kurz eingehen möchte. Wie aus unserem Schaubild hervorgeht, unterscheiden wir drei grundlegende Aspekte jeden Unterrichts: den fachlichen, psychologischen und gesellschaftspolitischen Aspekt.

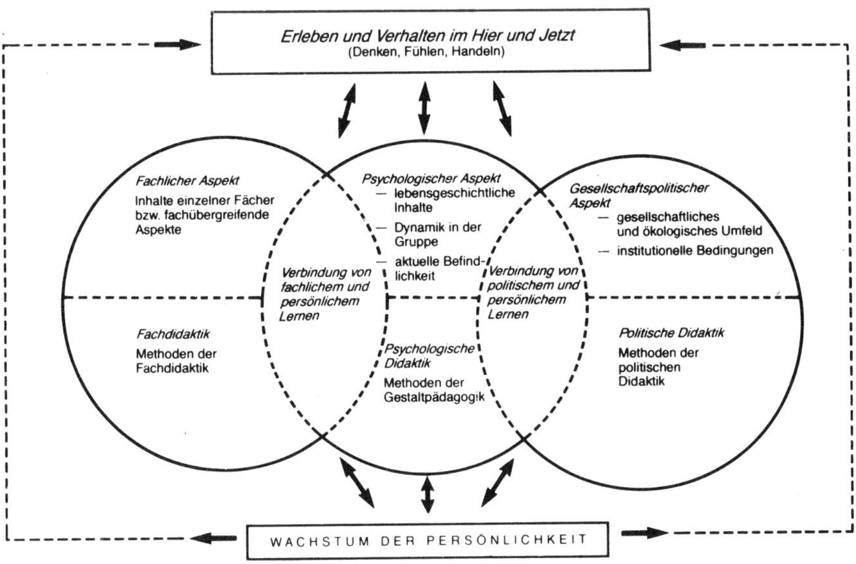

Das Modell der gestaltpädagogischen Didaktik

Gestaltpädagogik,[35] so wie sie bisher entwickelt ist, stellt ein Konzept dar, das insbesondere den psychologischen Aspekt thematisiert, indem sie dazu anregt, lebensgeschichtliche Inhalte der Schüler und des Lehrers, aktuelle Befindlichkeiten, die Dynamik in der Gruppe sowie innere Prozesse und Blockaden stärker als dies bisher üblich ist, zu berücksichtigen.

[35] Ich folge in diesem Abschnitt meinen Ausführungen im Rahmen eines Vortrags unter dem Titel „Erziehung zur Verantwortung“ (BUROW 1986)

Das daraus resultierende Konzept personenzentrierten Lehrens und Lernens bedeutet jedoch nicht, daß im Unterricht das Gespräch über Beziehungen zu Personen, wie etwa in der Therapie oder in Selbsterfahrungsgruppen, im Mittelpunkt der Betrachtungen steht. Vielmehr ist zu beachten, daß überall dort, wo ein reichhaltiges Material zur Förderung selbstgesteuerter, nicht didaktisch gegängelter Sacherfahrungen zur Verfügung steht, wo Eigentätigkeit und der direkte Kontakt mit der Realität und nicht nur in ihren Abbildern möglich ist, Interesse, Fragen und persönlich bedeutsames Lernen, sich quasi automatisch einstellen. Denn Lernen ist eine natürliche Grundtätigkeit von Kindern und entsteht nicht erst aufgrund unserer pädagogischen Bemühungen, deren Übermaß im Gegenteil zu einem lernbehindernden Faktor werden kann.[36]

Dennoch gibt es in diesem Lernprozeß unterschiedlich ausgeprägte Brüche und Störungen, auf die der Lehrer als „facilitator"[37] im Rahmen seiner dialogischen Begleitung der Schüler eingehen muß.

Vor dem Hintergrund dieser Überlegungen ist der Stellenwert des psychologischen Aspekts als integralem Bestandteil des Unterrichts zu sehen.

Wir machen mit der Vorlage unseres Modells also den Versuch

— Fachinhalt und Fachdidaktik
— psychologische Inhalte und psychologische Didaktik
— gesellschaftspolitische Inhalte und politische Didaktik

miteinander zu integrieren. Wie aus unserem Schaubild hervorgeht, stehen diese drei Bereiche in einem eng aufeinander bezogenen Austausch, wobei die psychologiscche Didaktik mit ihrem Kontaktkonzept und dem Konzept der dynamischen Balance der Ort der Integration ist. Dort, wo sich persönliches Interesse und fachlicher bzw. politischer Inhalt treffen, findet eine besondere Form „persönlich bedeutsamen Lernens" statt, wird der Grundstein für intersubjektive Begegnungen gelegt. Die Grundlage der Bildung des Begriffs „persönlich bedeutsames Lernen" sind laut BÜRMANN[38] „beobachtete und berichtete Erfahrungen aus den gestaltpädagogischen Lernsituationen" (a.a.O., S. 1). Es handelt sich hier um besonders eindrückliche Erfahrungen, die von Begeisterung und Engagement begleitet und noch nach Jahren der Erinnerung zugänglich seien:

Ich gehe davon aus, daß sich in solchen Lernsituationen etwas anderes oder etwas über das Hinausgehendes ereignet, was in kognitiven Lerntheorien theoretisiert wird. Ein solches Lernen der Schüler, das in der Situation selbst mit Begeisterung und innerer Beteiligung erlebt wird — von außen beobachtbar als lebhafte Aktivität und konzentriertes Bei-der-

---

[36] Hier stimmt Gestaltpädagogik mit den Konzepten FREINETs überein.

[37] Vgl. ROGERS 1974, der diesen Begriff zur Charakterisierung der Aufgabe eines Humanistischen Pädagogen verwendete.

[38] BÜRMANN, Jörg: Gestaltpädagogik und Persönlichkeitsentwicklung — Praktische Beispiele und theoretische Aspekte eines persönlich bedeutsamen Lernens, Bielefeld 1983.

Sache-Sein ***und*** *das vom einzelnen übersituativ als wichtige Lernerfahrung bewertet wird, nenne ich „persönlich bedeutsames Lernen".*[39]

Im Mittelpunkt seines Interesses steht nicht der testbare Lernerfolg, die beobachtbare Verhaltensänderung, sondern der Charakter der inneren Prozesse des Lernens, die als wichtige bzw. erregende Erlebnisse erfahren werden. Persönlich bedeutsames Lernen wird bei BÜRMANN als Kategorie subjektiven Erlebens, intersubjektiver Verständigung und hermeneutischen Sinnverstehens gefaßt. Persönlich bedeutsames Lernen kann so ein subjektives Erlebnis sein, der intersubjektive Erfahrungsaustausch über solche Erlebnisse oder der dialogische Prozess des Sinnverstehens in der Auseinandersetzung mit einem Text.

Die Bildung des Begriffs des „persönlich bedeutsamen Lernens" begründet BÜRMANN mit einem Rückgriff auf ALLPORTs „biographical learning" (a.a.O., S. 32; ALLPORT 1969, S. 105 ff.). ALLPORT unterscheidet drei Ebenen der Intensität des engagierten Dabeiseins als grundlegende Voraussetzung von Lernprozessen:

— *die einfache Ebene der Aufmerksamkeit, die durch eine konzentrierte Wahrnehmung gekennzeichnet ist.*
— *die Ebene der aufgabenbezogenen Eigenaktivität, die demgegenüber durch ein stärkeres Engagement des Individuums beschrieben ist.*
— *die Ebene der persönlichen Involviertheit (egoinvolvement), in der das Individuum das stärkste Engagement zeigt. Da sich dieses herausragende Interesse ALLPORT zufolge aus der speziellen Biographie des Individuums erklären läßt, bezeichnet er es auch als „biographical learning". (BÜRMANN 1983, S. 33; ALLPORT, S. 106, 1970)*

Diese dritte Ebene des persönlichen Involviertseins, in der sich die persönliche Bedeutsamkeit des Lernprozesses erweist, ist für ALLPORT ein entscheidendes Kriterium für engagiertes Lernen. Sie beschreibt laut BÜRMANN (1983, S. 35) die besonderen Merkmale gestaltpädagogischer Lernprozesse.[40] Solche idealen Lernsituationen zu fördern, ist eine Aufgabe der psychologischen Didaktik, die darauf abzielt, den Bedürfnissen der am Lernprozeß beteiligten Personen zu ihrem Recht zu verhelfen. Insofern hat unser Modell vor allem die Funktion, die Bedeutung des psychologischen Aspekts hervorzuheben.

Wie ich an anderer Stelle ausgeführt habe (vgl. BUROW 1986 (a), S. 8), ist „Didaktik" hier nicht im Sinn einer vorwiegend an Effektivitätsgesichtspunkten orientierten, fast totalen Didaktisierung, Verplanung und Strukturierung von Lernprozessen gemeint, sondern eher als ein grobes Raster zu verstehen, das der bewußten Strukturierung des unterrichtlichen Vorge-

[39] BÜRMANN, Jörg: Gestaltpädagogik und Persönlichkeitsentwicklung — Praktische Beispiele und theoretische Aspekte eines persönlich bedeutsamen Lernens, Bielefeld 1983, S. 1.

[40] Relativierend möchte ich hinzufügen: Merkmale idealtypischer Lernsituationen, die im Rahmen der Gestaltpädagogik angezielt werden.

hens dienen soll, bei gleichzeitiger Berücksichtigung der grundlegenden Prinzipien der Gestaltpädagogik. Da es vor diesem Hintergrund Aufgabe des Lehrers ist, die Spontaneität und Selbststeuerung der Schüler zu unterstützen, setzt sich Gestaltpädagogik deutlich von Konzepten der lernzielorientierten Didaktik ab und steht, wie ich in meinem Exkurs ausführen werde, der FREINET-Pädagogik sehr nahe.

In beiden Ansätzen geht es darum, die Fähigkeit zur Selbstregulation und zu eigenverantwortlichen Entscheidungen zu fördern. Insofern zielt gestaltpädagogische Didaktik auf eine Erziehung zur Verantwortung ab (vgl. BUROW 1986, S. 5). Nicht gezielter, moralischer Drill und didaktisch ausgefeilte Tricks sind die Mittel einer solchen gestaltpädagogischen Erziehung zur Verantwortung, sondern die dialogische Begegnung von Person zu Person, die sich in der Fähigkeit des Lehrers zum Gewährenlassen,[41] zur unterstützenden Begleitung äußert. Indem Selbsterfahrung zu einem Bestandteil auch fachlichen Lernens wird, kann die Lerngruppe zu einem Ort des kritischen Diskurses werden, an dem sich Verantwortlichkeit — jenseits moralisierender Normen — aus einem inneren Bedürfnis in der Begegnung mit der Gruppe herausbildet. Insofern stellen das Strukturmodell der TZI und die handlungsleitenden Prinzipien der GP lediglich Hilfskonstruktionen dar, die flexibel gehandhabt, Wege zur Realisierung von Intersubjektivität und persönlich bedeutsamen Lernens aufzeigen. In dem Maß, in dem es gelingt, Intersubjektivität und persönlich bedeutsames Lernen zu realisieren, werden sie in den Hintergrund treten.[42] Inwieweit sich der hier skizzierte Ansatz in der alltäglichen Realität bewährt und inwieweit gestaltpädagogische Lehrertrainings zur Entwicklung entsprechender Haltungen beitragen können, muß erst noch durch genauere empirische Untersuchungen geklärt werden.[43]

7.2.5. Exkurs

Gestaltpädagogik und FREINET-Pädagogik als gegenseitige Ergänzung[44]

In der Geschichte der Pädagogik finden wir bis in die jüngste Zeit hinein eine Vielfalt von pädagogischen Konzepten, die Alternativen zur bestehenden pädagogischen Praxis aufzeigen wollen.[45] Die Mehrzahl dieser Kon-

---

[41] Ähnlich äußert sich ROSZAK, T. 1986, S. 165 ff.

[42] Wie BUBER 1947, S. 23 ff., ausführt, ist die Begegnung nur dann im Sinne der Verwirklichung von Intersubjektivität wirksam, wenn man sich der Manipulation des Gegenübers enthält. Insofern muß man im Rahmen gestaltpädagogischer Didaktik auch ein „Scheitern" akzeptieren können und von beabsichtigten Lernzielen Abschied nehmen können.

[43] Dieser kritische Einwand ist nötig, denn allzu oft erreichen Didaktiken, wie BLANKERTZ 1974, S. 11 ff. kritisch anmerkt, das Gegenteil von dem, was sie beabsichtigen.

[44] Die Anregung zu diesem Exkurs kam mir in Auseinandersetzung mit einem Vortrag von H.-W. FRECH zu diesem Thema und den Ausführungen GLASERs (1983).

[45] Z.B. KEY 1902; Überblick bei SCHEIBE 1978[6], LINDENBERG 1975, FREINET 1981, FREIRE[5]

zepte eint die Frontstellung gegen die Mängel der öffentlichen Schule, die u.a. in ihrem Zug zur Verplanung und Entpersönlichung, ihrem Hang zur Lebensferne und Ritualisierung, ihrem Selektionscharakter, ihrer ungenügenden Berücksichtigung der Bedürfnisse von Lehrern und Schülern sowie ihrer mangelnden Effektivität und Humanität gesehen werden.

Bei aller Betonung solcher gemeinsamer Positionen stellen die verschiedenen Konzepte jedoch unterschiedliche Aspekte in den Mittelpunkt ihrer Betrachtungen. So wurde in den reformpädagogischen Ansätzen (SCHEIBE, a.a.O.) auf unterschiedliche Weise versucht, Ellen KEYs (a.a.O.) Prämisse, vom Kinde auszugehen, zu realisieren. Die verschiedenen Akzentuierungen schulreformerischer Ansätze haben zur Konzentration auf spezifische Schwerpunkte geführt. Am deutlichsten wird das in den realisierten Alternativschulen.[46]

Meines Erachtens tut jede pädagogische Richtung gut daran, sich mit diesen verschiedenen Akzentuierungen auseinanderzusetzen, da auf diese Weise wichtige Hinweise auf die mangelnde Berücksichtigung spezieller Faktoren in der eigenen Konzeption gewonnen werden können.

Pädagogische Konzepte leben auf diese Weise von der gegenseitigen Ergänzung und Auseinandersetzung. Für die Gestaltpädagogik bedeutet dies, nachdem ich nun ihre spezifischen Qualitäten herausgearbeitet habe, nach möglichen Lücken und notwendigen Ergänzungen zu suchen. Ich gehe dabei von der These aus, daß GP mit ihrer Konzentration auf die psychischen Prozesse von Lehrern und Schülern eine spezielle Akzentuierung setzt, die auf die relativierende Ergänzung durch andere Konzepte angewiesen ist.

Ich möchte diese These anhand des Verhältnisses von FREINET-Pädagogik[47] und GP näher erläutern, da sich meines Erachtens eine Verbindung beider Konzepte anbietet.[48]

Zunächst fällt auf, daß es zwischen der FREINET- und der Gestaltpädagogik eine Vielzahl von gemeinsamen Positionen gibt. Beide eint der Versuch, an den Interessen des Kindes anzuknüpfen (FREINET 1980, S. 26), echte Lernsituationen zu schaffen (a.a.O., S. 39), den Schülern Möglichkeiten der selbstbestimmten Regulation ihrer Bedürfnisse zu eröffnen (a.a.O., S. 38), die Routine der Lehrer aufzubrechen (a.a.O., S. 116), der Individualität der Schüler Raum zu geben u.ä.

Während jedoch Gestaltpädagogik den Schwerpunkt zur Erreichung dieser Ziele auf die Förderung von Sozialen Kompetenzen von Lehrern und Schülern legt und der Person des Lehrers einen zentralen Stellenwert beimißt, möchte FREINET gerade von dieser Lehrerzentrierung wegkommen:

---

[46] LINDENBERG 1975; NEILL 1969; MÖBIUS 1973; Scuola Barbiana 1974; Laborschule Bielefeld 1977, RAMSEGGER 1975; FREINET 1981; FREIRE 1977; DENNISON 1971.

[47] Vgl. FREINET 1979, 1980, 1981, VASQUEZ/OURY 1976.

[48] Vgl. GLASER 1983: Praxisbericht über die Verbindung von FREINET und GP.

Die traditionelle Schule verlangt viel zu viel vom Lehrer, weniger allerdings — und das ist das schlimmste — an technischen Fertigkeiten, als vielmehr an persönlichen und psychischen Qualitäten. Dabei hängt es bei weitem nicht immer vom Lehrer selbst ab, ob er diese besitzt oder sich erwerben kann. Man fordert von ihm: Ausgeglichenheit, Rechtschaffenheit, persönliche Autorität, Erfindungsgabe, Geduld, Selbstbeherrschung, Entsagung, Hilfsbereitschaft . . . und Liebe!
Weil aber Lehrer Menschen sind, die nur ganz selten einmal alle diese als unbedingt erforderlich angesehenen Eigenschaften besitzen, bricht das ganze pädagogische System zusammen . . . (FREINET 1980, S. 38)

In der skeptischen Einschätzung der relativen Stabilität der Lehrerpersönlichkeit gegenüber Versuchen der Selbstveränderung, sieht er eine Begründung für sein Konzept der Umgestaltung des ganzen Erziehungssystems „von der materiellen Basis“ (a.a.O., S. 37) her. FREINET geht davon aus, daß Kinder unter geeigneten Bedingungen fähig sind, sich selbst zu erziehen (a.a.O., S. 25) und daß es daher die zentrale Aufgabe des Lehrers sei, „begeisternde Arbeit“ (a.a.O., S. 48) zu organisieren.

Umgestaltung von der materiellen Basis her bedeutet vor diesem Hintergrund für FREINET vorrangig die Veränderung des Klassenzimmers dergestalt, daß den Schülern in Form von „Ateliers“ (Arbeitsecken, die mit den verschiedensten Materialien ausgestattet sind) Möglichkeiten zu selbstorganisierter Arbeit gegeben wird. Ein Kriterium für solche begeisternden Arbeiten ist die Echtheit der Lernsituationen. Von daher lehnt FREINET auch die Verwendung von Schulbüchern ab und läßt die Schüler ihr Arbeitsmaterial in Form von individuell benutzbaren Lernkarteien in großen Teilen selbst produzieren.

Kernstücke seiner pädagogischen Arbeit sind der freie Aufsatz mit Hilfe der Druckerei, die Briefpartnerschaft, die Schülerselbstverwaltung, das Studium des örtlichen Milieus (Untersuchungen vor Ort), die gemeinschaftlich erstellte Sachblätterkartei sowie eine Sachblätterkartei mit Selbstkontrolle der Aufgaben (Rechnen, Geometrie, Grammatik) (vgl. FREINET 1981, S. 110 f.). Darüber hinaus integriert er Materialien, die dem kreativen Selbstausdruck der Schüler dienen (Töpfern, Keramik, Gravur usw.). Musik und freies Theater, der Einsatz von Medien (Plattenspieler, Tonband, Kamera usw.) ergänzen sein Konzept.

Das wesentliche seines Konzepts besteht in der optimalen Organisation dieses Materials, das die Interessen der Kinder ansprechen soll. Nicht ein abgesichertes Lernziel bildet so den Ausgangspunkt seiner Bemühungen, sondern das Vertrauen in die Fähigkeit der Kinder, sich selbst zu entwickeln und das Eingehen auf ihre Interessen, die sich in der Auseinandersetzung mit den Materialien artikulieren. Ein gemeinsam festgesetzter wöchentlicher Arbeitsplan, eine Wandzeitung und ein gemeinsamer Klassenrat bilden den organisatorischen Rahmen.

Diese knappe Skizze der FREINET-Pädagogik soll uns als Hintergrund dienen zur Beantwortung der Frage, inwieweit GP und FREINET-Pädagogik einander ergänzen können.

Während die GP die Person des Lehrers als entscheidenden Faktor in der Erziehung sieht, setzt FREINET auf die Bedeutung des Materials und macht durch seine differenzierte Auseinandersetzung mit diesem Bereich Lücken der Gestaltpädagogik deutlich. Die Bedeutung einer anregenden Lernumwelt, die durch vielfältige, zum Lernen einladende Materialien strukturiert ist, muß von der GP erst noch erkannt und berücksichtigt werden.

Die Akzentsetzung auf die Person und die Herkunft aus der Gestalttherapie haben eine starke „Innenweltorientierung" der GP zur Folge. GP versucht bisher; Lernen persönlich bedeutungsvoll zu machen, indem sie sich auf den Kontakt zur subjektiven Realität des Individuums konzentriert und Methoden findet, diese Innenwelt der Reflektion zugänglich zu machen. Persönliche Entwicklung bedeutet in der GP in erster Linie die bewußtere Aneignung der eigenen Innenwelt und die sensible Wahrnehmung der im Hier-und-Jetzt ablaufenden sozialen Prozesse, soweit sie für das Hier-und-Jetzt bedeutsam sind.

Demgegenüber setzt FREINET den Akzent auf die Beschäftigung mit der materiellen Außenwelt. Während GP der Vielfalt der Dispositionen der Schüler durch eine Berücksichtigung der individuellen Gefühlswelt, der Widerstände und Störungen, der persönlich bedeutsamen Themen Geltung verschaffen will, versucht FREINET, dieses Ziel durch die Bereitstellung vielfältiger Materialien und eine entsprechende Organisation des Lernprozesses zu verwirklichen.

Während die Rolle des Lehrers in der GP bisher durch eine herausragende Stellung gekennzeichnet ist, indem er es ist, der z.B. spezielle Übungen der psychologischen Erziehung initiiert, tritt in der FREINET-Pädagogik die Person des Lehrers hinter dem Material zurück. Der Lehrer ist lediglich Organisator des Lernprozesses, der sich in der selbständigen Auseinandersetzung der Schüler mit dem geeigneten Material vollzieht:

> *Niemals werden wir sagen:*
> *„Wendet die Methode der freien Textgestaltung an", sondern: „Beschaffen Sie sich das Material einer Schuldruckerei oder wenigsten einen Limographen" . . .*
> *Wir werden nicht sagen:*
> *„Machen Sie interessante naturwissenschaftliche Versuche auf der Basis von Experiment und Beweis', sondern: „Bauen Sie Ihre Ateliers zu Forschungswerkstätten aus, legen Sie sich eine Sammlung von Beweismaterialien an, besorgen Sie sich das unentbehrliche Arbeitsmaterial, mit dem Kinder selbst Versuche machen können! . . ."*
> *Der Erfolg der intellektuellen, moralischen und sozialen Erziehung ist nicht . . . ausschließlich bedingt durch die Persönlichkeit des Erziehers*

und die magische Kraft einer Methode. Sie ist eine Funktion des behandelten Gegenstands, seiner Vollkommenheit und der technisch einwandfreien Organisation der Arbeit. (FREINET 1980, S. 37)

Während Gestaltpädagogik darauf abzielt, Blockaden der Schüler zu erkennen und zu bearbeiten, geht FREINET davon aus, daß dieses Problem durch die Bereitstellung entsprechender Materialien gelöst werden kann. Begeisternde Lernerfahrungen sind für FREINET demnach das Ergebnis einer optimalen, den Bedürfnissen der Schüler entsprechenden Organisation des Materials.

Der Begriff des persönlich bedeutsamen Lernens der GP, der ebenfalls auf begeisternde Lernerfahrungen abhebt, sieht entsprechende Erfahrungen als Ergebnis intensivem Kontakts.

Die Hervorhebung der Bedeutung der Auseinandersetzung mit der materiellen Umwelt in der FREINET-Pädagogik hat eine radikale Umgestaltung des Klassenzimmers zur Folge und bedeutet eine sichtbare Veränderung der Institution, die zu vielfältigen Konflikten führt (vgl. Erfahrungsberichte HAUSL 1980; ZINK 1980). Da Gestaltpädagogen ihren Schwerpunkt auf die Auseinandersetzung mit der Person und den persönlichen Beziehungen zum Thema gelegt haben, ist der Aspekt der Umgestaltung des Klassenraums und der Entwicklung eines entsprechenden Materialangebots bisher zu wenig berücksichtigt. Eine entsprechende Orientierung an den Techniken der FREINET-Pädagogik könnte ein Beitrag zur Aufhebung der Lehrerzentrierung sein und darüber hinaus einen Freiraum schaffen, in dem der Lehrer gezielter einzelne Schüler unterstützen kann.

FREINET hebt die Bedeutung „echter" Lernsituationen für motivierende, anregende Lernprozesse hervor. Die persönliche Bedeutsamkeit des Themas ergibt sich für ihn nicht in erster Linie durch die gezielte Selbsterfahrung, sondern durch den Kontakt mit dem Leben außerhalb der Institution Schule. Das erfordert ein vermehrtes Herausgehen aus der Schule und ein Herangehen an „echte" Aufgaben und Probleme anstelle künstlich konstruierter in der Schule.

Die Gefahr der Gestaltpädagogik besteht demgegenüber darin, zu sehr in der Beschäftigung mit dem „Selbst" zu verharren, sich zu sehr auf die Simulation von Realität zu konzentrieren, indem Rollenspiele, Phantasie-Reisen u.ä. in den Mittelpunkt des Unterrichts treten. Diese wichtigen Methoden der GP müssen als **ein** Bestandteil integrativen Unterrichts betrachtet werden, die andere Formen des Umgangs mit Themen ergänzen können. Auch hier gilt es, eine Sensibilität dafür zu entwickeln, welche Aspekte in der Hier-und-Jetzt-Situation in den Vordergrund drängen.

Während in der GP oft der Eindruck entsteht, der Lehrer müsse nur dafür sorgen, daß es ihm gut gehe und sensibel für die Unterrichtssituation sein, dann könne er durch die positive Wirkung seiner Person „guten" Unterricht machen,[49] hebt FREINET die Bedeutung von Unterrichtstechniken hervor.

Natürlich stellen beide Aspekte zwei Seiten einer Medaille dar: als Lehrer brauche ich sowohl ein Inventar an Techniken, Methoden, Übungen u.ä. als auch die Fähigkeit, ihren Stellenwert in der jeweiligen Situation einschätzen zu können. Letzteren Aspekt hebt die GP besonders hervor, da ihre Methoden besonders anfällig sind, zur Technik zu entarten und damit zu Instrumenten der Manipulation zu werden.

Diese Sensibilität der GP stellt eine wichtige Bereicherung für die FREINET-Pädagogik dar, indem sie Hilfen gibt zu verhindern, daß sich die faszinierenden Techniken der FREINET-Pädagogik verselbständigen und zu einer Kontaktunterbrechung auf der Beziehungsebene führen (vgl. GLASER 1983).

Auf diese Weise können GP und FREINET-Pädagogik einander ergänzen, indem GP ein entwickeltes Selbstreflektionskonzept sowie eine Methode zur Berücksichtigung der Ebenen Denken/Fühlen/Handeln und Ich-Wir-Es-Globe bereitstellt und FREINET-Pädagogik die Seite praktikabler pädagogischer Techniken, selbstorganisierten Lernens, der Organisation konkreter Unterrichtsmaterialien[50] u.ä., stärker beleuchtet. GP braucht diese wichtige Ergänzung, will sie sich zu einem praktikablen pädagogischen Ansatz weiterentwickeln. Ebenso stellt GP für die FREINET-Pädagogik eine wichtige Ergänzung dar, hat sie doch bisher der Reflektion von zwischenmenschlichen Kontaktprozessen und entsprechender Störungen zu wenig Raum gegeben.

Darüber hinaus kann eine sich kritisch verstehende GP von den politischen Erfahrungen und Einschätzungen FREINETs eine realistische Perspektive erwerben, die in weiten Teilen deutliche Parallelen zu Positionen GOODMANs aufweist. Gegenüber allzu großen Erwartungen, die nach einer kurzen Phase der Euphorie schnell in Resignation umschlagen, setzt FREINET seine bescheidene, aber realistische Perspektive:

> *Unser Bemühen ist bescheiden wie zwangsläufig alle Befreiungsanstrengungen innerhalb eines repressiven Systems. Wir würden jedoch unsere Aufgabe schon gut erfüllen, wenn wir den Erziehern hülfen, pädagogische Umstände angemessen zu beurteilen; wenn wir bei ihnen den Wunsch auslösten, sich von einer lähmenden Routine zu lösen; wenn wir ihnen Liebe und auch Respekt für die Kinder des Volkes einflößen können, so daß diese wenigstens ein bißchen Sympathie und Freude erfahren haben, bevor sie jung in den Kampf eintreten, der ihnen leider bevorsteht. (FREINET 1980, S. 116)*

---

[49] Hier zeigt sich die Herkunft der GP aus der Therapie, in der der Therapeut sich weniger Gedanken um die Organisierung von Unterrichtsmaterial machen muß, sondern es genügt, sein eigenes Instrument zu sein.

[50] Materialvertrieb der FREINET-Gruppen, in: BOEHNCKE/HENNIG 1980, S. 234 f.

Die Begrenztheit tatsächlicher Veränderungsmöglichkeiten im Rahmen bestehender Institutionen ohne grundlegende Veränderungen, bringt er an anderer Stelle deutlich zum Ausdruck:

> *Es ist . . . unsere Pflicht zu zeigen, zu beweisen und laut zu sagen, daß eine Erziehung, wie wir sie vermitteln wollen (in Übereinstimmung übrigens mit unseren besten Pädagogen)* ***nur möglich ist, wenn bestimmte materielle und soziale Voraussetzungen gegeben sind.*** *(Hervorhebung FREINET) Ohne sie bleiben unsere Bemühungen zur Wirkungslosigkeit verurteilt. (a.a.O., S. 119)*

Wenn ich jetzt das Fazit meines überblicksartigen Vergleichs zwischen Gestaltpädagogik und FREINET-Pädagogik pointiert formuliere, dann kann ich in der Zuspitzung behaupten, daß sich die beiden Richtungen — bei tendenzieller Übereinstimmung in den meisten Zielvorstellungen — vor allem dadurch unterscheiden, daß die eine die Bedeutung der Person und der Auseinandersetzung mit der „Innenwelt" besonders akzentuiert, während die andere den Schwerpunkt auf die Bedeutung des Materials und die Auseinandersetzung mit der „Außenwelt" legt.

Wie so oft, scheint es mir hier aber einen Bruch zwischen der theoretischen Formulierung und der tatsächlichen Praxis der Ansätze zu geben. Wer die Schriften FREINETs liest, wird sehr schnell bemerken, daß der Pädagoge und Mensch FREINET eine hohe Sensibilität und ein tiefes psychologisches Gespür besaß. Ganz offensichtlich konnte er in seinem Lebensweg eine umfassende Soziale Kompetenz erwerben, die ihn erst befähigte, in der beschriebenen Weise mit seinen Schülern zu arbeiten. Wenn er auch in seinen Schriften die Person des Lehrers in den Hintergrund stellt, so ist es doch ganz unzweifelhaft, daß er — wie die meisten Reformpädagogen, die eigene Konzepte entwickelten — eine bedeutende persönliche Ausstrahlung besaß, die zum Erfolg seiner pädagogischen Bemühungen beitrug. Indem er die Bedeutung der Person des Lehrers zu sehr in den Hintergrund stellte, kam er meines Erachtens zu einer Überbewertung der Materialzentrierung und zu einer Unterbewertung psychologischer Faktoren, die er — aufgrund seiner Fähigkeiten — intuitiv berücksichtigte.

Mit den gestaltpädagogischen Lehrertrainingskonzeptionen und Unterrichtskonzepten wird nun der Versuch unternommen, diese intuitiven Prozesse der bewußten Bearbeitung zugänglich zu machen. Insofern stellen FREINET-Pädagogik und Gestaltpädagogik keine Gegensätze dar, sondern können aus der gegenseitigen Ergänzung einen neuen Weg in der Spannung zwischen Personenzentrierung und Materialzentrierung finden.

7.3. Schlußfolgerungen:

Perspektiven der Kompetenzförderung durch gestaltpädagogische Unterrichtskonzepte

Gestaltpädagogik verfügt — wie ich herauszuarbeiten versucht habe — mit dem Kontaktkonzept in Verbindung mit dem Strukturmodell der TZI sowie den handlungsleitenden Prinzipien über ein theoretisch fundiertes Unterrichtskonzept, das die beteiligten Personen und ihre Befindlichkeiten in den Mittelpunkt des Interesses stellt. Darüber hinaus sind eine Reihe von Methoden entwickelt worden, die der Verbindung von affektivem und kognitivem Lernen dienen und die persönliche Bedeutsamkeit von Lernprozessen fördern. Personenzentrierung und Beachtung der inneren Prozesse bei Schülern und Lehrern machen ein zentrales Spezifikum gestaltpädagogischen Unterrichtskonzepte aus. Damit leistet Gestaltpädagogik einen Beitrag zu einer neuen Sichtweise von Unterricht und zur Entwicklung eines ganzheitlichen, integrativen Lern- und Lehrkonzepts.

Die Soziale Kompetenz von Lehrern und Schülern wird insofern erweitert, als der psychologische Aspekt des Lernens thematisiert und damit eine Erweiterung des Selbstwissens angezielt wird. Darüber hinaus sind präventive Wirkungen eines solchen Unterrichts im Sinne der Unterstützung von psychischer Gesundheit zu erwarten.

Die Soziale Kompetenz von Lehrern und Schülern wird auch in Hinblick auf eine vertiefte Erfahrung und Konfrontation mit existentiellen Ebenen des Seins erweitert.

So läßt sich gestaltpädagogischer Unterricht nicht auf die sporadische Verwendung einzelner Gestaltmethoden reduzieren, sondern gründet vielmehr in einer grundlegenden Wertumorientierung, die als zentrales Ziel die Entfaltung der individuellen Potenzen von Lehrern und Schülern im Rahmen der Gruppe anstrebt. Voraussetzungen, die im Rahmen der Entwicklung eines solchen Unterrichts angestrebt werden müssen, sind die Gewährleistung von Selbstbestimmung und Wahlfreiheit sowie die Förderung und Akzeptierung von Vielfalt.

Indem gestaltpädagogische Unterrichtskonzepte auf der Achtung der Rechte und Bedürfnisse der Person gründen, müssen sie bei konsequenter Verwirklichung zwangsläufig mit den Leistungsnormen und Organisationsformen der verbürokratisierten Zwangsschule kollidieren. Insofern weisen sie über die bestehenden Institutionen hinaus hin auf die Verwirklichung einer pädagogischen Utopie des Lernens in der dialogischen Begegnung.

Wie ich gezeigt habe, erfordert die Weiterentwicklung der Gestaltpädagogik zu einem praxisrelevanten Unterrichtskonzept den Einbezug anderer pädagogischer Ansätze. Hierbei scheint mir eine Auseinandersetzung mit der Themenzentrierten Interaktion und der FREINET-Pädagogik eine notwendige Ergänzung darzustellen. Beim gegenwärtigen Stand bedarf es noch genauer Untersuchungen, um den beabsichtigten Wirkungen gestaltpädagogischen Unterrichts die tatsächlichen gegenüberzustellen. Wichtige Fragestellungen sind dabei vor allem folgende:

— *Wie kann die Lehrerzentrierung überwunden werden, die bisweilen in den Methoden und dem an der Gestalttherapie orientierten Fortbildungssetting angelegt ist?*

- *Wie lassen sich Personenzentrierung und Materialzentrierung miteinander integrieren?*
- *Wie kann die gruppendynamische Ebene berücksichtigt werden, ohne die fachliche Qualifikation zu sehr zu vernachlässigen?*
- *Welcher heimliche Lehrplan bildet sich aus, wenn Gestaltpädagogik im Rahmen der öffentlichen Schule betrieben wird?*
- *Welchen Spielraum kann Gestaltpädagogik im Rahmen der öffentlichen Schule ausnutzen, und welche Grenzerweiterungen sind bezogen auf die Praktizierung eines veränderten Unterrichts möglich?*
- *Welche konkreten Methoden ganzheitlichen Lernens lassen sich entwickeln?*

8. Organisationsentwicklung

Im Rahmen dieses Kapitels skizziere ich unter dem Oberbegriff „Organisationsentwicklung" Anregungen und Konzepte, die im Umkreis der Gestaltpädagogik für eine planvolle Beeinflussung des organisatorischen Rahmens der Institution im Sinne der Implikationen aus den theoretischen Ansätzen entwickelt worden sind bzw. entwickelt werden müssen.

Da es bisher kein fundiertes Konzept gestaltpädagogischer Organisationsentwicklung gibt, trägt meine Untersuchung hier zugleich den Charakter eines Entwurfs.

Auf der Grundlage einer sich anschließenden Begründung für die Notwendigkeit dieses Bereichs, sehe ich beim gegenwärtigen Stand im wesentlichen fünf[1] Quellen für die Entwicklung eines gestaltpädagogischen Konzepts der Organisationsentwicklung, auf die ich gesondert eingehe:

— GOODMANs Beitrag zur Gestaltpädagogik
— Humanismus als Grundlage für einen notwendigen Wertewandel
— Gestaltpädagogik als Analyseinstrument
— Organisationsentwicklung mit Gestaltmethoden
— Die Bildung „freier" Gestaltschulen

Wegen überraschender Parallelen und weiterführender Überlegungen gehe ich dann in einem Exkurs auf Paulo FREIREs Konzept des „kritischen Bewußtseins" ein.

Den Abschluß dieses Kapitels bilden Schlußfolgerungen, in denen ich Perspektiven der Kompetenzförderung durch gestaltpädagogische Konzepte der Organisationsentwicklung skizziere.

8.1. Zur Begründung gestaltpädagogischer Konzepte der Organisationsentwicklung

Gestaltpädagogik, so wie ich sie bisher bezogen auf Lehrertraining und Unterrichtskonzept dargestellt habe, fokussiert in erster Linie auf die Mikroebene[2] der Schulpädagogik. Im Mittelpunkt der Betrachtungen steht die Person des Lehrers, die Analyse von Beziehungs- und Verhaltensstrukturen sowie Möglichkeiten der Veränderung einzelner Unterrichtsstunden. Diese Konzentration auf die Mikroebene, die sich aus der Gestalttherapie herleitet, kommt dem Bedürfnis entgegen, im Hier-und-Jetzt Veränderungen in kleinen Schritten vornehmen zu können.

---

[1] Ich beschränke mich hier auf die Untersuchung der Quellen, die einen Bezug zur Gestaltpädagogik bzw. Humanistischen Pädagogik aufweisen.
[2] PRENGEL 1983 behauptet: „Gestaltpädagogik ist Mikropolitik der Schule".

Gestaltpädagogik liegt damit im gesellschaftlichen Trend der Hinwendung zur Subjektivität. Nach der Phase enttäuschter Reformeuphorie und scheinbar folgenloser ideologiekritischer theoretischer Entwürfe, ist Ernüchterung ausgebrochen, und Lehrer suchen nach Möglichkeiten, mit ihrem pädagogischen Alltag fertig zu werden. Bei der Aufarbeitung individueller Leiden an der Schule bieten gestaltpädagogische Gruppenerfahrungen, wie wir gesehen haben, offenbar Entlastung und Anregungen für subjektiv erfahrbare Veränderungen. Gestaltpädagogik als „Mikropolitik der Schule" wird als Chance gesehen, makrostrukturelle Zwänge, wie sie die Institution Schule prägen, zu unterlaufen (vgl. PRENGEL 1983).

Sicherlich spielt dabei auch eine Rolle, daß unter der Perspektive eines lebenslänglichen Lehrerdaseins die ideologiekritischen Analysen — etwa eines BERNFELDs mit dem Ergebnis der Unmöglichkeit progressiver Erziehung in der öffentlichen Schule — eine unerträgliche Kränkung des pädagogischen Optimismus' darstellen. Daher bezieht Gestaltpädagogik seine gegenwärtige Attraktivität gerade auch aus dem Versprechen innerhalb der festgefahrenen Verhältnisse des politischen Roll-backs seien konkrete Veränderungen hier-und-jetzt machbar. Es wird quasi die Veränderung des Selbst als zentraler Ansatzpunkt gesehen, wobei makrostrukturelle Gesichtspunkte weitgehend ausgeblendet werden.[3]

Diese Tendenz humanistisch-psychologischer Konzepte bezeichnet JACOBY (1978) als

> *Kampagne der Selbstmanipulation im Zeitalter der Massenmanipulation. (a.a.O., S. 88)*

Indem der Blick von den unmenschlichen Bedingungen der Gesellschaft weggelenkt werde auf den Menschen selbst, würden die unmenschlichen Verhältnisse gestützt. Der ideologische Kern solcher Konzepte zeige sich darin, daß illusionäre Möglichkeiten der Selbstverwirklichung propagiert würden:

> *Je mehr die Entwicklung des Spätkapitalismus die realen Möglichkeiten des Selbst, der Selbstverwirklichung und Selbsterfüllung hinfällig oder zumindest verdächtig werden läßt, umso stärker betont man sie als könnten sie durch einen bloßen Willensakt wieder zum Leben erweckt werden. (a.a.O., S. 85)*

Vor dem Hintergrund solcher Überlegungen wird der besondere Stellenwert der Entwicklung von Konzepten der Organisationsentwicklung deutlich:

Wenn Gestaltpädagogik der Gefahr entgehen will, als Teil der Kampagne der Selbstmanipulation strukturstabilisierend vereinnahmt zu werden

---

[3] Z.B. schreibt KURZ 1983, S. 240: „Durch das Studium der Gestaltpädagogik habe ich so viele Freiräume für mich geöffnet, die es zunächst auszufüllen gilt, so daß ich Grenzen für meine Arbeit — außer meinen eigenen — zumindest vorläufig nicht erkennen kann.

(ein Vorwurf, der von OSTERKAMP 1984 erhoben wird), dann müssen über die Bereiche Lehrertraining und Unterrichtskonzept hinaus, Fragen der Funktion der Institution Schule, der Bedeutung institutioneller Zwänge und der Möglichkeit gezielter Beeinflussungsstrategien, aber auch des Bewußtmachens von Grenzen mehr in den Mittelpunkt der Betrachtungen gerückt werden.

Wie wir aus meiner Darstellung gesehen haben, stellt ja neben den Konzepten der Gestalttherapie die radikale Schulkritik GOODMANs eine wesentliche Grundlage der Gestaltpädagogik dar. Die Veränderung des eigenen Lehrerverhaltens und des Unterrichtskonzepts muß zwangsläufig auch Auswirkungen auf den Geist und die Organisationsstruktur der Institution haben, wenn wirksame Veränderungen beabsichtigt werden. Die bisherige Unterschätzung der Einheit dieser drei Aspekte und die Notwendikeit ihrer integrierten Berücksichtigung für langfristig wirksame Veränderungen haben, wie amerikanische Erfahrungen zeigen (vgl. FATZER 1983 (a)), bei massiven institutionellen und administrativen Widerständen zu einem zumindest partiellen Scheitern humanistisch pädagogischer Reformbemühungen geführt.[4]

Diese Erfahrungen erfordern laut ALSCHULER (1971, zit. nach FATZER 1983 (a)) die Entwicklung von Methoden der Organisationsentwicklung zur Verbesserung des ganzen Schulklimas sowie zur Veränderung des Umgangs mit Lehrerkollegen, Eltern und Schulbehörden. Es geht also u.a. darum, Wege zu finden, die Ideen und Konzepte der Gestaltpädagogik sowie die grundlegend veränderte persönliche Haltung, in die Institution einfließen zu lassen und sie entsprechend zu verankern. Konkret bedeutet das, in Gestaltpädagogikgruppen bzw. entsprechenden Lehrergruppen Strategien zu entwickeln über den eigenen Unterricht und die eigene Person hinaus, die Schule als Ganzes zu beeinflussen.

Veränderung des „Schulklimas" bedeutet in diesem Zusammenhang nicht nur eine atmosphärische Verbesserung im Sinne eines „menschlicheren" Umgang miteinander, sondern eine handfeste Auseinandersetzung über Ziele und Werte der Schule, mit den daraus resultierenden Veränderungen. Wie ROGERS (1984, S. 202 f.) klar erkennt, bedeutet das eine Konfrontation mit etablierten Machtstrukturen der Schulbürokratie. Hier erwarten er und MASSARIK (Gespräch zwischen ROGERS und MASSARIK, zit. nach FATZER 1983 (b)) Hilfen durch die Entwicklung von entsprechenden Konzepten der Organisationsentwicklung.

Mit Hilfe von Organisationsberatung, entsprechenden Lehrertrainings, Zusammenarbeit mit kooperationsbereiten Schulaufsichtsbeamten u.ä.,

---

[4] Bei FATZER a.a.O. und auch ROGERS 1984 wird deutlich, daß Humanistische Pädagogen überrascht über die politische Wirkung von Konzepten, wie dem dialogischen Lernen sind. In dieser Hinsicht muß die Humanistische Pädagogik ihre „Naivität" wie auch CAMPBELL 1984 anmerkt, überwinden.

sollen die Spielräume schrittweise erweitert werden. Auch hier setzt ROGERS (1984, S. 207 f.) auf die individuelle Beeinflussung der Subjekte, deren Tendenz zu Konformität und dem Willen zur Macht, das Scheitern vieler Versuche Humanistischer Pädagogik, hervorriefen.

Über die Entwicklung entsprechender Methoden der Beeinflussung sozialer Organisationen, hier über das Schulsystem hinaus, halte ich die Beschäftigung mit grundlegenderen, gesellschaftskritischen Ansätzen, wie sie sich etwa in den Werken GOODMANs finden, für unabdingbar, um nicht in kurzfristige Sozialtechnologie abzugleiten.

Wenn auch der Bereich der Organisationsentwicklung im Rahmen der Gestaltpädagogik bisher so gut wie nicht berücksichtigt ist, so gibt es doch einige Quellen, aus denen Konturen und Perspektiven einer möglichen und m.E. notwendigen Weiterentwicklung erschlossen werden können.

8.2. Quellen für ein gestaltpädagogisches Organisationsentwicklungskonzept

8.2.1. GOODMANs Beitrag zur Gestaltpädagogik

GOODMANs Beitrag zur Gestaltpädagogik muß indirekt rekonstruiert bzw. prognostiziert werden, da einerseits zu seinen Lebzeiten ein Konzept der Gestaltpädagogik nicht existierte und andererseits sein Einfluß auf das Denken gegenwärtig tätiger Gestaltpädagogen erst in den Anfängen steht.

Obwohl er als herausragender theoretischer Kopf der Gestalttherapie anzusehen ist (von ihm stammt die theoretische Begründung und Fundierung der Gestalttherapie (vgl. BLANKERTZ 1983, S. 10)), stellt seine praktische Tätigkeit als Therapeut nur eine vergleichsweise kurze Periode seines Lebens dar (a.a.O., S. 10 ff). Für GOODMAN war Gestalttherapie, so wie er sie in „GestaltTherapy“ (PERLS/HEFFERLINE/GOODMAN 1951, Teil II) charakterisierte, zuallererst ein Analyseinstrument zur Kritik gesellschaftlicher Mißstände:

> *GOODMANs Therapie bestand in persönlichem Engagement, nicht in therapeutischen Techniken. Unter denen, die Gestalttherapie zu einer Methode machten, um am Therapie-Boom teilzunehmen, war GOODMAN konsequenterweise schnell vergessen. (BLANKERTZ, a.a.O., S. 11)*

Persönliches Engagement bedeutete für GOODMAN eine radikale Offenheit sich selbst und anderen gegenüber. Er versuchte, gemäß seinem Wahlspruch zu leben:

„Tu nicht, was du predigst, predige, was du tust!“ (a.a.O., S. 31)

Seine theoretischen Schriften und sein Leben bilden einen so engen Zusammenhang, daß das eine ohne das andere nicht verstanden werden kann:

„Sein Leben ist sein Werk. Schreiben war nur ein Teil davon." (BLANKERTZ, a.a.O., S. 7)

Die Vielzahl seiner gesellschaftskritischen Abhandlungen zu philosophischen, soziologischen, anthropologischen, pädagogischen, ökonomischen sowie psychologischen Fragen[5] wurde ergänzt und getragen durch seine vielfältigen Aktivitäten als politischer Agitator, als Kriegsgegner, als Fürsprecher von Minderheiten, als Anwalt der rebellierenden Jugend, als radikaler Anarchist u.ä.

Angesichts dieser Komplexität seines Denkens und Handelns wird die Schwierigkeit einer Einordnung der Bedeutung seines Werks für die Gestaltpädagogik verständlich (vgl. BÜRMANN 1983; FATZER 1983 (c)).

Hinzu kommt, daß viele seiner Vorschläge und Entwürfe unter derzeitigen Bedingungen utopischen Charakter tragen und wenn überhaupt, nur unter höchstem persönlichen Engagement mit ungesicherter Perspektive realisierbar sind. Die Widerspenstigkeit, die sich in der Person und dem Werk Goodmans zeigt, ist ein Hindernis für die glatte Vermarktung in Form von griffigen Theorien und erfolgversprechenden Techniken.

So hat GOODMAN zwar viele der Vorgehensweisen der Gestalttherapie und entsprechender Verfahren der Gestaltpädagogik, etwa durch seine Theorie des Kontaktprozesses maßgeblich beeinflußt, blieb aber dennoch äußerst skeptisch gegenüber den übersteigerten Erwartungen „persönlichen Wachstums" aufgrund therapeutischer bzw. pädagogischer Interventionen (vgl. P/H/G 1981, II, S. 35). Psychologie, und hier insbesondere die Gestalttherapie, sah er eher als ein Analyseinstrument gesellschaftlicher Verhältnisse, das ohne soziologische Betrachtungsweisen nicht denkbar ist. Gerade diese Widerspenstigkeit gegen die allzu schnelle pragmatische Vereinnahmung seiner Gedanken, dieser Widerstand, den sein Werk gegen allzu einfache Rezepte und vorschnelle Lösungen bietet, macht meines Erachtens den wesentlichen Beitrag zur Gestaltpädagogik aus.

Anhand von drei zentralen Aspekten soll dies verdeutlicht werden:

— Leben als Engagement
— Kritischer Pragmatismus
— Schulkritik und Utopie

8.2.1.1. Leben als Engagement

Für GOODMAN bilden die Lebensweise des einzelnen und seine Erkenntnismöglichkeiten einen engen Zusammenhang:

Fundamentale theoretische Irrtümer sind ohne Ausnahme persönlichkeitsbedingt, sie sind das Ergebnis eines neurotischen Mangels an Wahr-

---

[5] NICELY 1979 hat eine Bibliographie aller Veröffentlichungen GOODMANs vorgelegt (1072 Veröffentlichungen).

nehmung, Gefühl und Tätigkeit . . . Ein fundamentaler theoretischer Irrtum ist in einem wesentlichen Sinn in der Erfahrung des Beobachters ***vorgegeben.*** *Der Beobachter fällt das irrige Urteil in gutem Glauben; und eine rein „wissenschaftliche" Widerlegung durch Anführung gegensätzlicher Evidenz ist zwecklos, denn er kann diese Evidenz nicht mit ihrem wahren Gewicht* ***erfahren*** *— er sieht nicht, was du siehst, es entzieht sich seinen Sinnen, es erscheint ihm unwichtig, er erklärt es weg usw. Da ist die einzige sinnvolle Argumentationsmethode, das ganz Umfeld des Problems ins Bild zu bekommen, einschließlich der Bedingungen der Erfahrung, des sozialen Milieus und der persönlichen „Widerstände" des Betrachters. Das bedeutet, seine Überzeugung und sein Festhalten an ihr zum Gegenstand einer Gestaltanalyse zu machen. (P/H/G 1981, S. 27)*

Erkenntnis in diesem Sinne ist für GOODMAN immer nur in Verbindung von Kenntnis „objektiver" Fakten und Selbsterkenntnis möglich. Wahrheit ist für ihn somit sowohl ein Produkt des Wissens als auch dessen, was ich als Person bin. Um auf dem Weg der Erkenntnis voranzuschreiten, muß ich mich also auf einen Diskurs zwischen der Sache und meiner Person einlassen. Für GOODMAN bedeutete dies, das, was er dachte, auch mit allen Konsequenzen zu leben, bzw. das, was er lebte, als seine Erkenntnis zu lehren.

Seine in Romanen und theoretischen Manifesten vorgetragene Kritik der amerikanischen Gesellschaft war nur denkbar in Verbindung mit seinem praktisch politischen Engagement.

Die Gestaltanalyse betrachtete er in diesem Rahmen als Methode der Aufdeckung von blinden Flecken der Wahrnehmung, als Methode der Selbsterkenntnis, die eingebettet sein muß in vielfältige andere Erkenntnismethoden, die sich auf „objektive" Fakten stützen. Erkenntnis bedeutete für ihn zugleich auch immer Handeln, das Aufnehmen von praktischen Ansätzen, um das Gedachte lebendig erfahrbar werden zu lassen.

Selbsterkenntnis ist somit kein Selbstzweck, sondern auf pragmatische Anwendung im Hier-und-Jetzt orientiert.

Die „kontextuelle Argumentationsmethode" (P/H/G 1981, II, S. 26 f.), die den sachlichen Inhalt einer Argumentation in Beziehung zu der argumentierenden Person setzt, bildet für GOODMAN die Grundlage von Erkenntnis und ist vom Psychologisieren zu unterscheiden.

Das Engagement für eine Sache, die Struktur der eigenen Person, die Weise der Argumentation u.ä. sind auf diese Weise für GOODMAN untrennbar miteinander verbunden. Die kontextuelle Methode, die darauf besteht, auch in „Sach"-diskussionen „ad hominem" zu sprechen, ein Vorgehen, das GOODMAN in öffentlichen Diskussionen pflegte (vgl. FATZER 1983, S. 94 f. (c)), liefert vor dem Hintergrund von GOODMANs Leben und Werk, in dem er z.B. Politiker wie J. F. Kennedy anhand einer Gegenüberstellung von Rede und Person charakterisierte, Hinweise für eine Verbindung von Therapie und Politik bzw. Pädagogik und Politik.

8.2.1.2. Kritischer Pragmatismus

GOODMAN betrachtete die Entwicklung der auf „Objektivität" abzielenden Wissenschaft äußerst kritisch. Nach seiner Auffassung führt sie zu einer weiteren Entfremdung, indem alle lebenspraktischen Fragen, die nicht mit objektivitätsverbürgenden Methoden beantwortet werden können, ausgeschlossen werden.

Dem setzt GOODMAN einen mittleren Weg entgegen:

> *... weder methodische Verabsolutierung noch verabsolutierte Subjektivität. Dieser mittlere Weg ist der „kritische Pragmatismus". (BLANKERTZ 1983, S. 112)*

Er versteht darunter eine Methode, in der das Subjekt zur Lösung eines Problems, die ihm zur Verfügung stehenden intellektuellen Mittel mobilisiert:

> *Das einzige Kriterium des Argumentierens ist dabei die Evidenz. Zunächst ist das Argument nur dem Handlungssubjekt evident, dann wird das Argument in den sozialen Kontext eingebracht, um seine Intersubjektivität und Generalisierbarkeit zu überprüfen. Daraus folgt, daß der Geltungsanspruch nur über das Gelten-Lassen eingelöst werden kann. Zwang hingegen läßt sich pragmatisch nicht legitimieren, weder soziale noch intellektuell. (a.a.O.)*

Erkenntnis muß nach seiner Auffassung auf der Anerkennung des Faktors Subjektivität basieren. Sie bildet sich in Form von Selbstreflektion und kritischem Diskurs heraus und muß sich jeweils neu bewähren. Diese Art der Subjektivität ist nach GOODMANs Auffassung nicht beliebig, sondern ist verbindlich in der Hinsicht, daß sie im „universalen Anspruch der Vernunft und im Streben nach Wahrhaftigkeit" (BLANKERTZ 1983, S. 112) verankert ist.

> *Politisch sah GOODMAN darin die bessere Alternative, nämlich die Vergesellschaftung des menschlichen Lebens von Diskussion und Reflektion vernünftig bestimmt sein zu lassen; die schlechtere Alternative schien ihm demgegenüber verwaltende Wissenschaft und eine aus der Disziplin der Vernunft entlassenes, beliebiges Meinen über Sinnsetzung und Wertorientierung — Grundlage für die als Terror erlebte Herrschaft nicht nur einzelner Menschen und einzelner Gruppen, sondern auch der Mehrheit in einer Gesellschaft (a.a.O.).*

Der kritische Pragmatismus GOODMANs besteht also in seinem Kern aus dem Versuch, in immer neuen Diskursen, unter ausdrücklicher Einbeziehung der eigenen Subjektivität, im „zwanglosen" Austausch ohne Abgabe der Kompetenz an vermeintliche Experten, sich der „Wahrheit" anzunähern.

Selbstanalyse — auch mit Gestaltmethoden[6] —, die Aneignung ver-

---

[6] GOODMAN war acht Jahre lang Klient von Laura PERLS, vgl. FATZER 1983, S. 97 (c).

schiedenster Denkmodelle und der reflexive Diskurs, der auf dem Gelten-Lassen anderer Argumente beruht, bilden die Elemente dieser Wahrheitsfindung.

Wesentliche Charakteristika dieses Ansatzes von GOODMAN sind der radikaldemokratische Kern (jede Meinung ist ernst zu nehmen, Ablehnung von Delegation an Experteneliten), die Konzentration auf die kritische Selbstwahrnehmung sowie der Versuch der undogmatischen Integration verschiedener Denkansätze.[7]

Diese Offenheit gegenüber dem Hier-und-Jetzt der Erfahrung würde durch ein scheinbar in sich stimmiges Theoriegebäude (das immer nur eine Annäherung an die sich ständig wandelnde Realität sein kann) behindert werden und zu neuen Wahrnehmungsschranken führen. Insofern war GOODMAN ein Eklektiker, dem es nicht um den Aufbau einer systematischen Theorie ging, sondern der vielmehr auf der Suche war nach „Denkstücken", die seine Wahrnehmung erweitern konnten. Das Motto von PERLS, demzufolge der Neurotiker das Offensichtliche nicht sehe, übertrug er aus seinem ursprünglichen Kontext (der Analyse und Behandlung individueller psychischer Störungen) auf die Untersuchung gesellschaftlicher Verhältnisse. Der wesentliche Beitrag GOODMANs für die Gestaltpädagogik liegt meines Erachtens in dieser Verbindung von Selbsterkenntnis und gesellschaftlicher Erkenntnis, in seiner Methode der Wahrheitsfindung.

8.2.1.3. Schulkritik und Utopie

Wie ich bereits in meinem Kapitel „Angelsächsische Schulkritik" ausgeführt habe, legte GOODMAN neben seinem Wirken als Literat und politisch-philosophischer Denker einen besonderen Schwerpunkt in seinem Werk auf die Reflektion der Bedingungen von Schule und Erziehung.[8]

Ausgehend von der Kritik der amerikanischen Gesellschaft (in „Growing up Aburd")[9] ging er später detailliert auf die Kritik des amerikanischen Schulwesens ein (in „Compulsery Mis-Education")[10]. Auch hier liegt sein möglicher Beitrag für den Bereich der Organisationsentwicklung eher in der Art und Weise seiner gesellschaftskritischen Sicht, seines Blicks für das Offensichtliche als in konkreten Strategien oder gar Trainingskonzepten, die Lehrer befähigen sollen, Veränderungen im Bereich der öffentlichen Schule zu intiieren.

---

[7] GOODMAN bezog seine Ideen u.a. aus der Auseinandersetzung mit ARISTOTELES, DEWEY, FREUD, GANDHI, JEFFERSON, KANT, KROPOTKIN, LAO TSE, NIETSCHE, ROUSSEAU; vgl. BLANKERTZ 1983; 1985.

[8] Vgl. BLANKERTZ 1983, S. 72 ff.; BUROW/SCHERPP 1981, S. 128 ff.; FATZER 1983 (c).

[9] Dt. Übersetzung: Aufwachsen im Widerspruch, Darmstadt o.J.

[10] Dt. Übersetzung: Das Verhängnis der Schule, Frankfurt 1975.

Ganz im Gegenteil zum relativen Optimismus gestaltpädagogischer Lehrergruppen, ging GOODMAN davon aus, daß das öffentliche Schulsystem nicht reformierbar sei. Anstatt seine Energie damit zu vergeuden, dieses „Sackgassenunternehmen“ (a.a.O., S. 38) attraktiver zu machen, sollte man alles unternehmen, um es abzuschaffen:

Dieses Pflichtschulsystem ist nicht länger dazu bestimmt, das Maximum der Entwicklung künftiger praktischer Nützlichkeit der Kinder in einer sich ändernden Welt zu sichern, sondern fordert unangebrachte Technokratie für äußerliche Ziele, jämmerlich kurzfristig. Selbst wenn die Schule wohlmeinend ist, befindet sie sich im bürokratischen Todesgriff einer uniformen Konzeption, von den Universitäten angefangen, was unmöglich der Vielfalt der Dispositionen und Bedingungen angemessen sein kann. Heute sind 100% der Kinder gezwungen, für mindestens 12 Jahre in einer Art Käfig zu verharren . . . Infolgedessen müssen wir, wenn wir mit wirklich universeller Erziehung, die erreicht, was sie verspricht, zu experimentieren beginnen wollen, die Pflichtschule loswerden.[11]

Nach seiner Auffassung wird die öffentliche Schule überwiegend als „Selbstzweck“ (GOODMAN 1971, S. 176—178) betrieben und bereitet nicht auf das „praktische Leben“ vor. Der langwährende Schulbesuch ist für ihn durch „Gängelung und Bevormundung“ gekennzeichnet und hemmt die Entfaltung der Schüler.

Die sogenannte fortschrittliche Erziehung, so meint er, habe fast völlig versagt. Demgegenüber setzt er entsprechend den oben skizzierten Grundauffassungen eine „zwanglose“ Schule, die sich in erster Linie dadurch auszeichnen soll, daß sie die Gesellschaft selbst, das alltägliche Leben als Ort quasi natürlichen Lernens nutzt. Schule soll demnach kein exterritorialer Ort außerhalb der bestehenden Gesellschaft sein, der durch die auferlegte Selbstisolierung Realität künstlich zurückholen muß (z.B. über Rollenspiele, Medien usw.), sondern integrierter Teil der Gesellschaft selbst. Die Schulbürokratie mit ihren hierarchischen Zwängen lehnt er ab und setzt sich für selbstorganisierte Mini-Schools ein, in denen Kinder und Lehrer in überschaubaren Zusammenhängen selbst verantwortete Entscheidungen treffen sollten. Praktisch realisiert wurde dieses Konzept in den allerdings nur kurze Zeit bestehenden Free-Schools, über die GOODMANs Freund DENNISON einen instruktiven Bericht geschrieben hat.[12]

Bemerkenswert ist in diesem Zusammenhang, daß es GOODMAN nicht bei einer scharfen, fundierten Kritik des Schulsystems belassen hat, sondern die praktische Umsetzung seiner Ideen und Vorstellungen angeregt und unterstützt hat. Obwohl seine Vorstellungen utopischen Charakter tragen, indem sie vorherrschende Werte, wie die Konkurrenz- und Leistungs-

---

[11] Dt. Übersetzung: Das Verhängnis der Schule, Frankfurt 1975.

[12] DENNISON: Freiheit und Lernen, aus der Praxis der First Street School, Frankfurt 1971; vgl. auch BLANKERTZ 1985; 1986.

orientierung, die Zentralisierung und Uniformisierung der Schule u.ä. radikal in Frage stellen, hat GOODMAN dennoch versucht, Ansätze dieser Utopie im Hier-und-Jetzt zu realisieren.

Man mag dieses Vorgehen als naiv belächeln und einwenden, auf der Grundlage soziologischer Analysen hätte man das Scheitern solcher Experimente voraussagen können. Doch kann dieser Einwand GOODMAN nicht treffen, ging es ihm doch darum — auch gegen bestehende Mehrheitsverhältnisse — seine Einsichten und Positionen zu leben und der direkten Erfahrung zugänglich zu machen.

Hier wird aber auch die Problematik der Übertragbarkeit der Vorstellungen GOODMANs auf gestaltpädagogische Konzeptionen deutlich:

Seine Ideen und Vorstellungen bieten keine Hilfen für einen Lehrer, der in der öffentlichen Schule arbeiten **will.** Sie legen ihm eher näher, die Schule zu verlassen und eine Freie Schule zu gründen, ein wenig praktikabler und mit großem persönlichen Engagment verbundener Weg, den nur wenige zu gehen bereit sind. Die Ideen GOODMANs, das wird deutlich, sind eben untrennbar mit seinem Lebensstil und seiner Person verbunden. Dennoch besteht der Wert seines Werks und seines Lebens darin, einen Anstoß zu einem permanenten Infragestellen verkrusteter Strukturen des Selbst und des gesellschaftlichen Umfelds zu geben.

GOODMAN sensibilisiert gegen allzu glatte Versprechungen der Selbstverwirklichung im Rahmen abgehobener therapeutischer Gruppen sowie gegen die Illusion, die öffentliche Schule bei Beibehaltung der derzeitigen Strukturen, quasi von innen heraus grundlegend reformieren zu können. Sein Werk ist darüber hinaus in seiner Vielschichtigkeit ein lebendiges Beispiel für die inhaltliche Ausfüllung des in der Gestaltpädagogik häufig gebrauchten Begriffs der „Ganzheitlichkeit" und macht deutlich, daß weder die Konzentration auf gestalttherapeutische Methoden der Selbsterkenntnis noch die Entwicklung von Methoden ganzheitlichen Lernens allein hinreichende Bedingungen für eine wirkungsvolle Veränderung der Institution Schule sind.

Humanistische Pädagogik im allgemeinen und Gestaltpädagogik im besonderen könnten sein Werk als Anstoß nehmen, sich über die politische Funktion ihrer Konzepte klarer zu werden und die weithin praktizierte Verdrängung gesellschaftlicher Aspekte[13] zu überwinden. GOODMAN macht deutlich, daß die Konzentration auf mikrostrukturelle Aspekte begleitet sein muß, von einer Analyse makrostruktureller Gegebenheiten und der Entwicklung entsprechender Utopien als mittelfristiger Orientierung.

[13] FATZER führt zur weitgehenden Vernachlässigung des Werks von Paul GOODMAN in der HP aus: „Dies mag damit zusammenhängen, daß sich ‚Humanistische Pädagogik moderner Prägung' im allgemeinen und ‚Confluent Education' im speziellen Mühe geben, pädagogisch und nicht politisch zu sein." FATZER 1983 (c), S. 100.

8.2.2. Humanismus als Grundlage für einen notwendigen Wertewandel

GOODMANs Leben und Werk geben kritische Hinweise für eine Erweiterung der Gestaltpädagogik über Lehrertrainingskonzeptionen und Unterrichtskonzepte hinaus, zu einem umfassenderen pädagogischen Konzept, der Transformierung von Institutionen. Auf der Suche nach weiteren Bezugspunkten für ein solches Konzept der Organisationsentwicklung ist mir deutlich geworden, daß mit der Umsetzung der grundlegenden gestaltpädagogischen Konzepte zugleich ein Wertewandel implizit gegeben ist. Dieser Wertewandel bezieht sich nicht nur auf pädagogische Werte im engeren Sinne, wie etwa „Förderung statt Selektion" (vgl. BUROW/SCHERPP 1981, S. 129 ff.), sondern beinhaltet eine grundlegende Veränderung unseres Menschenbildes. Er ist u.a. Ausdruck einer umfassenden „Renaissance des Humanismus, besonders in Europa, den Vereinigten Staaten und Südamerika" (FROMM 1985, S. 57), die FROMM 1966 als eine der „auffälligsten Entwicklungen unseres Jahrzehnts" (a.a.O.) bezeichnete.

Diese Renaissance des Humanismus hat sich seitdem besonders in der Entwicklung und Verbreitung der Humanistischen Psychologie und der Humanistischen Pädagogik fortgesetzt, deren Ausdruck u.a. auch die Gestaltpädagogik ist.

Der Humanismus als eine umfassende Philosophie vom Menschen gründet laut FROMM auf vier Hauptprinzipien:

> *Man kann die humanistische Weltanschauung folgendermaßen charakterisieren: sie ist erstens gekennzeichnet durch den Glauben an die Einheit der Menschen, durch den Glauben, daß es nichts Menschliches gibt, das nicht in jedem von uns zu finden wäre; zweitens durch die Betonung der Würde des Menschen; drittens durch die Betonung der Fähigkeit des Menschen, sich weiterzuentwickeln und zu vervollkommnen; schließlich viertens durch die Betonung von Vernunft, Objektivität und Frieden.*[14]

Die theoretischen Konzepte, Methoden und Prinzipien der Gestaltpädagogik basieren auf einer solchen, hier allgemein umschriebenen humanistischen Weltanschauung.[15]

Hierfür nur einige Beispiele:

Das Konzept der intersubjektiven Begegnung zielt auf eine gegenseitige Selbsterkenntnis unter Achtung von Unterschieden und Gemeinsamkeiten ab. Im Prinzip des dialogischen Lernens realisiert sich die Achtung vor der Würde des Menschen. Das Prinzip der Förderung von Self-Support gründet auf dem Vertrauen in die Fähigkeit des Menschen, sich weiterzuentwickeln und zu vervollkommnen. Der Selbstreflexionsprozeß im Rahmen gestaltpädagogischer Fortbildung zielt auf ein akzeptierendes Erkennen

---

14 FROMM 1985, S. 57; vgl. BÜHLER/ALLEN 1974; BUROW/SCHERPP 1981, S. 48 ff.

15 Insofern ist es nicht überraschend, daß die Teilnahme an einer gestaltpädagogischen Fortbildung häufig auch durch eine Suche nach Wegen der Verwirklichung humanistischer Werte gekennzeichnet ist.

der Muster unserer Wahrnehmung ab und dient der Förderung von Vernunft und Objektivität. Die Entwicklung einer „humanistischen Haltung“ und die Vertretung humanistischer Positionen, wie sie in den Konzepten der Gestaltpädagogik angelegt sind, geben zugleich auch die Richtung der Entwicklung der Organisation vor. So geht es vor allem um folgende Punkte:

1. Existentielle Werte

Hierunter fasse ich Aspekte wie z.B.
— unbedingte Achtung der Rechte der Person
— Förderung des Erlebens und Erfahrens der existentiellen Verbundenheit mit allem Lebendigen
— Geltenlassen unterschiedlicher Sichten
— Erweiterung der Wahrnehmungsfähigkeit und Abbau eingegrenzter ideologischer Wahrnehmungsverzerrungen
— Förderung von Möglichkeiten synergetischen Denkens, Fühlens und Handelns
— Verzicht auf Manipulation
— statt Polarisation Förderung der Akzeptanz von Gegensätzen
— Förderung von intersubjektiven Beziehungen

2. Unterrichtsbezogene Werte

Hierunter fasse ich Aspekte wie z.B.
— Beachtung der **erlebenden** Person
— optimale Förderung der speziellen Fähigkeiten des Individuums im Rahmen der Gruppe
— Betrachtung von Lehren und Lernen vor allem unter dem Gesichtspunkt, was sie zur Entfaltung der Person beitragen
— Zurückdrängen des entfremdeten Leistungsbegriffs zugunsten eines erweiterten humanistischen Leistungsbegriffs, der sich auf dem Prinzip der Selbstbestimmung gründet und Elemente wie Spiel, Freude, Muße und Intuition angemessen berücksichtigt
— statt Normierung und Verplanung Förderung von Vielfalt und Spontaneität
— überzeugen durch gelebte Werte, anstatt durch „Predigten“

3. Organisationsbezogene Werte

Hierunter fasse ich Aspekte wie z.B.
— Erweiterung der Räume für Selbstbestimmung und Selbstorganisation
— anstelle von Verantwortungsdelegation, Förderung von Partizipation und Verantwortlichkeit
— Abbau von Expertenhierarchien zugunsten der Entwicklung dialogischer Diskurse

— Förderung eines neuen Verständnisses von Macht: anstatt „Macht-über" bzw. „Gewinner-Verlierer-Konzeptionen" Entwicklung von „Macht-mit" bzw. „Gewinner-Gewinner-Konzeptionen"
— Abbau introjizierter Machtkonzepte durch Förderung der Entdeckung und Entwicklung von Normen, die auf selbstbestimmter, reflektierter Setzung beruhen
— Entwicklung und Vertretung des Prinzips kollegialer, nichthierarchischer Leitung von Institutionen (Rotation)

Diese Aspekte, die in den gestaltpädagogischen Konzepten implizit angelegt sind, verweisen auf die Notwendigkeit einer allmählichen radikalen Umgestaltung nicht nur von persönlichen Haltungen und Unterrichtskonzepten, sondern auch organisatorischen Strukturen in Hinblick auf die Schwerpunkte Selbstbestimmung, Freiwilligkeit und Vielfalt.

Dieser Umdenkungsprozeß kann durch die Bildung von humanistisch orientierten Lehrergruppen gefördert werden. Darüber hinaus geht es darum, sowohl im alltäglichen Handeln als auch in speziellen Workshops sowie in der Gewerkschafts- und Parteiarbeit[16] humanistische Werte zu verbreiten, die sich in veränderten Formen und Inhalten niederschlagen. Beispiele für solche Schritte hin auf die Entwicklung eines humanistischen Geistes in der Institution sind Gesamtkonferenzen, auf denen das Prinzip „Störungen haben Vorrang!" berücksichtigt wird.

Oder Elternabende, die von der üblichen Lehrerzentrierung wegkommen und Raum für einen persönlichen Kontakt lassen. Es können Fortschritte in Hinsicht auf die kollegiale Selbstverwaltung in der Schule, etwa in Anlehnung an das Team-Klein-Modell angestrebt werden, die wiederum das Bewußtsein für die Chancen von mehr Selbstverantwortung und Partizipation erweitern können.[17]

Es geht weiter darum, Schulaufsichtsbeamte, die offen für Veränderungen sind, von Anfang an miteinzubeziehen, anstatt in fruchtloser Konfrontation zu verharren.[18]

In ähnlicher Weise kann versucht werden, Freiräume innerhalb bestehender Grenzen auszunutzen und ggf. über diese Grenzen hinauszugehen, um Schülern die Erfahrung von selbstbestimmten Bereichen des Unterrichts zu ermöglichen.[19]

---

[16] Humanistische Psychologie und Humanistische Pädagogik müssen, um mehr Wirksamkeit zu entfalten, aus der selbstgewählten Isolation herausfinden und den Weg in die Institutionen gehen. So argumentiert auch CAMPBELL 1984.

[17] Vgl. GGG Arbeitsmaterialien 2/79: Das Team-Kleingruppen-Modell.

[18] Ich verkenne hier nicht die regional sehr unterschiedlich auftretenden ungeheuren Schwierigkeiten, da sich die Schulverwaltung immer noch vor allem als Kontroll- und Aufsichtsorgan versteht und die Aufgabe pädagogischer Unterstützung und Beratung katastrophal vernachlässigt. Dennoch kann man sogar hier vereinzelt Umdenkungsprozesse erleben, die gezielter genutzt werden müssen.

[19] Nach meinen Erfahrungen aus Lehrerfortbildungsgruppen fehlt es vielen Lehrern an der Fähigkeit, sich veränderte Unterrichtskonzeptionen vorstellen und realisieren zu können. Häufig ist aber eine übertriebene Angst vor Sanktionen Motor der Selbstbeschränkung. Diese Tabu-Themen müssen offensiv angegangen werden.

Dies alles sind bruchstückhafte Überlegungen, die auf die Entwicklung von Initiativen von unten angewiesen sind, wenngleich es sogar vereinzelte Beispiele gibt, daß Vorgesetzte zum Motor der Innovation werden.[20] Gestaltpädagogik kann neben theoretischen Konzepten, Lehrertraining- und Unterrichtskonzepten, Humanistischen Werten auch dadurch zu einem Bewußtsein für die Notwendigkeit der Umgestaltung der Institution Schule beitragen, indem ihre kritische Funktion als Analyseinstrument für inhumane Organisationsstrukturen und scheiternde Bildungsprozesse genutzt wird.

8.2.3. Gestaltpädagogik als Analyseinstrument

Die fast totale Konzentration auf die Person, die in der Anfangsphase sicherlich notwendig und berechtigt war, hat zu einer oft kritisierten Systemblindheit der Humanistischen Psychologie und Pädagogik geführt.[21]

Hinzu kommt, daß die Praktiker der Humanistischen Pädagogik, wie FATZER[22] ausführt, zunächst darauf bedacht waren, Politik aus der Pädagogik herauszuhalten, in der Hoffnung, damit ihren Ansatz besser etablieren zu können.

Gerade diese defensive Haltung hat aber dazu geführt, daß Humanistische Pädagogik in Amerika, wo sie auf eine längere Tradition verweisen kann, bislang schlecht institutionell verankert ist und auf — für viele Humanistische Pädagogen überraschenden — Widerstand stößt.

So mußten einige Humanistische Pädagogen, wie z.B. ROGERS, der zunächst wenig an politischen Überlegungen interessiert war, mit Erstaunen feststellen, daß ihre Konzepte nicht bei der Veränderung der Person haltmachten, sondern tendenziell auf die Veränderung sozialer Systeme abzielten bzw. diese notwendig machten. Diese Erkenntnis ergab sich vor allem auch aufgrund überraschender Sanktionen der Institutionen. ROGERS meint:

> *Die Humanistische Pädagogik muß anerkennen, daß sie, wenn sie erfolgreich ist, die Erziehungsinstitutionen wie die öffentliche Schule durcheinanderbringt oder auf den Kopf stellt. Ich machte die Erfahrung mit humanistisch orientierten Lehrern, die Studenten ausbilden wollten, daß sie sich entweder an die hierarchische Institution anpassen mußten oder hinausgestoßen wurden.*[23]

---

[20] So z.B. der Rektor der Berliner Paul-Klee-Schule, der sich trotz des Widerstands von einigen Kollegen für ein Konzept offenen Unterrichts an seiner Schule engagierte.

[21] Für die Humanistische Psychologie hat JACOBY 1978 diesen Vorwurf detailliert belegt, indem er die „soziale Amnesie" der HP analysiert und kritisiert.

[22] FATZER 1983 (a) gibt über entscheidende Erfahrungen einen Überblick. Vgl. auch HOLT 1978; ROGERS 1977; 1984; PHILLIPS 1983.

[23] FATZER 1983 (b), S. 346: Wiedergabe eines Gesprächs zwischen ROGERS und MASSARIK

Diese Erfahrung, die für radikale Schulreformer nicht neu ist,[24] führt aber zur Überlegung, ob es nicht Wege gibt, Veränderungsprozesse behutsamer und erfolgversprechender vorzunehmen. ROGERS meint selbstkritisch, daß er zunächst die Probleme des „organisatorischen Wandels" unterschätzt habe und zu sehr die Person in den Mittelpunkt seiner Überlegungen gestellt habe. Dies läge auch daran, daß es leichter sei, Vorstellungen zu entwickeln, wie ein Individuum oder eine Gruppe in ihrem Veränderungsprozeß unterstützt werden kann, als praxisrelevante Ideen für die Veränderung des gesamten Systems Schule zu realisieren.

Ein erster Schritt, zu einem realistischen Vorgehen zu gelangen, kann darin bestehen, unter gestaltpädagogischen Gesichtspunkten, eine Analyse der konkreten Institution vorzunehmen.

Viele der individuell erlebten Leiden am Schulalltag haben neben der jeweils speziellen persönlich-biographischen Komponente eine von Fall zu Fall klar zu analysierende Ursache, in der unter pädagogischen und psychologischen Gesichtspunkten fehlerhaften Organisationsstruktur der Schule allgemein und speziellen Besonderheiten einzelner Schulen im besonderen.

An anderer Stelle[25] habe ich die Möglichkeiten einer Institutionsanalyse unter gestaltpädagogischen Gesichtspunkten am Beispiel einer Gesamtschule, in der ich als Lehrer arbeitete, exemplarisch aufgezeigt:

— *Die Zusammenballung von 1400 Schülern und ca. 150 Lehrern erschwert persönliche Kommunikation und den Aufbau eigenverantwortlicher Haltungen.*
— *Die übertriebene Fachleistungsdifferenzierung entmutigt leistungsschwächere Schüler und sorgt für einen permanenten Selektionsdruck, der eine vertrauensvolle Atmosphäre als Grundlage für sinnvolles, persönlich bedeutsames Lernen zerstört.*
— *Verordnete Normcurricula ersticken bedeutungsvolles Lernen im Keim.*
— *Eine künstliche Betonarchitektur mit Klimaanlage und Dunkelräumen schließt die Schüler hermetisch aus natürlichen Lebenszusammenhängen aus.*
— *Die hierarchisierte Organisationsstruktur innerhalb der Schule, per Stellenplan und Besitzstandswahrung auf Jahrzehnte hinaus festgelegt, hemmt jegliche Form von Eigeninitiative und pädagogische Innovationen.*

Diese Liste, die sich erheblich erweitern ließe,[26] zeigt die Stoßrichtung:

---

[24] So mußte FREINET die öffentliche Schule verlassen; FREIRE wurde sogar politisch verfolgt. SCHOENEBECK 1981 beschreibt, wie ihn bürokratischer Kleinkrieg und mangelnde Akzeptanz aus der Schule treiben.

[25] BUROW: Lernlust statt Schulfrust, in: psychologie heute, 6/1983.

[26] BUROW: Lernlust statt Schulfrust, in: psychologie heute, 6/1983, S. 67.

Im Rahmen gestaltpädagogischer Fortbildung kann ich mir bewußter über die Hier-und-Jetzt ablaufenden Interaktionsprozesse werden und ein Gespür für dialogische Kommunikationsformen entwickeln. Ich werde mir bewußter über die Bedingungen, die ich und meine Schüler für erfolgreiche Lernprozesse benötigen. Ich lerne mich, analog zur Rolle des Gestalttherapeuten, als mein eigenes Instrument einzusetzen und kann diesen Ansatz auch benutzen, um mir über die Institution klarer zu werden. Gestaltpädagogik muß also, wenn sie die Ebene der Organisation miteinbezieht, auf Fragen folgender Art fokussieren:

— *Wie fühle ich mich in der Institution? Was stört mich? Was kann ich unterstützen?*
— *Wie stehe ich zu meiner Rolle in der Institution?*
— *Inwieweit bietet mir die Institution Möglichkeiten nach meinen Werten zu leben, inwieweit hindert sie mich daran?*
— *Inwieweit habe ich Einfluß auf die Gestaltung der Institution, inwieweit bin ich einflußloses Objekt?*
— *Welche Formen der Machtausübung gibt es innerhalb der Institution und wie gehe ich mit ihnen um?*
— *Inwieweit werden elementare Bedürfnisse durch die Institution akzeptiert/unterdrückt?*
— *Welche Funktion hat die Institution für mich persönlich, für die Schüler?*
— *Inwieweit bin ich bereit, mich für eine Veränderung der Institution zu engagieren?*

Bei der Untersuchung von Fragen dieser Art geht es darum, zwischen dem eigenen und dem institutionellen Anteil zu unterscheiden, um herauszufinden, wo ich mich selbst als Person behindere bzw. wo ich tatsächlich durch die Institution behindert werde. PHILLIPS[27] führt aus, daß sich Vertreter der Confluent Education verstärkt solchen Fragen zuwenden, mit dem Erfolg, daß Studenten über das Interesse an der Analyse der eigenen Person hinaus, begännen, sich stärker für soziale Systeme und deren Beeinflussungsmöglichkeiten zu interessieren.

Zur Verdeutlichung der Thematisierung von Institutionen im Rahmen gestaltpädagogischer Fortbildung kann PHILLIPS' Beispiel dienen:

> *. . . um ein Beispiel zu geben, ich verwende eine Übung, genannt „Die Mauer". In dieser Übung lasse ich die Teilnehmer die Augen schließen und ich erfinde eine wunderschöne Umgebung, die sie sich vorstellen sollen. Sie gehen eine schöne Straße entlang, an beiden Seiten sind Bäume und sie haben es sehr gut an diesem wundervollen Tag. Plötzlich ist da eine riesige Mauer vor, die die Straße versperrt; sie ist so hoch und so*

[27] PRENGEL 1983, S. 65—91: Interview mit Mark PHILLIPS über amerikanische Erfahrungen mit Confluent Education in Institutionen.

breit in beide Richtungen, wie sie nur schauen können. Ich lasse sie bis an die Mauer herangehen und dann müssen sie selbst die Geschichte fortführen und verbildlichen. Was machen sie mit der Mauer? Nach der Übung lasse ich die Teilnehmer ihre Erfahrungen untereinander austauschen. Dann frage ich sie, ob ihre Geschichte auf irgendeine Weise ein Beispiel dafür war, wie sie im Leben normalerweise mit Mauern umgehen.
„Wie ist dein typisches Verhaltensmuster im Umgang mit Mauern? Was stellt in deinem Berufsleben die Mauer dar? Wie gehst du mit diesen Mauern um?“ Ich lasse die Teilnehmer eine Anzahl von Dingen tun. Erstens lernen sie, sich etwas vorzustellen. Zweitens erfahren sie etwas über sich selbst. Und drittens lernen sie etwas darüber, wie sie mit Mauern, institutionellen und menschlichen Mauern, mit allen möglichen Hindernissen umgehen (a.a.O.).

Kern dieser Methode ist die über eine Phantasiereise ermöglichte Vermittlung der persönlichen Bedeutsamkeit des Problems. Bisher münden Übungen dieser Art überwiegend in individuelle Strategien des Überlebens in Institutionen. Erst wenn relevante Teile eines Kollegiums einer Schule sich gemeinsam über ihre Zielvorstellungen bewußt werden würden und mögliche Strategien zu einer Veränderung gemeinsam angingen, wäre eine stärkere Einflußnahme auf die Institution denkbar. Neben der Initiierung von selbstorganisierten Lehrergruppen auf gestaltpädagogischer Basis, erhofft sich PHILLIPS Fortschritte durch spezielle Seminare für leitende Mitglieder der Schulbürokratie: indem sie mit den Gedanken der Gestaltpädagogik vertraut gemacht werden, sollen sie sich zumindest zu einer Tolerierung entsprechender Veränderungen bereit finden.

8.2.4. Organisationsentwicklung mit Gestaltmethoden

Neben der Strategie im Rahmen von gestaltpädagogischen Fortbildungsangeboten, Lehrer wie auch Schulaufsichtsbeamte mit den Konzepten der Gestaltpädagogik vertraut zu machen und zur Initiierung entsprechender Versuche der Innovation innerhalb der Institution anzuregen, gibt es Bestrebungen, Ansätze der Organisationsentwicklung nutzbar zu machen. Da es den Rahmen dieser Arbeit sprengen würde, möchte ich nicht näher auf allgemeine Konzepte der Organisationsentwicklung und die entsprechenden Kontroversen um deren ideologischen Gehalt eingehen,[28] sondern lediglich am Beispiel eines Modells der Gestaltorganisationsanalyse exemplarisch einen Gestaltansatz verdeutlichen.

Hierbei ist zu beachten, daß eine systematiscche Organisationsberatung auf der Grundlage der Humanistischen Pädagogik bisher kaum entwickelt

[28] Überblick bei KATZ &KAHN, New York 1978, The Social Psychology of Organisations.

ist. Zudem ist auf Seiten der Schulbürokratie die Notwendigkeit von Organisationsberatung bisher nicht erkannt, so daß Geldgeber für die Entwicklung entsprechender Konzepte fehlen.

In Unterschied zu den von PHILLIPS charakterisierten Vorgehensweisen, in denen einzelne Mitglieder aus der Institution hinausgehen, um über die Arbeit an ihrer Person soziale Kompetenzen zu erwerben, die sie in die Institution zurückfließen lassen können, kommt beim Organisationsentwicklungskonzept ein (bzw. mehrere) professioneller Berater in die Institution, um auf der Grundlage einer Analyse der Organisationsstrukturen und der Beobachtung ihrer Wirkungen, Vorschläge für Veränderungen anzuregen.

NEVIS[29] gibt ein Beispiel für ein solches Vorgehen. Dabei setzt er den „Gestalt-,Awareness'-Prozeß" der Organisationsdiagnose deutlich von anderen Ansätzen der Organisationsentwicklung ab.

Die herkömmlichen, auf medizinisch-technischen Konzeptionen beruhenden Organisationsmodelle bezeichnet er als „Sherlock-Holmes-Modelle". Kennzeichen dieser Modelle sei es, daß sie von einem Experten ausgehen, der ohne seine Person einzubringen, eine Vielzahl von Daten sammelt, um dann eine entsprechende Diagnose zu stellen. Hierbei handele es sich um das klassische medizinische Modell, um „Kauf-von-Expertise"- und „Doktor-Patienten-Beratungsmodelle".

Als „Kontrast-Modell" sieht er den Gestaltansatz, den er anhand der Vorgehensweise des Fernsehdetektivs Colombo illustriert. Während Holmes die zielgerichtete, sachkompetente, unnahbare, perfekte Persönlichkeit darstellt, ist Colombo das genaue Gegenteil:

> *Wo Holmes „. . . gut organisiert, präzis, wissend, überlegen in der Wahrnehmung und im logischen Argumentieren rational und deduktiv ist, ist Colombo naiv, ungeschickt, langsam, ungenau in seiner Wahrnehmung, schwammig, um nicht zu sagen unlogisch (a.a.O., S. 361).*

Dennoch hat Colombo als Detektiv Erfolg, und zwar nach NEVIS Meinung deswegen, weil er sich in die Situation mit seiner Person einbringt, sich selbst als Instrument benutzt und auf Einfühlen, Intuition und Miterleben als Mittel der Erkenntnisgewinnung setzt. NEVIS sieht diese beiden Arten des Herangehens an die Lösung eines Problems als einander ergänzende Möglichkeiten, die er in ein integriertes Modell der Organisationsdiagnose einbringt.

Demnach vermittelt ein gestaltorientierter Berater seinen Klienten nicht die Lösung von Problemen, sondern gibt Anregungen für die bewußtere Wahrnehmung von Situationen, die beide Vorgehensweisen bzw. Wahrnehmungsarten berücksichtigen:

---

[29] NEVIS Gestalt-„Awareness"-Proezß in der Organisationsdiagnose, in Gruppendynamik 14, 1983, S. 359—368.

Ziel eines solchen Vorgehens ist nicht, das Problem zu definieren, um eine Lösungsintervention zu machen, sondern die Orte/Punkte/Themen/Symbole zu finden, welche am meisten Interesse und Energie im Klientensystem mobilisieren. Intervention besteht dann im Prozeß des „Herausarbeitens" dieser Wahrnehmungen (awareness) auf beiden Seiten (NEVIS 1983, S. 365).

Diesen „Gestalt-‚Awareness'-Prozeß" faßt er übersichtsartig zusammen und nennt die Funktionen der Untersuchung:

Gestalt-„Awareness"-Prozeß

Aktive, gerichtete Awareness	*Offene, ungerichtete Awareness*
In die Welt hineingehen	Die Welt auf sich zukommen lassen
Etwas dazu bringen, aufzutauchen	Auf etwas warten, bis es auftaucht
Eine Struktur, einen Rahmen benutzen, um das einzuordnen, was man zu hören wünscht	Forschen, ohne organisiert oder „voreingenommen" zu sein bezüglich dessen, was man sehen oder hören möchte
Fokussierte Fragestellungen, ein scharf abgegrenztes Wahrnehmungsfeld beschreibend	Naiv, nicht wissen, wie die Dinge funktionieren; hoffen Neues zu entdecken
An die Dinge herangehen in einer Art, daß man weiß, wie sie funktionieren, was vorhanden ist und was fehlt (normativ)	Rezeptive Verwendung der Wahrnehmungsmöglichkeiten
Arbeit wird geleitet durch inhaltliche Wertmaßstäbe und Konzepte	Wertmaßstäbe sind prozeßorientiert, tendieren dazu, frei vom Inhalt zu sein

Funktionen der Organisationsanalyse mit Gestaltmethoden nach NEVIS

Der gestaltorientierte Diagnostiker oder Untersucher sieht die Funktionen der Untersuchung (oder Diagnose) folgendermaßen:

1. Figurale Elemente entwickeln; einige Dinge entdecken, für die ich und mein Klient Interesse haben: Was ist mir wichtig? Was ist ihnen wichtig?
2. Persönlich „grounded" zu werden; die eigene unvermeidliche Verwirrung, Unsicherheit, Angst etc. in den Griff zu bekommen, sobald ich in ein neues System eintrete.
3. Beginnen, dem System beizubringen, wie es Informationen oder Daten geben kann; ein nicht auf Urteilen basierendes Modell vorgeben, welches alle Informationen verstärkt, welche die Beteiligten freiwillig öffentlich bekanntgeben.
4. Den gegenwärtigen Grad der Wahrnehmung (awareness) des Klientensystems im Umgang mit Problemen respektieren.
5. Selektiv Daten oder Informationen als Mittel zum Aufbau eines guten Kontakts mit dem Klientensystem austauschen. Die eigene Präsenz fühlbar machen.
6. Das Potential für eine sinnvolle Arbeitsbeziehung testen, indem man zusammen ein Stück Arbeit leistet als Teil der Diagnose.

NEVIS 1983, S. 365 f.

Wesentliches Kennzeichen des Gestaltberatungsansatzes nach NEVIS ist es, daß die Wahrnehmungen des Beraters und der Klienten thematisiert bzw. konfrontiert werden (Erkennen des „Offensichtlichen") und äußere Daten mit inneren Daten (Empfindungen, Bedürfnisse usw.) in Beziehung zueinander gesetzt werden. Der Berater nutzt seine subjektiven Empfindungen und Wahrnehmungen, um den Klienten darin zu unterstützen, Wahrnehmungs- und Energiepotentiale zur Problemlösung zu mobilisieren. Auf diese Weise werden eingefahrene Abläufe, Strukturen, Verhaltens- und Wahrnehmungsmuster der bewußten Reflektion zugänglich gemacht.

Die Lösung der Probleme wird nicht an den vermeintlich kompetenten Experten delegiert, sondern den Klienten wird eine Hilfestellung gegeben, ihren eigenen Verantwortungs- und Entscheidungsspielraum kritisch zu durchleuchten, um dann eigenverantwortlich Entscheidungen zu treffen. Die Klienten sind auf diese Weise nicht mehr Objekt einer unpersönlichen Untersuchung durch den Experten, sondern begreifen sich im Beratungsprozeß als Experten zur Lösung ihrer Probleme.

NEVIS faßt diese Gestalt-Perspektive der Organisationsdiagnose folgendermaßen zusammen:

Gestalt-Perspektive der Organisationsdiagnose

Art der gewünschten Wahrnehmung	*Beobachtungsarten, -weisen*	*Beraterverhalten*
aktiv, gerichtet (fokussiert, begrenzt)	Interviews, Fragebogen, Literaturstudium, Akten, Memos etc.	Auf das losgehen, was mir „wichtig" ist
offen, ungerichtet (wie ein Schwamm)	arrangierte Situationen (begrenzte Settings wie Meetings, Trainingssitzungen etc.)	Darauf hören, was dem Klienten „wichtig" ist
Reaktionen des Klientensystems (äußere Daten)	Teilnehmende Beobachtung („im System leben")	Selektiv die eigenen Untersuchungsergebnisse mitteilen (interne und externe Daten), um eine starke Präsenz aufzubauen
Reaktionen meiner selbst (interne Daten)		Beginnen, daran zu arbeiten, meine Energie mit der des Klienten zusammenzubringen

NEVIS, 1983, S. 366

NEVIS' Konzept der Organisationsdiagnose stellt sicherlich einen brauchbaren Ansatz für die Innovation verkrusteter Strukturen, etwa innerhalb einer Gesamtschule, dar. Dennoch müssen meines Erachtens einige Grundsätze beachtet werden, um ein Abgleiten in verschleiernde Sozialtechnologie zu vermeiden. Solche Grundsätze einer demokratischen, auf Emanzipation abzielenden Organisationsberatung wären z.B.:

— *Selbstbestimmte Wahl der Berater durch die Klienten*
— *Freiwilligkeit der Teilnahme (keine Veränderung von „oben")*
— *Stärkung der Autonomie und Eigenverantwortung der einzelnen Schule und ihrer Mitglieder*
— *Beratungs- bzw. Veränderungskonzeption als dialogischer Prozeß*
— *Genaue Unterscheidung zwischen objektiven, der individuellen Beeinflussungsmöglichkeit entzogenen Problemen und tatsächlich beeinflußbaren Problemen*

Da im Gegensatz zum großen Interesse der Industrie an Konzepten Humanistischer Organisationsentwicklung (jedoch überwiegend als Sozialtechnologie für das Management),[30] ein solches im Schulbereich bisher nicht festzumachen ist (jedenfalls bei den geldgebenden Instanzen), liegt ein wesentlicher Schwerpunkt des Beitrags der Gestaltpädagogik in der Bildung von Lehrergruppen, die durch Druck von „unten" das Bewußtsein für die Notwendigkeit eines kontinuierlichen Beratungsprozesses schaffen können. Im Sinne der grundlegenden Werte der Humanistischen Pädagogik sollte im Rahmen entsprechender Beratungskonzepte eine zu starke Konzentration auf Beratungsexperten vermieden werden und der Selbstqualifikation der Lehrer ein zentraler Stellenwert beigemessen werden.

8.2.5. Zur Bildung „freier" Gestaltschulen

Zum gegenwärtigen Zeitpunkt ist eine konsequente Verwirklichung eines gestaltpädagogischen Erziehungs- und Unterrichtskonzepts nur im Rahmen einer „freien", d.h. von öffentlicher Bevormundung und Einengung unabhängigen „Gestaltschule" denkbar. Zu sehr widersprechen die verkrusteten Strukturen der öffentlichen Schule in zentralen Punkten (Zwang zu Benotung, Selektion, lernzielorientierte Normcurricula, hierarchische Ordnung u.ä.) den grundlegenden Werten und Konzepten der Gestaltpädagogik, wie ich sie bisher beschrieben habe.

Im Rahmen der öffentlichen Schule stoßen daher Versuche der Selbstveränderung durch Lehrertrainings, Versuche der Umgestaltung des Unterrichts unter Einbezug gestaltpädagogischer Methoden und Prinzipien sowie Versuche der Veränderung der Organisationsstruktur unter Berück-

---

[30] Vgl. z.B. Management Wissen, Das Magazin der Führungskräfte, 11/1984. DOUGLAS, Volker: Training für die Seele, S. 104 ff.; GOTTSCHALL, D.: Enthüllungen vor der Kamera, in: manager magazin 9/78, S. 78—82.

sichtigung humanistischer Werte an Grenzen.[31] Dies gilt umso mehr in einer Phase des bildungspolitischen Roll-backs und des Wiedererstarkens konservativer Leistungs- und Eliteideologien.[32]

Unter diesen Bedingungen ist es eine zentrale Funktion der Gestaltpädagogik, Lehrer in ihrem Innovationspotential zu unterstützen und eine theoretisch fundierte Legitimation für den Anspruch auf Veränderung zu liefern. Ein pädagogisches Konzept wirkt aber umso überzeugender, je mehr Beispiele erfolgreicher Verwirklichung vorhanden sind. Von daher ergibt sich die Notwendigkeit, solche Beispiele in der Praxis zu schaffen, nicht zuletzt auch darum, um die theoretischen Konzepte überprüfen und weiterentwickeln zu können.

Die Gründung „freier" Gestaltschulen würde zudem dem Ansatz GOODMANs entsprechen, der selbst versuchte, gegen die Allmacht des öffentlichen Schulsystems konkret erfahrbare Alternativen, etwa in Form der Free-Schools zu setzen.

PETZOLD führt als weitere Begründung einen „Bedarf an freien Schulen mit ganzheitlichen, lebenspraktischen Konzeptionen" (PETZOLD 1985, S. 103) an. Er meint, die zur Zeit sehr erfolgreichen Waldorf-Schulen reichten als Angebot nicht aus:

> *Eltern müßten größere Wahlmöglichkeiten in Hinblick auf die „pädagogische Ideologie" haben, unter der sie ihre Kinder erzogen wissen wollen. Die die Themen Aggression, Sexualität und politisches Bewußtsein aussparende Waldorf-Konzeption mit ihrer Fundierung in der anthroposophischen Weltanschauung wird für viele Eltern nur schwer oder gar nicht akzeptierbar sein, trotz der unbestreitbaren methodisch-didaktischen Leistungen der Waldorf-Schulen (a.a.O., S. 104).*

Zwar sei der gestaltpädagogische Ansatz auch ideologieträchtig, aber er ziele mehr in Richtung Nonkonformität und Meinungsvielfalt.

Gerade dieser Schwerpunkt auf Nonkonformität und Vielfalt behindere die Ausbreitung eines einheitlichen Netzes alternativer Privatschulen, so daß Gestaltpädagogik bisher mehr Innovation innerhalb der öffentlichen Schule im Sinne eines „alternativen Unterrichts" bewirke.

Darüber hinaus dürfte meines Erachtens aber ein entscheidender Grund für die unzureichende Verbreitung entsprechender Schulen, in den ungeheuren gesetzlichen und bürokratischen Hürden liegen.[33]

---

[31] Diese Grenzen haben wir (BUROW/SCHERPP 1981, S. 157 ff.) beschrieben und kommen zu dem Schluß, daß langfristig die Organisation als Ganzes in den Wandlungsprozeß miteinbezogen werden muß.

[32] Aus meiner eigenen Praxis als Gesamtschullehrer konnte ich erleben, wie die schärfer werdenden Vorschriften zur rigiden Fachleistungsdifferenzierung und Bepunktung der Schüler, den innovativen Geist der Gesamtschule zerstört haben.

[33] So wurde einer der wenigen Versuche der Neugründung, die Berliner UFA-Schule, auf dem Verwaltungsweg torpediert. Die Schulbehörde hat jetzt das Zulassungsrecht.

In der Bundesrepublik ist mir nur ein Versuch der Gründung einer Gestaltschule bekannt, über den aber neben dem Gründungsaufruf bisher keine weitere Informationen vorhanden sind.[34]

In der Schweiz und in Österreich haben sich drei Schulen sehr unterschiedlicher Ausrichtung gebildet, die z.T. in Anlehnung an Gestaltkonzepte unter Entwicklung eines eigenständigen Profils arbeiten und über eine längere Praxis verfügen. Es handelt sich dabei um

— die demokratisch-kreative Schule in Schilten[35]
— die Modellschule Graz[36]
— die Ecole d'Humanité in Hasliberg-Godern[37]

8.2.5.1. Die Ecole d'Humanité

Im Gegensatz zu den beiden anderen Schulen, die relativ junge Neugründungen darstellen, fußt die Ecole auf einer jahrzehntelangen Erfahrung und Tradition.

Die Gründer der Ecole, Edith und Paul GEHEEB, eröffneten bereits 1910 die Odenwaldschule in Hessen. Auf der Flucht vor den Nationalsozialisten gingen sie in die Schweiz und hielten die Schule mit zeitweilig nur noch sieben Flüchtlingskindern am Leben. 1946 wurde dann in Goldern ein Neuanfang begonnen, der zur Herausbildung der Ecole in ihrer heutigen Form führte.

Aufgrund ihrer langen pädagogischen Erfahrung und beeinflußt durch Gedanken PESTALOZZIs, GOEHTEs und FICHTEs entwickelten die GEHEEBS ein eigenständiges, in reformpädagogischer Tradition stehendes, pädagogisches Konzept. Als Internatsschule verbindet die Ecole lebensreformerische Elemente (Verzicht auf Rauchen und Alkohol, Beschränkung der Verwendung von Massenmedien, Einschränkung von übermäßigem Konsum usw.) mit dem Versuch einer ganzheitlichen Erziehung, indem besondere Schwerpunkte auf die Förderung von Selbsttätigkeit, sozialem Lernen und der Balance zwischen „Kopf-Herz-Hand" gelegt werden.

Mit den Rudolf-Steiner-Schulen verbinden die Ecole einige Gemeinsamkeiten, wie z.B. der in Kursperioden aufgeteilte Jahreslehrgang sowie die besondere Betonung musischen und handwerklichen Tuns. Die Schule, die die Rechtsform einer gemeinnützigen Genossenschaft hat, verfügt über ca. 150 Schüler und 30 Lehrer. Obwohl es ein Ziel der Ecole ist, so-

---

[34] Vgl. OHLIG: Freie Gestaltschule München, in: b:e 9/82, S. 58—59

[35] Vgl. Urs und Damaris KÄGI-ROMANO: Zehn Jahre Gestaltpädagogik in der demokratisch-kreativen Schule, in: Integrative Therapüie 2/85, S. 105—123; dies.: Die demokratisch-kreative Schule oder der Versuch, das Mögliche zu verwirklichen, in: PETZOLD/BROWN 1977, S. 134—148.

[36] Vgl. Eva BAUR: Die Modellschule Graz. Versuch einer gestaltpädagogischen Praxis. In: Integrative Therapie 2/85, S. 124—129. Außerdem: Modellschulbuch der Modellschule, Graz o.J.

[37] Ecole d'Humanité. Informationsschrift o.J.; HECKENDORN, H. P.: Die Ecole d'Humanité — eine 60jährige Gesamtschule; Broschüre o.O. u. o.J. Manuskript eines Vortrags vom 5.11.1972 im Gottlieb-Duttweiler-Institut, Rüschlikon.

weit als möglich Zeugnisse zugunsten von Lernberichten zu vermeiden, führt sie zum (internen) Haupt- und Realschulabschluß und ist berechtigt, Vorbereitungskurse für ein externes Abitur durchzuführen.

Vermittelt insbesondere über die Person von Ruth COHN, die seit 1974 an der Schule mitarbeitet, fließen Gedanken und Methoden der TZI in das pädagogische Konzept der Schule ein. LÜTHI-PETERSON[38] heben hervor, daß sich TZI in die seit 1910 von der Odenwaldschule und später dann von der Ecole angestrebten Ziele einfüge und insbesondere zur Förderung von „freudiger Kooperation" und Teamarbeit sowie dem Abbau ungesunden Konkurrenzdenkens beitrage.

8.2.5.2. Die demokratisch-kreative Schule

Ebenso wie die Ecole wird die demokratisch-kreative Schule in besonderer Weise von dem Geist ihrer Gründer beeinflußt und geprägt. Da die von Damaris und Urs KÄGI-ROMANO gegründete Schule erst seit 1975 existiert und lediglich über 25 Schüler verfügt, ist dieser Einfluß natürlich erheblich intensiver, als in einer Schule mit einer Vielzahl von Lehrern unterschiedlicher pädagogischer Ausrichtung. Die damit verbundene Fixierung auf wenig Erwachsene führte besonders in der Frühphase, als nur 12 Schüler vorhanden waren, nach Aussagen der Gründer zu einer eingeschränkten sozialen Dynamik und der Herausbildung starrer Formen. Von daher wurde deutlich, daß eine Alternativschule über eine gewisse Mindestgröße verfügen muß, die KÄGI-ROMANO nunmehr bei 25 Schülern als gegeben ansehen. Der Leitgedanke, unter dem die Internatsschule geführt wird, ist der einer „Lebensschule", in der sich die Kinder als ganze Menschen entfalten und sich ihr Rüstzeug fürs eigene Leben aneignen können (KÄGI-ROMANO 1985, S. 106).

Dabei geht es KÄGI-ROMANO weniger um Strukturreformen, wie die Veränderung von Lehrplänen, die Aufhebung der Notengebung oder die Entwicklung spezieller Methoden. Sie lehnen sich vielmehr in „modifizierter Weise" (a.a.O., S. 17) an den Lehrplan der Volksschule an und sehen als speziellen Kern ihrer Pädagogik die Integration von Pädagogik, Therapie und Arbeit in das gemeinsame Leben. Die Umgebung der Schule, in Form des kleinen Ortes Schilten, der ländlichen Bevölkerung, der Natur, dem „Geist" des Hauses, dem Erleben der Gemeinschaft u.ä. bilden eine spezielle Mischung, die ihrer Auffassung nach weder durch ein bestimmtes pädagogisches Modell beschreibbar noch nachahmbar ist. Insofern heben sie hervor, daß sie nicht beabsichtigen, ein übertragbares Modell von Schule zu entwickeln, sondern ihre eigene Vorstellung in Auseinandersetzung mit den Kindern leben zu wollen.

---

[38] Natalie u. Armin LÜTHI-PETERSON, HASLIBERG-GOLDERN o.J.

Ein solches Ziel ist ihrer Auffassung nach nur außerhalb der öffentlichen Schule realisierbar, da es eines entsprechenden Freiraums bedarf. Da sie sich überwiegend mit Schülern beschäftigen, die an den Normen des öffentlichen Schulsystems gescheitert sind und in ihrer Sozialisation zu wenig Unterstützung erfahren haben, können sie eine Lücke des Schulsystems für die Gründung ihrer Schule nützen. In der Alltagspraxis ihrer Schule gehen sie nicht von einem differenzierten theoretischen Konzept aus, sondern bemühen sich, von den Erfahrungen im Umgang mit ihren Schülern leiten zu lassen.[39]

Gestaltpädagogische Konzepte fließen eher indirekt in den Unterricht mit ein, vermittelt über die Person von Damaris KÄGI-ROMANO, die über eine gestalttherapeutische Ausbildung verfügt.

8.2.5.3. Die Modellschule Graz

Im Gegensatz zum schwerpunktmäßig reformpädagogisch geprägten und durch herausragende Gründerpersönlichkeiten beeinflußten Ansatz der Ecole und der demokratisch-kreativen Schule, gründet die Modellschule Graz auf einem pädagogischen Konzept, das sich ausdrücklich auf die Gestaltpädagogik beruft.

Die Gründung der Modellschule reicht bis hin in die 68er Jahre zurück, als engagierte Eltern zunächst einen Kindergarten gründeten, an den sich mit dem Wachsen der Kinder die Gründung einer Volksschule (Projektschule Reinthal) anschloß. Da ein wesentlicher Teil der Gründungseltern Gymnasiallehrer waren, die mit dem bestehenden Schulsystem unzufrieden waren, und die einige vage pädagogische Vorstellungen verband, entstand der Gedanke einer Fortführung der Volksschule. So entstand die Modellschule Graz, die die 5. und 6. Schulstufe eines Realgymnasiums umfaßt. Beginnend mit „38 Kindern, deren Eltern und einer Handvoll Lehrern" (BAUR 1985, S. 124) erweitert sich die Modellschule jedes Jahr um die Neueinrichtung einer 5. Klasse mit der Perspektive, langfristig 8 Klassen zu unterrichten.

Das „gestaltpädagogische Konzept der Modellschule"[40] setzt in Übereinstimmung mit den von mir oben referierten Konzepten der Gestaltpädagogik, Kontakt und Begegnung mit sich selbst, den anderen, dem Lernstoff sowie dem gesellschaftlichen und ökologischen Umfeld in den Mittelpunkt der Bemühungen. Die Schüler sollen dort „abgeholt" werden, wo sie stehen und die Möglichkeit erhalten, ihren „eigenen inneren Zeitplan" (BAUR 1985, S. 125) zu entwickeln. Wissensaneignung und Selbstverwirklichung sollen untrennbar miteinander verbunden sein.

---

[39] Die Aussagen von KÄGIROMANO deuten nichtsdestotrotz auf eine sehr strukturierte, aber nicht explizit formulierte und begründete Theorie als Hintergrund ihres Handelns hin. Dies wird insbesondere in ihrem engagierten Plädoyer für das Einhalten einer recht rigide wirkenden Ordnung deutlich, vgl. KÄGI-ROMANO 1985, S. 119 ff.

[40] Vgl. Modellschulbuch Graz o.J. (Abdruck des Konzepts); BAUR 1985 (Erläuterung der Praxis)

Die Grundfrage soll sein: Was braucht der Schüler jetzt? Nicht für das Leben später, sondern für das Leben jetzt lernt er.[41]

Um intensive Begegnung zu gewährleisten, ist die Modellschule klein und übersichtlich organisiert. Die Schülerzahl in den Klassen ist deshalb auf 20 beschränkt. Die Klassen werden von einem festen Lehrerteam geführt, um auch hier die Zahl der beteiligten Personen überschaubar zu halten. Regelmäßige Gesprächskreise mit Lehrern und Schülern, ein „Schulrat" unter Beteiligung von Delegierten der Klassen regeln den formalen Ablauf der Schule und versuchen, Konflikte und Beschwerden zu bearbeiten. Ein wesentliches Charakteristikum der Modellschule ist der Versuch, in der Gestaltung des Lehrplans „Ganzheiten" (a.a.O., S. 126) zu verwirklichen. Dieser Anspruch wird durch Projekte zu verwirklichen gesucht, die an den Interessen der Kinder ansetzen sollen oder persönliche Bezüge aufweisen (Beispiele, die BAUR nennt: „Uhrzeit", „Ich", „Ernährung", „Umgebung").

Ein weiteres wesentliches Element der Schule bildet eine vierzehntägig stattfindende gestaltpädagogische Supervision sowie zwei Wochen gemeinsamer Fortbildung mit dem gesamten Team.

Da sich die Modellschule stärker als die Ecole und die demokratisch-kreative Schule in den Rahmen der Regelschule eingebunden hat, treten Schwierigkeiten mit der Schulbürokratie in ungleich stärkerem Maße auf.[42]

BAUR meint, mit der unsicheren rechtlichen Situation ihres bisher nicht offiziell genehmigten, aber inoffiziell geduldeten Schulversuchs könnte die Schule noch leben,

. . . wenn wir nicht mit Teilen der Schulbehörde einen gnadenlosen Überlebenskampf führen müßten, der uns viel an Kraft und Elan kostet. Die Tatsache, daß wir keine Fehler machen dürfen, daß wir kontrolliert werden wie keine andere Schule (jede Klassenarbeit wird ans Ministerium nach Wien geschickt und mehrmals begutachtet), nimmt uns viel von einer Haltung, die den Schüler einmal sein lassen und warten kann (a.a.O., S. 127).

Eine zusätzliche Belastung ergibt sich durch die spezifische Zusammensetzung der Schüler, die ebenso wie bei der Ecole (in eingeschränkterem Maße) und der demokratisch-kreativen Schule, in höherem Maße durch Beeinträchtigungen in ihrer bisherigen Sozialisation gekennzeichnet sind.

Aus BAURS Bericht wird deutlich, daß diese Faktoren zu einer hohen Beanspruchung der Lehrer führen und ein hohes Maß an persönlichem Engagement erfordern.

---

[41] a.a.O. Die übertriebene Gegenwartsorientierung scheint mir mit dem Prinzip der Synergie zu kollidieren, das im Angesicht ökologischer Krisen auch die Berücksichtigung eines Zukunftshorizonts immer dringlicher macht. Insofern lernt der Schüler **auch** für das Leben später.

[42] Als Internatsschule mit jahrzehntelanger und international anerkannter pädagogischer Tradition steht die Ecole natürlich auf ungleich sicheren Füßen. Ebenso die demokratisch-kreative Schule, die sich als Internatsschule auf eine Lücke des öffentlichen Schulsystems konzentriert.

8.2.5.4. Konsequenzen für gestaltpädagogische Organisationsentwicklung

Meine Skizze der drei Schulen, so unvollständig ein solcher Überblick im Rahmen meiner Arbeit auch sein muß, hat einige Konsequenzen deutlich gemacht, die bei der weiteren Verbreitung der Gestaltpädagogik in Institutionen berücksichtigt werden sollten.

So ist es meines Erachtens in nächster Zeit wichtig, die Verbreitung gestaltpädagogischer Konzepte durch den Aufbau einer pädagogischen Tradition zu fördern, die sich durch engagierte Personen, praktische Schulexperimente und wissenschaftliche Legitimation auszeichnet. In Hinsicht auf die ersten zwei Punkte leisten die drei Schulen wichtige Pionierarbeit. Die Existenz dieser drei Schulen belegt die bekannte Tatsache (vgl. RAMSEGGER 1975; BLANKERTZ 1985, 1986), daß die Durchsetzung von Alternativschulen in klar abgegrenzten Sonderbereichen, die nicht in direkte Konkurrenz mit dem öffentlichen Schulsystem treten bzw. Lücken ausfüllen, wenn auch unter großen Schwierigkeiten, möglich ist. Je mehr die Schule aber den Anspruch erhebt, Aufgaben „normaler“ staatlicher Schulen zu erfüllen, desto rigider wird der Druck und das Reglement mit der Konsequenz, eine Verwirklichung des eigenen Konzepts zu verunmöglichen. Dieser Tendenz der Abdrängung radikaler pädagogischer Alternativkonzepte in Sonderbereiche muß entgegengetreten werden, um zu verhindern, daß etwa Gestaltpädagogik als eingeschränktes Konzept für den Umgang mit „schwierigen“ Kindern gilt. Dies hieße den Anspruch der Gestaltpädagogik unzulässig zu verkürzen. Insofern verdient der Versuch der Modellschule Graz in enger Anlehnung an die Bedingungen des öffentlichen Schulsystems, Grenzerweiterungen vorzunehmen, besondere Beachtung.

Er macht aber auch deutlich, daß es mittelfristig einer besseren Öffentlichkeitsarbeit Humanistischer Pädagogik im allgemeinen und Gestaltpädagogik im besonderen bedarf, um auch die Offenheit gesprächsbereiter Schulaufsichtsbeamter zu fördern, deren Abwehr neben institutionellen Zwängen häufig auch mangelnder Information geschuldet ist.[43]

Die drei Schulen machen in ihrer konkreten Gestalt deutlich, daß es bei der Herausbildung gestaltpädagogischer Schulen in Übereinstimmung mit den offenen Konzepten der GP, nicht zur Bildung **eines** bestimmten Modells kommen kann, sondern daß sich vielfältige Verbindungen gestaltpädagogischer Vorstellungen mit anderen pädagogischen Ansätzen ergeben werden. Charakteristikum der Gestaltpädagogik in dieser Vielfalt bleibt die Personenzentrierung, der hohe Stellenwert von Selbsterkenntnis sowie der Einbezug der bewußten Beachtung innerer Prozesse. Bei allen drei Schulen wird deutlich, daß ein solches verändertes pädagogisches Konzept

[43] So wird oft übersehen, daß die Umdefinition des Schulaufsichtsbeamten zu einem Schul**berater** zu einem Kompetenzzuwachs und einer befriedigenderen Berufsperspektive führen kann.

auch an veränderte Bedingungen der Lernumgebung gebunden ist. Sind es bei der Ecole und der demokratisch-kreativen Schule insbesondere der Internatscharakter und die ländliche Umgebung, so spielt bei der Modellschule die Gestaltung der Klassenräume als „Wohnräume" eine größere Rolle. Unklar bleibt die Frage, welche optimale Größe eine Gestaltschule aufweisen sollte, um ausreichenden Kontakt der Beteiligten untereinander zu ermöglichen, zugleich aber auch Vielfalt und Weiterentwicklung zu fördern. Deutlicher als dies bisher der Fall ist, müssen auch die pädagogischen Werte, die die Pädagogen bestimmen, herausgearbeitet werden und in ihren Implikationen überprüft werden.[44] Als einstweiliges Resümee bleibt festzuhalten, daß die Entwicklung gestaltpädagogischer Schulkonzepte im Sinne der Gestaltung der Organisation einer gesamten Institution, erst in den allerersten Anfängen steht und nur wenige Verallgemeinerungen zuläßt.

8.2.6. Exkurs:

Gestaltpädagogik und das Konzept des „Kritischen Bewußtseins"

Das Konzept des Selbstwissens, das ich im Kapitel „Unterrichtskonzept" beschrieben habe, enthält, wenn man es, wie ALSCHULER et al. betonen, mit dem Konzept des „Kritischen Bewußtseins" von FREIRE[45] verbindet, eine politische Dimension, die interessante Aspekte für den Bereich der Organisationsentwicklung beleuchtet.

Während das Konzept des Selbstwissens ursprünglich als Methode der Selbstreflektion bezogen auf individuelle Verhaltensmuster anzusehen ist, zielt FREIREs Konzept auf den Aufbau systemkritischer Einsichten und Haltungen ab.

In seiner Kritik bestehender Bildungsansätze und seinem daraus resultierenden Konzept einer dialogischen Erziehung kommt er zu einer Reihe von Einsichten, die verblüffende Parallelen zu Ansätzen Humanistischer Pädagogik[46] aufweisen und in Teilen deutlich darüber hinausgehen.

Ausgehend von der These, daß Pädagogik niemals neutral sein könne, sondern entweder ein Instrument zur Befreiung des Menschen oder zu seiner Domestizierung sei, untersucht FREIRE gängige pädagogische Verfahren. Er stellt fest, daß eine „depositäre Erziehung" („educacao bancaria") vorherrschend ist:

---

[44] Ich denke hier an den „Ordnungsbegriff" von KÄGI-ROMANO oder den „Hier-und-Jetzt"-Begriff von BAUR als kontrovers zu diskutierende Aspekte.

[45] Vgl. FREIRE: pädagogik der unterdrückten, Hamburg[5] 1976; erziehung als praxis der freiheit, Hamburg 1977; Arbeitsgruppe Paulo FREIRE, Hamburg: Paulo FREIREs „Pädagogik der Unterdrückten" ein Weg zur Befreiung?, in: b:e 7/73, S. 15—38.

[46] Interessanterweise bewegen sich Teile der Humanistischen Psychologie mit dem Anwachsen des Bewußtseins ihrer politischen Verantwortung auf FREIRE zu bzw. nehmen seine Konzepte als wichtige Anregung wahr. So bemerkt ROGERS überrascht deutliche Parallelen zu seinen Konzepten, vgl. ROGERS 1977, S. 134; 1984, S. 63; vgl. auch QUITMANN 1985; COHN 1984, S. 355.

Der Schüler wird als zu fütterndes Lernobjekt betrachtet, in das das Wissen wie in eine Bank eingelagert wird.

Kennzeichnen eines solchen Lernprozesses ist eine hierarchische Beziehung, die durch ein Gefälle von Macht und Ohnmacht, Haben und Nichthaben, Wissen und Unwissen charakterisiert ist.

Nicht im fortschrittlichen, emanzipativen Willen des Pädagogen, sondern im angewandten pädagogischen Verfahren entscheidet sich, ob sein Vorgehen ein Beitrag zur Befreiung ist. Im pädagogischen Verfahren selbst drückt sich nach FREIRE die Herrschaftsbeziehung aus. Ein pädagogischer Ansatz, der auf die Befreiung des Menschen abzielt, muß also diese Befreiung schon in seinem Vorgehen als permanenten Prozeß anlegen. Von daher kann eine entsprechende Lernsituation nur dialogisch konzipiert sein. Lernen ist dann nicht mehr die passive Aufnahme fremdbestimmter Inhalte, sondern z.B. die Untersuchung der eigenen Lebenssituation, das Herausfinden persönlich bedeutsamer Themen und die Umsetzung dieses Reflektionsprozesses in persönlichkeitsverändernde und umweltbeeinflussende Aktionen.

FREIRE kommt zu seinem Konzept dialogischen Lernens aufgrund von konkreten Erfahrungen im Rahmen von Alphabetisierungskampagnen in Brasilien und einer marxistisch orientierten Analyse von Herrschaftsverhältnissen. Bei allen seinen Überlegungen sieht er von daher sowohl die konkreten Hier-und-Jetzt-Bedingungen seiner Adressaten als auch die beeinflussenden Faktoren des Gesellschaftssystems.

Sein Konzept einer problemorientierten Erziehung („educaca problematizadora") zielt auf „consientizacao", auf Bewußtmachung bzw. die Entwicklung von kritischem Bewußtsein ab. FREIRE unterscheidet dabei drei Stufen der Bewußtseinsentwicklung und des daraus resultierenden Problemlöseverhaltens:

— die magische Phase
— die naive Phase
— die kritische Phase

Die magische Phase ist dadurch gekennzeichnet, daß sich die Individuen an die bestehenden Verhältnisse anpassen, sich in erster Linie auf die Sicherung ihrer materiellen Existenz konzentrieren und der bestehenden politischen Ordnung passiv gegenüberstehen. In der naiven Phase werden Systemprobleme überwiegend als individuelle Probleme gesehen, deren Lösung auch nur individuell möglich ist. Arbeitslosigkeit wird z.B.[47] als Ausdruck mangelnder eigener Bildungsbemühungen gesehen, Armut als Konsequenz persönlicher Unfähigkeit usw. In der kritischen Phase

---

[47] Solche Bewußtseinsstufen sind, wie man in der aktuellen Debatte erkennen kann, nicht nur typisch für die „Dritte Welt", sondern bilden auch bei uns typische Bewußtseinsmuster.

kommen die Individuen dazu, zwischen persönlichen Problemen und Systemfehlern zu unterscheiden. Sie erkennen Möglichkeiten, in solidarischer Aktion ihre Lage zu verändern.

Die Entwicklung von der magischen zur kritischen Phase erfolgt dadurch, daß die Lebenssituation des Schülers zum Lerngegenstand wird. Im dialogischen Lernprozeß entwickelt der Schüler ein Selbstbewußtsein, das im Wechsel von Reflektion und Aktion einen Prozeß persönlichen Wachstums einleitet, der sich immer auch in der Entwicklung von politischen, tendenziell systemverändernden Aktionen zeigt.

Dieses Konzept hat FREIRE im Rahmen seiner Alphabetisierungskampagnen zu einer gut dokumentierten und erprobten Methode (vgl. FREIRE 1977) weiterentwickelt. Beispielhaft zeigt er im Rahmen der Erwachsenenbildung in der Dritten Welt, wie Persönlichkeitsentwicklung (Selbstbewußtwerdung) und Stoffvermittlung (Lesen lernen) miteinander verbunden werden können. Zentrale Bedeutung erhält dabei das Herausfinden von „generativen" Wörtern[48] bzw. „generativen" Themen, die an gegenwärtige Erfahrungen und Probleme des Schülers anknüpfen. Die generativen Wörter bzw. Themen bilden das Material des Leselernprozesses, der auf der Grundlage der motivierenden Kraft persönlich bedeutsamer Themen, zu einem Erkenntnisprozeß wird, an dem die ganze Person beteiligt ist. Das Lesenlernen wird hier gleichzeitig zu einem Verfahren politischer Alphabetisierung, die durch die Verbindung von Reflektion und Aktion ihre Kraft entfaltet. Diese Überwindung des Ansatzes der bloßen Weitergabe von Wissen macht auch die politische Sprengkraft des Vorgehens von FREIRE aus.

> *Ohne eine Überwindung von Konzept und Praxis einer Erziehung als bloßer Weitergabe von Wissen, als bloßer Beschreibung der Wirklichkeit, verhindern wir das Entstehen eines kritischen Bewußtseins und vertiefen wir das politische Analphabetentum (FREIRE 1973 (b:e), S. 18).*

Die Methode FREIREs bietet meines Erachtens einige wesentliche Elemente, die sich als notwendige Ergänzung gestaltpädagogischer Ansätze anbieten.

Zunächst fällt auf, daß Gestaltpädagogik und die Pädagogik der Unterdrückten ähnliche Grundannahmen und Vorgehensweisen verbinden. Zentrale gemeinsame Punkte wären z.B.:

— *Betonung der Bedeutung des pädagogischen Verfahrens für die Entwicklung von „Selbstbewußtsein"*
— *Der Lernende ist Lernender und Experte zugleich*
— *Ernstnehmen und Akzeptieren der Person*
— *Lernen als dialogischer Prozeß*

---

[48] LANGE (1971) definiert „generative" Wörter als „Schlüsselwörter, die das Sprachuniversum des Schülers erschließen." (15) „Generative Themen" sind „. . . Grunderfahrungen, von denen her sich die gesamte Welterfahrung der Lernenden organisiert" (15), vgl. FREIRE 1976, S. 80.

— *Ausgehen vom Hier-und-Jetzt (generative Themen bzw. persönlich bedeutsame Themen)*
— *Einleitung eines umfassenden Selbstbewußtwerdungsprozesses mit dem Ziel eigenverantwortlichen Wählens*

Während aber Humanistische Psychologie und Gestaltpädagogik bisher sozusagen im „naiven Stadium" verharrten (vgl. FATZER 1983; CAMPBELL 1984) und in erster Linie auf die individuelle Verhaltensänderung fokussieren, schärft FREIRE den Blick für den Zusammenhang von individueller Lage und gesellschaftlichen Verhältnissen. Während sich Humanistische Psychologie in ihrer Praxis bisher weitgehend neutral verhalten hat,[49] setzt FREIREs Konzept auf klare Parteilichkeit. Die Verknüpfung von Selbstwissen und generativen Themen im Sinne FREIREs ist Voraussetzung für die Entwicklung eines kritischen Bewußtseins. Der verstärkte Einbezug generativer Themen in gestaltpädagogische Ansätze[50] über eine bloße Vermittlung von Selbstwissen hinaus, hin zu einer gemeinwesenorientierten politischen Praxis, die Selbstreflektion, Reflektion politischer Bedingungen und verändernde Praxis als Einheit sieht, wäre insofern eine lohnende Aufgabe für veränderte Formen politischer Arbeit. Gestaltpädagogische Bildungsarbeit müßte also die Förderung von Selbstwissen, die Entwicklung von integrativen Lernformen und die ansatzweise Veränderung der konkreten sozialen Umwelt umfassen, um der Gefahr individualisierender und privatisierender Praxis zu entgehen. Hier wird aber auch die Sprengkraft von Konzepten der Humanistischen Psychologie deutlich werden, denn ihre grundlegenden Werte widersprechen in weiten Teilen der gegenwärtigen gesellschaftlichen Organisation. Insbesondere Carl ROGERS (vgl. 1977/1984) ist sich dieser Konsequenz in den letzten Jahren zunehmend bewußt geworden und sieht seinen Ansatz personenzentrierten Lehrens und Lernens als eminent politischen Ansatz, der wenn er an die Veränderung von Institutionen geht, auf massiven Widerstand stößt. Auch FREIREs eigenes Schicksal[51] zeigt, welche Probleme mit der scheinbar harmlosen Alphabetisierung verbunden sind. Eine entsprechende „politische Alphabetisierung" in der „Ersten Welt" hat mit ähnlichen Schwierigkeiten zu rechnen.

Eine entscheidende Konsequenz für gestaltpädagogischen Unterricht ist für mich das verstärkte Herausgehen aus der Schule und die Entwicklung von Unterrichtsprojekten, die die Veränderung der unmittelbaren sozialen Umwelt zum Ziel haben.[52]

---

49 CAMPBELL kritisiert in ihrem programmatischen Artikel „The End of Innocence", in: Journal of Humanistic Psychology VOL 24 NO 2, Spring 1984, S. 6—29, die unpolitische Haltung der Humanistischen Psychologie, insbesondere der AHP, und fordert mehr Engagement.

50 FREIREs Konzept greift vom kongruenten zum kontextualen Bereich über.

51 Er wurde politisch verfolgt und mußte Brasilien verlassen.

52 An anderer Stelle (BUROW 1983) habe ich dafür einige Beispiele und Anregungen gegeben. H. v. HENTIG (1981) verweist auf die zunehmende Erfahrungsentleertheit schulischen Lernens und fordert Aktivitäten, die auf das Modell einer gemeinwesenorientierten Schule hinauslaufen. Auch GOODMAN (1975) forderte Aktivitäten außerhalb des schulischen Rahmens, die ernsthafte, echte Anforderungen an die Schüler stellen sollten.

Schüler und Lehrer müssen sich selbst als „Bewirkende", als Handelnde, „eingreifende" Personen[53] erfahren, um wirkungsvolles politisches Bewußtsein zu entwickeln. Die generativen Themen, die Gestaltpädagogen dabei im Dialog mit ihren Schülern entwickeln, werden andere sein als die, die FREIRE mit Landarbeitern der Dritten Welt formulierte. Denn man muß bedenken, daß die Lage dieser Arbeiter, die durch extreme Ausbeutung gekennzeichnet war, der Entwicklung von politischem Bewußtsein eher entgegenkam. Andererseits werden unter dem Blickwinkel der Gestaltpädagogik als eines Analyseinstruments für offensichtliche Mißstände und Entfremdungserscheinungen, viele Problemkreise auch für unsere Schüler erkennbar werden und bewußtseinsbildend wirken. Gestaltpädagogik darf also nicht bei unpolitischen Lehrertrainings und bei der affektiven Aufladung traditioneller Schulinhalte stehenbleiben, sondern muß Formen und Inhalte entwickeln, die zu einem personenzentrierten Modell politischer Bewußtseinsbildung führen. Personenzentrierung und das Eintreten für die Rechte der Person erfordern per se ein politisches Engagement gegen die Strukturen, die die Rechte der Person einschränken und die Würde des Menschen verletzen. Als solche generativen Themen politischer Bewußtseinsbildung könnte ich mir u.a. vorstellen:

— *Untersuchung unterschiedlicher Wohn- und Einkommensverhältnisse in der Klasse, in der Gesellschaft usw.*
— *Reflektion des persönlichen Umgangs in der Institution in bezug auf vorhandene Herrschaftsverhältnisse, Hierarchien, Konkurrenzverhältnisse, die Hackordnung der Klasse usw.*
— *Erkennen und Erfahren von konkreten Möglichkeiten gesellschaftlichen Engagements inner- und außerhalb der Schule*
— *Ermöglichung der Erfahrung von grenzüberschreitendem eingreifendem Handeln, das zu einer spürbaren Erweiterung des eigenen Handlungsspielraums führt*
— *Erfahrung der Wichtigkeit jedes einzelnen innerhalb der Klasse und des gemeinsamen Verbundenseins*

Fragestellungen einer solchen politischen Bewußtseinsbildung, die sich an keinem ideologischen Konzept orientiert, sondern in der Wahrung der Rechte der Person entsprechend den Grundsätzen des Humanismus (vgl. FROMM 1985, S. 57; ROSZAK 1986, S. 20) wurzelt, könnten z.B. sein:

— *Welche Spielräume bietet mir die Institution Schule? Was hindert mich?*[54]
— Welche gesellschaftspolitischen Vorstellungen habe ich? Was mache ich, um sie umzusetzen?

---

[53] Vgl. FELLSCHES (1981): Erziehung und eingreifendes Handeln.

[54] Stärker als institutionelle Zwänge hindern einen oft unüberprüfte, introjizierte Normen. Aus Lehrerfortbildungen weiß ich um deren nachhaltige einengende Wirkung.

— *Wie kann ich mich für mich persönlich befriedigend entwickeln und mich auf eine effektive Weise engagieren?*
— *Wie hängen Engagement und persönliche Bedürfnisse miteinander zusammen?*
— *Wie kann ich mich von introjizierten Normen befreien, meine eigenen entwickeln und mit anderen zu realisieren suchen?*

Solche und ähnliche Fragestellungen können nicht von Pädagogen aufoktroiert werden, sondern müssen sich organisch aus dem Dialog ergeben und Teil von zentralen Bedürfnissen der Lehrenden und Lernenden sein. Der Lehrer muß also vor allem anderen zunächst in der Lage sein, seine eigenen generativen Themen und die seiner Schüler, die gemeinsamen Schlüsselthemen wahrzunehmen und entsprechende Umsetzungsformen entwickeln können. Die gestaltpädagogischen Methoden, wie wir sie in unserem Kapitel „Unterrichtskonzept" behandelt haben, können dabei in erster Linie eine Unterstützung leisten.

In diesem an FREIRE anknüpfenden Modell politischer Bewußtseinsbildung wird der schulische Lernprozeß selbst zum Gegenstand der Reflektion und verändernder Aktion, dergestalt, daß Schüler sensibel werden für nichtdialogische, autoritäre Vorgehensweisen und entsprechende Selbstbehauptungsstrategien entwickeln können. In Übereinstimmung mit FREIRE (vgl. 1976, S. 85) gehe ich in diesem Konzept davon aus, daß Herrschaft das „Fundamentalthema dieser Epoche" bildet. Insofern wird die Initiierung von dialogischen Lernformen und Lerninhalten tendenziell zu einem Prozeß des Abbaus bzw. der Infragestellung von nicht demokratisch legitimierter Herrschaft. Es zielt auf eine neue Auffassung der Institution als einem offenen System ab, das der Veränderung von Individuum und Institution dient. Die Institution als offenes System, wird als Teil ihres Lernprozesses von den Lernenden aktiv verändert und fordert nicht als starres System Anpassung ein. Insofern ist ein solches dialogisches Konzept auch hilfreich für die Weiterentwicklung und Verlebendigung der Institution. Diesen Aspekt im Angesicht der Gegenwart erstarrter bürokratisierter Strukturen ins Bewußtsein zu heben, ist eine zentrale Aufgabe eines gestaltpädagogischen Konzepts des „Kritischen Bewußtseins".[55]

8.3. Schlußfolgerungen:

Perspektiven gestaltpädagogischer Organisationsentwicklung

Wie wir gesehen haben, handelt es sich bei der Organisationsentwicklung um den am wenigsten entwickelten Bereich der Humanistischen Päd-

[55] Dieses Konzept mag gerade im Angesicht der Entdemokratisierung der Institution Schule unrealistisch erscheinen. Es geht jedoch um die Entwicklung eines Humanistischen Bewußtseins, wobei schon kleine Schritte wichtig sein können. Das Beharren auf Möglichkeiten dialogischer Umgangsformen, das Ausnützen gegebener Freiräume, aber auch das gezielte Überschreiten gesetzter Grenzen im Rahmen der eigenen Möglichkeiten, sind wichtige Schritte in diese Richtung.

agogik im allgemeinen und der Gestaltpädagogik im besonderen. Belegt durch amerikanische Erfahrungen mit der Verwendung humanistischer Lehrertrainingskonzepte und Unterrichtsmodelle in der öffentlichen Schule, vertrete ich die These, daß die Entwicklung von Strategien gestaltpädagogischer Organisationsentwicklung, einen wichtigen Einfluß darauf haben wird, inwieweit es gelingen wird, gestaltpädagogische Gedanken und Ansätze erfolgreich im Rahmen der öffentlichen Schule zu verankern. Hierzu bedarf es der Unterstützung eines grundlegenden Umdenkungsprozesses bei Lehrern, Eltern, Schülern und Schulaufsichtsbeamten, der durch gezielte Maßnahmen in Form der Bildung von Netzwerken humanistischer Lehrer, der Veranstaltung entsprechender Workshops, der weiteren wissenschaftlichen Fundierung und Überprüfung entsprechender Konzepte u.ä. gefördert werden kann.

Wie ich herauszuarbeiten versuchte, kommt es dabei darauf an, nicht nur im pädagogischen Rahmen zu verharren, sondern darüber hinaus an die allgemeine und über unterschiedliche Gesellschaftssysteme hinweg zu verzeichnende Renaissance des Humanismus und entsprechender Werte anzuknüpfen, um eine größere Durchsetzungsfähigkeit zu erreichen.

Wichtige Impulse bei der notwendigen Entwicklung tragfähiger gestaltpädagogischer Organisationsentwicklungskonzepte sind, wie ich herausgearbeitet habe, u.a. von der Nutzung der Gestaltpädagogik als Analyseinstrument zu erwarten sowie vom Ausbau teilnehmerorientierter Organisationsberatung mit erlebnisorientierten Methoden im allgemeinen und Gestaltmethoden im besonderen.

Nicht zu unterschätzen sind auch die Anregungen, die von der Gründung privater Schulen ausgehen, die sich an der Humanistischen Pädagogik orientieren. Mögen ihre Bindungen auch nicht auf die öffentliche Schule übertragbar sein, so ermöglichen sie doch eine Horizonterweiterung über verordnete Routinen und hypostasierte Vorstellungen von Schule hinaus. GOODMANs Leben und Werk sowie FREIREs Konzept des „Kritischen Bewußtseins“ können auf dem widersprüchlichen und schwierigen Weg der Veränderung von Institutionen als kritischer Stachel unser Bewußtsein gegen Tendenzen schleichender Anpassung und politischer Blindheit schärfen.

Im Angesicht der Realität stagnierender und ineffektiver Institutionen, werden die Chancen und das Interesse für gestaltpädagogische Ansätze der Organisationsentwicklung wachsen. Vor allem auch dann, wenn sich erweisen wird, daß die euphorische Konzentration auf Selbstveränderung und kreative Methoden an institutionelle Grenzen stößt. Umso dringlicher stellt sich die Aufgabe, den vagen Rahmen, den ich hier skizziert habe, durch entsprechende Forschung und praxisnahe Erprobung weiterzuentwickeln.

9. Zusammenfassung der Untersuchungsergebnisse und Ausblick

Unter dem Blickwinkel der sieben Kriterien, die ich in Teil A auf der Grundlage meiner Untersuchung des Kompetenzbegriffs entwickelt habe, möchte ich nun die Ergebnisse meiner Untersuchung zusammenfassen.

Zunächst kann ich feststellen, daß die Entwicklung der Gestaltpädagogik insofern einen Fortschritt darstellt, als sie mit dem Kontaktkonzept, dem Konzept von Kontakt und Begegnung, dem Strukturmodell der TZI, der Übernahme modifizierter Methoden und Prinzipien der Gestalttherapie sowie der Einbeziehung der Erkenntnisse und Erfahrungen anderer pädagogischer Richtungen, die Möglichkeit für die Entwicklung eines integrierten pädagogischen Ansatzes eröffnet, der Lehrertraining, Unterrichtskonzept und Organisationsentwicklung miteinander verbindet und aufeinander bezieht.

Das Menschenbild der Gestaltpädagogik, orientiert am Humanismus, mit dem Kern in der Personenzentrierung sowie der integrativen Beachtung der Ebenen Denken, Fühlen und Handeln bietet einen Ansatzpunkt für eine umfassende Förderung sozialer Kompetenzen. Wie meine Untersuchung gezeigt hat, stehen wir in den Anfängen der Entwicklung eines solchen integrierten pädagogischen Ansatzes, der in den theoretischen Konzepten der Gestaltpädagogik angelegt ist.

Zum gegenwärtigen Zeitpunkt sind die drei Bereiche sowohl unterschiedlich entwickelt als auch ungenügend miteinander verbunden.

Als fortgeschrittenster Bereich hat sich in meiner Untersuchung das **Lehrertraining** erwiesen. Es gibt hier eine Vielzahl unterschiedlicher Ansätze, um deren Dokumentation und Erforschung es allerdings noch sehr schlecht steht. Die Untersuchung vorhandener Materialien hat deutlich gemacht, daß es in gestaltpädagogischen Lehrertrainings zunächst nicht um die Vermittlung genau festgelegter, vorgeplanter und begründeter sozialer Kompetenzen geht, die im beruflichen Feld realisiert werden sollen, sondern um die Förderung der Fähigkeit des Erkennens, was bei einem selbst und der Gruppe im Vordergrund steht sowie eines angemessenen Eingehens auf diese Themen.

„Awareness", Akzeptanz und Integration werden so zu den ersten Zielen gestaltpädagogischen Trainings. Nicht das, was „sein soll", sondern das, was „ist" wird auf diese Weise zum Ausgangspunkt genommen. Wenngleich die Konzentration auf die Person im Mittelpunkt der Bemühungen steht und das Training direkt berufsfeldbezogener Kompetenzen nicht vordringliches Ziel ist, so stellt es sich doch im Verlaufe der Gruppenentwicklung — quasi als Nebeneffekt — ein. Denn zum einen spiegeln sich in der Auseinandersetzung mit den Verhaltensmustern der Person Verhaltensweisen wider, die auch im schulischen Alltag von Belang sind, zum anderen sorgt im Rahmen langfristiger Gruppenprozesse (2 bis 4 Jahre) die spezifische Zusammensetzung gestaltpädagogischer Fortbildungsgruppen (Lehrer, Sozialarbeiter, Erzieher) dafür, daß berufsbezogene Aspekte einbezogen werden. Gerade diese Verbindung der selbstreflexiven Auseinandersetzung mit dem eigenen Selbstkonzept, mit der Gruppe und dem Verhalten im Beruf macht den spezifischen Charakter gestaltpädagogischer Trainingskonzeptionen aus. Die vertiefte Auseinandersetzung mit diesen Aspekten sowie die Berücksichtigung innerer Bilder, Erfahrungen, Stimmungen usw. eröffnet einen Zugang zum bewußten Kontakt mit sich selbst und bildet gleichzeitig die Grundlage für einen veränderten Umgang mit den anderen. Dieser veränderte Umgang mit sich selbst und anderen bildet den Kern gestaltpädagogischer Kompetenzförderung und muß sich in den Bereichen Lehren, Beraten, Beurteilen, Erziehen und Innovieren niederschlagen.

Aus meiner Analyse entsprechender Erfahrungsberichte hat sich ergeben, daß sich bei Lehrern, die eine entsprechende Fortbildung absolviert haben, solche veränderten Formen und Inhalte des Umgangs abzeichnen.

Diese, auf subjektive Berichte gründenden Vermutungen, bedürfen aber noch der Fundierung durch entsprechende Untersuchungen. Dabei ist von besonderem Interesse, inwieweit der Transfer von Gruppenerfahrungen auf die anders strukturierte schulische Alltagssituation gelingt. Hier dürfen Zweifel an die Reichweite solcher Trainingskonzeptionen angemeldet werden, insbesondere dann, wenn sie hierarchisch strukturiert und an therapeutischen Settings orientiert durchgeführt werden.

Weiterhin ist die Frage geeigneter Fortbildungscurricula in der Spannung zwischen Spontaneität und Planung ungeklärt. Von besonderer Bedeutung für die Weiterentwicklung einer innovativen Gestaltpädagogik ist die Entwicklung und Verbreitung von selbstorganisierten Lehrertrainingskonzeptionen, wobei Experten eine beratende Funktion einnehmen können.

Die von mir beschriebenen gestaltpädagogischen Trainingskonzepte zielen auch auf die Entwicklung eines veränderten Unterrichts und die Vermittlung spezifisch gestaltpädagogischer Methoden ab.

Wie ich in meinem theoretischen Teil skizziert habe, zeichnet sich ein integratives gestaltpädagogisches **Unterrichtskonzept** ab, dessen Kern in der Realisierung von Intersubjektivität und der Förderung persönlich bedeutsamer Lernprozesse auf den Ebenen Denken/Fühlen/Handeln besteht.

Dieses Unterrichtskonzept ist in großen Teilen erst realisierbar vor dem Hintergrund eines zum Dialog bereiten Lehrers. Wie ich herausgearbeitet habe, sind im Rahmen der Gestaltpädagogik und der Humanistischen Pädagogik eine Vielzahl kreativer Methoden, Übungen, Unterrichtsvorschläge u.ä. entwickelt worden, die den Kontakt zu den verschiedenen Ebenen des Seins bewußt erfahrbar machen sollen. Dabei liegt ein Schwerpunkt gestaltpädagogischer Unterrichtskonzepte auf der Berücksichtigung emotionaler Aspekte. Wenngleich Personenzentrierung und die Auffassung von Lehren und Lernen als Kontaktprozeß zu einer neuartigen Konzeption von Unterricht führen, so ist Gestaltpädagogik dennoch auf das Einbeziehen anderer Ansätze, wie etwa aus der FREINET-Pädagogik, der Reformpädagogik, geeigneter Fachdidaktiken u.ä. angewiesen. Der spezielle Beitrag der Gestaltpädagogik zur Sozialen Kompetenz des Lehrers bezogen auf Unterricht, besteht in der Förderung einer personenzentrierten Sichtweise, der Akzentuierung der Aufmerksamkeit auf die selbstunterstützenden Kräfte der Schüler, der besonderen Beachtung psychologischer Faktoren und der Bereitstellung entsprechender Methoden.

Spezifisch für die Gestaltpädagogik ist, daß der Lehrer lernt, sich selbst als sein Instrument zu nutzen und durch die sensible Wahrnehmung der verschiedenen Ebenen des Unterrichts, die Interaktion mit seinen Schülern über die rein kognitive Ebene hinaus auch auf der emotionalen Ebene bewußt einzubeziehen.

In der weiteren Entwicklung gestaltpädagogischer Unterrichtskonzepte wird es darauf ankommen, die Wirkungen gestaltpädagogischen Unterrichts genauer zu untersuchen und Möglichkeiten der Weiterentwicklung von Methoden integrativen Unterrichtens zu überprüfen.

Im Verhältnis zu den Bereichen Lehrertraining und Unterrichtskonzept erweist sich die **Organisationsentwicklung** als unterbelichteter Bereich der Gestaltpädagogik. Obwohl in den theoretischen Konzepten sowie in den Werken GOODMANs die planvolle Veränderung von Institutionen impliziert ist, findet dieser systemtranszendierende Aspekt bisher kaum Beachten. Humanistische Pädagogik argumentiert bislang überwiegend pädagogisch und nicht politisch. Wie ich in meiner Untersuchung herausgearbeitet habe, lassen sich eine Reihe von Ansätzen für ein sich politisch zu verstehendes Konzept gestaltpädagogischer Organisationsentwicklung anführen. Ausgehend von der konsequenten Beachtung humanistischer Werte, über die Nutzung der Gestaltpädagogik als kritisches Analyseinstrument, über die Entwicklung einer teilnehmerorientierten Organisationsberatung mit Gestaltmethoden, bis hin zur Erarbeitung eines Konzepts des kritischen Bewußtseins sowie der Schaffung konkreter Experimentierfelder in Form von Gestaltschulen, lassen sich Erweiterungsmöglichkeiten einer sich kritisch verstehenden Gestaltpädagogik skizzieren, an deren Konkretion bereits gearbeitet wird. In diesem Bereich leistet Gestaltpädagogik einen Beitrag zum Aufbau gesellschafts- und organisationskritischer Kompetenzen.

Wie ich weiter herausgearbeitet habe, leistet Gestaltpädagogik als Teil der pädagogischen Reformbewegung aber auch Ausdruck der Renaissance des Humanismus einen wichtigen Beitrag zur **Emanzipation.** Sowohl in den theoretischen Konzepten als auch in den praxisbezogenen Ausformungen geht es vor allem um die Überwindung der die Persönlichkeitsentfaltung behindernden Blockaden, Störungen, Wahrnehmungsverzerrungen u.ä. mit dem Ziel der Entfaltung ungenutzter Potentiale. Der selbstreflexive Diskurs im Rahmen von Fortbildungs-, Unterrichts- und Organisationsberatungsgruppen dient der Erweiterung des individuellen und kollektiven Verhaltensspielraums. Gegenseitige Einfühlung und Akzeptanz, aber auch Konfrontation sollen einzelne und Gruppen dazu befähigen, bewußte Wahlen treffen zu können. In dieser Weise als Instrument einer kritischen Selbstreflexion verstanden, erweitert Gestaltpädagogik die Selbstkompetenz. Im Paradigma dialogischen Lehrens und Lernens im Rahmen intersubjektiver Begegnungen ist der Anspruch auf Emanzipation implizit enthalten. Die konsequente Berücksichtigung dieses Paradigmas ist eine notwendige Bedingung, um zu verhindern, daß Gestaltpädagogik zu einer psychosozialen Technologie der verstärkten Kontrolle und Manipulation der Affekte verkommt. In diesem Zusammenhang wird es besonders wichtig sein, den heimlichen Lehrplan gestaltpädagogischer Lehrerfortbildung und gestaltpädagogischen Unterrichts, wo immer sich Anzeichen eines solchen zeigen, bewußt zu bearbeiten. Die Akzentuierung auf Dialog und Intersubjektivität bedeutet zugleich ein Infragestellen nichtdemokratischer, unpersönlicher, entfremdeter Verhältnisse und macht deutlich, daß Gestaltpädagogik nur unter zumindest partieller Überwindung solcher Verhältnisse, d.h. im Rahmen von Grenzüberschreitungen realisierbar ist.

Gestaltpädagogik, so wie ich sie in meiner Untersuchung skizziert habe, berücksichtigt den Aspekt der **Integration** auf mehrfache Weise, weswegen auch häufig von „integrativem Unterricht“ gesprochen wird. So zielt das Strukturmodell der TZI auf die integrative Berücksichtigung der am Unterricht beteiligten Ebenen ab und wird im Rahmen gestaltpädagogischer Vorgehensweisen versucht, Denken/Fühlen/Handeln zu ihrem Recht kommen zu lassen.

Da im bisherigen Unterricht affektive Aspekte zu wenig berücksichtigt wurden, zeichnet sich Gestaltpädagogik bisweilen durch eine Überbetonung dieser Gesichtspunkte aus. Wie ich herausgearbeitet habe, bedarf es hier der Einbeziehung anderer pädagogischer Konzepte, um Vereinseitigungen zu vermeiden. Wie ich weiter hervorgehoben habe, zielt der Aspekt der Integration aber auch im umfassenderen Sinne auf eine vertiefte Erfahrung der existentiellen Ebenen des Seins und der Verbundenheit mit dem sozialen und ökologischen Umfeld ab. Diesem Gesichtspunkt wird in der Theorie durch das Prinzip der Synergie und der Ebene des Globe als elementaren Bestandteil jeden Unterrichts Rechnung getragen. In der Weiterentwicklung der Gestaltpädagogik wird es darauf ankommen, methodische Wege zu finden, wie über die Integration von Denken/Fühlen und Handeln im Unterricht hinaus das Prinzip der Synergie und die Ebene des Globe angemessen berücksichtigt werden kann.

Ein weiteres Kriterium zur Beurteilung des Beitrags der Gestaltpädagogik zur Sozialen Kompetenz des Lehrers habe ich mit dem Begriff **„Praxisrelevanz“** umschrieben. In meiner Untersuchung ist deutlich geworden, daß Gestaltpädagogik zum gegenwärtigen Zeitpunkt, bezogen auf die Bereiche Lehrertraining und Unterrichtskonzept, praxisrelevante Vorgehensweisen entwickelt hat, während sich dies im Bereich Organisationsentwicklung erst noch erweisen muß.

Aus den Trainingskonzeptionen und den Praxisberichten läßt sich schließen, daß gestaltpädagogische Konzepte für die Kompetenzentwicklung in den Bereichen Lehren, Erziehen, Beurteilen, Beraten und Innovieren wichtige Anstöße geben, die zu einem veränderten Lehrerverhalten beitragen. Diese vorsichtige Aussage muß aber aufgrund fehlender empirischer Untersuchungen noch genauer überprüft werden, auch um festzustellen, in welchen Punkten, auf welche Weise sich die Auseinandersetzung mit der Gestaltpädagogik auf die Veränderung persönlicher Einstellungen und das konkrete Lehrerverhalten auswirkt. Die Praxisrelevanz der Gestaltpädagogik ergibt sich aus ihrer Verbindung von genauer Wahrnehmung der gegenwärtigen Bedingungen des Lehrens und Lernens mit einer theoretisch fundierten humanistischen Utopie der Intersubjektivität. Diese für die Gestaltpädagogik charakteristische Verbindung sorgt für Realitätsnähe auf der einen Seite, begrenzt aber die Entwicklung eines blinden Praktizismus auf der anderen Seite. Diese Verbindung realisiert sich in der Praxis auch darin, daß die subjektive Sicht des Lehrens und Lernens aus Lehrer- **und** Schülerperspektive ernstgenommen wird, um einen Schritt auf dem Weg zur Verwirklichung der zugrunde liegenden pädagogischen Utopie voranzukommen. Dabei gilt, daß dieser Schritt selbst schon ein Stück Verwirklichung der Utopie der Intersubjektivität bedeutet. Insofern geht Gestaltpädagogik über Konzepte des Sozialen Lernens hinaus, indem sich nämlich die konkreten Zwischenziele dieses Wegs nicht aufgrund aus theoretischen Herkünften abgeleiteter Lernziele ergeben, sondern im Prozeß der Interaktion von den Beteiligten immer wieder neu gesucht und definiert werden.

Dieser Prozeß der dialogischen, personenzentrierten Kompetenzförderung unter Verwendung kreativer Methoden und Prinzipien, in dem der Lehrer die Rolle eines Begleiters und „facilitators“ einnimmt, beschreibt zugleich den Kern, der die spezifische **Originalität** der Gestaltpädagogik ausmacht. Originalität als siebentes und letztes meiner Kriterien ist durch die spezifische Verbindung der theoretischen Konzepte mit den Praxisansätzen in Form von Lehrertraining, Unterrichtskonzept und den Ideen zur Organisationsentwicklung weitgehend erfüllt. Die Verbindung des gestalttherapeutischen Kontaktkonzepts auf dem Hintergrund der existentialistischen Auffassung von Intersubjektivität, mit dem Strukturmodell der TZI und die praxisrelevante Präzisierung dieser theoretischen Grundlagen in Form meines Vorschlags für zwölf handlungsleitende Prinzipien sowie die kreativen Methoden und Konzepte beschreiben die Umrisse eines pädagogischen Konzepts, das sich deutlich von anderen pädagogischen Ansätzen abhebt. Wie ich herausgearbeitet habe, ist diese spezifische Kontur der Gestaltpädagogik erst vor dem Hintergrund der vielfältigen Einflüsse, insbesondere der Reformpädagogik, der Schulkritik, der Humanistischen Psychologie und Pädagogik denkbar.

Der besondere Akzent, den Gestaltpädagogik setzt, kann weiter durch die Fokussierung auf die inneren Prozesse bei Lehrern und Schülern sowie durch das spezifische Konzept der integrativen Berücksichtigung insbesondere der psychologischen Faktoren des Lehrens und Lernens beschrieben werden.

Wie bei jedem entsprechend profilierten pädagogischen Konzept bedeutet diese Akzentuierung — zumindest in der Anfangsphase — eine Tendenz zur Überbewertung einzelner Aspekte, die im Verlaufe der weiteren Entwicklung überwunden werden muß. Hierbei wird es meines Erachtens insbesondere darauf ankommen, gegen alle Tendenzen zur Verabsolutierung einzelner Gesichtspunkte eine angemessene Synthese der sich gegenseitig bedingenden Pole von Innenweltorientierung und Außenweltorientierung, von Selbstreflektion und gesellschaftlicher Reflektion, von Hier-und-Jetzt-Orientierung und Zukunftsorientierung, von Personenzentrierung und Materialzentrierung sowie von persönlicher und kollektiver Entfaltung zu bilden.

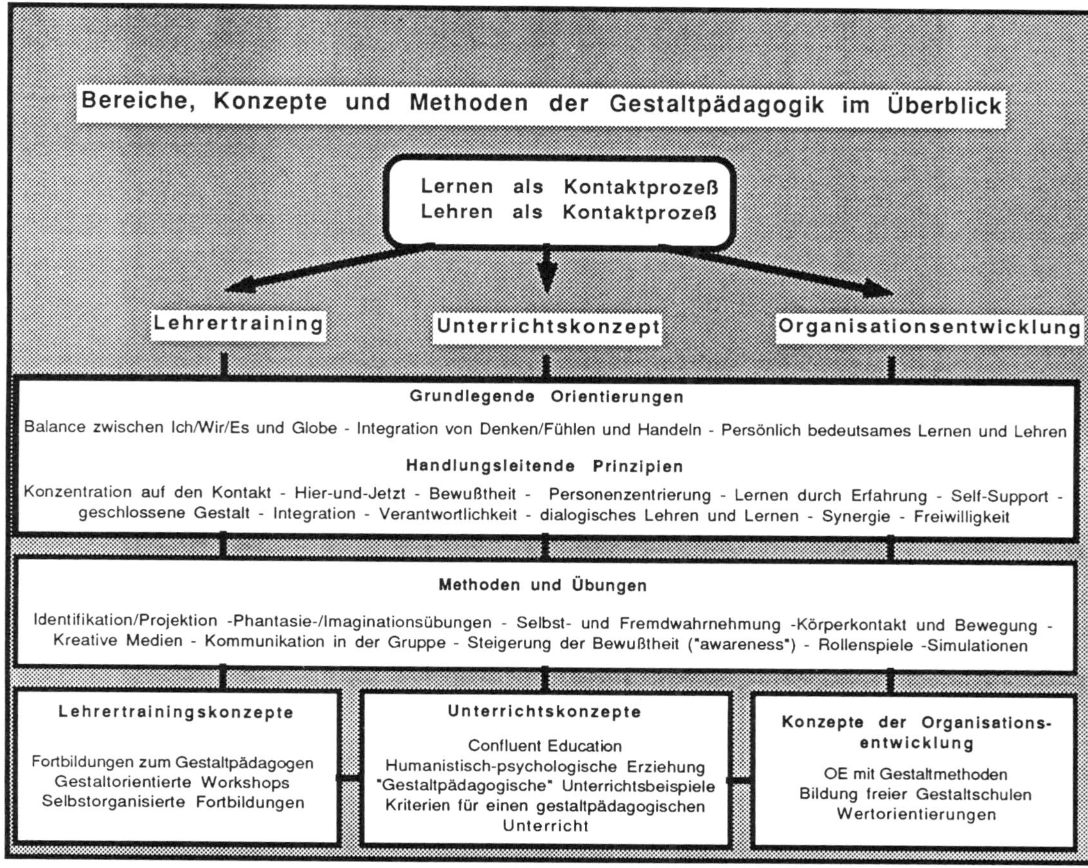
Bereiche, Konzepte und Methoden der Gestaltpädagogik im Überblick
Lernen als Kontaktprozeß
Lehren als Kontaktprozeß
Lehrertraining
Unterrichtskonzept
Organisationsentwicklung
Grundlegende Orientierungen
Balance zwischen Ich/Wir/Es und Globe - Integration von Denken/Fühlen und Handeln - Persönlich bedeutsames Lernen und Lehren
Handlungsleitende Prinzipien
Konzentration auf den Kontakt - Hier-und-Jetzt - Bewußtheit - Personenzentrierung - Lernen durch Erfahrung - Self-Support - geschlossene Gestalt - Integration - Verantwortlichkeit - dialogisches Lehren und Lernen - Synergie - Freiwilligkeit
Methoden und Übungen
Identifikation/Projektion -Phantasie-/Imaginationsübungen - Selbst- und Fremdwahrnehmung -Körperkontakt und Bewegung - Kreative Medien - Kommunikation in der Gruppe - Steigerung der Bewußtheit ("awareness") - Rollenspiele -Simulationen
Lehrertrainingskonzepte
Fortbildungen zum Gestaltpädagogen
Gestaltorientierte Workshops
Selbstorganisierte Fortbildungen
Unterrichtskonzepte
Confluent Education
Humanistisch-psychologische Erziehung
"Gestaltpädagogische" Unterrichtsbeispiele
Kriterien für einen gestaltpädagogischen Unterricht
Konzepte der Organisations-entwicklung
OE mit Gestaltmethoden
Bildung freier Gestaltschulen
Wertorientierungen

10. Ein kritisches Schlußwort

Erleichtert stelle ich fest: Das Werk ist vollbracht. Mit dieser Arbeit habe ich eine Bilanz über zehn Jahre theoretischer und praktischer Auseinandersetzung mit der Gestaltpädagogik gezogen. In dieser Zeit habe ich nicht nur meine Kenntnisse erweitert, sondern auch wesentliche persönliche Veränderungen vollzogen. Die Auseinandersetzung mit der Gestaltpädagogik hat nicht nur zu einer Veränderung meiner Ansichten geführt, sie hat auch mich zu einem anderen gemacht. So wird es jedem gehen, der sich nicht nur lesend, sondern auch „erfahrend" mit dieser wichtigen pädagogischen Richtung auseinandersetzt.

Dieser Veränderungsprozeß ist durchaus widersprüchlich und Phasen der Gewißheit, auf dem „richtigen" Weg zu sein, werden durchbrochen von wichtigen Zweifeln, denen eine neue Stufe differenzierterer Erkenntnis folgt. Und auch jetzt, wo ich am vorläufigen Ende meiner Arbeit bin, einen Lebensabschnitt beende, merke ich, daß dies zugleich ein neuer Anfang ist.

So fallen mir beim abschließenden Durchlesen meines Versuches, Grundlagen der Gestaltpädagogik komprimiert und systematisiert zusammenzustellen, natürlich viele neue Anregungen zur Weiterentwicklung, Veränderung und Verbesserung ein.

Da hat z.B. FATZER (1987) ein sehr brauchbares Buch zur „Humanistischen Pädagogik und Organisationsentwicklung" vorgelegt, das wichtige Quellentexte der Humanistischen Pädagogik aus den USA zugänglich macht. Dann ist eine Aufsatzsammlung „Theorieanspruch und Anwendungsmöglichkeiten des personenzentrierten Ansatzes in der Pädagogik" (GwG 1987) erschienen, in der insbesondere der Beitrag ROGERs zur Humanistischen Pädagogik im Überblick ausgezeichnet dargestellt wird. KARMANN hat eine wichtige Dissertation „Humanistische Psychologie und Pädagogik" (1987) veröffentlicht. Und dann soll auch das „Buch der Humanistischen Psychologie" von Kollbrunner nicht vergessen werden, das sich zwar weniger mit der Pädagogik auseinandersetzt, dafür aber in hervorragender Weise stichwortartig die Kritik an den grundlegenden Konzepten der Humanistischen Psychologie referiert. Alles wichtige Texte. Und wie ich höre, setzen sich in wachsendem Maß Pädagogen und Psychologen mit der Gestaltpädagogik auseinander. Wir dürfen also in den nächsten Jahren weitere wichtige Impulse erwarten.

Und dann gibt es noch Briefe und Anregungen, die ich unmöglich alle berücksichtigen konnte. So kritisiert z.B. H. PETZOLD als einer der Begründer der Gestaltpädagogik unsere (BUROW/QUITMANN & RUBEAU 1987) Auffassung von Begegnung und verweist auf einen Aufsatz (PETZOLD 1984 IT 3), in dem er eine Unterscheidung von „Begegnung" und „Beziehung" als weitere Differenzierung vorschlägt. Die Kette der Anregungen ließe sich fortführen und ich bin dankbar für weitere Hinweise.

Natürlich stellt eine solche Zusammenfassung, wie ich sie hier vorgelegt habe, immer eine vorläufige Momentaufnahme dar, jedenfalls bei einem so „jungen Kind" wie der Gestaltpädagogik. In diesem Sinne hoffe ich, daß der Leser mit meinem Text einen ausreichenden Überblick über den gegenwärtigen Stand der Gestaltpädagogik erhält, der ihn ermuntert für die offenen Fragen, eigene kreative Antworten zu finden.

Ein wichtiges Thema, das mir noch am Herzen liegt, ist dabei besonders die Kritik an der Gestaltpädagogik. Da eine detaillierte Betrachtung dieses Themas den Rahmen dieser Untersuchung sprengen würde, möchte ich nur einige Problemkreise benennen:

Anspruch und Wirklichkeit

Gestaltpädagogisches Lehrertraining verspricht ja einen wichtigen Beitrag zur Förderung der Sozialen Kompetenz des Lehrers zu leisten. In der Zukunft wird es darauf ankommen, genauer zu untersuchen, wie sich dieser aus den theoretischen Konzepten legitimierende Anspruch in der Wirklichkeit umsetzt. Werden in Gestaltgruppen tatsächlich Kompetenzen gelernt, die in der Alltagsrealität umzusetzen sind, oder dient die Gruppe vor allem als „heile Nische"? Diese Frage wird sich nicht allgemein beantworten lassen, sondern muß im Zusammenhang der konkreten Fortbildungspraxis entsprechender Gestaltinstitute untersucht werden.

Politik der Institute

Gestaltpädagogik unterliegt den Bedingungen des privatwirtschaftlich organisierten Fortbildungsmarktes und muß zur Zeit teuer „gekauft" werden. Psychologen schaffen sich hier neue Arbeitsmöglichkeiten, Lehrer hoffen auf eine Möglichkeit zum Ausstieg durch einen „alternativen" Arbeitsplatz und Hochschullehrer benutzen die Gelegenheit zu lukrativen Nebenverdiensten. Natürlich muß eine so aufwendige Fortbildungsarbeit, wie die gestaltpädagogische Lehrerfortbildung angemessen bezahlt werden. Dennoch muß genauer verfolgt werden, welche Rolle das Geld in diesem Bereich spielt und welche Politik die mit solchen Fortbildungen befaßten Institutionen verfolgen. Hier ist an Paulo FREIREs Verdikt zu erinnen, der meint, in der Struktur und Organisation der Fortbildung selbst müssen die angestrebten Ziele wiederkehren. Sonst wird per heimlichem Lehrplan das Gegenteil von dem, was man anzustreben vorgibt, erreicht. Von daher sollte sich der Leser, der eine Fortbildung aufnehmen will, fragen: Wie steht es mit der Selbstverwaltung? Inwiefern findet dialogisches Lernen statt und inwiefern werden neue sachfremde Hierarchien unter humanistischem Deckmantel aufgebaut? Inwiefern werden die Prinzipien der Gestaltpädagogik nicht nur gepredigt, sondern auch gelebt? Inwiefern wird ein Beitrag zum Abbau gesellschaftlicher Ungleichheit geleistet als unverzichtbarer Bestandteil der Humanistischen Utopie?

Inwiefern trägt Gestaltpädagogik zum Aufbau neuer Wahrnehmungsverzerrungen bei?

In meinem Text habe ich aufgezeigt, wie Gestaltpädagogik zum Abbau von Wahrnehmungsverzerrungen und „blinden Flecken" beitragen kann. Bei einer verkürzten Herangehensweise kann aber auch das Gegenteil geschehen. So beobachte ich mit Unbehagen, wie es in manchen Gruppen zu einer kritiklosen Überschätzung der Möglichkeiten individueller Erweiterung der Sozialen Kompetenz kommt. Gesellschaftliche Einflußfaktoren werden kaum noch oder nur verkürzt berücksichtigt. Bei manchen entsteht eine neue Ideologie, die nun alle Erscheinungen umstandslos der individuellen Verantwortlichkeit zurechnet. Wer z.B. psychosomatische Symptome hat, der ist nun dafür allein verantwortlich und muß nur eifrig genug an seiner Bewußtseinsentwicklung arbeiten. Solche unhaltbaren Verkürzungen werden natürlich ebenso wie eine Unterschätzung der individuellen Einflußmöglichkeiten in eine neue Sackgasse führen.

Welchen Stellenwert hat Gestaltpädagogik im Rahmen gesamtgesellschaftlicher Veränderungsprozesse?

Die Entwicklung der Gestaltpädagogik ist nicht zuletzt auch eine Antwort auf die tiefgreifende Umgestaltung der psychischen Bedingungen des Menschen aufgrund des sich schnell wandelnden Produktionsprozesses. Dies zu erkennen, erfordert genauer zu verfolgen, welche neuen Bedürfnisse sich herausbilden und auf welche Weise sie befriedigt werden. So geht es Lehrern, die an gestaltpädagogischen Fortbildungen teilnehmen, häufig auch darum, ihren Lebenssinn abzuklären, neue Handlungsorientierungen zu finden, gesellschaftlich verursachte Probleme zu lösen, Entfremdungserscheinungen zu überwinden usw. Manche Dinge werden sich in der Gruppe lösen lassen, bei anderen wird der Ansatz der Gestaltpädagogik auf weitergreifende Überlegungen zurückgreifen müssen.

Theoretizismus versus Praktizismus

Die erfrischende Erfahrungsorientierung der Gestaltpädagogik bewirkt, wie wir gesehen haben, eine besondere Praxisrelevanz. Der Kontakt mit tiefen und neuartigen Erfahrungen in Gestaltgruppen kann aber auch zu einem theorielosen Praktizismus verführen, der langfristig zum Scheitern führen wird.

Schülerzentrierung versus Lehrerzentrierung

Die notwendige Auseinandersetzung mit der eigenen Person im Rahmen eines leiterzentrierten Fortbildungssettings kann zum Aufbau neuer Hierarchien und einem einseitigen Egozentrismus führen. Mit anderen Worten: Wir müssen uns noch mehr Gedanken über das Spannungs- und Hierarchiegefälle in der Beziehung Lehrer-Schüler machen.

Anpassung versus eingreifendes Handeln

Häufig findet Gestaltpädagogik vor allem in der „heilen" Welt von überschaubaren Gestaltgruppen statt. Demgegenüber muß stärker mit Konzepten folgenreichen eingreifenden Handelns experimentiert werden, die über den begrenzten Rahmen der Fortbildungsgruppe hinausreichen.

Ich möchte diese erweiterungsfähige Liste hier abschließen und hoffe, daß mein Anliegen und die Richtung, in der wir meines Erachtens gehen müssen, um die immer dringlicher werdende Einheit von Selbstveränderung und Gesellschaftsveränderung voranzutreiben, deutlich geworden ist.

Der Zukunftsforscher Robert JUNGK hat darauf hingewiesen, daß wir nach einem Jahrhundert der technischen Erfindungen nun ein Jahrhundert der sozialen Erfindungen brauchen. Gestaltpädagogik, so wie ich sie verstehe, gibt dazu wichtige Anregungen. Entwickeln wir sie weiter!

Berlin, im Februar 1988 **Olaf-Axel Burow**

P.S.: Ich bin an Praxiserfahrungen und persönlichen Berichten zur Gestaltpädagogik interessiert.
Olaf-Axel Burow, Heylstraße 32, 1000 Berlin 62

11. Literaturverzeichnis

AFFEHLDT, U. (1982). Vom Einzelkämpfer zum Team. betrifft: erziehung, 6, 53—57

ALSCHULER, Weinstein, Evans, Tamashiro & Smith (1977). Education for what? Measuring Self-Knowledge and Levels of Consciouness. Simulation and Games, 8, 29—47.

AMANN, I. & Quast, G. (1983). Lehrerfortbildung mit themenzentrierter Interaktion (TZI) — oder: Der Einzelne, die Gruppe und der Stoff. In Mutzeck, W. & Pallasch, W. (Hrsg.), Handbuch zum Lehrertraining. (S. 235—247). Weinheim: Beltz-Verlag.

ANTONS, K. (1973). Praxis der Gruppendynamik, Göttingen: Hogrefe.

ALTVATER, E. & HUISKEN, F. (1971). Materialien zur politischen Ökonomie des Ausbildungssektors. Erlangen: Hain-Verlag.

ARBEITSGRUPPE Paulo Freire Hamburg (1973). Paulo Freires „Pädagogik der Unterdrückten" ein Weg zur Befreiung? betrifft: erziehung, 7, 22—38.

ARBEITSGRUPPE TKM (1979). Das Team-Kleingruppenmodell, Arbeitsmaterialien der Gemeinnützigen Gesellschaft Gesamtschule, Hamburg: GGG.

ARGELANDER, H. (1972). Gruppenprozesse. Wege zur Anwendung der Psychoanalyse in Behandlung, Lehre und Forschung. Hamburg.

ARGUMENT (1973). Sonderband 80, Schule und Erziehung, Berlin: Argument-Verlag.

ARGUMENT (1978). Sonderband 21, Schule und Erziehung. Berlin: Argument-Verlag.

ARGUMENT (1981). Sonderband 58. Die Wertfrage in der Erziehung. Berlin: Argument-Verlag.

ARGYLE, M. (1972). Soziale Interaktion, Köln: Kiepenheuer & Witsch.

ARGYLE, M. (1979). Körpersprache und Kommunikation. Paderborn: Junfermann.

ARGYLE, M. (1981). The contribution of social interaction research to social skills training. In Wine, J. D. & Smye, M. D. (Hrsg.), Social competence, (S. 261—286). New York: The Guilford Press.

ARGYLE, M. (1984). Soziale Interaktion. In Psychologie des 20. Jahrhunderts. (S. 367—387). Weinheim: Beltz-Verlag.

ASPEY, D. & ROEBUCK, F. (1974). From human ideas to human technology and back again many times. Education, 95, 163—171.

AUFENANGER, S., GARZ, D. & ZUTAVERN, M. (1981). Erziehung zur Gerechtigkeit, Unterrichtspraxis nach Lawrence Kohlberg, München: Kösel.

BANDLER, R., GRINDLER, J. (1985). Neue Wege der Kurzzeit-Therapie. Neurolinguistische Programme. Paderborn: Junfermann.

BAUR, E. (1985). Die Modellschule Graz. Versuch einer gestaltpädagogischen Praxis. Integrative Therapie, 2, 124—129.

BAUR, E. (o.J.). Das gestaltpädagogische Konzept der Modellschule Graz. In Modellschulbuch, Graz: Selbstverlag.

BAYER, M. (1978). Lehrerausbildung und pädagogische Kompetenz. Frankfurt: Minerva.

BECK, J. (1974). Lernen in der Klassenschule. Hamburg: Rowohlt.

BECKER, H. & HENTIG, H. v. (1984). Der Lehrer und seine Bildung. Beiträge zu einer Überwindung der Resignation. Frankfurt: Ullstein.

BECKER, G. (1971). Soziales Lernen als Problem der Schule. In Schäfer, G. u.a., Probleme der Schule im gesellschaftlichen Wandel. Das Beispiel Odenwaldschule. (S. 95—147). Frankfurt.

BENNE, BRADFORD & LIPPIT (1972). Die Planung eines Laboratoriums. In Bradford, Gibb & Benne, Gruppentraining, T. Gruppentheorie und Laboratoriumsmethode, Stuttgart: Klett.

BERNFELD, S. (1971). Sysiphos oder die Grenzen der Erziehung. Frankfurt: Suhrkamp.

BERTALANFFY, L. v. (1962). General Systems Theory — A Critical Review, General Systems Yearbook 7.

BESEMS, T. (1977). Überlegungen zu intersubjektivem Unterricht in der Integrativen Pädagogik. In Petzold, H. & Brown, G. I., Gestaltpädagogik, München: Pfeiffer.

BIESTER, W., IRMISCHER, B., KOCH, G., MARX, R. & WEIGT, M. (1976). Soziales Lernen als emanzipative und politische Funktion. In Prior, H. (Hrsg.), Soziales Lernen, Düsseldorf: Schwann.

BILDUNGSRAT, (1970). Strukturplan für das Bildungswesen, Stuttgart.

BLANKERTZ, H. (1974). Theorien und Modelle der Didaktik. München: Juventa.

BLANKERTZ, S. (1983). Kritischer Pragmatismus. Zur Soziologie Paul Goodmans. Wetzlar: Verlag Büchse der Pandora.

BLANKERTZ, S. (1985). Schulexperiment und „Gesamtgesellschaft“, Entwicklungslinien in der Praxis und Theorie amerikanischer Alternativschulen. Manuskript eines Vortrages auf der 3. Deutschen Tagung für Gestaltpädagogik in Hückeswagen.

BLANKERTZ, S., (1986). Legitimität und Praxis. Studien zur erziehungswissenschaftlichen Relevanz angelsächsischer Schulkritik. Habilitationsschrift o.O.

BLANKERTZ, S. (1986). Paul Goodmans Ethik und ihre Bedeutung für die Gestalttherapie. Eine psychologische Rekonstruktion praktischer Philosophie. Berlin: Agora.

BLOOM, B. L. (1977). Community mental health. Monterey, CA: Brooks/Cole.

BOGDAD, S. R. (1978). Der Prozeß in der Klasse. In Brown, G. I. & Petzold, H., Gefühl und Aktion. Frankfurt: Flach-KG.

BROWN, G. I. (1971). Human Teaching for Human Learning, New York.

BROWN, G. I. (1976). Getting it together: Confluent Education, Bloomington.

BROWN, G. I. & PETZOLD, H. (1978). Gefühl und Aktion, Gestaltmethoden im integrativen Unterricht. Frankfurt: Flach-KG.

BRUNNER, R. (1976). Lehrertraining. München.

BRUNNER, R. (1981). Lehrertrainings — Die Förderung kommunikativer Aspekte des Lehrerverhaltens. In Gudjons, H. & Reinert, B. (S. 193—206), Lehrer ohne Maske? Grundfragen zur Lehrerpersönlichkeit, Königstein: Scriptor.

BRUNNER, R. (1983). Berufszentrierte Selbsterfahrung als Selbsterfahrung in der Gruppe und Fertigkeitentraining. In Mutzeck, W. & Pallasch, W. (Hrsg.) (1983). Handbuch zum Lehrertraining. Weinheim: Beltz.

BUBENHEIMER, U. (1981). Ich und Hilfs-Ich. Kurze Einführung in das Handpuppenspiel. Religionspädagogische Mitteilungen, 2,21—30.

BUBER, M. (1923). Ich und Du. In Dialogisches Leben (1947). Zürich.

BUBER, M. (1973). Das dialogische Prinzip. Heidelberg.

BÜHLER, C. & ALLEN, M. (1974). Einführung in die Humanistische Psychologie. Stuttgart: Klett.

BÜNTE-LUDWIG, C. (1984). Gestalttherapie — Integrative Therapie. Leben heißt Wachsen. In Petzold, H. (Hrsg.). Wege zum Menschen, Methoden und Persönlichkeiten moderner Psychotherapie. Ein Handbuch Bd. 1, Paderborn: Junfermann.

BÜRGERMANN, S. & REINERT, B. (1984). Einführung in die pädagogische Therapie. Düsseldorf: Schwann.

BÜRMANN, J. (1983). Persönlich bedeutsames Lernen. Hektographiertes Manuskript einer Habilitationsschrift. Bielefeld.

BUROW, O. A. & SCHERPP, K. (1981). Lernziel: Menschlichkeit, Gestaltpädagogik — eine Chance für Schule und Erziehung. München: Kösel.

BUROW, O. A. QUITMANN, H. & RUBEAU, P. (1987). Gestaltpädagogik in der Praxis. Unterrichtsbeispiele und spielerische Übungen für den Schulalltag. Salzburg: Otto-Müller-Verlag.

BUROW, O. A. (1982). Gestaltpädagogik: Tu nur, was du wirklich willst. betrifft: erziehung, 9, 57—62.

BUROW, O. A. (1983). Gestaltpädagogik: Lernlust statt Schulfrust. Der Beitrag der Gestaltpädagogik zu einer neuen Bildungsreform. psychologie heute, 6, 65—70.

BUROW, O.. A. (1984). Über einige Tabus in der Gestaltdebatte. päd extra, 6, 25—28.

BUROW, O. A. (1984). Sind Gestaltpädagogen Systemtrottel? Kommentar zu Ute Osterkamps Kritik der Gestaltpädagogik. Demokratische Erziehung, 6, 3—4.

BUROW, O. A. (1985). Zum Stellenwert gewerkschaftlicher Fortbildungsangebote aus dem psycho-sozialen Bereich. berliner lehrerzeitung, 6, 31—34.

BUROW, O. A. (1986) Erziehung zur Verantwortung? Zur ethischen Dimension der Gestaltpädagogik. Hektographiertes Manuskript eines Vortrages auf dem 2. Europäischen Kongreß für Gestalttherapie im September in Mainz.

BUROW, O. A. (1986). Zur Entwicklung, Klassifikation, Konzeptualisierung, Evaluation und Funktion Humanistischer Lehrertraining, Hektographiertes Manuskript. Hochschule der Künste Berlin.

BUROW, O. A. (1986). Was erwarten Pädagogen von der Gestaltpädagogik? Zwischenbericht über die Begleituntersuchung eines gestaltpädagogischen Kompetenztrainings. In Jahrbuch der deutschen Gesellschaft für Humanistische Psychologie 1986, Forschung 1, 78—100.

BUROW, O. A. (1987). Fortbildung in Gestaltpädagogik: Was passiert da eigentlich? berliner lehrerzeitung, 3, 9—10.

BUROW, O. A. (1987). Möglichkeiten und Grenzen des Trainings sozialer Kompetenzen. Gruppendynamik, 3, 297—314.

BUROW, O. A. (1987). Zur Wiederkehr der Humanistischen Vision — Personenzentrierung und persönlich bedeutsames Lernen als gestaltpädagogische Konzepte zur Überwindung der Technikfaszination. Manuskript eines Vortrages auf der 10. Sellinghauser Diskussionsrunde des DGB und der GEW vom 13. Sept. 1987.

BUSCHBECK, H. u.a. (1984). Bericht über einen Austausch von Freinet- und Gestaltpädagogen. Spinne. Zeitschrift für Binnendifferenzierung in Berlin, 3.

CAMPBELL, E. (1984). The end of innocence. Journal of Humanistic Psychology, 2, 6—29.

CLAUSSEN, B. (1974). Affekte und politische Bildung. Stichworte zu einem ungelösten Problem. Die Schulwarte, 27, 1—25.

CLAUSSEN, B. (1981). Methodik der politischen Bildung, Opladen.

CLAUSSEN, B. (1982). Soziales Lernen: Bildung im Interesse einer Kultivierung des menschlichen Zusammenlebens. In Fromm, M. & Keim, W. (Hrsg.) (1982), Diskussion — Soziales Lernen. (S. 12—41). Baltmannsweiler: Burgbücherei Schneider GmbH.

COHN, R. C. (1975). Von der Psychoanalyse zur Themenzentrierten Interaktion. Stuttgart: Klett.

COHN, R. C. & FARAU, A. (1984). Gelebte Geschichte der Psychotherapie. Zwei Perspektiven. Stuttgart: Klett.

COMBE, A. (1972). Zur Kritik der Lehrerrolle. München: List.

COMBE, A. (1979). Krisen im Lehrerberuf. Eine strukturtheoretisch-sozialgeschichtliche Deutung von aktuellen Handlungsproblemen, Bensheim: pädex.

COMBE, A. (1983). Alles Schöne kommt danach. Die jungen Pädagogen. Lebensentwürfe und Lebensgeschichten. Hamburg: Rowohlt.

COMBS, A. W. et al. (1974). The professional education of teachers. Boston.

CRONBACH, L. J. (1974). Einführung in die Pädagogische Psychologie. Weinheim: Beltz.

DANNER, H. (1983). Verantwortung und Pädagogik. Königstein.

DENNISON, G. (1971). Lernen und Freiheit: Bericht aus der Praxis der First Street School, Frankfurt.

DREITZEL, H. P. & Jaeggi, E. (1987). Psychotherapie. Plädoyer für eine kreative Vielfalt, psychologie heute, 2, 60—69.

DIETRICH, R., ELBING, E., PEAGITSCH, I. & RITSCHER, H. (1983). Psychologie der Lehrerpersönlichkeit. München: Ernst-Reinhardt-Verlag.

DÖRING, K. W. (1980). Lehrerverhalten: Theorie — Praxis — Forschung. Ein Lehrbuch. Weinheim: Beltz.

DOUGLAS, V. (1984). Training für die Seele. Management Wissen, 11.

DUFEU, B. (1983). Haben und Sein im Fremdsprachenunterricht. In Prengel, A. (Hrsg.), Gestaltpädagogik (S. 197—217). Weinheim: Beltz.

DUTILLY, M. C. (1984). Traumschule — Die zweifelhaften Versprechen der Gestaltpädagogik, päd extra, 6, 33—35.

DUTILLY, M. C. (1983). Und sie bewegen sich doch. Lehrer nach dem Ende der pädagogischen Euphorie. Berlin: Basis.

EPPLER, E. (1981). Wege aus der Gefahr. Hamburg: Rowohlt.

ERIKSON, E. (1971). Kindheit und Gesellschaft. Stuttgart: Klett.

FAGAN, J. & SHEPERD, I. L. (1970). Gestalt Therapy Now. New York: Harper & Row.

FATZER, G. (1983). Humanistische Pädagogik — Ansätze und Probleme. Integrative Therapie, 2.

FATZER, G. (1983). Organisationsentwicklung in den Vereinigten Staaten. Eindrücke und Überlegungen. Gruppendynamik, 4, 345—358.

FATZER, G. (1983). Annäherung an Paul Goodman. In Prengel, A. (Hrsg.), Gestaltpädagogik, (s. 92—105). Weinheim: Beltz.

FELLSCHES, J. (1981). Erziehung und eingreifendes Handeln. Eine Grundlegung pädagogischer Praxis. Frankfurt.

FEND, H. (1980). Theorie der Schule. München: Urban & Schwarzenberg.

FERGUSON, M. (1982). Die sanfte Verschwörung, Basel: Sphinx.

FEYERABEND, P. (1976). Wider den Methodenzwang. Skizze einer anarchistischen Erkenntnistheorie. Frankfurt: Suhrkamp.

FEYERABEND, P. (1979). Erkenntnis für freie Menschen. Frankfurt: Suhrkamp.

FITTKAU, B. (1972). Kommunikations- und Verhaltenstraining für Erzieher. Gruppendynamik, 3, 252—274.

FITTKAU, B. (1983). Gestaltorientierte Selbsterfahrung. In Mutzeck, W. & Pallasch, W., Handbuch zum Lehrertraining. (S. 213—225). Weinheim: Beltz.

FRECH, H. W. (1982). Gestaltpädagogik in der Arbeit mit Gesamtschullehrern: Konsequenzen für die Lehrerbildung. In Jacobs, M., Scholz, O. & Spindler, D. (Hrsg.) Zur Sozialen Kompetenz des Lehrers. (S. 79—100). Tagungsberichte Uni Oldenburg.

FRECH, H. W. (o.J.). Was ist Humanistische Erziehung? Hektographiertes Manuskript TU-Berlin.

FREINET, E. (1981). Erziehung ohne Zwang. Stuttgart: Klett.

FREINET, C. (1980). Pädagogische Texte mit Beispielen aus der praktischen Arbeit von Freinet. Herausgegeben von Boehncke, H. & Hennig, C. Hamburg: Rowohlt.

FREIRE, P. (1973). Politische Alphabetisierung. Einführung in das Konzept einer humanisierenden Bildung. betrifft: erziehung, 7, 24—21.

FREIRE, P. (1976). pädagogik der unterdrückten, erziehung als praxis der freiheit. Hamburg: Rowohlt.

FREIRE, P. (1977). erziehung als praxis der freiheit. beispiele zur pädagogik der unterdrückten. Hamburg: Rohwohlt.

FREUD, S. (1973). Die endliche und die unendliche Analyse. Gesammelte Werke Bd. 16, Frankfurt: Fischer.

FROMM, E. (1979). Haben oder Sein. Die seelischen Grundlagen einer neuen Gesellschaft. München:dtv.

FROMM, E. (1985). Über den Ungehorsam. München: dtv.

FROMM, M. & KEIM, W. (1982). Diskussion Soziales Lernen. Baltmannsweiler: Burgbücherei Schneider.

FÜRNTRATT, E. (1983). Stichwort „Lernen". In Asanger, R. & Wenninger, C. (Hrsg.), Handwörterbuch der Psychologie. (S. 252—257). Weinheim: Beltz.

FÜRSTENAU, P. (1964). Zur Psychoanalyse der Schule als Institution. Das Argument, 29, 65—78.

GALYEAN, B. (1976). Language in between. Selbstverlag o.O.

GAMM, H. J. (1977). Umgang mit sich selbst. Hamburg: Rowohlt.

GARMEZY, N., MASTEN, A., NORDSTROM, C. & FERRARESE, M. (1980). The nature of competence in normal and deviant children. In Kent, M. & Rolf, I. (Hrsg.), The primary prevention of psychpathology: Promoting social competence and coping in children (Vol. 3), Hannover, NH: University Press of New England.

GAUDIG, G. (1922). Freie geistige Schularbeit in Theorie und Praxis. Breslau.

GENDLIN, E. T. (1981). Focusing, Technik der Selbsthilfe bei der Lösung persönlicher Probleme. Salzburg: Otto-Müller-Verlag.

GEWERKSCHAFT Erziehung und Wissenschaft (1984). Soziale Kompetenz des Lehrers. Anforderungen an eine qualifizierte und qualifizierende Lehrerausbildung. GEW-Script 7. Frankfurt.

GLASER, R. (1983). Veränderungen in der Grundschule durch Gestaltpädagogik und Freinetpädagogik. In Prengel, A. (Hrsg.). Gestaltpädagogik, (S. 113—134). Weinheim: Beltz.

GOODMAN, P. (1975). Das Verhängnis der Schule. Frankfurt: Fischer.

GOODMAN, P. (o.J.). Aufwachsen im Widerspruch. Darmstadt.

GOODMAN, P. (1977). Anarchistisches Manifest. Telgte/Westbevern: Verlag Büchse der Pandora.

GORDON, T. (1977). Lehrer-Schüler-Konferenz. Wie man Konflikte in der Schule löst. Hamburg: Rowohlt.

GOTSCHALL, D. (1978). Enthüllungen vor der Kamera. manager magazin, 9, 78—82.

GRAUBARD, A. (1973). Free the Children. Radical Reform and the Free School Movement. New York.

GREIF, S. (1983). Soziale Kompetenz. In Frey, D. & Greif, S., Sozialpsychologie. Ein Handbuch in Schlüsselbegriffen. (S. 312—320). München: Psychologie-Verlagsunion.

GUDJONS, H. & REINERT, B. (1981). Lehrer ohne Maske? Grundfragen zur Lehrerpersönlichkeit. Königstein: Scriptor.

GUDJONS, H. (1983). Berufsbezogene Selbsterfahrung durch Fallbesprechung in Lehrergruppen — mit einem Leitfaden. In Mutzeck, W. & Pallasch, W., Handbuch zum Lehrertraining, (S. 258—266). Weinheim: Beltz.

HABERMAS, J. (1973). Erkenntnis und Interesse. Frankfurt: Suhrkamp.

HABERMAS, J. (1976). Zur Rekonstruktion des Historischen Materialismus. Frankfurt: Suhrkamp.

HÄCKER, W. (1983). Szenen aus der Schule für kranke Kinder. In Prengel, A. (Hrsg.), Gestaltpädagogik, (S. 135—150). Weinheim: Beltz.

HAUG, W. F. (1971). Zur Kritik der Warenästhetik. Frankfurt: Suhrkamp.

HAUSL, D. (1980). Zuerst lief es gar nicht schlecht. In Boehncke, H. & Hennig, C. (Hrsg.), Freinet, Pädagogische Texte, (S. 169—186). Hamburg: Rowohlt.

HECKENDORN, H. P. (1972). Die Ecole d'Humanité — eine 60jährige Gesamtschule. Vortrag im Gottlieb-Duttweiler-Institut, Rüschlikon/CH. Hektographiertes Manuskript.

HEIMANN, P., OTTO, G. & SCHULZ, W. (1969). Unterricht — Analyse und Planung. Hannover: Schroedel.

HEINTEL, P. (1974). Das ist Gruppendynamik. München.

HENTIG, H. v. (1973). Schule als Erfahrungsraum. Stuttgart: Klett.

HENTIG, H. v. (1981). Aufwachsen in Vernunft. Stuttgart: Klett.

HEPKE, M. (1976). Systematische Beobachtung in einem Interaktionstraining. In Sader, Schäuble & Theis, Verbesserung von Interaktion durch Gruppendynamik. (S. 201—239). Münster.

HEPKE, M. (1983). Persönliche Entwicklung im Beruf. Am Beispiel eines Lehrertrainings. München: Pfeiffer.

HESSE, H. (1972). Unterm Rad. Frankfurt: Suhrkamp.

HESSISCHES INSTITUT für Lehrerfortbildung (1986). Materialien zur Gestaltpädagogik. Imschweiler, V. (Hrsg.). Fuldatal.

HEYDORN, J. (1973). Zum Widerspruch im Bildungsprozeß. Das Argument, 80, 1—12.

HILBIG, J. (1985). Von der Mühsal kein Macher mehr zu sein. Norbert Hilbig über einen Schulversuch mit nichtdirektivem Unterricht. päd extra, 1, 23—28.

HOFMANN, C. (1981). Smog im Hirn. Von der notwendigen Aufhebung der herrschenden Wissenschaft. Bensheim: pädex.

HOFMANN, C. (1984). Linker Streit um die rechte Gestalt. päd extra, 6, 20—24.

HOLT, J. (1978). Zum Teufel mit der Kindheit. Wetzlar: Verlag Büchse der Pandora.

HOLZKAMP, K. (1985). Grundkonzepte der Kritischen Psychologie. In Meißner, K. (Hrsg.), Gestaltpädagogik — Fortschritt oder Sackgasse? (S. 31—37). Berlin: edition diesterweg.

HOMANS, G. C. (1968). Theorie der sozialen Gruppe, Köln.

HORN, K. (1972). Gruppendynamik und der subjektive Faktor, Frankfurt: Suhrkamp.

HUBER, B. (1977). Die Veränderung der Lehrerrolle bei der Anwendung von „confluent education" im Deutsch- und Religionsunterricht an der Eingangsstufe eines deutschen Gymnasiums. In Petzold, H. & Brown, G. I., Gestaltpädagogik, (S. 149—162). München: Pfeiffer.

HURRELMANN, K. (1975). Erziehungssystem und Gesellschaft. Hamburg: Rowohlt.

HUY, I. & HUY, W. (1977). Gestalttraining und Gestalttherapie in der Lehrerbildung. In Petzold, H. & Brown, G. I., Gestaltpädagogik, (S. 259—265). München: Pfeiffer.

ILLICH, I. (1972). Schulen helfen nicht. Über das mythenbildende Ritual der Industriegesellschaft. Hamburg: Rowohlt.

JACOBS, M., SCHOLZ, O. & SPINDLER, D. (Hrsg.) (1982). Zur sozialen Kompetenz der Lehrer. Tagungsbericht. Universität Oldenburg.

JACOBY, R. (1978). Soziale Amnesie. Eine Kritik der konformistischen Psychologie von Adler bis Laing. Frankfurt: Suhrkamp.

JEGGE, J. (1983). Dummheit ist lernbar. Erfahrungen mit „Schulversagern". Hamburg: Rowohlt.

KÄGI-ROMANO, U. & D. (1977). Die demokratisch-kreative Schule oder der Versuch, das Mögliche zu verwirklichen. In Petzold, H. & Brown, G. I., Gestaltpädagogik, (S. 134—148). München: Pfeiffer.

KÄGI-ROMANO, U. & D. (1978). Im Zeichen von R. M. Rilkes „Herbstwoche". Eine Schulwoche mit integrativen Methoden in der demokratisch-kreativen Schule. In Brown, G. I. & Petzold, H., Gefühl und Aktion. (S. 234—243). Frankfurt: Flach-KG.

KÄGI-ROMANO, U. & D. (1985). Zehn Jahre Gestaltpädagogik in der demokratisch-kreativen Schule. Eine Betrachtung. Integrative Therapie, 2, 105—123.

KATZ & Kahn, (1978). The Social Psychologie of Organizations, New York.

KEIM, W. (Hrsg.) (1976). Gesamtschule. Bilanz ihrer Praxis. Hamburg: Hoffmann und Campe.

KERSCHENSTEIN, G. (1953). Begriff der Arbeitsschule. München.

KEY, E. (1902). Das Jahrhundert des Kindes. Berlin.

KIERNAN, T. (1978). Psychotherapie — Kritischer Führer durch Theorien und Praktiken. Frankfurt: Fischer.

KIPPHARDT, H. (1978). März. Hamburg: Rowohlt.

KOHLBERG &. TURIEL (1978). Moralische Entwicklung und Moralerziehung. In Portele, G. (Hrsg.), Sozialisation und Moral, Weinheim: Beltz.

KNOPF, D. & ZEUNER, S. (1983). Was ist Gestaltpädagogik? päd extra, 12, 42—44.

KOZOL, J. (1973). Free Schools: Schule und Gegenschule. Ravensburg: Otto-Maier-Verlag.

KRANZ, D. (1986). Gestaltpädagogik im Fremdsprachenunterricht. Zum Beispiel Lyrik. In Hessisches Institut für Lehrerfortbildung. Materialien zur Gestaltpädagogik, (S. 78—93). Fuldatal.

KRAPPMANN, L. (1975). Konsequenzen der Sozialisationsforschung für das Lernen in der Schule. Neue Sammlung, 1, 15—24.

KUHLMANN, H. (1975). Klassengemeinschaft. Über Hauptschüler und Hauptschullehrer und den Versuch herauszufinden, wann Schule Spaß machen könnte. Berlin: Rotbuch.

KURSBUCH (1971). Nr. 24. Schule, Schulung, Unterricht. Berlin: Rotbuch.

KURZ, P. (1983). Anders Lehren mit Gestalt. In Prengel, A. (Hrsg.), Gestaltpädagogik, (S. 228—240). Weinheim: Beltz.

LANGE, E. (1976). Einführung in die Pädagogik der Unterdrückten. In Freire, P., pädagogik der unterdrückten. (S. 9—24). Hamburg: Rowohlt.

LEDERMANN, J. (1969). Anger and the Rocking Chair, Gestalt Awareness with Children. New York.

LEHRERGRUPPE Laborschule Bielefeld (1977). Modell im Praxistest, Hamburg: Rowohlt.

LEUTZ, G. A. (1974). Theorie und Praxis des Psychodramas, Heidelberg.

LEVITSKY, A. & PERLS, F. S. (1970). The Rules and Games of Gestalt Therapy. In Fagan, J. & Shephard, L. (Hrsg.), Gestalt Therapy Now, (S. 140—149). New York: Harper & Row.

LEWANDOWSKY, T. (1975). Linguistisches Wörterbuch. Bd. 1—3. München: Quelle & Meyer.

LINDENBERG, C. (1975). Waldorfschulen: Angstfrei Lernen, selbstbewußt Handeln. Hamburg: Rowohlt.

LOWEN, A. (1979). Bio-Energetik. Therapie der Seele durch Arbeit mit dem Körper. Hamburg: Rowohlt.

LÜTHI-PETERSEN, N. & A. (o.J.). Ecole d'Humanité Hasliberg Goldern. Broschüre, Hasliberg.

MAAS, U. (1973). Grundkurs Sprachwissenschaft. Die herrschende Lehre I. München: List.

MACY, J. (1986). Mut in der Bedrohung, Psychologische Friedensarbeit im Atomzeitalter. München: Kösel.

MASLOW, A. (1979). Motivation und Persönlichkeit. Hamburg: Rowohlt.

MASSING, A. (1986). Die Ängste einer Psychoanalytikerin oder der Einbruch von „Tschernobyl" in ihre professionelle Neutralität. psychosozial, 8, 77—86.

MASTERS, &. HOUSTON (1984). Phantasiereisen, München: Kösel.

MAY, R. (1986). Die Erfahrung „Ich bin", Sich selbst entdecken in den Grenzen der Welt. Paderborn: Junfermann.

MEICHENBAUM, D., BUTLER, L. & GRUSON, L. (1981). Toward a conceptual model of social competence. In Wine, J. D. & Smye, M. D. (Hrsg.), Social competence. (S. 36—59). New York: The Guilford Press.

MEISSNER, K. (Hrsg.). Gestaltpädagogik — Fortschritt oder Sackgasse? Berlin: edition diesterweg.

MOEBIUS, E. (1973). Die Kinderrepublik. Bemposta und die Muchachos. Hamburg: Rowohlt.

MOELLER, L. M. (1981). Anders Helfen, Selbsthilfegruppen und Fachleute arbeiten zusammen. Stuttgart: Klett.

MOSKOWITZ, G. (1978). Caring and sharing in the foreign language class. Rowley/Mass.: Newburry House.

MÜLLER, E. (1983). Du spürst unter deinen Füßen das Gras. Frankfurt: Fischer.

MÜLLER-WOLF, H. (1974). Lehrertraining in sozialem und affektivem Verhalten. In Fittkau, B. u.a. (Hrsg.), Kommunikations- und Verhaltenstraining für Erziehung, Unterricht und Ausbildung, (S. 77—106). München.

MUTZECK, W. & PALLASCH, W. (Hrsg.) (1983). Handbuch zum Lehrertraining. Weinheim: Beltz.

NARANJO, C. (1978). Techniken der Gestalttherapie. Hamburg: Isko.

NEGT, O. (1974). Soziologisches Phantasie und exemplarisches Lernen. Frankfurt: EVA.

NEGT, O. (1976). Schule als Erfahrungsprozeß — Gesellschaftliche Aspekte des Glocksee-Projekts. Ästhetik und Kommunikation. 22—23.

NEGT, O., u.a. (1981). Glocksee-Schule. Berichte, Analysen, Materialien. Berlin: Transit.

NEGT, O. (1984). Versuch der Charakterisierung der heutigen Strukturkrise. Westermanns Pädagogische Beiträge, 5.

NICELY, T. (1979). Adam and his works. Scarecrow. Vollständige Bibliographie Goodmans. Zitiert nach Blankertz, S., Kritischer Pragmatismus. Zur Soziologie Paul Goodmans. Wetzlar: Verlag Büchse der Pandora.

NEILL, A. S. (1969). Summerhill, Hamburg: Rowohlt.

NEUMANN, D. & OELKERS, J. (1984). Zurück zur alten Lehrerbildung? In Becker, H. & Hentig, H. v. (Hrsg.). Der Lehrer und seine Bildung. (S. 29—62). Berlin: Ullstein.

NEVIS, E. (1983). Gestalt-„Awareness"-Prozeß in der Organisationsdiagnose. Gruppendynamik, 14, 359—368.

NEWBERG, N. & BORTON, T. (1976). Emotionales und soziales Lernen in der Schule. München: Kösel.

NOWAK, C. (1983). Autonomes Lernen mit Elementen der TZI — Ein Versuch im Ökologieunterricht der Sek. II. In Prengel, A. (Hrsg.), Gestaltpädagogik, (S. 181—196). Weinheim: Beltz.

NYSSEN, F. (1969). Schule im Kapitalismus. Köln: Pahl-Rugenstein.

OAKLANDER, V. (1981). Gestalttherapie mit Kindern und Jugendlichen. Stuttgart: Klett.

OHLIG, A. (1982). Mal sehen was draus wird. Freie Gestaltschule München. betrifft: erziehung, 9, 58—59.

ORNSTEIN, R. & THOMPSON, R. F. (1986). Unser Gehirn: Das lebendige Labyrinth. Hamburg: Rowohlt.

OSTERKAMP, U. (1984). Ich tu, was ich tu — du tust, was du tust. Gestaltpädagogik — eine notwendige Ergänzung gewerkschaftlicher Arbeit für Lehrer? Demokratische Erziehung, 4.

PARSONS, T. (1951). The Social System, London.

PERLS, F. S. HEFFERLINE, R. F. & GOODMAN, P. (1981). Gestalttherapie, Lebensfreude und Persönlichkeitsentfaltung (I). Stuttgart: Klett.

PERLS, F. S. HEFFERLINE, R. F. & GOODMAN, P. (1979). Gestalttherapie. Wiederbelebung des Selbst (II). Stuttgart: Klett.

PERLS, F. S. (1978). Das Ich, der Hunger und die Aggression. Stuttgart: Klett.

PERLS, F. S. (1976 a). Gestalttherapie in Aktion. Stuttgart: Klett.

PERLS, F. S. (1976 b). Grundlagen der Gestalttherapie. München: Pfeiffer.

PERLS, F. S. (1980). Gestalt — Wachstum — Integration. Aufsätze, Vorträge, Therapiesitzungen. Herausgegeben von Petzold, H., Paderborn: Junfermann.

Perls, F. S. (1981). Gestalt-Wahrnehmung, Verworfenes und Wiedergefundenes aus meiner Mülltonne. Frankfurt: Flach KG.

Peter, H. U. (1973). Die Schule als soziale Institution. Weinheim: Beltz.

Petersen, M. (1983). Integratives Lehrertraining als institutionsbezogene Beratung und Fortbildung: Konfliktanalyse und Konfliktbewältigung im Unterricht. — Ein Verhaltenstraining für geschlossene Lehrerkollegien. In Mutzeck, W. & Pallasch, W. (Hrsg.), Handbuch zum Lehrertraining, (S. 150—161). Weinheim: Beltz, Petzold, H. & Brown, G. I. (Hrsg.) (1977). Gestaltpädagogik, Konzepte der Integrativen Erziehung. München: Pfeiffer.

Petzold, H. (1978). Das Ko-respondenzmodell in der integrativen Agogik. Integrative Therapie, 1, 21—58.

Petzold, H. (1984). Die Gestalttherapie von Fritz Perls, Lore Perls und Paul Goodman. Integrative Therapie, 1/2, 5—72.

Petzold, H. (1984). Vorüberlegungen und Konzepte zu einer integrativen Persönlichkeitstheorie. Integrative Therapie, 1/2, 73—115.

Petzold, H. (Hrsg.). (1984) Wege zum Menschen, Methoden und Persönlichkeiten moderner Psychotherapie. Ein Handbuch, Bd. 1&2, Paderborn: Junfermann.

Petzold, H. (1985). Editorial zum Heft über Gestaltpädagogik. Integrative Therapie, 2, 103—104.

Petzold, H. & Brown, G. I. (1977) (Hrsg.). Gestaltpädagogik. Konzepte der integrativen Erziehung. München: Pfeiffer.

Phillips, M. (1976). Integrative Pädagogik. Integrative Therapie, 1.

Phillips, M. (1978). Confluent Education als Integrative Pädagogik. Die Anwendung von Gestaltprinzipien im Unterricht. In Brown, G. I. & Petzold, H. (Hrsg.), Gefühl und Aktion, (S. 13—31). Frankfurt: Flach-KG.

Phillips, M. & Prengel, A. (1983). „Many students want both: to learn about themselves and to learn ways of changing the system." Interview über amerikanische Erfahrungen mit Confluent Education. In Prengel, A. (Hrsg.), Gestaltpädagogik, (S. 65—91). Weinheim: Beltz.

Polster, E. & M. (1977). Gestalttherapie. München: Kindler.

Prengel, A. (Hrsg.) (1983). Gestaltpädagogik. Therapie, Politik und Selbsterkenntnis in der Schule. Weinheim: Beltz.

Preuss-Lausitz, U. (1982). Beitrag zur Grablegung des „Sozialen Lernens" auf dem Friedhof der pädagogischen Erfindungswut. In Fromm, M. & Keim, W. (Hrsg.), Diskussion Soziales Lernen, (S. 1—11). Baltmannsweiler: Burgbücherei Schneider.

Prigogine, I. (1979). Vom Sein zum Werden. München: Piper.

Prior, H. (Hrsg.) (1976). Soziales Lernen, Düsseldorf: Schwann.

Quitmann, H. (1985). Humanistische Psychologie. Göttingen: Hogrefe.

Quitmann, H. (1986). Gestaltpädagogik in der Lehrerfortbildung. Die Deutsche Schule, 1, 42—55.

RAHM, D. (1983). Gestaltberatung. Paderborn: Junfermann.

RAMSEGGER, J. (1975). Gegenschulen, Bad Heilbrunn: Klinkhardt.

RAMSEGGER, J. (1986). Die Schule öffnen. betrifft: erziehung, 3, 31—34.

REICHWEIN, R. (1973). Plädoyer für die soziale Dimension der Bildung. Neue Sammlung, 4, 473—485.

REISER, H. (1983). Die Themenzentrierte Interaktion als pädagogisches System im Vergleich zur Gestaltpädagogik. In Prengel, A. (Hrsg.), Gestaltpädagogik, (S. 253—277). Weinheim: Beltz.

ROBINSON, S. B. (1973). Erziehung als Wissenschaft. Stuttgart.

ROGERS, C. R. (1958). Wie schafft man eine hilfreiche Beziehung? Auszug aus einem Vortrag auf der „American Personal and Guidance Association". In Gordon — Lehrertraining, Materialien, Zürich (1981).

ROGERS, C. R. (1972). Die nichtdirektive Beratung. München: Kindler.

ROGERS, C. R. (1974). Lernen in Freiheit. München: Kösel.

ROGERS, C. R. (1977). Die Kraft des Guten. München: Kindler.

ROGERS, C. R. (1984). Freiheit und Engagement, Personenzentriertes Lehren und Lernen. München: Kösel.

ROGERS, C. R & STEVENS, B. (1984). Von Mensch zu Mensch. Paderborn: Junfermann.

ROLFF, H. G. u.a. (1974). Strategisches Lernen in der Gesamtschule. Perspektiven der Schulreform. Hamburg: Rowohlt.

ROLFF, H. G. (1984). Schule im Wandel. Kritische Analysen zur Schulentwicklung. Essen: Neue Deutsche Schule.

RONALL R. & FEDER, B. (1983). Gestaltgruppen. Stuttgart: Klett.

ROSZAK, T. (1986). Mensch und Erde auf dem Weg zur Einheit. Hamburg: Rowohlt.

RUBEAU, P. (1980). Einführung in die Gestaltpädagogik. Hektographiertes Seminarpapier. Berlin.

SADER & SCHÄUBLE (1972). Zur Zielexplikation bei gruppendynamischen Veranstaltungen. Gruppendynamik, 3, 423—428.

SARASON, B. R. (1981). The dimensions of social competence: contributions from a variety of research areas. In Wine, J. D. & Smye, M. D. (Hrsg.), Social competence. (S. 100—122). New York: The Guilford Press.

SCHÄFFTER, O. (1984). Gruppendynamik und die Reflexionsfunktion in der Erwachsenenbildung. Gruppendynamik, 3.

SCHEIBE, W. (1978). Die Reformpädagogische Bewegung. Weinheim: Beltz.

SCHMIDTBAUER, W. (1977). Die hilflosen Helfer. Hamburg: Rowohlt.

SCHMIDTBAUER, W. (1982). Im Körper zu Hause. Frankfurt: Fischer.

SCHMIDT, R. (1984). Entsinnlichung und Erziehung. Zur Geschichte der Selbst- und Fremddisziplinierung. Frankfurt: pädex.

SCHOENEBECK, H. v. (1980). Der Versuch ein kinderfreundlicher Lehrer zu sein. Frankfurt: Fischer.

SCHULZ, v. THUN, F. & KRÜGER, C. (1983). Berufsbezogene Selbsterfahrung — Ein Erfahrungsbericht aus der Beratungsstelle für soziales Lernen am Psychologischen Institut II der Universität Hamburg. In Mutzeck, W. & Pallasch, W. (Hrsg.), Handbuch zum Lehrertraining, (S. 226—234). Weinheim: Beltz.

SCHULZ, W. (1980). Unterrichtsplanung. München: Urban & Schwarzenberg.

SCHUR, E. M. (1973). Radical non-intervention, Rethinking the delinguency-problem. New York: Englewood Cliffs.

SCHWÄBISCH, L. & SIEMS, M. (1974). Anleitung zum sozialen Lernen für Paare, Gruppen und Erzieher. Hamburg: Rowohlt.

SCUOLA, di Barbiana. (1974) Die Schülerschule. Berlin: Wagenbach.

SENNET, R. (1985). Autorität. Frankfurt: Fischer.

SHIFLETT, J. M. (1978). Unterricht nach „Gefühl und Wellenschlag"? Forschung und Curriculumsentwicklung in der integrativen Erziehung. In Brown G. I. & Petzold, H., Gefühl und Aktion. (S. 87—96). Frankfurt: Flach-KG.

SHURE, M. B. (1981). Social competence as a problem-solving skill. In Wine, J. D. & Smye, M. D. (Hrsg.), Social competence, (S. 158—185). New York: The Guilford Press.

STEVENS, J. O. (1977). Die Kunst der Wahrnehmung. München: Kaiser.

STUBENRAUCH, H. (1972). Die Gesamtschule im Widerspruch des Systems. München: Juventa.

SIGNER, R. (1977). Verhaltenstraining für Lehrer. Weinheim: Beltz.

SINGER, K. (1981). Maßstäbe für eine humane Schule. Mitmenschliche Beziehung und angstfreies Lernen durch partnerschaftlichen Unterricht, Frankfurt: Fischer.

TAUSCH, R. (1983). Die Förderung des persönlichen Lernens des Lehrers — notwendig für persönliches und fachliches Lernen der Schüler. In Mutzeck, W. & Pallasch, W. (Hrsg.). Handbuch zum Lehrertraining, (S. 276—292). Weinheim: Beltz.

TAUSCH, R. & TAUSCH, A. (1979). Erziehungspsychologie. Göttingen: Hogrefe.

ULICH,, D. (1976). Pädagogische Interaktion. Theorien erzieherischen Handelns und sozialen Lernens. Weinheim: Beltz.

VASQUEZ, A., OURY, F. u.a. (1976). Vorschläge für die Arbeit im Klassenzimmer. Die Freinet-Pädagogik. Hamburg: Rowohlt.

VAUPEL, D. (1986). Schüler als Bachpaten. Unterrichtsprojekt einer 10. Hauptschulklasse. Pädagogik Heute, 11, 24—29.

VESTER, F. (1978). Denken, Lernen, Vergessen, München: dtv.

VESTER, F. (1979). Das Ei des Kolumbus. Ein Energiebilderbuch. München: Kösel.

VESTER, F. (1980). Neuland des Denkens, Stuttgart: DVA

VESTER, F. (1983). Unsere Welt — ein vernetztes System, München: dtv.

VESTER, F. (1984). Der Wert eines Vogels. München: Kösel.

VESTER, F. (1985). Ein Baum ist mehr als ein Baum. München: Kösel.

VESTER, F. (1986). Januskopf Landwirtschaft. Der Boden, der uns nährt. München: Kösel.

VÖLKER, U. (Hrsg.) (1980). Humanistische Psychologie. Weinheim: Beltz.

VOPEL, K.W. (1978). Interaktionsspiele. Hamburg: Isko.

WAGNER, A.C. (1976). Mikroanalyse von Unterrichtsprozessen. In Minsel, Royl et al. (Hrsg.), Verhaltenstraining — Modelle und Erfahrungen. München.

WAGNER, A.C. (1976). Schülerzentrierter Unterricht. München: Urban & Schwarzenberg.

WAGNER, A.C. u.a. (1981).Unterrichtspsychogramme. Was in den Köpfen von Lehrern und Schülern vorgeht. Hamburg: Rowohlt.

WAGNER, A.C. (1983). Erfahrungen mit einem Kompaktseminar zum schülerzentrierten Unterrichtsverhalten. In Mutzeck, W. & Pallasch, W. (Hrsg.), Handbuch zum Lehrertraining, (S. 73—87). Weinheim: Beltz.

WATZLAWICK, P., BEAVIN, J.H. & Jackson, D.D. (1974). Menschliche Kommunikation. Bern: Hans Huber.

WATZLAWICK, P., WEAKLAND, J.H. & FISCH, R. (1975). Lösungen. Zur Theorie und Praxis menschlichen Wandels. Bern: Hans Huber.

WEBER & GADOW (1982). Integrativer Unterricht. Ein Beispiel aus der Praxis. Die Deutsche Schule, 2, 107—114.

WEINSTEIN & FANTINI (1970). Toward Humanistic Education: A Curriculum of Affect. New York.

WEINSTEIN, G. (1971). Trumpet: A Guide to the Humanistic Psychological Curriculum. Theory into Practice, 10.

WELLENDORF, F. (1979). Schulische Sozialisation und Identität. Weinheim: Beltz.

WELLENDORF, F. (1982). „Soziales Lernen“ in der Schule. Überlegungen zur institutionellen Dynamik. In Fromm, M. & Keim, W. (Hrsg.), Diskussion Soziales Lernen. (S. 99—119). Baltmannsweiler: Burgbücherei Schneider.

WEYDE, R.C. (1985). Lebenspanorama: Von der Therapie für den Unterricht lernen. Ein Beispiel subjektzentrierten Kunstunterrichts in der Oberstufe. Integrative Therapie, 2, 130—141.

WINE, J.D. (1981). From defect to competence models. In Wine, J.D. & Smye, M.D. (Hrsg.), Social competence, (S. 3—35). New York: The Guilford Press.

WITTERN, O. & TAUSCH, R. (1979). Auswirkungen personenzentrierter Gesprächsgruppen auf die Person von Lehrern, ihr Erleben und Verhalten im Unterricht. Psychologie in Erziehung und Unterricht, 26, 330—340.

WOHLRAB, M. (1984). Das Geschäft mit dem Lehrerfrust, betrifft: erziehung, 12, 20—27.

WRUBEL, J. BRENNER, P. & LAZARUS, R.S. (1981). Social competence from the perspective of stress and coping. In Wine, J.D. & Smye, M.D. (Hrsg.), Social competence, (S. 61—99). New York: The Guilford Press.

ZEUNER, S. (1981). „Mein Erlebnis in einer Schulklasse während der Nazizeit." Ein gestaltpädagogischer Unterrichtsversuch in einer 8. Hauptschulklasse. In GEW (Hrsg.), Antifaschistische Erziehung in der Schule. Frankfurt: Fischer.

ZEUNER, S. (1983). Ich bin höflich, du bist mutig, er ist witzig. Gestaltpädagogische Praxis in der Hauptschule, päd. extra, 12, 35—41.

ZINK, R. (1980). Schultagebuch. In Boehncke, H. & Henning, C., Freinet, Pädagogische Texte, (s. 222—233). Hamburg: Rowohlt.

ZINKER, J. (1984). Gestalttherapie als kreativer Prozeß. Paderborn: Junfermann.

ZINNECKER, J. (1975). Der heimliche Lehrplan. Weinheim: Beltz.

ZÜND, W. (1977). Schule und integrative Pädagogik. In Petzold, H. & Brown, G.I. (Hrsg.), Gestaltpädagogik, (S. 124—133). München: Pfeiffer.